名家通识讲座书系

美国文化与社会十五讲（第二版）

□ 袁 明 主编

范士明 朱文莉 副主编

北京大学出版社

PEKING UNIVERSITY PRESS

图书在版编目(CIP)数据

美国文化与社会十五讲/袁明主编 . —2 版.—北京：北京大学出版社，2015.5

（名家通识讲座书系）

ISBN 978－7－301－25780－7

Ⅰ.①美…　Ⅱ.①袁…　Ⅲ.①美国—概况—高等学校—教材　Ⅳ.①K971.2

中国版本图书馆 CIP 数据核字 (2015) 第 082815 号

书　　　名	美国文化与社会十五讲（第二版）
著作责任者	袁　明　主编　范士明　朱文莉　副主编
责 任 编 辑	艾　英
标 准 书 号	ISBN 978－7－301－25780－7
出 版 发 行	北京大学出版社
地　　　址	北京市海淀区成府路 205 号　100871
网　　　址	http://www. pup. cn　　新浪微博：@北京大学出版社
电 子 邮 箱	编辑部 wsz@ pup. cn　　总编室 zpup@ pup. cn
电　　　话	邮购部 62752015　发行部 62750672　编辑部 62756467
印 刷 者	北京中科印刷有限公司
经 销 者	新华书店
	965 毫米 × 1300 毫米　16 开本　25 印张　398 千字
	2003 年 12 月第 1 版
	2015 年 5 月第 2 版　2024 年 8 月第 7 次印刷
定　　　价	79.00 元

"名家通识讲座书系"
编审委员会

"名家通识讲座书系"总序

本书系编审委员会

"名家通识讲座书系"是由北京大学发起,全国十多所重点大学和一些科研单位协作编写的一套大型多学科普及读物。全套书系计划出版100种,涵盖文、史、哲、艺术、社会科学、自然科学等各个主要学科领域,第一、二批近50种将在2004年内出齐。北京大学校长许智宏院士出任这套书系的编审委员会主任,北大中文系主任温儒敏教授任执行主编,来自全国一大批各学科领域的权威专家主持各书的撰写。到目前为止,这是同类普及性读物和教材中学科覆盖面最广、规模最大、编撰阵容最强的丛书之一。

本书系的定位是"通识",是高品位的学科普及读物,能够满足社会上各类读者获取知识与提高素养的要求,同时也是配合高校推进素质教育而设计的讲座类书系,可以作为大学本科生通识课(通选课)的教材和课外读物。

素质教育正在成为当今大学教育和社会公民教育的趋势。为培养学生健全的人格,拓展与完善学生的知识结构,造就更多有创新潜能的复合型人才,目前全国许多大学都在调整课程,推行学分制改革,改变本科教学以往比较单纯的专业培养模式。多数大学的本科教学计划中,都已经规定和设计了通识课(通选课)的内容和学分比例,要求学生在完成本专业课程之外,选修一定比例的外专业课程,包括供全校选修的通识课(通选课)。但是,从调查的情况看,许多学校虽然在努力建设通识课,也还存在一些困难和问题:主要是缺少统一的规划,到底应当有哪些基本的通识课,可能通盘考虑不够;课程不正规,往往因人设课;课量不足,学生缺少选择的空间;更普遍的问题是,很少有真正适合通识课教学的教材,有时只好用专业课教材替代,影响了教学效果。一般来说,综合性大学这方面情况稍好,其他普通的大学,特别是理、工、医、农类学校因为相对缺少这方面的教学资源,加上很少有可供选择的教材,开设通识课的困难就更大。

这些年来,各地也陆续出版过一些面向素质教育的丛书或教材,但无论数量还是质量,都还远远不能满足需要。到底应当如何建设好通识课,使之能真正纳入正常的教学系统,并达到较好的教学效果? 这是许多学校师生普遍关心的问题。从 2000 年开始,由北大中文系主任温儒敏教授发起,联合了本校和一些兄弟院校的老师,经过广泛的调查,并征求许多院校通识课主讲教师的意见,提出要策划一套大型的多学科的青年普及读物,同时又是大学素质教育通识课系列教材。这项建议得到北京大学校长许智宏院士的支持,并由他牵头,组成了一个在学术界和教育界都有相当影响力的编审委员会,实际上也就是有效地联合了许多重点大学,协力同心来做成这套大型的书系。北京大学出版社历来以出版高质量的大学教科书闻名,由北大出版社承担这样一套多学科的大型书系的出版任务,也顺理成章。

编写出版这套书的目标是明确的,那就是:充分整合和利用全国各相关学科的教学资源,通过本书系的编写、出版和推广,将素质教育的理念贯彻到通识课知识体系和教学方式中,使这一类课程的学科搭配结构更合理,更正规,更具有系统性和开放性,从而也更方便全国各大学设计和安排这一类课程。

2001 年底,本书系的第一批课题确定。选题的确定,主要是考虑大学生素质教育和知识结构的需要,也参考了一些重点大学的相关课程安排。课题的酝酿和作者的聘请反复征求过各学科专家以及教育部各学科教学指导委员会的意见,并直接得到许多大学和科研机构的支持。第一批选题的作者当中,有一部分就是由各大学推荐的,他们已经在所属学校成功地开设过相关的通识课程。令人感动的是,虽然受聘的作者大都是各学科领域的顶尖学者,不少还是学科带头人,科研与教学工作本来就很忙,但多数作者还是非常乐于接受聘请,宁可先放下其他工作,也要挤时间保证这套书的完成。学者们如此关心和积极参与素质教育之大业,应当对他们表示崇高的敬意。

本书系的内容设计充分照顾到社会上一般青年读者的阅读选择,适合自学;同时又能满足大学通识课教学的需要。每一种书都有一定的知识系统,有相对独立的学科范围和专业性,但又不同于专业教科书,不是专业课的压缩或简化。重要的是能适合本专业之外的一般大学生和读者,深入浅出地传授相关学科的知识,扩展学术的胸襟和眼光,进而增进学生的人格素养。本书系每一种选题都在努力做到入乎其内,出乎其外,把学问真正做活了,并能加以普及,因此对这套书的作者要求很高。我们所邀请的大都是那些真正有学术建树,有良好的教学经验,又能将学问深入浅出地传达出来的重量级学者,是请"大家"来讲"通识",所以命名为"名家通识讲座书系"。其意图就是精选名校名牌课程,实现大学教学资源共享,让更多的学子能够通过这套书,亲炙名家名师课堂。

本书系由不同的作者撰写,这些作者有不同的治学风格,但又都有共同的追求,既注意知识的相对稳定性,重点突出,通俗易懂,又能适当接触学科前沿,引发跨学科的思考和学习的兴趣。

本书系大都采用学术讲座的风格,有意保留讲课的口气和生动的文风,有"讲"的现场感,比较亲切、有趣。

本书系的拟想读者主要是青年,适合社会上一般读者作为提高文化素养的普及性读物;如果用作大学通识课教材,教员上课时可以参照其框架和基本内容,再加补充发挥;或者预先指定学生阅读某些章节,上课时组织学生讨论;也可以把本书系作为参考教材。

本书系每一本都是"十五讲",主要是要求在较少的篇幅内讲清楚某一学科领域的通识,而选为教材,十五讲又正好讲一个学期,符合一般通识课的课时要求。同时这也有意形成一种系列出版物的鲜明特色,一个图书品牌。

我们希望这套书的出版既能满足社会上读者的需要,又能有效地促进全国各大学的素质教育和通识课的建设,从而联合更多学界同仁,一起来努力营造一项宏大的文化教育工程。

第二版前言

甲午盛夏,当我在电脑键盘上敲出"《美国文化与社会十五讲》第二版前言"时,手机微信上传来了一篇朋友的国际问题时评。其中有一句话:"历史是长记忆,人类是短记忆。"我陷入了长思考。

我们正在亲历电子网络和信息化的大时代。整个人类都刚刚开始这一征途。信息革命来势迅猛,它将怎样冲击传统的记忆方式和习惯?"大数据",这是现在很流行的一个词。也许,它将来会帮助人类实现某种"长记忆"。但核心问题是,谁来做记忆?怎么记忆?记忆什么?

生活方式的改变与便捷,同时也在挑战人的智慧极限。人类创造了新技术,新技术反过来也在挑战人类本身。

信息不能代替知识,知识也不能与智慧划等号。同样一个题目,怎么做?谁来做?做什么?比如,美国研究。这么宏大的题目,在美国是有它自己的定义和内容的,英文称"American Studies",主要在人文领域,以历史学和文学作为主要支撑。跨学科的事情,在哪里都不容易做,因为总是要挑战一些传统,需要知识面的扩充,需要人才。所以这门学科在美国的大学里,也是见仁见智。

"American Studies"到了中国语境下,就有了新情境中的内容变化,虽然通称"美国研究",但是和美国本土的"American Studies"并不相当,而且因时因地,有许多各具特色的中国实践。自 1999 年春天开始,北京大学美国研究中心在全校开设通选课"美国文化和社会",试图从政治、法律、经济、社会、历史、文化等多个角度来观察和分析美国。授课教师来自全校十几个院系,他们都在美国较长时间学习和生活过,既对美国有第一手的感性了解,又对本专业知识有长期积累和把握。若通俗一点说,这个团队试图建立一个有特色的观察角度:中国人看美国。

2003 年,在这门通选课开设第五年之际,《美国文化与社会十五讲》由北京大学出版社作为"名家通识讲座书系"之一出版,作为主要参考教材。自那时至今,又是十二年过去了。这十二年来,我们每年春季学期按照学校的规定开出这门课,授课团队保持了基本的延续和稳定,但也有局部调整。

每年注册上课时，学生们都表现出很高的热情，400 人的大教室，总是满座，洋溢着青春的气息。

为什么要出第二版呢？对于美国研究，我们有一个基本的认识和定位。我在 2003 年版的《美国文化与社会十五讲》前言中曾写过："在中国现代化的道路上，美国因素具有全方位的影响。深入了解美国，成了一代代为中华崛起而奋斗之士无法回避的课题。同时，观察别人也是在给自己定位。如果不断扩大视野，人就可以达到一个新的境界，可以进一步脱离原始和粗糙，变得更加成熟和智慧。"十多年过去，我们的初衷不变，但是国际环境、中国与世界的关系、学生群体都有了变化，我们的认识也有许多新的发展。

这次《美国文化与社会十五讲》出第二版，是继续实践和积累。这一实践，有着很大的时代背景。国际政治经济格局正在经历巨大变化。中国的经济总量已排名世界第二，仅次于美国。而世界地缘政治和历史文化中的本源性和结构性问题，也以各种或新或旧的形式，挑战着美国和中国。从这个角度来讲，我们的确需要大视野和"长记忆"。

在北大的课堂上，学生也由 80 后变成了 90 后，就如大洋彼岸的同龄人由 X 一代变成了 Y 一代。每年选修这门通选课的几百名学生，来自全校各个院系。他们敏思、好学、热情、开放，熟练掌握网络技术，很能适应世界的变化。不过有趣的是，往往在课后的师生互动阶段，讨论的问题又回到了原点：中国人如何看美国？如何避免"盲人摸象"？

需要攀登新的高度。需要从各种"长记忆"中，提炼出新的元素，来把握和支撑这种新高度。这种提炼，需要大量的知识积累、实地考察和跨学科的讨论。可以说，每一位授课老师，都在这些方面不断地自我超越。关于这一点，我们可以举出许多实例。如历史系李剑鸣老师在讲授美国历史时幽默地说，这是世界上最短的美国历史课，因为两百多年的历史脉络，要在两个小时内勾勒完成。他用生动有趣的历史故事提醒学生们注意，要从大事年表中，看到美国特色，即它的族裔和文化的多样性、它的民主的发展、它的崛起道路。英语系的毛亮老师，担任"美国文学"一讲。2012 年，他发表《旧史新说——拉科夫的〈革命者〉》一文，阐述美国的建国之父们如何在当时的国际国内环境中走出乡愿、放弃古典共和主义、适应当时的现代性、智慧地定义幸福。他的文字，劈开了文学（他本人的专业）、历史、政治、法律、外交、教育等许多学科之间的藩篱。国际关系学院的朱文莉老师，用人类学、社会学、地理学、统计学、文学和影视的方法，讲授美国政治和经济，自成一说。前沿交叉学院的汤超老师，是在物理学领域享有国际盛誉的专家，他讲授的"美国的科学与大学"，涉及欧洲启蒙运动、美国史、科学技术史、教育经济等方面。参加过授课的每一位老师，都在自己的讲授中表达了这么一种理念，即在观察某一个具体方面的同时，不要忽略美国文明的整体性。他们的实践和探索，非常受年轻学子的欢迎，也启发我们去思考：究竟什么是真正的学科交叉？交叉之后，应该有新视角的建立，有的时候，这比发明一些新名词更为重要。后者可以是一些思想火花，但前者是具有整体性的视野和胸怀。

因此，这次修订的特点是：一、尽量体现对美国研究整体性的把握。无论谈政治、法律、经济还是社会问题，其实都涉及问题背后的精神层面。细心的读者会发现，修订版中的许多文章，其实都在"互为注解"。二、注意历史与现实的平衡，避免对某一方面的过分关注，更避免把深入思考写成国际时评。三、整合了 2003 年版的部分内容，并作了新的补充。国际关系学院王缉思教授的"中美相互形象与中美关系"一讲，是他三十余年研究美国和国际问题的倾力之作，希望可以开启中国年轻一代对美国更为深入的思考。

北大学科齐全，为我们的实践提供了宝贵的人才和知识环境。但是，美国这个国家，并不是十五讲就可以说尽的。譬如运动和体育，美国人通称为"sports"，就是一个突出的例子，它既是一种生活方式，也是一种市场行为，普通美国人对它的关注大概远远超出对外交政策的关注和兴趣。再譬如艺术或艺术形式，它的大众性和市场能力，也需要专题研究。我们只讲了好莱坞，但是，百老汇、格林威治村、乡村音乐等等这些美国人喜闻乐见的内容，也需要介绍。这些日常生活中的内容，就其精神源头来说，也许更接近美国人的性格和特色。正如中国著名社会人类学家费孝通先生说的："我们要认识美国，不在他外表的耸天高楼，而是在他早年的乡村里。"

为了保持一个实践延续的原貌，我们保留了 2003 年版的前言。实践没有止境，中国人看美国这篇大文章也没有尽头。此书的中国学者们，以美国作为一个话题，表达了自己的知识、见识、智慧、思考以及想象能力，这些能力在一定的时空下可以得到尽情的拓展，同时给后人留出足够的空间和激情来继续一种精神历程。

袁　明

2014 年 8 月

2003 年版前言

2002 年夏末，"大学素质教育通识课系列教材"执行主编、北京大学中文系主任温儒敏教授找到我，邀我将北京大学美国研究中心开设的全校通选课"美国社会与文化"编成教材，列入大学素质教育通识教材系列。我欣然接受。记得温教授当时说，中国的年轻人希望更深入地了解世界，他们会对这本书感兴趣的。我深以为然。

每年春季，选修这门全校通选课的学生，来自北大文、理、医科近 20 个院系，共 400 人。大学生们在选课、听课和完成作业时表现出来的热情和认真使我们这些授课教师经常处于感动之中。今年春天"非典"肆虐期间，我收到一位数学学院二年级学生送来的课堂作业，是有关美国文化的，其立论之深、分析之透、行文之美，让人过目难忘。还有一次，哈佛大学费正清东亚研究中心前主任、美国著名亚洲问题专家傅高义教授应邀来讲"美国与东亚"，学生们反应热烈。这位美国教授大为感慨："在北大讲课的感觉真好！"

美国人士常常问我，现在中国青年一代的特点是什么。我回答说：自信。的确，与二十多年前中国改革开放之初相比，今天的中国青年是更自信了。当年，校园中来访的西方学者寥寥无几，来访者一席话讲完，听众反应亦是寥寥。现在的情况大不一样了。2000 年 4 月，基辛格博士到北大来和学生们座谈。来自全校文理各科的学生争先恐后地提问。他们那敏捷的思路、活泼的风格、流利的英语给这位叱咤国际风云几十年的美国战略人士留下了深刻的印象。二十多年的改革开放造就了一代新人。

综观世界历史，大至一个民族，小及个人，自信是一种很重要的基本素质。没有自信就没有发展。世界上几个最古老的文明中，唯有中华文明历尽沧桑，以最完整的形式保存、发展和延续了下来。这其中，对自身所依赖的文明的自信是重要的精神支柱。从最朴素的意义上说，自信来自于对自身文化的那种与生俱来的认同。

但是，历史也告诉我们，只满足于朴素的认同适应不了变化着的世界。

自工业革命在欧洲发端并在全球扩散几百年以来，世界发生了深刻的变化。强者总是想重新组合世界，弱者无奈，只能被组合。强者方式不当，雄心受挫，沦为弱者；弱者自强不息，善捕时机，跻身于强者之列，亦不乏先例。这中间很关键的一点就是看清世界大势及自身的情况。可以说，自信与对世界的了解及对自己的认识相辅相成。

在中国现代化的道路上，美国因素具有全方位的影响。深入了解美国，成了一代代为中华崛起奋斗之士无法回避的课题。但是真正了解，又谈何容易。我们这些常年做美国研究的人，有时也不免问自己，和先行者们相比，我们究竟有多少认识上的重大突破。

我1983年第一次去美国，迄今已有二十个年头了。在多次往返于太平洋两岸的旅途上，我经常想到这样一个问题，即中国人如何看美国？美国人又如何看中国？当然，这是一个大而又大的问题，任何简单的描述都无法回答清楚。但就人对世界的认知来说，这实在是个非常具有知识趣味的题目。一位终身从事中国研究的美国学者曾这样对我说："在研究中，我找到了一种知识的美感。中国真是博大精深！而且，我们两国实在太不一样了。"不过，能这样来看问题的美国人并不多。

其实，观察别人是在给自己定位。我想，观察时的自我意识是很重要的。大多数人习惯用自己最熟悉的思维方式来看周围世界，往往把非常复杂的世界看简单了。如果不断地在自己的思维中加进原来不熟悉的内容，就是我们通常讲的扩大视野，那就可以达到一个新的境界。这个新的境界，可以使人脱离原始和粗糙，变得更为成熟和智慧。

我们非常希望中国的青年一代能不断攀登新的境界。我们在全校开设"美国社会与文化"这门通选课，就是希望更多的年轻人和我们一起努力，来做这个百年大课题。了解美国，是为了中国的将来。

在世界近现代史上，美国的立国和发展堪称独特。如何看美国的发展轨迹？什么是美国的特色？哪些是美国的难题？要面对这么浩大的问题，必须依靠团队的力量。参加讲授"美国文化与社会"这门大课的，是来自北大许多系科的优秀专家学者。他们都有在美国长期学习和生活的经历，在自己的专业领域中也有一定的成就。在编写这本教材时，我们基本上依靠的是这支已经共同合作了五年的群体。我们这个群体曾于2000年和2001年两次组团访问美国，实地了解美国研究的最新进展。

在本书的 15 位作者中，最年长的是陶洁教授。她是我 60 年代初在北大求学时的老师。几十年来，她一直从事美国文学研究，学识之广博、学风之严谨为大家称道不已。2000 年初，我们一起去美国中部的密苏里大学访问。那里的校长是一位从事黑人文学研究的学者。一见面，陶洁教授便将他曾发表过的著作一一列举出来，这位美国学者大为惊诧，说，即便在美国也很少有人这么了解我写的东西，言语之间感动之极。最年轻的作者是符晓。她承担了美国的宗教这部分的写作，可谓身担重任。这一工作实际上基于她在北大读研究生时的一篇硕士论文。当时为了读通上百万字的关于美国宗教的文献，她真是吃了大苦。但这一遍苦吃下来，她也关山飞度，实现了自我超越。这次写作经历最坎坷的大约要数戴行钺教授。他是我的学长，60 年代初，他与现任中国外交部长的李肇星是北大西语系同班同学，至今他们仍珍惜着青年时代的友谊。戴行钺教授在北大开设介绍美国电影的大课，他的课是北大最受欢迎的全校公共课之一。应当说，将讲稿整理成文是举手之劳。可惜电脑病毒入侵，戴教授的全部心血顷刻间荡然无存。不过我们可以看到，在重建文件之际，戴教授仍保留了他那份特有的幽默。最早交文稿的是贾庆国教授。我们相识于 1984 年，从那时起，我们就一起在美国研究和中美关系研究这一园地里耕耘。他是改革开放后最早在美国获得政治学博士学位并回国工作的学者之一。在所有的作者中，最忙的人当数闵维方教授。他是"十六大"中央候补委员，现任北大党委书记。他于上个世纪 80 年代初公费留学美国并取得斯坦福大学博士学位。这次我请他担任美国高等教育这部分的写作，他一口应承并及时送来了文稿。

篇幅有限，恕我不能一一介绍所有的作者。但是我还是要向所有的作者们真诚致谢。他们在各自领域中的建树和造诣使我由衷钦佩。与他们共事的难得经历是人生的一次可珍惜的体验。

袁　明

2003 年 7 月 1 日

目　录

第一讲

中国人看美国

袁　明

对当代中国年轻人来说,感知自己正在与历史同行非常重要。当下网络技术和信息革命正迅猛发展,我们进入了似乎能无限延伸的平面空间,这是人类生活方式的巨大改变。

上个世纪 90 年代初我在美国,听他们的领导人大谈"修建信息高速公路"时,还不太理解这一新技术浪潮日后的发展,因为那时互联网还没有广泛地进入普通人的生活。十年后,我在瑞士达沃斯世界经济论坛上听美国商界咨询人士讲"三维数据",一位在场的中国青年企业家告诉我,专业人士称此为"云计算"。又过了十年,"大数据"成为当下国际舆论的热点词汇,从国家安全到个人日常生活,都在"大数据"的深刻影响之下。

这一切在二十年间快速发展,体现了技术和市场两股历史力量交织融合后对世界的影响。这种历史力量的力度和势头都非常之大。就对地球上国家的覆盖面和影响人群的数量来说,它已经超过了 19 世纪的欧洲在工业革命后向亚洲和非洲广大地区的扩张。

美国是这一轮整合新技术和市场的主导者。在中国现代化的道路上,美国因素具有全方位的影响。从地理、历史、文化、政治、民情等许多方面来说,中美两国的差异极大,但是从 19 世纪中期以来,两国的交往越来越频繁密切,其中最具活力与底气的是人员的交往。

一　中美交往的历史遗产

19 世纪中后期,太平洋的波涛将两类社会地位不同的中国人由中国送往美国：一类是加利福尼亚金矿被发现、修筑西部跨州铁路计划开始以后，以"契约劳工"的身份登上美国国土的华工；一类是自 1872 年开始，由清政府派往美国留学的留学生。清政府将选派"聪颖幼童"赴美国学习的宗旨定为"学习军政、船政、步算、制造诸学，约计十余年业成而归，使西人擅长之技中国皆能谙悉，然后可以渐图自强"。

这两类被太平洋波涛裹挟东去的中国人的自然生命都早已结束，然而，他们所从事工作的社会归宿却大不相同。中国赴美劳工在金矿开采、铁路架设中为美国的经济繁荣流尽血汗，但美国在本身的西进运动完成之后，以"排华"代替了继续招雇中国劳工。1882 年，美国国会通过第一个《排华法案》，这一支中国人东去的人流中断了。他们对美国的看法，除了留下一些在美国受尽歧视与剥削后写成的血泪斑斑的家书和诗篇之外，基本上是无声无息。① 一百多年以后，美国对这一段历史做了反思和新的表态。2012年 6 月，美国众议院全票表决通过并正式以立法形式对 1882 年的《排华法案》做出道歉。2014 年 5 月，美国劳工部长佩雷斯在美国劳工名人堂仪式上首次将 19 世纪兴建首条跨州铁路的华裔工人列入"劳工荣誉室"，以示对中国劳工和生命的尊重。

一个多世纪以来，一代代中国人通过各种途径负笈北美。这一支人流的声势不断壮大。与华工的境遇不同，他们有回流、有影响，不但架起了中美文化交流的一座座桥梁，而且对中国的现代化事业做出了重要贡献。

对于当代中国人来说，大洋彼岸的那一大片土地的确有吸引力。那一片土地曾毫不留情地吞噬了大批中国劳工的生命，但同时又培育了一批又一批中国的精英。以中国革命的伟大先驱孙中山为例。他在少年时代便赴檀香山学习，开始接触西方文化。在研究了美国历史以后，孙中山先生最推崇美国总统林肯关于"民有、民治、民享"（of the people, by the people, for the people）的政治主张，遂将其与中国实际结合，提出了"民族、民权、民生"的三民主义。这一创举对中国现代化的影响不可限量。

这里要特别提一下"庚款留学"运动。1901 年《辛丑条约》所含的不平等条款中规定，中国政府要向西方帝国主义国家赔偿四亿五千万两白银。

---

① 笔者曾在美国加利福尼亚州奥克兰市图书馆东亚馆中见到当年华工后裔捐赠的有关资料，非正式出版物。

其中美国分得三千二百多万两,约合两千五百万美元。中国驻美公使梁诚(早期留美学生)向当时的美国国务卿海约翰提出减少赔款,并为此与美方进行了多次艰苦谈判与外交折冲。美国在华传教士明恩溥(Arthur Smith)于1906年正式向本国政府提出"退款办学"。美国伊利诺伊大学校长爱德蒙-詹姆士(Edmund J. James)则直接用备忘录形式致信美国总统老罗斯福,明确指出:"哪一个国家能够做到教育中国青年人,哪一个国家就能由于这方面所付出的努力而在精神和商业上得到最大的回报。对于商业来说,精神比军旗更可靠。"①19世纪末20世纪初,美国国内已经积累了雄厚的财富,并开始把战略发展眼光转移到更广阔的太平洋,寻求市场经济的"新边疆"。老罗斯福采纳了他们的建议。美国与清政府商定,将一千一百万美元自1909年至1940年逐年退还给中国,用于中国学生去美国留学的费用,并创建留美预备学校清华学堂。其中更为具体的规定是,中国赴美留学生80%将学习农业、机械工程、矿业、物理、化学、铁路工程、银行等;其余20%学习法律、政治、经济等。庚款留学还规定,以庚款为经费的留美学生学成后必须回国。

初次踏上美国土地的中国青年学子,面对美国高度发达的物质文明和一个开放的、竞争的社会,心情复杂而感慨不已。他们对自己的祖国往往有"哀其不幸,怒其不争"之叹。这个时期的中国留美学生,大多笃信"科学救国"。他们学成回国后,在中国的高等教育、工业发展、科学研究等国家现代化的重要方面成为真正的奠基者和播火者。他们之中有桥梁专家茅以升,气象学家竺可桢,建筑学家梁思成,物理学家叶企孙、吴有训、周培源,化学家侯德榜、杨石先,航空学家钱学森,水利学家张光斗,经济学家陈岱孙以及曾任北京大学校长的胡适等人。以上所列,只是中国现代化大潮中留美运动的一批代表人物。

从不久前北京大学美国研究中心和北京大学历史系合作完成的"中国现代留美运动口述历史项目"来看,20世纪上半期的留美运动称得上是波

---

① 徐鲁航:《庚款留学对中国的主要影响》,载中美关系史丛书编委会主编:《新的视野——中美关系论文集》,南京大学出版社1991年版,第21页。另见复旦大学历史系中国近代史教研组编:《中国对外关系史资料选集》上卷第二分册,上海人民出版社1977年版,第255—256页。

澜壮阔，其中的每一朵浪花都有自身的光彩。历史学者董正华教授在编者前言中这样写道："在中国知识界，老一代留美学人是一个有特殊身份认同的群体，这个群体对于中美文化交流，对于自由、民主、法制等现代制度观念和现代科学技术在中国的传播，曾经起了并且仍然在起重要作用。他们来自中国各个社会阶层，通过各自的途径走上远涉重洋的留学道路。留美期间，面对中美两国不同政治经济制度和文化传统的强烈碰撞、美国对内和对外政策常常造成的巨大反差以及中美关系时而友好时而敌对等等，他们曾苦苦思索。多数人毕业以后随即回国报效祖国，不能回国的也是身在异乡，心怀故土，每念以各种可能的方式为祖国发展效力。他们的人生经历和爱国情操，是一份宝贵的思想文化遗产。"①

文化的迎面相碰与交流是双向的。20 世纪初开始，美国对中国的现代教育和现代医学发展进行了规模较大的资金和人力投入。必须看到，当时的美国和中国，从经济发展、社会财富等诸多方面来看，有着极大的差别，在国际舞台上的身份，更不能同日而语。两个国家的内部，都有改变自己的强大动力。但不同点在于，美国的国内力量，在改变自身的同时，有着极其强烈的改变世界的冲动。而中国从晚清的自强运动开始，全身心投入的是争取摆脱被西方列强控制的被动局面，一心希望能自立于世界民族之林。

美国的这种改变世界的冲动，带有基督教文明和市场行为的双重扩张性。与老欧洲不同的是，美国文化和市场力量在 20 世纪初达成了一种较为有机的结合。美国对中国现代教育和现代医学发展的推动，主要不是由政府出面主导，而是由大财团和专业人士来践行。这里以有代表性的洛克菲勒家族为例。洛克菲勒家族靠石油起家，用现在的话说，是搞能源的，这给整个家族事业设定了一个很高的起点。1913 年，洛克菲勒家族正式在纽约注册成立"洛克菲勒基金会"。一开始的宗旨就定位为"促进知识的获得和传播，预防和缓解痛苦，促进一切使人类进步的因素，以此造福美国和各国人民，推进文明"。陈义之高，听上去就像是一个国际组织的宣言。1917年，洛克菲勒基金会通过其设立的"中华医学基金会"，在中国兴建协和医院，这是当时基金会在海外的最大一笔投资。大工业生产必然需要具备组

---

① 袁明、董正华、刘一皋：《中国留美学人口述史采访实录》，原稿现存北京大学美国研究中心。

织能力和协调能力。基金会要求参与中国协和医院工作的团队必须敬业，必须有发自内心的使命感，不是对上而是对整个事业负责，在践行过程中追求可以达到的最大限度的完美。因为只有完美才会体现生命的灵动和创造力，才会有被后人欣赏和传承的可能。

在工业文明的背景下展开的公益活动被称为"慈善"（philanthropy），但是这和中国传统文化中的"乐善好施""积德行善"等还是有着语境和文化上的区别。"Philanthropy"不是赈灾，不是施舍，不是短期行为。它要求严密的法律、法规保障来建立有效的机制。它既要唤起自身和公众的良知，又要影响社会和世界。一个多世纪以来，美国人就像是跑接力赛一样，一棒一棒在跑，在实践"philanthropy"这一理想。在这个跑道上，昔有洛克菲勒、卡耐基、福特，今有比尔·盖茨、巴菲特以及许多献身于这一事业的人。他们的着力点，在健康、教育等这些很基础但是也很能凝聚人心的领域。

美国与中国现代化的关系既如此密切，那么美国究竟是个什么样的国家呢？在现代中国人看来，这是个动感情的问题。美国似乎总是与中国人的痛苦和希望联系在一起。中国人在看美国时，总是难免受到一个复杂多变的外部世界和一个同样复杂的内心世界的制约和影响。由于中国在近代受到了太多的欺负，中国人在看外部世界时很难完全摆脱历史的阴影。中国社会学家费孝通先生在1944年至1945年间访问美国之后，曾写下如下文字："大英帝国的扩张时代已经过去，成了年，有的是心平气和、冷眼看世的神气了。"但像美国这样"一个年轻的文化，配上无比的强力，毕竟不是件太可放心的事。何况，若是拓殖的心理没有修改，他再度的扩张，是否是世界的幸福呢？现在世界上已经没有300年前的北美了，没有文化的真空区了。若是按照18、19世纪的老方法去扩展的话，说不定会遇着很大的阻力，把人类在封建制度下所解放出来的力量消磨在无谓的争斗之中"。① 历史学者章百家在研究近代中国外交后曾说："对中国来说，真正的灾难并不在于旧的对外交往体系的彻底崩溃，而在于它刚踏入新的国际社会时一下子就被抛到了最底层，找不到任何盟友，找不到任何足以自卫的手段。在两种国际体系交错的过程中，强烈的反差使中国人的心理失去了平衡：自豪感与

---

① 费孝通：《美国与美国人》，三联书店1985年版，第16页。

屈辱感、仇外和媚外、向西方学习先进与抵制西方影响长久地、矛盾地共融于中国人心中，交替起伏，因时而异。"①这段话，高度凝练而透彻，道明了中国人同美国人交往中在心理层面上的一层特殊的历史积淀。不过，美国人对此几乎一无所知。中国人的忧患意识与美国人对国家悲剧的全然无知之间是一道巨大的鸿沟。

如何处理精神遗产，尤其是跨文化的精神遗产，是一个很有挑战性的大课题。这个课题，中国人做了一百多年。

二　众口纷纭话美国

在世界历史上，美国用了两百多年时间，从一个前殖民地崛起为世界超级大国，确实是一大奇观。对此，世界上不少有识之士都进行了认真的观察和思考。

一个有趣的现象是，最初关于"美国特色"的描绘和概括，是由一位法国人完成的。1831 年，法国政治思想家托克维尔赴美国考察。1835 年，其成名作《论美国的民主》(*Democracy in America*)问世。这本书在西方世界引起了轰动，仅法文版就出了 17 版，另外还有英、德、俄、荷兰、匈牙利、意大利、丹麦、西班牙、瑞典、塞尔维亚等文译本。日本明治维新后，这本书也很快被翻译介绍。

《论美国的民主》是一本政治理论著作。它在美国大受欢迎。当时美国还在立国阶段，西进运动尚未开始。一位法国人来给美国经验进行理论上的拔高和总结，符合当时美国发展的需要。在美国摆脱英国殖民统治、争取独立的过程中，法国一直是坚定的支持者，而托克维尔又以批评"旧大陆"，到"新大陆"学习取经的姿态阐述"美国特色"，这给美国的"自我认同"树立起一个增强自信的理论框架。这个理论创新，既有欧洲思想的底色，又有美国实践的新内容。自此以后，在美国著名大学的政治系中，这本书无一例外地被指定为必读书。一些政治人物甚至与它终生相伴。一位身居高位的美国政界人士曾告诉我，他每隔一段时间就要仔细研读一遍《论

---

① 章百家:《20 世纪中国外交基本线索刍议》，载袁明主编:《跨世纪的挑战:中国国际关系学科的发展》(修订版)，北京大学出版社 2007 年版，第 299 页。

美国的民主》，在他看来，这本书几乎与《圣经》一样重要。

在绪论部分，托克维尔开宗明义地说："我在合众国逗留期间见到一些新鲜事物，其中最引我注意的，莫过于身份平等。我没有费力就发现这件大事对社会的进展发生的重大影响。它赋予舆论以一定的方向，法律以一定的方针，执政者以新的箴言，被治者以特有的习惯。"①在观察美国并回顾了法国及欧洲的历史之后，托克维尔看到了一种世界潮流，即"平等的逐渐发展，是事所必至，天意使然。这种发展具有的主要特征是：它是普遍的和持久的，它每时每刻都能摆脱人力的阻挠，所有的事和所有的人都在帮助它前进"②。

《论美国的民主》在当时的美国和欧洲同时受到欢迎，是因为它在精神理论层面创造了一套新的说法。美国人看到了自己不同于旧大陆的新使命，而欧洲则知道了同样的宗教使命感背后的新故事。《论美国的民主》总结了欧洲思想的美国实践。它揭示了世界历史在基督教世界中的一段进程：欧洲人曾用战争的手段去推动社会的变革，但美国人却主要依靠非战争方式在实现欧洲的理想。"17 世纪初在美洲定居下来的移民，从他们在欧洲旧社会所反对的一切原则中析出民主原则，独自把它移植到新大陆的海岸上。在这里，民主原则得到自由成长，并在同民情的一并前进中和平地发展为法律。"③欧洲思想的美国实践是世界历史在基督教世界中的一段加速和升华。

托克维尔给美国政治制度和社会民情做出了理论支撑，但真正的美国精神萌芽还是在美国自身的土壤中。几乎与托克维尔到新大陆旅行同时，一位美国年轻人开始了他的欧洲行程。这位美国人就是日后被称为"美国文化之父"的爱默生（Ralph Waldo Emerson，1803—1882）。1836 年，爱默生在他出版的第一本书中写道："为什么我们不能够有自己的诗歌呢？为什么不能有靠自己的洞察而非受制于传统的哲学呢？为什么不能有开启我们心智而非基于他人历史的宗教呢？我们在自然的环抱之中，自然那充盈的

① 〔法〕托克维尔：《论美国的民主》上卷，董果良译，商务印书馆 1988 年版，第 4 页。
② 章百家：《20 世纪中国外交基本线索刍议》，载袁明主编：《跨世纪的挑战：中国国际关系学科的发展》（修订版），北京大学出版社 2007 年版，第 7 页。
③ 同上书，第 15 页。

生命泉水在我们四周流淌，自然赋予我们力量，而自然本身的力量又激发着我们的实践与之同样宏大饱满。为什么我们还要在过去那干枯的骸骨堆里摸索，或从旧衣橱里拿出陈年古装披在活生生的一代新人身上？太阳在当空照耀，田野上有了更多的羊群和亚麻。我们四周是新的土地、新的人、新的思想。让我们去追求我们自己的事业、法则和崇拜吧。"① 爱默生的独立精神气质和演说才能，深深感染了 19 世纪中叶以后的美国人。到美国西进运动完成，南北战争结束，经济和社会发展高速行进时，美国人在精神上开始标识自己的新高度。美国人要自己来说美国了。爱默生已经给这个美国话题打上了一层大众的底色。他在著名的《美国学者》一文中说："穷人的文学，儿童的情感，街巷的哲学，家庭生活的意义，这些都成了当今的话题。这是巨大的进步。""我不索要伟大、遥远或浪漫的题材，不在乎意大利或阿拉伯发生着什么，也不在乎古希腊的艺术或中世纪普罗旺斯的吟游诗歌。我拥抱平凡，探究、尊重并亲近日常与低微的事物。"② 19 世纪 70 年代之后，美国开始大工业化阶段，相伴而来的是文化的繁荣。报纸杂志大量发行，公共图书馆和博物馆在各地兴建，大学蓬勃发展。这些自下而上的文化建设，给日后美国人自己说美国奠定了丰厚的人力和精神基础。

待到 20 世纪的两次世界大战打完，美国成为一个超级大国，并同另一个超级大国苏联展开"冷战"之时，"美国人自己说美国"发展成了"美国学"。这个新学科，没有打破托克维尔设定的理论框架，没有抛弃爱默生打下的精神底色，但是在种族研究（尤其是美国黑人研究）、妇女研究、自然生态研究以及诸多社会问题研究以及研究方法等方面，不断有"新边界"的出现和创新。大学还是形形色色各种新说法的大本营。特别值得一提的是，在第二次世界大战期间，因为要逃离纳粹迫害，大量欧洲移民，尤其是犹太移民来到美国。他们在政治学、经济学、社会学、文学等多个领域扎根，战后便成为各种美国思潮和论说的引领者。可以说，这是又一轮欧洲思想的美国实践。大西洋两岸的精神联系，剪不断，理还乱，但是不断地创新，还是始

① 参考〔美〕爱默生：《美国的文明》，孙宜学译，广西师范大学出版社 2002 年版，第 1 页。笔者译自 Ralph Waldo Emerson, "Nature", in Essays and Lectures, New York: Literary Classics of the United States, Inc., 1983, p. 7.

② 笔者译自 Ralph Waldo Emerson, "The American Scholar", in Essays and Lectures, New York: Literary Classics of the United States, Inc., 1983, pp. 68-69.

终贯穿在过程之中的。这种创新,来自于丰厚的精神资源以及物质资源。

历史仍在前行。世界变了,美国也在变化。现在参与评说美国的,不仅有美国的声音,更有世界各地的声音。即便在美国国内,也是众说纷纭。树大招风,千真万确。

一个稍有讽刺意味的故事是,2004 年,法国知名学者伯纳德-亨利·列维(Bernard-Henri Levy)接受美国《大西洋月刊》的邀请访美,沿着一百七十多年前托克维尔的线路重新考察美国。当时美国已经借“反恐”的名义发动了伊拉克战争。欧洲舆论对此一片讨伐声。列维在考察以后,认为美国人的个人主义已经膨胀成无视一切的至上傲慢。2007 年,他出版《美国的晕眩——踏着托克维尔的足迹之行》一书。列维认为,“当个人主义的种种升级达到其高潮时,它不是让人们陶醉于他们的自立,而是使他们沉醉于他们的独立不依,使他们割断了联系他们之间的纽带,以及他们与政治共同体的纽带;它把人们化约成无数的人群中的一分子,所有人都一模一样而平等,强迫自己不停地追逐那些微不足道的、粗俗的快乐,以填补其灵魂的空虚”①。在列维看来,鼓动小布什政府发动伊拉克战争的美国“新保守主义”者们,是一群怀有“民主十字军”心态的知识分子,体现了帝国主义意识形态的最新翻版。② 另一位法国评论家这样批评新保守主义:“他们喜欢民主、秩序和军队;他们讨厌共产主义、基辛格和联合国;他们赞成杜鲁门、里根和托克维尔。”③

为什么相隔一百多年,同为法国人的托克维尔和列维对美国的评价有如此巨大的差别? 这很值得旁观者思考。一个基本可以肯定的事实是,美国人还是将托克维尔的《论美国的民主》视作经典,而法国人已经不完全承认了。变化究竟出在哪个环节上呢?

批评也来自亚洲。2005 年,新加坡前驻联合国大使、现新加坡国立大学李光耀公共政策学院院长马凯硕(Kishore Mahbubani)出版《走出纯真年代——重建美国与世界的信任》(*Beyond the Age of Innocence—Rebuilding*

---

① 傅铿:《美国的晕眩》,载《读书》2010 年第 7 期,第 8 页。参见 Bernard-Henri Levy, A-merican Vertigo—Traveling in the Footsteps of Tocqueville, New York: Random House, 2007。

② 同上书,第 11 页。

③ 〔法〕樊尚:《伊拉克战争后的世界》,载法国《新观察家》周刊 2003 年 5 月 28 日。

Trust between America and the World）一书。他分章叙述了"美国如何惠泽世界""美国如何祸害世界""美国与伊斯兰""美国与中国"，并提出要对美国力量进行管理。他指出："美国历史上最初的两个世纪给世界带来的是希望。美国几乎一直都是一个温和的大国（大概只有在拉丁美洲除外）。美国通过其思想、价值观和管理体系征服了世界，而不是通过武力征服了世界。""然而，自相矛盾的是，它却是为应对被自己所改变了的世界做准备工作做得最差的国家之一。""一个古怪的悖论是：美国是世界上受教育程度最高的国度，然而，美国人好像应归入对国际事务知之最少的民众之列。""本书的希望之一就是使美国社会明白，每一天都有几十亿双眼睛在观察、研究和评判美国。"①此言不虚。2006 年深秋我在美国首都华盛顿访问，适逢美国国会中期选举结束，民主党人在众议院中大胜。我与马凯硕这位新加坡朋友驱车在华盛顿西北使馆区一路行驶，见到每一座外国使馆都灯火通明，人们在彻夜加班，向各自国内发回报告。我当时感叹说："一个国家的纯内部政治，能这么折腾全世界的，也只有美国。"

三 美国的特色和传统

美国的特色和传统，由历史凝成。从建国开始，甚至可以说从独立战争开始，一代又一代的美国人都在思考如何协调并处理好个人、社会和国家的关系。

这里有几个根本原则，或者说核心价值观。首先是个人的定位。在美国人看来，个人的自由是神圣的，是上帝的赋予。个人可以根据这种自由来表达意见和心声，结交朋友和组织社群。美国的"建国之父"们正是基于这样的原则而对制度作了清晰而严格的设计。权力不得滥用，自由要得到保障，但是，民主不是无法无天，民主意味着许许多多个人必须承担的责任。这些责任，无论是个人与他人之间、个人与社会之间，都应该由订立契约的方式来落实和完成。

1620 年，由欧洲移民乘坐的"五月花"号帆船在新英格兰登陆。当时已

---

① 〔新加坡〕纪梭·马布巴尼（Kishore Mahbubani）:《走出纯真年代——重建美国与世界的信任》，李韬译，北京大学出版社 2008 年版，第 3、5、7 页。

是冬天,恶劣的气候和生疏的地理环境迫使这批移民只能选择就地为营,建立一个简陋的临时定居点。"五月花"不仅载来了一批移民清教徒,还带来了一种精神。在登陆以前,船上的所有成年男子共同签约,表示"自愿结成一个公民自治团体,为了我们自身更好的秩序与生活,也为了实现共同的目标,将随时制定最为适宜和符合殖民地共同利益的公正而平等的法律法令,以及有关的公共职务"。这一后来被称为《五月花号公约》的集体约定,不排座次,不分卑优,强调自愿结合并依法行事。在美国,移民的故事成千上万,唯独"五月花"成为一种精神的象征,也奠定了美国民主的精神基石。它被后来的一代代美国人传承并演绎下来,在精神层面不断得到强化。它反映了美国价值观的基本要素:平等、独立、自由、依法、实干,在上帝面前,人人做好自己。

《五月花号公约》依靠的精神道德力量是上帝,强调个人自由体现了上帝的意志,依法行事同样体现了上帝的意志。"五月花号"的具体故事,进入了历史教科书,而基督教文化,尤其是清教文化,则真正渗进了后代美国人的精神世界。美国早年的乡村,连接着许多欧洲大陆上的精神文明碎片,其中最主要的便是基督教文化。我们看到19世纪中叶美国西进运动时的一些版画,任何新的定居点设立时,都只有两个公共设施,一是学校,二是教堂。所以马克斯·韦伯说:"美国是最世俗的,同时又是最信奉宗教的国家。"历任美国总统在就职典礼上,都要把手放在《圣经》上宣誓,牧师站在一旁作证;美国政要的讲话常常以"上帝保佑美利坚"来结束;美军中设有随军牧师,最高可授少将军衔;不管什么面值的美元上,都印有"我们信仰上帝"的箴言。一位享有盛名的美国教授曾告诉我,他并不相信上帝的肉身,但是相信宇宙中有一种精神,这种精神至高无上,上帝就是这种精神的代表。我曾经去观察过一个美国黑人教堂的礼拜。那是一个为中上收入的黑人服务的教堂,参加的美国黑人服饰十分考究,但他们向心中的上帝祈祷时则显出与白人教堂完全不同的风格。在白人教堂里,多是圣乐低回,庄严肃穆;而黑人教堂则是歌声响彻云天,人们仰首跺脚挥手高歌,向上帝倾诉一切。在由移民组成、日益多元化的美国,"上帝"也多元化了。不过严格地说,在美国社会占主导地位的宗教信仰,还是基督教传统中的清教主义。

自18世纪末开始,美国用了两百多年时间,完成了立国、富国、强国的过程,从一个殖民地变成世界上唯一的超级大国,其中很大的奥秘在于创新。美国人的创新精神与他们的宗教精神紧密相连。19 世纪上中期有一个"西进运动"，即要把美国的疆界从大西洋推进到太平洋。在"西进"时人们的口号是"天定命运"（Manifest Destiny），其内涵就是要依靠上帝的旨意去把握一切创造的机会。

这里特别要提一下美国的科技创新。今天，科技的创新发展已是美国向世界展示实力的重要标志。但是它的传统可追溯到美国建国之前。1743 年，作为美国"建国之父"之一的富兰克林创立美国哲学会，它是殖民地上第一个科学组织，宗旨是促进新世界中"有用知识"的传播。创立这个组织时，富兰克林只是一位印刷工人。其他重要的"建国之父"大都是这个科学组织的早期成员，如乔治·华盛顿、约翰·亚当斯、托马斯·杰斐逊、亚历山大·汉密尔顿、托马斯·潘恩等等。这个完全始于民间的组织，在美国独立后的五十年间却执行了国家科学院、国家图书馆与博物馆甚至国家专利局的职能。到 19 世纪后期美国工业迅猛发展起来后，洛克菲勒、卡内基等既有财力又眼光远大的美国人向美国的天文学研究捐赠巨款，建起了世界上前所未有的巨大天文台网。美的科技研究和创新，始于民间，在许多方面得力于民间，这是相当有美国特色的。当然，随着国家的发展，联邦政府也在不断加大对科技创新的投入，尤其是第二次世界大战期间和"冷战"开始以后。托克维尔曾对这些既满怀创新精神又重视埋头实干的美国人做了一个生动的评价："就是这些没有发现过力学上任何一条一般定律的美国人，却将使世界面貌大为改观的蒸汽机引进了海上航行事业。"①在上个世纪的 70 年代，在美国有很大读者群的《读者文摘》曾经这样描述过在美国从事科技事业的人文景观："很清楚，正是美国，它曾经一度认为有几个科学家就够了的，已经在相当短的时间内建成一支科技队伍，全世界还没有人像他们这样多产、这样花样繁多，这样聪明能干。配备在各实验室、天文台、原子撞击器和其他种种研究设施的有五十万善于钻研的科学家和一百万工程师——大约占全世界科技界中第一流专家的四分之三。"②自那时起至今不到半个世纪的时间里，美国完成了又一轮新科技革命。在信息技术、材料科

---

① 《美国科学技术史话》，程毓征等译，人民出版社 1983 年版，第 196 页。

② 〔新加坡〕纪梭·马布巴尼（Kishore Mahbubani）：《走出纯真年代——重建美国与世界的信任》，李韬译，北京大学出版社 2008 年版，第 212 页。

学、生命科学、太空探索、新能源等许多领域内,美国都占有超前和引领的优势,拥有顶尖的专家。值得一提的是,许多杰出人才来自世界各地。

不断创新需要不断质疑。美国是在不间歇的质疑、批评、争论和激辩之中发展到今天的。如今,我们对美国两党政治已有较多的了解,尤其对选举政治中两党的攻讦和较量印象深刻。美国的媒体、电影、电视中,有大量与此相关的内容,最近热播的《纸牌屋》即为一例。然而,我们还需要超越这些表面故事,了解这些政党政治后面的社会思潮,因为它们才是不同的美国人有不同行事方式和路数的由来。对于这些主要的社会思潮,我们都可以在美国建国之初找到其根源,更可以在美国两百多年的发展历程中看清其演进脉络。它们都以"上帝的召唤"为旗号,但又针对不同的社会问题和政治议程发声。

概括地说,美国社会传统中一直有自由主义和保守主义两大类别。1986年,美国著名历史学家小阿瑟·施莱辛格出版《美国历史的周期》一书,在书中他引经据典,阐述了美国建国两百多年中的"周期现象"。他介绍说,在建国初期,美国社会基本上以十二年为一个周期,在开创未来和回归传统中循环,而到了20世纪,循环的节奏则变成了三十年一个周期。小阿瑟·施莱辛格的这一研究完成于20世纪80年代。根据他的"历史周期律"的判断:到90年代,大众将会把改革创新的一代推向舞台。"90年代将是一个转折点,在肯尼迪年代中得到政治成长的男男女女会来实现这个代际更换。"[1]1992年底的总统大选中,以"肯尼迪为榜样"的比尔·克林顿胜出,伴随他入主白宫的,是他的妻子希拉里·克林顿。

历史学家不是算命先生。小阿瑟·施莱辛格的判断,虽然依据了大量的历史文献资料,但是细读他的书,可以发现一个明显的精神传承。他的立论基础,还是来自"美国文化之父"爱默生:"保守党与革新党把一个国家分成了两部分,这种情况由来已久。自古以来,这两个政党就一直在争论世界到底该属于谁。事实上这种争论也是人类文明史上的主题。""这两党此起

---

[1] Arthur M. Schlesinger, Jr. ,*The Cycles of American History*,Boston:Houghton Mifflin Company,1986, p. 47.

彼伏,对抗的激烈程度一如当初,只不过换了新的名义和新的人物而已。"①

这种周期,是一种现象,还是一个"定律"？当前,经济全球化使商品、资本、人员、技术与文化的流动更加多元、频繁、密切、多向。世界的议题变得更加复杂和宽广。美国是全球化的主要推手,同时也是受全球化影响最大的国家。全球化进程中出现的许多问题,都可以在美国国内看到缩影,或是找到直接和间接的反映。"9·11事件"的发生既对美国国内政治文化产生了巨大的影响,也使美国进一步卷入世界事务。在历史力量的强大冲击下,天性乐观的美国人也表现出了谨慎:"在不断累积的政治、社会与文化压力之下,国民价值的结构也许在周期性的和快速的转变中发生变化。这种情况何时发生和走向何方,是历史无法预测的。"②

历史无法预测,但是人类必须面对未来。

四 面对未来

2000年以来,美国前国务卿基辛格博士曾经五次专程到北京大学与青年学生们见面并深入交谈。他在2012年给我写信,希望能得到与北大学生座谈的文字整理稿。他说,至少要让即将到耶鲁大学就读的孙子看到这些记录,并知道在大洋的彼岸,有着一批多么优秀的同龄人。

北大的学生的确给基辛格博士留下了深刻印象。在一次讨论中,学生问这位美国资深政治家:面对未来,中国和美国遇到的最大挑战是什么？基辛格回答说,最大的挑战是如何超越传统。

超越传统,绝非易事。如仅就自身变革而言,在过去的一百多年里,中国和美国都做了许多努力。可以说,中国对自身历史文化、社会制度、经济结构等诸多方面的自我超越的力度和深度,实际上要超过美国,有时甚至达到非常激烈的程度。当然,美国也一直在超越传统,并以"周期性"方式保持着平衡。但是,在全球化的大背景下,中国和美国的发展,并不是两条互

---

① 笔者译自 Ralph Waldo Emerson, "The Conservatives", in *Essays and Lectures*, New York: Literary Classics of the United States, Inc. ,1983, p. 173。

② 〔美〕韩德:《美利坚独步天下》,"北京大学国际战略研究丛书",上海人民出版社2011年版,第9页。

不相交的平行线。如本讲一开始点出的,在中国和美国这两个国家内部,都有着改变自己的强大动力,但不同的是,中国在过去、现在乃至未来相当长的时间内,主要着力于改变自身,并为此不懈努力,而美国的国内力量在改变自身的同时,有着极其强烈的改变世界的冲动。这种冲动在外化为美国外交政策的时候,往往会触发世界地缘政治、经济联系以及文化传统中的结构性和深层次矛盾,引起动荡和不安。

从根源上讨论,美国这种改变世界的冲动与其精神文化有关。在国际政治中,知"形"易,懂"神"难。不同的精神文化主要由不同文明内部各种养分长期滋润、培育和积累,外力很难改变。人类只能在全球视野的不断拓展中,积极为自身精神文化寻找和开拓更多的绿地和甘泉。无论是中国文化还是美国文化,变革的动力始终来自内部,但也都需要在更大的空间中发展。

任何传统的东西,都必须经受现代化的洗礼。现代化不是美国化。现代化是一个可以无限拓展的未来世界,它既包含物质层面的内容,更需要精神层面的高度。

值得乐观的是,与前人相比,时代给了我们更多的机会与空间。

(作者为北京大学国际关系学院教授)

第二讲

美国历史

李剑鸣

　　我们经常听人说，美国的历史并不长，只有几百年，至多相当于一些"文明古国"历史长度的"零头"。不过，"长"与"短"是相对的，美国历史到底长不长，究竟有多长，这些都是存在争议的问题。按照我们这个课的安排，要用两个小时讲完美国的整个历史。可是，美国的历史就是再短，要在这么一点时间内把它讲清楚，也是一个极大的挑战。

　　俗话说，"有话则长，无话则短"，一个话题有不同的讲法，可长可短。现在有许多写美国历史的书，短的只有薄薄一册，类似书店里常见的那种"一口气读完"的书。最长的美国通史则有很多卷。美国的"牛津合众国史"，作者都是美国知名的学者，目前已经出版了七八卷，每一卷都有七八百页，就算它最后出到十卷，总共也会有七八千页。这真可以说是"鸿篇巨制"了。中国人写的美国史，最长的有多长？我们有两位前辈学者，杨生茂教授和刘绪贻教授，合作主编了一套《美国通史》，有六大卷，一共二百多万字。那么，最短的美国史到底能有多短呢？估计也就是在两个小时以内讲完吧。——这当然是玩笑话。

　　在下面的两个小时里，我想从两个方面简要谈谈美国历史的概况。一是梳理一下美国历史的基本脉络，通过一些带有里程碑意义的事件，把美国历史的大致线索串起来；二是简要讨论一下美国历史的特点和经验，想重点谈三个问题：美国的"崛起"，族裔和文化的多样性，还有民主的发展。

　　我还想附带说一点：我们讲美国历史的目的是什么？过去我们强调的是借鉴，要从美国取法，为中国的现代化建设寻找经验、启示和教训。据说黑格尔讲过一句话，我们从历史中学到的唯一东西是，没有人能够从历史中学到任何东西。这个话当然带有"启示录"的味道，但它提示我们，真正要想从历史中汲取经验和教训，是很不容易的事情。英国历史学家巴特菲尔德也说，历史并不是一个好心的教师，而是一个阴险的"老无赖"，总在那里玩弄"鬼把戏"。如果我们要让历史变得对我们有益，就需要足够的智慧、博大的胸怀和敏锐的眼光。我们了解美国历史的最大意义，在于给我们提供一种参照，一种由"陌生化"而产生的比较意识，有助于我们更好地认识自己，更好地认识中国的过去和现在。当然，在今天这个全球化的时代，我们要与越来越多的国家、民族和文化打交道，了解美国的历史，也能在某种程度上帮助我们营造一种良好的中美关系。此外，关于美国历史的知识，还可以深化我们的思想，开阔我们的眼界，让我们懂得并尊重历史的复杂性和多样性。

一 美国历史的基本脉络

我们先来梳理一下美国历史的基本脉络。中国古人讲历史，有"年经事纬"的说法。时间好比经线，事件好比纬线，经纬交织就构成了历史的画面。我这里有一个美国历史大事年表，大家粗略浏览一下，留意年代和事件，先对美国历史的脉络有个大致的概念。1492 年以前，可以说是美国历史的史前时期，主角是印第安人，今天叫"土著美利坚人"。但由于缺少文献记载，确切可知的事件不多，因此在我们的年表上，这个漫长的时期只能一笔带过。最近四五百年的线索要清楚得多，事件也具体得多。

历史还要通过分期来认识。也就是基于"年"与"事"的交际，把历史划分为不同的时期。美国人讲美国史，通常都把它分成三大段。第一段是殖民地与革命时期。话虽然这样说，但起点通常不是殖民地的建立，而是包括印第安人抵达美洲以来的历史，只是在具体讲述的时候，往往把印第安人的历史当作殖民地建立的背景来处理。这个阶段大致结束于 18 世纪末期。第二段是 19世纪。这是美国迅速发展的时期，我们后面要讲到美国的"崛起"，这主要是19 世纪发生的事。第三段，以前叫"20 世纪"，现在已经是 21 世纪了，美国学者也"与时俱进"，把它改称为"1900 年以来"。在殖民地与革命时期，重要的历史事件就不少；历史记载"愈近愈繁"，加上我们喜欢"厚今薄古"，19 世纪的内容就更丰富了。至于 1900 年以来的很多事件，我们大家都很熟悉，特别是讲二战以后的美国史，难免与其他学科有很多的交叉。

蒙文通先生喜欢援引孟子的话说，"观水观其澜"，讲历史要看大变故。这话有一定的道理。历史有如滔滔江河，又长又宽，奔流不息，泥沙俱下，只有抓住有标志性意义的重大事件，也就是大河中的巨浪，才能弄清历史的基本走势。那么，我们从美国历史中可以找出哪些有标志性意义的事件呢？我们不妨以世纪为单位，从每个世纪选取一个或几个重要的事件。在17世纪，最重要的事件是詹姆斯敦的建立（1607年）。18世纪是美国革命（1765—1789）。19世纪则有三件大事：领土扩张与西部开发（1783—1890），内战与重建（1861—1877），工业革命与工业化的完成（1790—1890）。20世纪同样有三件大事：罗斯福新政（1929—1941），民权运动（1955—1969），冷战（1946—1990）。当然，这只是我个人的看法。不同的人可能会选不同的事件，但有些事件是谁也绕不过去的。那么，我为什么要选取这些事件呢？下面依次讲一讲具体的根据。

（一）詹姆斯敦的建立

詹姆斯敦位于弗吉尼亚的詹姆斯河河口，是英国人在北美建立的第一个永久性定居点。前面讲到，美洲曾长期是印第安人的世界；1492年以后陆续有欧洲人来这里探查，捕鱼，建立移民定居点，启动了"两个世界"的接触和交汇。英国人在美洲的殖民活动起步较晚，先后建立过几个移民定居点，但都不成功。1607年建立的詹姆斯敦则一直存在下来，并且很快发展成弗吉尼亚殖民地。詹姆斯敦的建立，意味着从英国来北美的人不再是简单的"移民"（immigrants），而是变成了"定居者"（settlers）。定居者跟原先的探险家和捕鱼人非常不同，他们要在这里立足，谋生，置业，组成社会，繁衍后代，于是慢慢地形成了一种跟原来的欧洲和美洲都不一样的文化。因此，詹姆斯敦标志着北美殖民化的开端，也就是北美历史发生翻天覆地变化的一个转折点。这以后，英国相继在北美大西洋沿岸建立了十三个殖民地。这十三个殖民地就是美国建国的"基地"，1776年后成了美国的原始十三州，并在这个基础上发展和扩张，变成了今天的美国。

（二）美国革命

18世纪前半期，英属北美发展得很快、很顺利，到1760年前后，不仅拥有稳定而强劲的经济力量,而且在政治和文化上都具备了一定的自主性。殖民地居民多数是英国人的后裔,但他们同大西洋另一边的英国人已经不一样了,获得了"美利坚人"的名称。也就是说,他们开始形成自治的意识,也开始具有自治的能力。一旦英国着手调整对殖民地的政策,想要强化管理和控制,同殖民地居民的愿望和感受背道而驰,他们就起来抵制,由于因缘际会,这种抵制慢慢演化成了造反,最终在 1775 年 4 月发展成武装对抗。我们今天所说的美国革命,包括三个组成部分。一是独立战争。它跟中国的抗日战争一样,也打了八年,以英国承认美国独立而告终。不过,英国与其说是被美国人打败的,倒不如说是因为它受到法国、西班牙等欧洲势力的牵制,不得不"光荣撤退"。二是社会改造。1776 年 7 月 4 日大陆会议公布的《独立宣言》,不仅宣布了美国的独立,而且揭示了美国赖以立国的基本原则,即平等、自由和共和。独立战争搅动了整个社会,不同的群体行动起来,基于《独立宣言》所表述的原则,表达自己的诉求,推动社会的改革。旧的制度和习俗遭到摈弃,新的风习得以培育,奴隶制的合法性受到挑战,普通民众的声音受到重视,女性的角色和地位也发生了变化。三是国家构建。自从战争爆发后,各州就开始摆脱英国的控制,建立独立的自治政府。各州纷纷制定宪法,确立了新型的共和政体。1787 年联邦宪法的制定,既是美国革命的尾声,也是它的高潮。制宪会议在费城举行,从 5 月开到 9 月。大家不一定清楚,费城这个城市处在两条大河之间,夏季天气潮湿和闷热。会议为了保密,还要防范蚊虫,于是只能闭门开会;制宪会议代表都是绅士,开会时要讲究衣着和仪表,在那个炎热季节关着门开会,可以说是"活受罪"。战争要流血,立宪则须流汗;制宪者不仅"劳心",而且"劳力"。但他们的付出是有意义的,会议提出的宪法草案,在 1787—1788 年间得到了多数州的批准,美国革命所创立的新共和国,有了一个重要的"护身符"。在今天看来,美国革命的意义不仅是建立了一个独立的国家,更重要的是探索了一种治理大型民族国家的新型体制,即联邦共和政体。用联邦制来治理现代民族国家,这本身就是一种创新;而在联邦制下采用共和原则,而不是君主制或贵族制,更是美国革命最大的成就,也是它留给今天的一份最重要的遗产。美国革命还有另一个创举,那就是美国人发现,一个国家其实是可以依靠一张纸来治理的,这张纸就是宪法。他们赋予宪法神圣的地位,使之成为国家体制和政治运行的最高规则。这里面有非常深厚的历史和文化渊源。

除此之外,美国革命还使美国人初步形成了国家认同。一个国家要成为真正意义上的民族国家,没有国民对国家的认同是难以想象的。因此,无论从哪个角度来说,美国革命都是美国历史上一个划时代的事件。

（三）领土扩张与西部开发

美国独立的时候,它的领土大致相当于现在的四分之一,就是从大西洋沿岸到密西西比河以东的一个狭长地域,而且大部分土地还没有得到开发。这片领土是 1783 年《巴黎和约》中英国同意划给美国的。后来,美国利用各种机遇,采取多种手段,包括武力夺占、谈判、购买、策反、欺骗等等,逐渐获得了广袤的国土,成为世界上少数几个领土大国之一。其中有几次领土扩张,代价很低,但收获却大得出奇。1803 年,杰斐逊总统只花了很少的钱,就从拿破仑手里买到很大一片地域,有 214 万平方公里,这就是著名的"路易斯安那购买";1830 年代,美国先策动得克萨斯从墨西哥独立,建立了"孤星共和国",最后把它并进美国,使自己的版图又增加了 101 万平方公里;在美墨战争中,美国打败墨西哥,迫使它割让加利福尼亚等西南部大片土地,面积达到 137 万平方公里;还有一次,美国同英国谈判,把俄勒冈地区弄到了手,面积也有 74 万平方公里。获得领土固然重要,但如何治理和开发领土,可能是一个更重要的问题。当时美国可以采用多种办法来处理新获得的土地,比如说,可以按照传统的办法建立殖民地,还可以实行军事占领。但是,美国采取的办法是边开发边建州,使新获得的地区成为联邦完全平等的成员。在当时美国精英的心目中,夺取和开发西部,并不仅仅是取得土地,建立农场,开发矿产,修建铁路;更重要的是去传播文明,用白人的文化去征服蛮荒之地,以实现美国自由和民主的天命。当时有一幅很有名的画,题为《美国的进步》,生动地反映了美国人对西部开发的理解。画中一个飞翔在半空的白人女子,代表着一往无前的西方文明;她身后是已开发的土地,阳光灿烂,人烟阜盛;她的前方则是尚待开发的蛮荒之地,乌云翻滚,榛莽遍地;白人开发者源源不断地向前推进,印第安人则随同野兽一起被驱赶着向后退却。实际上,那些开发西部的普通人,无论是拓荒者还是淘金汉,也无论是牧民还是修路工,留下的大多是艰辛的故事。他们晓行夜宿,栉风沐雨,胼手胝足,艰苦创业,经常面对各种危险和考验。在西部开发中最具传奇色彩的是牛仔。我们都看过美国的西部电影,其中的牛仔大多侠肝义胆,豪勇好斗,枪法超群,看起来很浪漫,很潇洒。但实际生活中的牛仔远不是这样。他们的生活单调而危险,通常是单独行动,长期骑在马上,很多人变成了罗圈腿;他们远途驱赶牛群,有人掉到河里淹死,或者遇到暴风雪被冻死。可见,牛仔的经历并不是浪漫故事,而毋宁是苦难的痛史,它象征着西部开发的艰难。从更长远的历史进程看,西部开发的意义在于,美国通过各种手段获得的领土由此变成了有实际价值的土地,极大地增强了美国的国力,是美国"崛起"的重要依托。但我们不要忘记,西部开发中有两个最大的受害者,一是印第安人,二是自然环境。西部原本是许多印第安部落的家园,但随着白人的西进,他们遭到驱赶和拘禁,被迫生活在荒凉、贫瘠的保留地。另外,美国人在西部开发中养成了大手大脚的习惯,粗枝大叶地对待环境和资源,造成了严重的浪费和破坏。这方面的危害,到 19 世纪末就逐渐显露出来了。

(四) 内战与重建

1861 年,南方十一州宣布脱离联邦,并且炮轰联邦的萨姆特要塞,挑起了内战。内战是美国历史上伤亡最大的战争,也是深刻改变美国历史进程的重大事变。关于内战的起因,史学界说法很多,争议很大。内战的爆发与奴隶制的存废有关,与联邦制的欠缺有关,也与美国人国家认同的薄弱有关。但我觉得有一点更值得关注。奴隶主是美国南方一个特殊的群体,他们人数虽少,但却控制着巨大的经济、军事、政治和文化资源,拥有惊人的综合能量,主导着南部社会的走向。可是,他们的权势和地位,却取决于占有和压榨黑人奴隶这种畸形的制度,一旦奴隶制不能生存,他们所拥有的一切也就会化为灰烟。因此,他们对奴隶制的存废抱有一种脆弱而偏执的警惕。最后,他们为了维护小集团的权势,不惜把国家和广大民众拖入战争,并使他们自己和许多南部人一道成为受害者。内战中最惨烈的一仗,发生在1863 年的葛底斯堡,当时战场上尸横遍野,血流成河。这场战役也因林肯的葛底斯堡演说而更加出名。到 1865 年,南部失去了战争的意志和能力,联邦赢得了胜利。在南部签署投降协议的地点,南北双方主帅握手致意,可谓是"渡尽劫波兄弟在,相逢一笑泯恩仇"。内战说到底也是"兄弟阋墙",美国的领导人希望尽快弥合创伤,完成联邦的重建。重建的任务,一是要改造叛乱诸州,使它们在新的条件下重新加入联邦;二是改善获得自由的黑人的经济境况,维护他们的政治权利。但许多南方白人并不这样看问题,他们受到失败的打击,长期对北方抱有很强的怨愤,对重建进行了各式各样的抵制。重建的第一项任务大体上完成了,第二项任务则比想象的要艰巨得多。有人把内战说成是美国制度的失败。这种看法似乎有点片面。内战是一个很复杂的事件,它牵涉到美国历史上的许多问题,给美国社会和文化打下了极深的烙印。首先,它废除了奴隶制,使全部黑人奴隶变成了美国公民,从"财产"变成了"人"。这是一个巨大的成果。美国人以自己的努力废除了奴隶制,割掉了自己社会肌体上的毒瘤,虽然代价高昂,但意义重大。其次,内战解决了美国的国家主权问题。美国革命中形成的国家主权,是一种分割和分享的主权,各州拥有很大的自主性。内战的部分起因就是州主权挑战联邦主权;内战的结果则是联邦主权战胜了州主权,特别是联邦政府对南方十一州实行了军事占领下的强制重建,这对州权主义是个很沉重的打击。随着重建的进展和结束,联邦终于变成了一个真正意义上的民族国家。再次,内战调动了美国经济和文化的活力,为战后经济和社会的突飞猛进打开了闸门。最后,内战中林肯政府实行的政策,具有多方面的意义,产生了长远的影响。《宅地法》解决了土地问题,加速了西部的开发,也造就了更多独立的农场主。《太平洋铁路法》掀起了铁路建设的新高潮,加速了交通运输的革命。《莫里尔土地赠与法》帮助建立了许多学校,推动了教育的发展。《解放宣言》更是一个革命性的文件,它宣布解放奴隶,升华了内战的性质,也改变了美国社会的结构。所有这些战时措施的后果,都不仅仅限于满足战争的需要,而是极大地影响了后来美国的发展,特别是对 19 世纪后半期的工业化有重要的推动作用。

(五) 工业革命与工业化的完成

如果我们用简单化的眼光来看工业革命,觉得它无非是技术和经济方面的事情,那就太片面了。工业革命的后果和影响都是全局性的。一般说来,美国的工业革命带有"继发"的性质,也就是说,它是在英国的影响下发生和发展的。在工业革命的启动阶段,塞缪尔·斯莱特是个标志性的人物。当年英国实行技术保护,不允许机器图纸等资料流出国境;斯莱特是个有才华的技工,他为了谋求更大的发展,就把机器图纸默记在脑子里,化装成学徒前往美国,1790 年在罗得岛建立了水力棉纺纱厂。美国早期的工业革命,实际上是技术变革和制造业飞跃性发展的过程。蒸汽动力逐步取代水力,机器制造也突破单纯的仿制,在技术和工艺上形成了自己的特色。特别是惠特尼 1798 年发明了滑膛枪可替换部件的制造技术,为机床生产创造了条件,使大规模的标准化生产成为可能。后来,通用部件制造技术和机床制造业,成为美国工业的基本优势。在 19 世纪下半叶,美国工业化接近完成,生产领域又发生了新的变化,这就是"第二次工业革命"。内燃机和电动机开始发挥越来越重要的作用,特别是电力的出现和普及,造就了重大的动力革命。同时,钢铁工业发展很快。大致在 1890 年前后,美国完成了工业化,进入了工业社会。这时,美国的经济结构发生了翻天覆地的变化:工业产值超过农业,以机器生产为主的工厂制工业取代手工制作的工场,劳动密集型经济让位于资本密集型经济,小型的合伙人企业的时代过去了,大型股份公司成了经济的主导力量。美国的国民生产总值也有了巨大的增长,1900年,美国人口 7600 万,国民总收入约为 365 亿美元,工业产值约占全世界总值的 30%,成为全球头号工业大国。工业化重塑了美国社会,改变了美国人的生活方式。在前工业时代,人们过的是自给自足的生活,现在生产变得高度专业化,人在日常生活中也变得相互依赖了。人口越来越集中于城市,城市成了繁华和贫困并存的场所,可以说是一个两极化的标本。另外,在以资本产品为主的生产型经济大发展的基础上,消费型经济也不断壮大,美国初步进入了消费社会。这意味着经济成果能够更全面、更迅速地转化为普通人的生活质量。顺应这股潮流,商品销售方式朝着便利于消费者的方向转变,百货公司、邮购公司、连锁商店等遍及全国,以刺激消费为目的的广告业也迅速发展。同时,普通人的生活条件有所改善,工时缩短,工资上涨,休闲时间增加。文学、艺术、体育等也朝着大众化方向转变,廉价小说、文艺期刊、各种演出活动,还有各种体育比赛,等等,都是在进入工业社会后才流行开来的。

(六) 罗斯福新政

美国刚刚步入工业社会,就遇到了许多的麻烦。主要问题并不是来自于经济本身,而在于如何控制迅速增强的资本的力量,如何规范大公司的经济行为,如何看待财富和贫困,如何对待弱势群体,如何形成新的伦理和行为方式,以促成社会良性有序的发展。20 世纪初的"进步主义改革",所针对的大体上就是这些问题。但是，到了 20 年代末和 30 年代初，美国面临的问题就大不一样了。1929 年股市崩盘以后，市场溃败，经济滑坡，工厂倒闭，民众失业，由此进入了"大萧条"时代。这时，美国在经济、社会乃至政治各个方面，都陷入了前所未有的危机。1933 年就职的总统富兰克林·罗斯福，虽然半身不遂，但身残志坚，有毅力，有头脑，也有胸怀。他发表"炉边谈话"（Fireside Chats），鼓舞民众的信心；他网罗各色各样的人才和谋士，推出了一系列政策和措施，旨在化解危机，改善局面，帮助美国人走出困境。新政的举措可以用"3R"来表示，也就是"Relief"（救济）、"Recovery"（复兴）和"Reform"（改革），涉及救济贫困、复兴经济、建立新的制度、调整劳资关系、形成社会保障机制等方面。不过，这些政策的效果还没有来得及得到充分检验，另一件大事就发生了，那就是希特勒突袭波兰，欧洲爆发大战。英法等国急需大量物资，美国就充当了"欧洲的工厂"。这样，欧洲的战争为美国经济的复苏提供了难得的历史机缘。但是，如果仅仅从经济着眼来看待新政，那就会导致很大的偏颇。新政的遗产也是全方位的，除了经济领域，还涉及政治制度、政治文化、社会观念、种族关系、劳资关系、女性地位等许多方面。其中最突出的一点是，新政确立了一种新的传统，就是国家有责任、有义务为民众提供生活保障和社会安全。在过去的美国，国家并没有这个职能，特别是在美国的社会文化中，个人的成功与失败、幸福与不幸，纯粹是私人的事情，国家和社会不仅没有责任，而且也不应当干预。另外，在美国的政治文化中还长期存在一种强烈的反国家情绪（anti-statism），不信任国家，反对政府权力扩张，认为管得少的政府才是好政府，因为政治权力越强大，公民的自由和权利就越受到威胁。这种把国家权力与个人自由对立起来的政治思维，一般称作"经典自由主义"。可是，新政调动国家的力量来振兴经济，促进国民福利，推动社会公正，维护公民权利，从而改变了国家与个人的关系，调和了权力与自由的关系，缓和了反国家的情绪。另一方面，新政还扩展和丰富了自由的内涵，在原来的个人自由、政治自由之外，突出了社会自由和经济自由的重要性。这种新的政治文化取向，通常叫做"新自由主义"或"新政式自由主义"。1941 年，联邦政府大张旗鼓地纪念"权利法案"颁布一百五十周年，表明罗斯福自认是美国自由的忠诚卫士。总之，新政在美国历史上具有全面而深刻的意义，开启了联邦政府积极干预经济和社会生活、全面协调社会发展的先河。

(七)民权运动

美国人口由众多的种族和族裔构成,但占主导地位的长期是西北欧移民和他们的后裔,少数种族和族裔,特别是黑人,长期遭受压迫、排斥和歧视。经过新政和二战的激励,美国社会的种族观念发生变化,平等和权利的诉求趋于强烈,黑人的政治意识愈益增强,于是发生了一场影响深远的重要运动,就是民权运动。按照通常的说法,大规模的运动兴起于1955年,结束于1969年;但有的美国学者认为,这是"掐头去尾"的民权运动,实际上,民权运动开始的时间要早得多,民权运动的目标在1969年也远远没有实现。民权运动以争取种族平等和社会平等、保障黑人的政治权利和经济权利为主要目标;斗争方式多种多样,包括集体抵制、自由乘车、静坐示威、选民登记、立法游说等。其中南方的运动重在争取黑人的政治权利,北方的运动重在改善黑人的经济处境。民权运动的主导策略是合法斗争,或者叫做"非暴力直接行动"。但后来也出现了以暴抗暴、黑人权力、城市游击战等激进的主张。民权运动的直接目标,或者说核心的目标,在于为黑人争取政治权利和社会平等,但它的参与者不限于黑人,影响也不限于黑人问题,而是触及了美国社会的方方面面。它引发了很多相关的抗议运动,比如反战运动、青年学生运动、新左派运动、红色权利运动,等等。民权运动具有极大的冲击力,导致了制度性种族歧视的消除,改变了美国的种族关系格局,"多元文化主义"兴起,社会的包容性增强,政府更加关注底层民众的处境。更重要的是,民权运动促使美国人重新思考权利问题,权利清单越拉越长,权利的概念不断扩展,保障权利的机制得以完善。这个过程叫做"权利革命",由此形成了新的跨种族、跨性别的权利体系,权利的范围涵盖政治、经济、文化、教育、环境各个领域。美国人的选择空前增加,比如在婚姻和家庭方面,可以在同性恋、堕胎、丁克、离婚、单亲等方面做自由的选择。在民权运动以来,美国社会还形成了一种新的禁忌,叫做"政治正确性":有一些东西不能碰,有一些话不能讲;在涉及种族和性别等问题时,不能有任何歧视性的语言和姿态。特别是公众人物,在这方面稍有不慎,就可能产生灾难性的后果。另外,民权运动还造就了一个历史性的人物,就是小马丁·路德·金。他是民权运动的主要领导人,遇刺身亡又使他成为殉道者,于是,美国政府设立"小马丁·路德·金纪念日",作为追求种族平等和社会公正的象征。

当然，巴拉克·奥巴马两度当选总统，也反映了民权运动的影响。这一点我们后面再谈。

(八)冷战

我们前面一直在讲美国国内发生的大事，其实，要了解美国历史，还需要有一点国际视野。这不仅由于美国是在变动的国际环境中建立和发展的，而且也由于美国很早就具有国际取向，在世界经济、政治和文化领域扮演重要的角色；特别是在二战以后，美国成为国际秩序的主导力量，也是各种制度、价值和产品的主要输出国。二战结束的时候，美国成了世界上最富有的经济强国和最大的军事强国。1947年，美国生产了世界制造业产品的50%、石油的62%、钢铁的57%、汽车的80%；建立并主导着以美元为中心的世界货币体系；拥有原子弹和强大的军事力量。美国在经济和军事上实力的增强，很自然会扩大它在自由、民主和宪政方面的经验的影响力。美国自认代表着世界历史的方向，也觉得具备了充当世界霸主的实力，于是率领以英、法、联邦德国为主要盟友的"自由世界"，与以苏联为首的社会主义阵营进行军事、政治、经济和文化等各方面的抗衡和较量。1946年2月凯南发出"长电报"，同年3月丘吉尔在密苏里富尔顿发表"铁幕"演说，1947年3月杜鲁门提出"杜鲁门主义"，1947年6月国务卿乔治·马歇尔倡导复兴欧洲的计划，1948年4月杜鲁门签署《经济合作法》，1948年苏联封锁柏林，1949年4月北约成立，1949年杜鲁门提出"第四点计划"，1950年朝鲜战争爆发，这一系列事件构成了冷战起源和初步展开的轨迹。在此后四十余年时间里，美苏争霸的格局支配了国际关系的走向。冷战后期出现了"美国衰落论"，主要是美国在世界经济中的地位受到了日本和西欧的挑战。但是，在冷战结束后，美国引领了"新经济"和"全球化"的潮流，并且变成了唯一的超级大国，在世界舞台上制约美国的力量比以往许多时期都要弱小。于是，美国的外交政策给国际关系带来了一个严重的威胁：经过几百年战争和流血而形成的国家主权神圣不可侵犯的观念，再次面临被轻易践踏的危险。冷战对美国战后的历史也具有全局性的影响。它推动了美国全球战略的形成，促使美国在处理国与国之间的关系时，不仅基于实体性的国家利益，而且考虑意识形态，用意识形态来区分敌友，组织阵营，处理国际事务与国内问题。这样就形成了某种冷战思维。冷战时期美国和苏联展开全面的竞争,美国在科学技术、教育文化等方面都采取了许多措施,促进了美国经济、科学技术、教育文化等事业的发展。比如计算机技术、网络技术和空间技术的发展,大学教育的改革,社会科学的兴盛,现代化理论的出台,都有冷战的背景。过去,研究冷战的学者强调国与国之间的关系,关注冷战的国际维度;近期美国出现了"新冷战史研究",开始考察冷战对国内的影响,发现冷战不仅是世界史和国际关系史上的重要事件,也是美国历史上的重要事件。

二　美国"崛起"的神话与实际

以上大致梳理了一下美国历史的基本线索,虽然只讲了几件界标性的大事,但大家对美国历史的大致脉络和特点,应当有了一点初步的印象。在这个基础上,我们就不妨来谈谈美国"崛起"的问题。前几年,"崛起"曾经是个很热门的话题,中央电视台还播过"大国崛起"的系列政论片,也推出了相关的文字读物。央视的节目当然不是学术性的,如果用严格的史学标准来衡量,会发现其中存在许多的缺陷和不足,甚至连"大国崛起"这样的提法也是值得推敲的。不过,如果假定"美国的崛起"是一个有效的命题,那么我们应当如何切入这个问题呢?

讲历史离不开时间,谈美国的"崛起",先要明确它的起讫。一般说来,美国成为强国的历程,始于18世纪末,结束于20世纪初期。在短短的一百多年时间里,美国从大西洋沿岸的一个蕞尔小国(从国力上说),发展成一个世界性的强国。这就是美国的"崛起"。具体可以看看经济实力、生活水平、政治影响、国际地位等方面的变化。经济的发展和壮大是"崛起"的核心内容。经济发展带动了社会变迁,促成了财产关系的变化,推动了政治民主化的进程。过去美国的选举权长期有财产资格的限制,这个财产指的是土地。但是,到了工业时代,很多新兴的阶层,比如律师、医生、教师、技工和海员,还有企业主,都没有土地,可是他们也要求参加选举。因此,美国各州在19世纪二三十年代相继废除了选举的财产资格限制,实现了成年男性的选举权。后来,大量女性离开家庭去工作,经济地位的提升唤醒了政治权利的诉求,她们也要求参加选举。因此,到20世纪初,通过宪法修正案,美国妇女也获得了选举权。而且,随着经济的发展,越来越多的美国人享有富足而自由的生活。从这里可以看出，经济发展不仅是美国"崛起"的核心内容，也是美国"崛起"的强劲动力。美国的"崛起"还体现在其他方面，比如国土的扩大、人口的增长、城市化的完成以及交通的进步。说到交通的变化，其意义不可小看。1789年，华盛顿住在弗吉尼亚州的蒙特弗农，要去纽约就任总统，一路上要走好几个星期；到20世纪初年，这段路只需要若干小时。交通的发展把美国连接成了一个整体，使过去那种"岛屿式社会"（island society）变成一个"整合的社会"（integrated society）。另外，美国也实现了文化上的"崛起"。以小说而论，在华盛顿第一次就任总统之前，美国人还没有写出一本像样的小说，他们读的都是欧洲小说，许多还是盗印本；直到1790年，美国才出版了第一部小说，叫做《同情的力量》。在19世纪30年代，托克维尔发现美国既没有几个像样的作家，也没有伟大的历史学家，甚至连一个诗人也没有。可是到了1900年，美国已经拥有很多知名的大作家、大诗人，比如赫尔曼·麦尔维尔、惠特曼、马克·吐温、杰克·伦敦等，他们都写出了伟大的作品。像亨利·詹姆斯这样的作家，在欧洲都很有知名度。由于国力的强盛，美国的国家形象也跟从前大不一样了。在1790年，联邦的财政收入有很大一部分用于贿赂北非小国的海盗，以换取地中海贸易航路的平安。北非的海盗不敢惹英国商船，因为英国的海军很强大；他们却总是欺负海军弱小的美国人。这说明美国在国际上还得不到充分的尊重。可是到了1900年，美国已经成为海军强国，有能力在远洋作战，并开始介入世界事务。

不过，用我的同事王立新教授的话说，美国当时还是一个"reluctant hegemony"，一个"不想当霸主的强国"。可见，美国这个强国，同历史上曾经存在过的强国很不一样。罗马、波斯和英帝国，一度都是世界性的强国；但是，它们的强国地位依靠的是强大的军事力量，走的是领土扩张、侵略或殖民的道路。美国这个强国，首先是一个自由和民主的大国，一个科技文化发达的大国，一个民众富足的大国，然后才成为一个扩张争霸的军事大国。历史上有不少靠穷兵黩武建立和维持的大国，美国与它们非常不同。换句话说，美国首先是一个"great nation"（强国），然后才是一个"great power"（强权）。在世界历史上，通过这种方式"崛起"的大国并不多见。这样一种新型大国的"崛起"之路，对于人类历史具有方向性的意义。

人们经常问，美国为什么发展得那样快？究竟是一些什么样的条件促成了美国的迅速"崛起"？我们首先想到的是得天独厚的自然条件。这一点确实很重要。从地理位置来说，美国的北面是英属加拿大，自从美英修好后，英国不会威胁到美国；加拿大自己在谋求从英帝国独立，也没有能力来挑战美国。南面是虚弱的墨西哥，在美墨战争中，墨西哥表现得不堪一击，完全不是美国的对手。另外，美国东西两侧都濒临大洋，大洋的阻隔使外国的进攻十分困难，在帆船时代尤其是这样。这种优越的地缘政治环境，保证了美国的国家安全，美国人可以安心搞建设，做生意，发展经济。美国也没必要维持一支强大的常备军，不必像后来的苏联那样，把国力集中投入到发展军备，在经济上偏向发展重工业。美国的经济得到了更均衡的发展。从资源禀赋来说，美国幅员辽阔，可利用的面积很大，资源丰富多样：既有适宜于农耕的中西部大平原，又有适宜于畜牧业的西部大草原；加利福尼亚谷地适宜种植果树，阿巴拉契亚山脉和五大湖沿岸富于矿藏，墨西哥湾有丰富的油气资源。美国人对国土进行了及时而充分的开发，这与同样拥有丰富的资源但开发很不充分的南美国家，形成了鲜明的对比。

第二，美国人很好地利用了历史的机遇。一些对其他国家是大灾难的国际事件，对美国都成了千载难逢的发展机遇。在殖民地时期，欧洲大国之间经常发生战争，但北美殖民地依靠英国的保护，在经济上和政治上都获得了很大的发展。在革命时期，美国利用英法等国之间的矛盾，借助国际援助，赢得并且巩固了自己的独立。在19世纪，欧洲内部格局仍不稳定，美国乘机在世界各地寻求市场，全力进行国内建设。一战期间，美国利用欧洲巨大的物资需求，扩大工业生产能力，奠定了战后十年繁荣的基础。二战期间，美国进一步扩大了经济生产能力和黄金储备，成为全球第一经济强国。冷战期间，在军事技术竞争的带动下，美国在高新科技领域不断创新，取得了世界领先地位。20世纪80年代末以来，美国又抓住了信息革命的机遇，成为"新经济"的领头羊。总之，自建国以来，美国几乎是每次重大的国际性事变的受益者。这主要得益于美国人不失时机、恰到好处地抓住了机遇。

第三，美国的发展得到了良好的制度保障。制度不能解决一切问题，但好的制度如果运行得好，无疑能给社会带来良好的局面。说到制度，我们不能不先说说美国的宪政体制。美国拥有世界历史上最早实行而且最有连续性的成文宪法，宪政体制的稳定，不仅避免了困扰许多国家的频发的政治动荡，而且为不断的发展留下了极大的空间。在美国，一方面政府和当权者的任何举措,都不能突破宪法的框架;另一方面,各种民众群体的诉求,许多都可以转化为宪政问题,社会抗争的结果,也往往体现为新的宪政权利的确立。有人说,美国的宪法是以限制政府权力和保护民众权利为宗旨的,这样才有可能让每个人自由地发挥创造能量,在个人权利得到保障的前提下,实现社会的整体发展。可见,美国宪政体制的优势不单纯是它的稳定性,而是它在稳定和发展之间找到了很好的平衡。另外,美国还有较好的保护私有财产和知识产权的制度,有合理的契约制度、自由企业制度和税收制度,以及人口自由流动制度和言论自由制度。更重要的是,美国社会具有自我调整与自我修复的机能。任何社会都会出现问题和弊端,如果任凭这些问题和弊端不断恶化,不断积累,最终就会导致社会的崩溃。在美国历史上,一旦社会弊端暴露出来,就会跟着出现(基于言论和表达自由的)社会批判,知识分子和新闻报刊揭露和批判现实问题;然后就会产生(基于结社与集会自由)社会抗议,并与政府决策者之间形成良性互动,最终导致政府与社会共同推动的改革运动。这样就能及时甚至提前发现问题,采取必要措施,匡正弊端,消弭不满,实现新的发展。这就是为什么当美国社会遇到严重问题时,通常不必打破现有的框架,而只需在既定的体制内进行修补。

第四,人文因素具有至关重要的意义。我们知道,任何事情都是人做出来的,制度是人建立的,宪法也是人制定的;规则能否得到遵守,制度能否有效运行,都与人的价值观念和行为方式有很深的关联。美国的族裔纷繁多样,文化构成极为复杂,一代又一代国籍背景不同、宗教信仰有异、利益诉求相左的居民,怎么能够在同一个社会共存,在同一种宪政与法治的框架中寻求自身利益的最大化呢?据有的美国学者说,这主要是由于这些差异极大的人,都认同于一个共同的身份,就是"美利坚人"。什么叫做"美利坚人"?那就是他们都认同于自由、平等、民主、宪政等核心价值,而且相信这些核心价值对于他们的日常生活具有实实在在的意义。我们过去常说美国人信奉"实用主义",讲究实际,不尚空谈。其实,美国人的性格还有另一面,就是重视可能性,面向未来,也就是罗素说的,他们喜欢"昂首望天"。在这里我只举一个例子:20世纪初期,美国兴起了一场保护自然资源的运动,打出的口号就是"为了尚未出生的人们"。这样的话,当然不是只顾眼前的人能想得出来的。另外,美国人还富于妥协精神,在不同的利益之间存在灵活的谈判机制。他们把政治看成一种协商和妥协的艺术。在美国历史上,谈判和妥协解决过许多的冲突。这样就可以导向一种不同利益、多个群体合理竞争的格局。我还想说一点，就是美国人有较突出的规则意识。他们不仅认真制定规则，而且严格遵守规则。规则只有得到遵守才有意义。一群人如果能遵守规则，富于自律精神，就能形成某种"自发的秩序"，进而实现自治。既然无需强大的外力来实施"他律"，那么获得真正的自由就是顺理成章的了。在美国，规则的主体是法律，宪法则是最高的规则；宪政就是按照合理规则运行的体制，民主就是有规则的政治。

最后，我们还不能漏掉外来因素的影响。虽然美国作为一个国家的历史较短，但美国的文化却是源远流长的。它的渊源可以追溯到古老的欧洲文化、西非文化和美洲土著文化。这三种文化的交汇和融合，构成了美国文化的起源。我们知道，美国的"崛起"正是在全球化的大背景下进行的，美国总是在与不同的国家、不同的文化、不同的经济体打交道。美国不断有移民迁入，这些不断到来的移民，不仅补充了经济建设所需的人才和劳动力，而且增强了族裔和文化的多样性，使得美国社会文化丰富多彩。各种文化的碰撞、融合和发酵，造成了相互竞争、取长补短的态势，为社会发展提供了巨大的动力。从技术的角度看，美国也经常引进和模仿欧洲，这一点在工业革命初期表现得最突出。在制度建设和社会改革方面，美国也接受了欧洲和其他地区的影响，大量借鉴了别国的经验。比如说，在 19 世纪末期的政治民主化运动中，美国引进了秘密投票制。这种制度的发源地在澳大利亚，所以又叫"澳大利亚投票制"。

我们上面分门别类地讲了各种因素的作用，但在美国历史的实际中，这些因素并不是单独地在起作用，而是因缘际会地凑在一起，形成了一种合力。单独某个因素都不可能造成美国的"崛起"，关键是合力的作用。美国占据了天时、地利、人和，这是世界上许多国家都难以想望的。有这些因素中的一两项就很不容易，可是美国都占全了，这是它的优势，更是它的幸运。从某种意义上说，美国的发展模式是不可复制的，因为别的国家很难再集齐这么多、这么好的条件，也不会再有这么好的机遇。概括地说，资源优势、历史机缘、人口素质、制度保障、政府决策，所有这些条件如此巧合地结合在一起，才创造了美国"崛起"的奇迹。

照这么说来，美国"崛起"的故事对我们还有什么意义呢？当然是有的。它给我们提供了一种启示，告诉我们，一个国家的发展并没有固定的法则可循,关键在于它的人民和政府能充分利用自己能够控制的资源和环境,敏锐地把握历史机遇,采取适当的发展策略,自由而充分地发挥人的创造力,努力把自己的国家建设成为民富国强、自由公平的国度。由此可见,虽然美国的经验不是什么"放之四海而皆准"的"真理",别的国家也不能复制美国的模式,但并不妨碍我们"鉴别吸收""取精用宏",用自己的方式来实现"崛起"。

当然,美国的"崛起"并不是一部浪漫的"英雄史诗",不是一个童话般的奇幻故事。美国历史上遭遇过不少挫折和失败,留下了许多不光彩的记录。美国长期存在种族奴隶制,这种制度的残酷和腐败,大家都是熟知的。在工业化过程中又出现了很多严重的弊病,比如"血汗工厂"、童工制、低工资、长工时、工伤事故没有赔偿、失业工人没有保障,这些问题也是到20世纪初以后才逐步得到缓解的。另外,浪费资源、破坏环境、贫富分化、社会冲突等等,也是不能忽视的问题。一句话,美国"崛起"的代价十分沉重,而且"崛起"的成果也没有在国民中间公平地分享。所以,我们不必把美国的"崛起"美化或神化。

三 美国种族、族裔与文化的多样性

人们经常把美国说成是一个"移民国家"。虽然这个说法并不确切,但其中有一点还是"靠谱"的,就是美国的人口来自世界许多的国家和地区,在种族、族裔和文化上具有突出的多样性,而且这种多样性给美国的历史打下了很深的印记。

美国的种族、族裔和文化的多样性,同这个国家的起源和发展有密切的关系。我们过去常说,美国是从英国的殖民地发展起来的,英国人进入北美,建立了殖民地,美国接过了欧洲的接力棒,在欧洲文化的基础上发展成了一个大国。可是,今天很多美国学者,尤其是那些偏向自由主义思想的学者,都强调美国文化起源的复杂性,其中包含欧洲、美洲和非洲的影响,而不是某种单一文化的延伸。这三种不同的文化在北美这个地域范围内发生交汇,构成了美国文化的源头。所以说,美国文化从一开始就具有多样性,美国从一开始就是一个"三种族社会"。后来,美国人口的多样性还在发展。从殖民地时期开始,进入英属北美的移民来源就很复杂。英国对殖民地的移民政策与法国和西班牙不同,它是开放的,允许外国移民进入。1740 年英国还制定了入籍法,外国移民在北美殖民地可以获得英国国籍。19 世纪更是一个大移民的时代,来自东欧、南欧的移民增多。到了 20 世纪,许多亚洲国家的移民也源源不断地来到美国。于是,美国就成了一个"人种的博物馆",在文化上也就具有了斑斓驳杂的色彩,或者说是一个"文化的马赛克"。

奥巴马在当选总统后说了一句很有名的话:"这里没有一个黑色美国和一个白色美国、拉丁裔美国、亚裔美国,这里只有一个美利坚合众国。"奥巴马主要表达的是他作为一个政治家的立场。如果反过来看,这句话正好反映了美国在人口和文化上的多样性和复杂性。而且,事实上确实是曾经存在过很多个"美国",只不过"白色的美国"长期占据压倒性的优势。

在美国历史上,"白色的美国"为了确立和巩固自己的优势,长期诉诸文化优越论和种族偏见,使少数种族和族裔处在无权和边缘化的地位。在历史上的漫长时期,多数美国人认为种族、族裔和文化的多样性是一件坏事,那些非白人的种族,还有那些来自西北欧之外的族裔,如果不能被同化的话,就必须被排斥在美国社会之外,否则就会对美国文化构成威胁。不过,美国社会对少数种族和族裔的不公平对待,因不同的族裔群体而有不同的方式。对于非英裔、非西北欧的欧洲族裔,美国社会和政府谋求的是同化,这类运动在美国历史上曾发生过多次,要把这些群体"美国化",使他们接受主流社会的价值、习俗、制度和生活方式。"同化"在美国文化中是一个顽强的主题,这种观念有一个基本的前提,就是只有西北欧裔、特别是英裔居民所体现的价值、制度和生活方式,才是最优越的,应当作为美国文化的标准,凡是与之不合的东西,就要消除,或者被改造,要想方设法把其他人变成"美利坚人"。美国一度流行的"熔炉"论,实际上主要是适用于欧洲移民。对待土著居民印第安人,美国社会谋求的是"文明开化",而不是一般意义上的"同化",重点在于使印第安人接受白人的生活方式,而不一定是融入白人社会。对待黑人,则完全是歧视、排斥和迫害,在内战后的南方尤其是这样。在内战之前,多数黑人受到奴役,只是奴隶主的财产,受到深重的压迫和剥削。内战的结果是废除了奴隶制,黑人成为公民。但这样并没有大举改善黑人的地位和处境,反而激发了南方白人的种族主义情绪,他们刻意把黑人妖魔化,视之为异类,采取各种办法加以排斥、歧视和迫害。正是在这个时期,种族主义在南方社会甚嚣尘上。后来民权运动首先在南方爆发,同这种局面有莫大的关系。另外,从制度和观念上歧视、排斥和压制其他少数族裔的现象,在美国历史上也长期存在;有些重大的事件,比如排华运动、二战期间对日裔居民的隔离和拘禁,只是这种歧视、排斥和压制的集中爆发。对于亚裔移民来说,即使想要"美利坚化",一时也很难得到机会。

不过,美国社会并没有僵化和停滞不前。经过少数种族和族裔的不断抗争,国际局势的推动,加上主流社会的反省和政府的介入,自从20世纪初以来,美国社会对待少数种族和族裔的态度、对文化多样性的看法,一直在发生积极的变化,开放性和包容性在逐渐增强。在20世纪前期出现了"文化多元主义"(cultural pluralism),主要是针对新来的欧洲移民,认为他们中间存在的不同文化,都有正当的价值和意义,要尊重他们的宗教、语言和习惯。二战后的民权运动,促进了"多元文化主义"(multiculturalism)的兴起。在中文里,"多元文化主义"与前面提到的"文化多元主义"很相近,只是词序不同,容易混淆。实际上两者有显著的差别。"多元文化主义"不仅是一种文化理论和思想观念,而且还是一种意识形态和政策取向,含义丰富,影响巨大。它的理论基础是产生于20世纪前期的文化相对主义,相信不同的文化在自身的系统内都有价值,有意义,有存在的权利;不能采取绝对的标准来评价不同的文化,不应把文化划分等级,分出高下,用"先进"和"优越"的文化来打击、排斥、同化"低级"和"落后"的文化;而应该在平等和开放的格局中,任由各种文化相互交流,共同发展。在"多元文化主义"的社会氛围中,美国不同的族裔努力学会相互理解,和平共处;特别是白人逐渐变得包容和开放,承认其他种族和族裔的权利,愿意和他们往来。在今天,美国基本上消除了制度性的歧视,种族和族裔关系出现了大致合理的格局。前些年美国流行"affirmative action",有人译作"肯定性行动",有人译作"平权措施",就是对少数族裔和女性等弱势群体在教育和就业上实行照顾和倾斜,这是"多元文化主义"在政策上的体现。不过,各种隐性的歧视仍然存在,特别是潜意识里的歧视不易消除。而且,当今美国的种族和族裔关系又出现了新的特点,最突出的问题不再是白人对其他种族的歧视,而是少数族裔相互之间的歧视和冲突。所以说,种族和族裔关系仍然是美国社会的重要问题。

不管怎么说,美国的种族和族裔关系发生了巨大的变化,在这个过程中,"美利坚人"(Americans)的概念也在不断演变,它的含义变得日益复杂和不确定,以至于美国人自己也经常问:谁是"美利坚人"？这个问题看似简单,其实很不好回答。这是由于"美利坚人"的概念总在变化,在历史上的不同时期,它的含义是很不一样的。最早的"美利坚人",是指居住在北美大西洋沿岸的英格兰人。独立战争爆发后,只有那些反对英国统治、拥护美国独立的白人,才是"美利坚人";而那些效忠英国、反对独立的人则是叛徒;黑人是奴隶,印第安人是处在美国主权管辖之外的部族,都不在"美利坚人"之列。18世纪80年代初,法国移民克雷弗克写了一本《农场主信札》,其中专门讨论了什么是"美利坚人"的问题。按照他的说法,美利坚人是一种"新人",他们是由不同种族、不同国籍来源的人混合而成的;他们在思想观念和生活方式上与欧洲人不同,所以是"新人",而且今后注定要在世界历史中扮演重要的角色。克雷弗克说话像个预言家,但他过分强调了当时"美利坚人"的种族混合特征。内战和重建改变了"美利坚人"的含义,黑人在法律上成了"美利坚人",但在实际生活中仍然受到排斥。特别是南方白人根本不承认黑人是"美利坚人",限制和剥夺他们的公民权利。黑人虽然有投票权,但在投票时口袋里要揣两张选票,看看在投票站监视的白人喜欢那个候选人,再决定如何投票;只有在没有白人的监视和威胁的时候,他们才能投自己喜欢的人。投票对黑人竟然是一件很危险的事,经常有黑人因为投票而遭到殴打,甚至付出生命的代价。印第安人也长期不被看成是"美利坚人",他们分属各个部落,有的不受美国管辖,有的混合在白人社区,但大多不是美国社会的成员。1924年,美国国会通过了《印第安人公民权法》,全部印第安人都自动成为美国公民。他们虽然在理论上成了美国公民,但实际上不能融入美国社会,他们的价值、习俗和生活方式很不一样,脱离部落以后,完全处于劣势,无法享有作为美国公民的平等权利,遭遇了空前的灾难。因此,罗斯福新政有一个重要的方面,叫做"印第安人新政",就是让印第安人回归部落。除此之外,那些源源不断地进入美国的新移民,如果要成为"美利坚人",必须接受同化,接受新的价值、习俗和生活方式。可见,什么是"美利坚人",做一个"美利坚人"意味着什么,在历史上是一个很复杂的问题,困扰着许许多多的美国人。

2008年,奥巴马当选为美国总统,开创了美国历史的新纪元,也意味着

"美利坚人"又有了新的定义。奥巴马代表了新一代"美利坚人"，他们的突出特点是具有很强的种族和文化的混合性；判断"美利坚人"的标准，已不再是族裔来源，不再是文化习俗，而是对美国政治文化核心价值的认同。一个拥有美国国籍的人，只要信奉自由、平等、民主、宪政等观念，并接受相应的象征物，就是一个"美利坚人"。为什么美国的多数选民会选择奥巴马这个黑人呢？据说有人宣称，"布什不是美利坚人，奥巴马才是真正的美利坚人"。布什本是地道的白人，祖辈长期生活在美国，他却被人"取消"了"美利坚人"的资格；奥巴马的父亲是肯尼亚人，母亲虽是白人，却多次结婚，生的孩子有复杂的国籍背景，这样的人反倒成了"美利坚人"的代表。这是多么富于反讽意味的事。当然，这也是一件意味深长的事，说明对"美利坚人"又有了新的界定。谁能代表美国，谁真正信奉美国的价值观念，谁能真正把握美国的发展方向，不管其肤色和国籍来源是什么，就称得上真正的"美利坚人"。

由于"美利坚人"的概念在不断变化，经过了反复界定和重新界定，于是就引起了美国人的困惑，形成了亨廷顿的那个经典问题："我们是谁？"一部美国历史，实际上也是在不断探索这个问题。2012 年的美国总统选举，再一次反映出美国的族裔和文化版图发生了深刻的变化。支持米特·罗姆尼的选民，基本上是社会地位稳固、生活有保障、信奉基督教的中上层白人；支持奥巴马的人中，有许多是黑人、少数族裔、新移民、女性和同性恋者。这些人过去在美国是"outsiders"（外人），现在却成了"美利坚人"的主体。这是当今美国在族裔和文化方面的一个鲜明特点，也对美国提出了新的挑战。究竟谁是"美利坚人"，如何处理种族和族裔之间的关系，如何在文化多样性的基础上求得社会和谐稳定，这是美国历史上形成的问题，是美国当今面临的问题，也是美国未来需要处理的问题。

四　美国民主的基本历史经验

我们讲美国历史，当然不能不讲美国的民主。如果说美国作为国家的历史不算长，那么它作为一个现代民主国家，在世界上却是历史最为悠久的。现代民主的形成和发展，是美国历史上的得意之笔；美国政府在处理与他国的关系时，也经常打着传播民主的旗号。那么，从历史的角度看，美国的民主究竟经历了怎样的演变，又有哪些经验值得我们注意呢？

美国民主的历史经验很丰富，其中最重要的一条是，它表明民主其实是一种非常脆弱的政体。同君主制和贵族制等政体相比，民主尤其脆弱。君主制可以依靠君主的血统、君权的神圣性、官僚体制、贵族世家，还有神权和军队；谁要是反对君主，就是大逆不道，就会遭到镇压。贵族制也可以依靠血统，借助小范围的秘密决策，动用武力来维护统治秩序。但是，民主政体强调政治的公开性，依托于民众的公共参与和自愿的信任，它既不能靠武力去建立，也不能靠武力来维持。如果用刺刀逼迫人们去实行民主，那又怎么可能会有民主呢？民主的出现需要一个基本的条件，就是多数成年公民相信民主的价值，愿意并且有能力去实行民主。因此，建立、维护和推进民主的方式，都只能是民主的。这里就出现了一个历史的悖论：在没有民主的时候，在没有民主的地方，如何用民主的方式来建立民主呢？我们过去常说，民主的建立要靠革命。革命真的是建立民主的方式吗？据耶鲁大学的政治学家罗伯特·达尔研究，世界历史上用革命建立的民主都不稳固，最终都崩溃了，最典型的就是法国革命。可是，美国的民主难道不是在革命中建立的吗？托克维尔说过，"美国人有民主的社会情况和民主的宪法，但他们没有经历过民主的革命"。他这话是对照法国的情况说的。美国革命中的确存在广泛的暴力，但针对的主要是英国军队和效忠派。美国民主的形成不是通过暴力革命的手段，它与殖民地时期的政治遗产有关，受到革命的推动，也离不开民众的争取，但它的主要框架却是通过各州和联邦的立宪这种协商和讨论的方式建立的。从这个意义上说，美国民主并不是暴力革命的产物。

美国民主的经验还表明，民主的命脉在于公民参与，如果公民都厌恶政治，不关心公共事务，不去投票，也不在乎政府官员在做什么，那么民主就岌岌可危了。因为在公民参与弱化或缺失的情况下，另一个问题就随之出现，那就是精英控制的强化。民主在理论上是普通民众的自治，但在实践中却必须通过精英来运作；因此，精英和民众的关系，是民主政治的核心问题。有精英而无民众，只有精英在治理国家，没有民众的参与，所谓的民主就只不过是一个名义，实际上实行的是贵族制或寡头制。另一方面，有民众而无精英，民众就会变成"mob"，也就是"乱民"，政府的统治效率必定十分低下，结果只能是"乱政"。这就是说，只有当民众和精英形成某种平衡的格局时,民主才是一种运行良好的体制。雅典民主的鼎盛时期,正是民众和精英合作得最好的阶段。然而民众和精英在一定意义上是天然对立的,他们有不同的价值观念、生活方式和利益诉求。这么两个天然对立的群体,要在民主的框架中共存和共治,就只能借助于不断的博弈和竞争。如果民众政治热情高涨,社会抗争活跃,富有公共参与精神,民主化就能向前迈进,政治的民主性就会提升;如果民众政治冷漠,公共参与萎缩,精英便会得势,政府的天平就会偏向社会上层,政治的民主性就会降低。

在美国历史上,对民主的理解始终存在平民主义和精英主义的分野。平民主义的民主观,强调民众的参与,倡导民众的政治自主性,认为民众是民主的核心力量,民众的利益是民主的根本目标。这种观点参照的是古代雅典的民主,因此也叫"古典主义"民主理念。另一种是精英主义的民主观,认为民主离不开领袖,民主的本质是民众选举领袖和职业政治家,赋予他们决策的机会和合法性。根据这种理论,代表和官员都不是民众主动选举出来的,而是他们让民众把自己选举出来的。这种民主观参照的是现代民主的实践,因此也被称为"经验主义"民主理念。这两种民主观在美国始终存在着交锋。美国民主的建立和演变,美国的民主化进程,都伴随着民众和精英的博弈。因此,美国民主的经验告诉我们,民主绝对不是自然而然的产物,而是人们抗争的结果;它尤其不是统治阶级主动赐予的,而是民众经过长期斗争,通过民众和精英的不断博弈和竞争,才逐渐形成的。

在美国革命时期,民众的激进主义十分活跃,它倡导建立一种简单、廉价、直接依赖于民众的政府,最理想的模式是一院制政府。当时的激进派认为,英国的体制太复杂,所谓制衡和分权的方式,民众不容易了解,只给少数上层人留下了操纵的空间。因此,要建立一种最接近民众、民众能够参与的政府。民众的激进主义诉求,虽然没有直接转化为政治体制,但对美国的国家构建产生了明显的影响。据有的学者说,民众并没有参加费城制宪会议,制宪的人都是精英,可是他们为什么没有设计出一个精英统治的体制呢?他们为什么选择共和制,而不采用对他们自己最有利的贵族制呢? 这是因为民众作为一个"ghost"（幽灵）,时时游荡在制宪的会场。也就是说,制宪的精英感受到了民众的影响,考虑到了民众的态度。他们无论讨论什么问题,提出什么方案,都要想一想:民众会怎么看? 他们能不能接受? 有个来自宾夕法尼亚的制宪者说,从历史的经验来看,英国实行的有限君主制是最有效的政体,可惜在美国行不通,因为美国的民众不喜欢。这说明民众作为一种无形的力量在影响着制宪会议,在制约着精英的态度和选择。这正是民众和精英博弈的表现。

当然,精英在美国的建国中发挥了主导作用。这些精英不同于英国的贵族,他们信奉共和主义理念,认为一种政体是否合理,关键在于它能否维护和推进社会的共同福祉。他们主张由具备美德的人(virtuous people)来执政,只有这样的人才能了解公共利益,才能推进和维护公共利益。什么样的人才是具备美德的人呢?就是那些受过教育、经济独立、有理性的判断、不谋求私利的人,也就是当时人们所理解的"绅士"。这样的人当然不是来自社会的底层,他们必然是社会的中上层。可见,共和主义与精英主义有着天然的亲和性;建国一代所理解的共和政体,不过是一种"绅士"精英主政的体制。另外,"建国之父"还特别担心多数人压迫少数人,一心想设计出一种多数和少数达成平衡的政体。汉密尔顿说过,如果只把权力给少数人,他们就会用权力来压迫多数人;如果只把权力给多数人,他们就会用权力来剥夺少数人;最好的办法是把权力同时给多数人和少数人,并且让他们相互牵制。这也是麦迪逊在《联邦主义者文集》第十篇中所说的,在一个地域广阔的大共和国里,不同的派别能够相互牵制和相互平衡,不容易形成一个压倒一切的最大利益。只有这样才能保证政治的有序和稳定,才能促进和维护共同福祉。在实际政治中,"建国之父"不希望民众过多地介入,主张由那些有智慧、有教养、有美德的人来操持政府,这样对社会更有好处。麦迪逊就说过,少数优秀分子比普通民众更了解他们的真正利益是什么,选择他们作为民众的代表,并不是简单地转达民意,而是要"提炼和扩大"(refine and enlarge)民意。可见,汉密尔顿和麦迪逊的想法与激进主义思想是多么的不一样。前者当然是精英理念,后者则反映了民众的诉求。这两股力量的交锋和博弈,使美国的建国没有走君主制或贵族制的道路,而是采用了共和政体。虽然它的民主性比较有限,但为后来的民主化留下了一个具有可能性的框架。

过去很长一个时期,美国史家喜欢把民主的兴起当作美国历史的核心主题,把民主的历程说成是一个高歌猛进、从胜利走向胜利的故事。实际上,历史上的美国民主并不是一帆风顺、一往无前的,而是经历过多次挫折和起伏,甚至是倒退,还有过生死考验。在这个过程中,民众和精英力量的消长是一个重要的因素。在民众积极行动的年代，比如19世纪初期，正是美国民主化急速推进的时期；在民众政治参与低迷的时期，比如19世纪后半期，美国政治腐败严重，党魁和官僚机器的控制明显增强。不过，随着民主化的持续推进，民主政治趋于成熟，民主便成了美国的核心政治价值，围绕民主形成了一套对官员具有约束力的政治伦理，使得掌权的精英在任何情况下都不至于走得太远。因此，不论民众和精英的关系处在一种什么状况，美国政治的民主属性是不会完全消失的。不过，美国的历史经验一再表明，只有当民众和精英之间的张力达到一种合理的平衡时，民主的运作才会处于一种相对良好的状态。当前美国的民主面临很多的问题，其中有些也直接涉及民众和精英的关系。

先来看看政党政治的"异化"问题。政党本来是作为民主的机制而产生的，曾经起到动员民众、集中民意、规范权力交接的作用。可是，政党政治在高度稳定以后，主要政党拥有过于强大的政治资源，就容易摆脱民众的制约，背离民主的轨道，成为少数人进行政治操作、谋求政治利益的工具。在选举的时候，每个政党都有自己特定的强势选区，那里的选民铁定支持某党的候选人；在总统选举时，某些州有相对固定的政党倾向，也就是常说的共和党州、民主党州，这些州往往不是竞选的重点，激烈的选战往往发生在那些"摇摆州"。在这种情况下，在那些某一政党占优势的州，选民选择的余地并不大。比如说，在一个共和党占优势的州，那些拥护民主党的选民的选票就几乎没有意义。在联邦的决策中，我们经常看到总统和国会在扯皮，参众两院争执不下，国会议员之间分歧严重，其实背后都是党派立场在作祟。民主决策的本意是要依据民意，反映民意，体现民意，但现在经常是政党主张和党派立场在起决定作用。这都是政党政治"异化"的表现。在这种"异化"的背后是什么呢？就是民众的制约和影响下降，政府完全处在精英的控制和运作之中。

同政党政治"异化"相伴而生的是民众的政治冷漠。亚里士多德说，"人是政治动物"；虽然这句话的翻译和理解在学术界有不同的意见，但可以肯定地说，在雅典城邦的政治概念中，一个人只有参与公共事务才算是一个真正的人，否则就是奴隶、妇女或者是外邦人。可是，今天美国人的生活环境和生活方式已经截然不同，选择高度多样化，一个人可以在很多的事情上寄托自己的喜好，实现自己的目标。他可以去看职业篮球比赛，可以去打高尔夫球,可以去做社会公益事业,不一定非到投票站去证明自己作为人的价值。因此,投票率不高是今天美国政治的顽疾。一个人连投票站都懒得去,其他的政治参与方式也许更不能引起他的兴趣。民众不关心政治,不参与政治,就等于是把政治领域完全留给了职业政治家,这些人就乐得上下其手,操纵一切。政治冷漠的另一个表现,是抗争性社团大为衰落。美国历史上出现过许多抗争性社团,当初民权运动之所以能兴起和发展,就离不开很多抗争性社团所起的动员、组织和领导作用。工会曾经是美国最重要的抗争性社团,一些全国性的大工会,比如劳联和产联,并不仅限于争取劳工的利益,而且是一种不能忽视的政治力量。可是,近几十年美国的工会运动全面衰落,政治中几乎听不到工会的声音。工会没有动静,就意味着美国民众的一个重要的群体,也就是工人阶级,基本上从公共政治中消失了。

财富的集中和社会不平等,也是当前美国民主遇到的严重障碍。少数人掌握着巨大份额的财富,并运用财富的力量来影响公共政治,于是形成了财富精英和政治精英联手控制政府的局面,这对民主政治是一个致命的打击。林肯说过,民主的真义是"民有、民治、民享"(of the people, by the people, for the people)的政府;但现在的美国政府,用斯蒂格利茨的话说,已经成了"百分之一的人所有、百分之一的人所治、百分之一的人所享"(of the 1%, by the 1%, for the 1%)的政府。这种局面引起了强烈的不满,2011年9月美国兴起了一场"占领运动"。最初是占领华尔街,后来发展到占领整个美国。占领运动的主旨是反对社会不公,反对财富寡头、尤其是金融寡头操纵经济,玩弄政治,要为多数人争取经济机会和社会公正。但它缺乏组织性,也没有统一的纲领,因此难以持久。此外,还有人提出通过参与和协商来唤起美国民众的政治热情,使美国重新变成一个参与型社会,以此激发民主的活力。可是效果也不是十分理想。

于是,人们就开始思考一个问题:究竟民主还是不是治理现代国家的有效方式?今天的社会变得越来越复杂,经济、福利和安全这三大问题,都不是民众自己所能解决的,完全依靠市场也行不通,必须借助国家的力量。因此,国家权力开始了空前的扩张,渗透到社会的每个领域,影响到每个人的生活。国家权力的膨胀,意味着政府官员和官僚机构的作用上升,民众参与的空间缩小。而且,经济、福利和安全方面的问题,涉及专门的知识、精微的技术和繁复的程序,普通人不能理解,更难以掌握,因此民众即便要参与决策,也不知从哪里下手。毕竟,民主诞生于相对简朴单纯的农业时代,现在我们已经进入了高度发达的后工业时代,民主的理念和体制是否仍然有效呢? 今天是否还能为民主营造一种有利的环境呢? 这些都是值得深思的问题。有的人似乎对民主的前途感到悲观,比如意大利学者达尼诺·佐罗就说,在当今这种复杂的社会里,民主是一种没有前途的体制,必将走向终结;今后各国都会效仿“新加坡模式”,就是权力寡头、技术寡头和财富寡头联手控制社会和国家。究竟今后各国政治会朝什么方向发展,民主是否还有前途,这都是有待继续观察的问题。不过,美国的历史经验表明,民主固然脆弱,难免经常遇到困难和挫折,但它终究存在下来了,目前也没有出现替代它的更好的体制。这说明民主仍有顽强的生命力,因此,我们还是要对民主的未来保持信心。

（作者为复旦大学历史系教授）

第三讲

美国社会发展中的种族与少数族群问题

马　戎

　　今天我们这一讲的题目是"美国社会发展中的种族与少数族群问题"。首先我介绍一下我自己的学科背景,我的专业是社会学,二十多年来我一直在国内从事社会学的调查研究,近期特别关注中国边疆的少数民族问题,调查的重点是新疆、西藏、内蒙古、青海、甘肃、云南等地。在思考和研究中国的民族问题时,我们非常需要有一个更宽阔的全球视野,特别要关注其他国家在处理民族问题时的成功经验与失败的教训,这也是我关注美国种族和族群问题的主要原因。

　　随着全球化和世界各国之间的政治、经济、文化交往的增加和人口迁移,民族-族群问题已经逐渐发展成为一个世界性的普遍问题。每个国家的形成和边界划定是各种复杂的政治、经济、文化、外交因素交互作用的历史过程,而稳定的领土边界是每个国家和平建设和发展的基本条件。但是今天世界上绝大多数国家都属于多族群国家,内部不同族群之间很可能因各种原因造成利益矛盾和冲突,加上国外势力的引导和催化,有时族群冲突会升级甚至国际化,不但破坏了社会安定,也可能会引发内战和导致国家解体,甚至引发区域战争,前南斯拉夫就是一个典型例子。

　　正因为人们认识到族群冲突可能对国家和社会造成严重后果,如何分析族群集团之间的矛盾,并通过政府制度和政策与主流社会的影响来引导族群关系朝着有利于社会和谐稳定的方向发展,便成为各国政治家和学者非常关注的问题。我国是一个由 56 个民族组成的多民族国家,少数民族人口占总人口的 8.4%，民族自治地方占陆地国土的 64%，族群关系的发展前景对于中国在 21 世纪的国家统一、社会稳定、经济繁荣和文化创新极为重要。

我们这次课的主要内容，就是回顾和分析一下美国种族、族群关系的由来及演变，同时介绍美国政府在不同历史时期制定的种族政策和实施效果。在这门课上，许多老师从不同的领域向大家介绍美国社会，如美国的历史、政治制度、经济、法律等等，今天这一讲可以帮助大家从种族和族群的角度来理解美国社会的深层结构与矛盾。我同时相信，这一讲中所介绍的一些分析族群关系的思路、视角、研究方法和评价指标，也有助于我们理解和思考中国的民族问题。

美国是一个吸收了世界各国移民的多种族、多族群国家。从英国在北美建立殖民地开始，美国一直面临着非常复杂和激烈的种族和族群矛盾。由于印第安人拒绝"同化"和被奴役，白人殖民者从非洲贩进黑奴，并因为解放黑奴问题引发了美国历史上唯一的一次内战。可以说从殖民地时期开始，种族问题始终是美国最核心的社会问题，并一直困扰着美国社会，只要种族关系出了问题，社会就不稳定。历史上美国政府在族群政策上的每次重大调整，都是美国政治发展史上的大事。

了解美国政府的族群政策，不但有助于我们了解美国社会的深层结构，也有助于我们了解美国的海外政策和国际关系。大家知道，美国是以色列的坚定支持者。这是为什么？美国政客的生存依靠选票，影响投票的最重要的工具是什么？是媒体。美国的主要媒体包括三大电视网都控制在犹太人的手中。犹太人虽然只占美国人口的 2%，但影响力非常大。所以不管是民主党还是共和党，对于犹太人的利益、对于以色列的利益，只能维护，这是美国政客的生存之道。所以，国内犹太人问题也影响美国的对外政策。

自 20 世纪 60 年代民权运动后，我们看到美国的种族矛盾有了明显改善和缓解。这些变化是如何发生的？美国政府和主流社会处理种族问题的态度和政策发生了哪些调整？其中有些思路和做法我们是否可以借鉴？中国北方一个曾经很强大的邻居是苏联，俄国从沙皇时期开始也存在非常复杂的民族问题。斯大林 1913 年发表的《马克思主义与民族问题》中的观点成为十月革命后苏联共产党制定民族理论、制度和政策的基础。这套理论、制度和政策对中国共产党和 1949 年建立的新中国的民族政策影响非常大。当时毛泽东说"良师益友是苏联"，新中国成立后在许多方面都学习苏联。

1991 年,苏联是以民族加盟共和国为单元解体的,事实证明苏联的民族理论和制度存在深刻的问题,否则为什么七十多年后以"民族"为单元发生解体? 在我们的北方有一个最终解体的苏联,大洋彼岸有一个种族矛盾曾经非常激烈但近三十年有显著改善的美国,作为中国的学者,当我们研究和思考中国的民族问题时,非常有必要了解其他国家在这个问题上获得成功的原因是什么,出现失败的原因是什么。

大家知道,在人类的发展历史上,各地区的人群发展出不同的语言文化和社会制度。由于自然地理地件和人类交通工具发展水平的限制,一些地方甚至是在一种相对隔绝的状态中发展的。美国人来到夏威夷之前,在当时的航海条件下,夏威夷群岛是在相对隔绝的状态中发展,生产力水平与其他地区差距很大。现在有了飞机、高铁和轮船,交通非常便利快捷,在全球化进程中劳动力的转移和跨国劳务输出已经达到了很大的规模。在 21 世纪的今天,呈现在我们面前的已经是大规模人口跨国流动的世界。在跨国境的人口流动中,必然会涉及不同的族群,这些人讲不同的语言、信仰不同的宗教、有着不同的肤色,他们来到陌生的国度,在那里凭借智力和劳动闯出一片发展天地,但同时也引发一些社会矛盾。跨国流动人口已经改变了许多国家的人口族群结构。现在法国有 5% 的人口是北非穆斯林,英国约有 7% 的人口来自南亚和其他前英属殖民地。第二次世界大战结束后欧洲经济复苏急缺劳动力,于是各国从本国前殖民地引入大量劳动力,2013 年在伦敦街头杀死英国士兵的黑人就来自尼日利亚。到了经济不景气和就业紧张的时候,本国人和外来族裔之间的利益冲突就爆发出来。种族问题、宗教问题和移民问题也被作为各国选举中进行政治动员的工具。总之,现在的世界已经不是五十年前的世界了。无论是在欧洲、俄罗斯联邦、北美还是非洲,种族和族群关系已经成为我们理解当今世界各国社会的一个基本切入点。

如果我们要做某个国家的研究,或是做国内某个地区的研究,都需要关注当地的种族和民族问题。有篇文章介绍说,现在广州有大约六万多非洲黑人,他们持旅游签证到香港,然后进入中国并非法留居;有些在中国学习的非洲留学生毕业后没有回国;他们大多数在做生意,把中国商品卖到非洲,有的人已与中国人通婚。过去我们认为中国人向国外移民,现在发现有些外国人愿意来中国居住和发展。如果我们要想了解广州和浙江义乌的经济发展和社会变迁,也需要关注这些跨国迁移人口。同时,我国藏族人口在 2010 年已经有54万人离开藏族自治地方来到内地和沿海城镇，占藏族总人口的8.6%，因此中国国内的民族问题今后也会以一种全新的态势展现在我们面前。

今天我们首先介绍一下美国的移民史，这是美国种族问题的由来，然后讲一讲各族群的结构性差异，分析美国政府的族群政策导向以及美国族群关系的现状，从这样几个方面来系统地分析美国种族问题产生的历史原因和发展过程。

一　问题的由来

建国只有二百多年的美国，是世界上最大的移民国家。美国移民的主要特点可以被归纳为以下六点：

1. 在不同的历史时期，移民的主体来自不同的国度。

在哥伦布发现新大陆之后，来自英伦三岛的盎格鲁-撒克逊人是最早抵达北美大陆的殖民者，其他族群在随后年代里为美国丰富的自然资源和自由的社会制度所吸引，一波一波涌入美国。自17世纪开始，黑人奴隶被贩卖到美洲，总计约有近1000万的非洲奴隶被运到了西半球，其中80%以上在1720—1820年间抵达。美国移民的"迁出国"构成随着世界各地政治、经济形势的变化在不断地变动。19世纪的前半叶是爱尔兰人移居美国的高潮，在1840—1860年期间，每100个移民中有43个爱尔兰人和35个德国人。19世纪末是犹太人的移民高潮，而在1901—1910年期间，每100个移民中有28个意大利人、27个奥匈帝国人、20个俄国人和波兰人。① 20世纪中叶以来则是墨西哥人占移民的主流。

直到20世纪50年代，来自欧洲的移民占每年美国吸收移民总数的50%以上，亚洲移民仅占6%。但是到了70年代，欧洲移民所占比例已经降到20%以下，而亚洲移民的比例达到了33%以上。由于欧洲社会稳定、经济发展，美国对于欧洲人已经失去了吸引力，而亚洲各国人口高速增长，有许多受过良好教育的人愿意前往美国谋求发展。在这种形势下，1965年美国国会放宽了20年代制定的对亚洲移民的限制，该年允许1.7万亚洲人

---

① 〔法〕安德烈·莫鲁瓦：《美国史——从威尔逊到肯尼迪》，复旦大学历史系世界史组译，上海人民出版社1977版，第4—5页。

和 11.4 万欧洲人移民美国。到了 70 年代,每年约有 16 万亚洲人来到美国,其中三分之二来自 4 个国家:菲律宾、韩国、中国(包括台湾、香港)和印度。1981 年移民美国的亚洲人达 24.4 万,其中中国人为 2.6 万,同年欧洲移民却降到了 6.7 万。[①] 1982—1985 年来自中国的移民总数为 17.7 万人,其中大陆 10.1 万人,台湾 6.4 万人,香港 2.2 万人。[②] 美国的移民局每年公布对于各国的"移民配额",以此对各国来美国的移民数量进行控制。"移民配额"的构成,反映了美国政府在移民问题上的政策。

2. 移民数量庞大。

美国的移民每年都达近百万人。20 世纪的第一个十年里,有大约 900 万移民来到美国,在美国同期人口增长总额中移民超过了 50%。在紧接着的第二个十年,移民总数为 700 万人,仍然占全国人口总增长额的 40% 以上。但是 30 年代的"经济大萧条"导致这十年里进入美国的移民仅有 52.8 万人。50 年代来到美国的移民总数为 200 万,占人口增长总数的 9%。60 年代的移民为 250 万人。70 年代为 450 万人,占人口总增长的 19%。[③]

3. 移民种类多。

美国的"移民法"规定了申请移民美国的各类"优先条件",如美国公民的配偶、子女、亲属,或者是美国公司需要的特殊人才等等可以优先申请移民。除了每年依照"移民法条例"迁入美国的几十万移民之外,还有其他几种国外人口进入美国并在美国居留:(1)求学的外国学生;(2)到美国探亲的人;(3)政治难民。这三种人都可以申请到合法签证进入美国。各类移民条款中的"第六优先"移民申请,是专门关注人才引进的。哪怕只是小公司,也可申请从国外引进本公司需要的人才。这种移民政策是美国从第三世界国家攫取高级人才的重要方法。

政治难民是在"移民配额"之外合法进入美国定居的移民。自 1953 年到 70 年代末期,大约有 100 万人根据国会的特别法令到美国政治避难。难民人数较多的年度是 1978 年(13.3 万,其中 66% 来自越南)和 1980 年

---

① 〔美〕布·罗贝:《美国人民:从人口学角度看美国社会》,董天民、韩宝成译,国际文化出版公司 1987 年版,第 167—169 页。

② 周敏:《唐人街:深具社会经济潜质的华人社区》,商务印书馆 1995 年版,第 74 页。

③ 〔美〕布·罗贝:《美国人民:从人口学角度看美国社会》,董天民、韩宝成译,国际文化出版公司 1987 年版,第 129 页。

（20.7万）。1980年被接受永久定居的外国人中有28%是难民。

4. 移民在教育和专业技能上一般具有较高素质。

除了政治难民之外，移民的教育水准普遍比较高，其中有许多人有专业技术。特别是来自其他国家的留学生，取得学位后有很大的比例留在美国定居，并加入正式移民的行列。许多第三世界的优秀学生来到美国攻读研究生学位（硕士、博士），毕业后为美国优越的生活条件和高收入所吸引而留在美国，如印度、菲律宾、中国大陆和台湾地区的留学生有80%—90%留在了美国。这样美国可以不用支付研究生课程之前的全部社会、教育费用而得到一批最年轻的优秀人才，而留学生的祖国把他们培养到大学毕业后输送给美国。这被称为美国对于发展中国家的"人才掠夺"，也是美国科学技术不断发展的重要基础。

表1把美国出生的人（包括各族群）从事专业技术工作（医生、律师、记者、教授、工程师等）的比例与来自各国的移民群体相比较，反映了来自不同国度的移民具有不同水平的教育和专业素质。1980年人口普查结果表明，印度移民中有大学文化程度的占66%，中国台湾移民占60%，菲律宾移民占42%，韩国移民占34%，中国大陆移民占30%。[①] 由于移民总数中包括了儿童和少年，所以在"就业人口"中大学生的比例应当大大高于表1中的比例。不同的教育水准使移民们到达美国后进入了不同的职业。这些移民又对美国的相应族群（如印度移民对于美国原有的印度人后裔族群）的教育结构、职业结构造成积极或消极的影响。

表1　美国各移民群体从事专业技术工作的比例

族群	%	族群	%	族群	%
美国出生者	12.0	德国移民	13.0	意大利移民	6.0
朝鲜移民	15.0	英国移民	17.0	墨西哥移民	2.5
菲律宾移民	20.0	爱尔兰移民	14.5	葡萄牙移民	2.0
印度移民	43.0	希腊移民	8.0	移民总体	12.0

资料来源：〔美〕布·罗贝：《美国人民：从人口学角度看美国社会》，董天民、韩宝成译，国际文化出版公司1987年版，第131—132页。

---

① 〔美〕布·罗贝：《美国人民：从人口学角度看美国社会》，董天民、韩宝成译，国际文化出版公司1987年版，第131页。

5. 大量非法移民。

美国的非法移民分为两类:第一类是持各类合法签证(探亲、求学、短期访问、临时性工作等)进入美国,在签证失效后长期滞留美国;第二类是没有合法签证,以各种偷渡的方式进入美国。偷渡进入美国的非法移民数量是难以计算的,有一项研究估计,1980 年仅来自墨西哥的非法移民数目就在 150—400 万人之间①。美国的移民局在各城市、农场查找这些非法移民并把他们遣返回国。但是其中的大多数在亲属朋友的掩护下长期居留下来。美国每年约有一百万非法移民,移民局和警察大概能查到二十几万人并遣返,其他七八十万人则非法留居等待大赦。美国有一个规定:非法移民一旦在美国工作了若干年、纳了税、没有犯罪记录,根据"大赦"可以申请"永久居留权",许多非法移民在美国居住八至十年后申请"绿卡",转为移民。许多非法移民并不只是为了打黑工挣钱,而是希望通过这样的方法最后定居在美国,因此有很强的动力。

6. 新移民的居住地域相对集中。

随着大量的移民涌入美国,沿海一些州和城市成为新移民集中居住的地域。1980 年,在美国的 50 个州中,移民占州总人口 10% 以上的有 5 个州:加利福尼亚(15.1%)、夏威夷(14.2%)、纽约(13.6%)、佛罗里达(10.9%)和新泽西(10.3%)。这 5 个州也被人们称为移民的"进口港"。同年的普查说明,在美国有 11 个城市的移民占城市总人口的 30% 以上,如纽约的移民有 200 万人,其他 4 个移民人口超过 50 万人的是洛杉矶、芝加哥、迈阿密和旧金山。② 所以直到今天,美国仍然是一个名副其实的移民国家。这些来自不同大陆和不同国度的移民构成了美国人口的主体,而且每年新移民仍然在不断地增加,不断改变美国人口的种族、族群构成。

根据 2000 年的人口普查,出生在美国之外的美国公民占总人口的 10%。获得美国国籍的主要条件是出生地,只要是在美国领土内出生的人,无论讲什么语言、信仰什么宗教,都会自然地成为美国公民。其他一些在国外出生的人,如果符合移民局的申请条件,也可以申请美国国籍。这意味着

---

① 〔美〕布·罗贝:《美国人民:从人口学角度看美国社会》,董天民、韩宝成译,国际文化出版公司 1987 年版,第 139 页。

② 同上书,第 135—138 页。

美国公民当中有 10% 的人在外国出生,到美国后申请入籍。如果加上父母出生在国外的,这些移民或移民的第二代在人口中的比例高达 21%。这么多来自不同社会制度和经济环境、使用不同语言的移民来到美国后能够在政治和文化上认同美国,以成为美国公民而自豪,纳税服兵役,这是什么原因呢?我想其中有些道理是值得思考的。

根据 2010 年 4 月的普查,国外出生的美国公民占总美国人口的 11.4%,与 2000 年相比又有提高。2008 年估计非法移民总数达 1160 万,2009 年减少到 1060 万。减少的原因有两个:一是边境管理的力度又加大了。特别是在墨西哥和美国得克萨斯州的边境,修筑了高墙。此外还封堵了地道。据说墨西哥人看了中国的《地道战》,受到很大启发,开始挖掘偷越国境的地道,有的长达两公里。一旦在美国境内的地道出口确认安全,墨西哥境内的入口就开始放非法移民通过,每人收费上万美元;一旦地道被发现和封堵,就重新再挖。由于挖地道的投资和产出不成比例,盈利很大,所以屡禁不止。近年来美国在不断加强边境监控力度,特别是封堵跨境地道,防止非法移民。

二 几个相关的重要概念

现在我们来看几个核心概念和相关汉语、英语词汇:第一个是"种族"(race);第二个是"族群"(ethnic group)。这是美国研究群体关系的两个最重要的概念。

关于"race"这个概念,现在学术界有很多争论,因为"race"的定义和不同"race"之间的边界很难划分。人类学家一般承认,人类总的来说有三大种族:白种人、黑种人、黄种人。但是有的人群很难划分,比如说澳大利亚土著,既不是白人,也难以归入黑人或黄种人,因此有人说人类种族有三十多个,把标准划分得很细。关于种族究竟有多少个,彼此间边界怎样划分,人类学家有很多争论。

另外一个重要概念就是"ethnic group",20 世纪 60 年代被留学美国的港台学者翻译为汉语的"族群","ethnicity"也被译为"族群性"。这个概念避开了人类群体在体质(肤色、毛发等)方面的差异,更多地强调不同群体之间在文化和语言方面的差异。不同族群之间的边界要比种族边界模糊得多,更具场景性和动态性。美国的英格兰裔、德裔、法裔、意大利裔,可视为不同的族群。在较多地使用"族群"概念来讨论群体关系时,客观上淡化了"种族"概念。在今天的美国,人们更多地使用"ethnic groups""ethnic relations",即"族群"概念。即便是讨论黑人问题时,也尽量避免"race"这个词。

这两个概念及其使用的基本思路和我们国内的术语不一样。

英国研究民族主义的著名学者安东尼·史密斯对"民族主义"有系统论述,他认为在西欧的发展进程中出现了一个"公民的'民族'模式"(a civic model of the nation),它包括了四个要素:第一个因素是空间或领土的概念,即一个"nation"(民族)必须具有明确的地理边界;第二个因素即"民族"是"具有单一的政治意愿的法律与制度的共同体"(a community of laws and of institutions with a single political will);第三个因素是共同体成员具有完全平等的"公民权",在公共事务和法律权利、政治权利与义务、社会经济权利等方面具有同样的"公民权"(citizenship);第四个因素是"民族"必须具有共同的文化(价值观和传统)和公民的意识形态(civil ideology)。① 我们看到美国、西欧和政治制度受到欧美影响较大的国家,都是从"民族国家"(nation state)的角度来理解"民族"(nation, nationality)的,实际上是"国家公民"的概念。

史密斯认为在亚洲和东欧地区存在另一个"族群的'民族'模式"(an ethnic model of the nation),其特点为:(1)对血统和谱系的重视超过基于领土的认同;(2)在情感上有强大感召力和动员效果(popular mobilization);(3)对本土文化传统(语言、价值观、习俗和传统)的重视超过法律。② 这第二个"民族"(nation)模式实际上是资本主义生产方式和政治启蒙思想尚未发展起来的东欧和亚洲各国面对西欧已经发展和建立的国家形式的政治反应。在时间序列上,第二个模式是后发和被动出现的,这些国家缺乏现代资本主义的经济和思想基础,它们的"民族"模式只是对西欧政治形式的模仿。

1913年,俄国布尔什维克党出于政治斗争和夺权的策略考虑,由斯大林提出了他的"民族"定义:"民族是人们在历史上形成的一个有共同语言、共同地域、共同经济生活以及表现于共同文化上的共同心理素质的稳定的共同体。"并把俄国境内非俄罗斯各少数群体称为"民族"③,提出他们有民

---

① Anthony D. Smith, *National Identity*, Reno: University of Nevada Press, 1991, p.11.

② Ibid.

③ 斯大林:《马克思主义和民族问题》,《斯大林全集》第2卷,人民出版社1953年版,第294页。

族自决和独立建国的权利。这与西欧"公民的'民族'模式"（a civic model of the nation）的内涵不同，并在此基础上组建了苏联。

中国共产党的民族理论长期受到苏联的影响。1949 年后仿效苏联进行了"民族识别"，政府正式认定的"民族"有 56 个。中国目前最常用的相关概念就是"民族"，在实际生活中这个概念又被应用到两个不同的层面。在国家层面是"中华民族"，英文翻译是"Chinese nation"，另一个层面是 56 个民族，英文翻译成"nationalities"。因为对"nationality"的这种用法与国际通用的概念不一致，现在中国的学术界也在讨论这种用法是否恰当。我们出国填写的英文签证申请表中，"nationality"指的是国籍，中国公民不能填"汉族""藏族"。几年前，考虑到苏联的解体和国内民族问题的发展趋势，我建议把中国的 56 个"民族"改称为"族群"，同时保留"中华民族"这个国际通用的"民族"概念，但是国内的民族理论界对此争议很大。

我们在思考美国的种族和族群问题时，必须从西方"民族国家"的视角来理解，不能把黑人和少数族裔看成是中国的"少数民族"。

三　美国的人口结构

中国的人口普查信息中有关"民族"一项依据的是户口本和身份证，一个人要改变自己的"民族"身份通常极为困难。美国的人口普查要求被调查者填写个人自认为所属的"族群"：What is person's first race? Mark one more box。询问你觉得自己的第一种族属性是什么，被调查者可在问卷的多个选项中选择画一个叉，问卷提供了 14 个选项（白人、黑人、美洲印第安人、印度裔、华裔、日裔等），外加一个"其他"。所以，美国人的种族属性在人口普查中是自填的，表达的是个人意愿而不是官方身份，而且可以填写 1 个类别以上。

以 2000 年人口普查为例，97.6% 的受调查者选择了一个选项即填报一个种族身份，但是有 2.3% 和 0.1% 的被调查者分别填写了两个和三个选项，有 38408 人报了 4 个选项，8637 人报了 5 个选项，甚至有 823 人报了 6 个选项①，这些人认为只有填写这么多个选项才能完整地反映出自身的种

---

① R. Farley and John Haaga, eds., *The American People*：Census 2000, NY：Russell Sage Foundation, 2005, p.335.

族背景与认同观念。在 2010 年的人口普查中,97.7% 的人报了单一选项,选择 6 个选项的人数从 823 人降到 792 人。个人可以填报多种种族归属,反映出美国社会接受公民在种族、族群认同方面的自主性和多元化。这种填报方式在中国当然是不可能的。

我们来看美国人口的种族和族群构成。表 2 是 1980 年普查结果所显示的美国人口的种族、族群构成。白人占 84.6%,黑人占 12.2%,亚洲裔(华裔、日裔、韩裔、越南裔、菲律宾裔、印度裔)约占 1.5%,拉美裔(墨西哥裔、波多黎各裔等)占 0.9%,美国的土著居民印第安人仅有 140 万人。

表 2   1980 年美国人口的种族、族群构成

族群类别	人数	%	"其他"中的分族	人数	"其他"中的分族	人数
白人	1.88 亿	84.6	拉丁美洲裔	206.2 万	韩裔	33.5 万
黑人	2700 万	12.2	印第安人	140.0 万	越南裔	26.2 万
"其他"	700 万	3.2	华裔	80.6 万	夏威夷人	16.7 万
			菲律宾裔	77.5 万	爱斯基摩人	4.2 万
			日裔	70.1 万	萨摩亚人	4.2 万
总计	2.22 亿	100.0	印度裔	36.2 万	关岛-阿留申人	3.2 万

资料来源:〔美〕布·罗贝:《美国人民:从人口学角度看美国社会》,董天民、韩宝成译,国际文化出版公司 1987 年版,第 142 页。

2000 年美国总人口 2.84 亿,其中:白人 69.1%,黑人 12.1%,拉美裔 12.5%,土著印第安人 0.7%(近 200 万人),亚洲太平洋裔 3.7%(1107 万人),其中华裔达到 263 万人(0.9%)。[①] 2006 年美国总人口是 3 亿人,2010 年人口达到 3.08 亿人。白人在 2006 年占总人口的 69%,到 2010 年下降到 65%。而亚裔、太平洋裔人口从 2006 年的 4% 增加到 2010 年的 4.7%,黑人从 12% 增长到 12.8%,拉美裔从 13% 增长到 15.4%。美国人口变迁中最引人注目的现象是拉美裔的迅速增长。1980 年西班牙语裔仅占总人口的 0.9%,拉美裔从 13% 增长到 15.4%。白人的比例 1980 年是 84%,2000 年下降到 69%,2010 年降至 65%,三十年间下降了 19%,这是非常值得关

---

① R. Farley and John Haaga, eds., *The American People*: Census 2000, NY: Russell Sage Foundation, 2005, p. 356.

注的发展趋势。所以有些人担心到 2050 年拉美裔会通过大量移民及高生育率超越白人成为美国第一大族群①。所以亨廷顿在《我们是谁?》中对拉美裔的增长表示了极大的担忧，担心这将改变美国传统的"盎格鲁-新教文化"而出现"拉美裔化"。②

黑人是美国除了白人之外最重要的种族群体，1790 年美国第一次人口普查时，黑人占总人口的 19%，其中 92% 的黑人是奴隶。由于后来白人移民大量涌入，黑人在总人口中的比例在 1930 年降为 9.7%，1960 年恢复到 10.5%。由于白人移民数量逐渐减少和黑人的高生育率，自 50 年代以来黑人的数量和在总人口中的比重一直在上升，2010 年约有 3942 万黑人，占总人口的 12.8%。2050 年美国总人口预计为 30900 万人，黑人的比例为 17%，达到 5200 万人。③ 总的来说，美国还是一个"白人的国家"，主要的族群矛盾是在人口最多的两个族群（白人和黑人）之间。但是今后随着黑人人口因高生育率而迅速增长和拉美裔移民数量的增加，美国的族群构成比例可能会出现一些变化。

除了个别族群（如犹太人）之外，白人各族群之间的通婚现象很普遍。在 1980 年普查时有三分之一的美国人说他们有混合祖先，有 5000 万人说他们身上有部分英国血统，同时有 2300 万人（总人口的 10% 以上）对普查人员表示他们在家里不说英语。④ 很长的时期内白人和黑人的通婚是被禁止的，直至 1963 年还有 21 个州禁止黑人与白人结婚，1964 年联邦法院制定的法律取消了各州法律中有关禁止种族通婚的法令。黑人与白人之间的通婚在 80 年代后有所增加，多数是黑人丈夫和白人妻子，通常是事业上成功的黑人（如歌星、运动员、政治家等）娶了白人妻子。在美国族群社会学中把这种高社会地位、高收入黑人男子和低社会地位、低收入白人女子的婚姻称作"上嫁"（marrying up），指下层社会白人女子凭借肤色、通过与成功黑人结婚提高自己的社会地位和消费水准。

---

① 〔美〕A. 帕里罗等：《美国种族与族群关系》，社会科学文献出版社 2002 年版，第 192 页。
② 〔美〕塞缪尔·亨廷顿：《我们是谁：美国国家特性面临的挑战》，新华出版社 2005 年版，第 183 页。
③ 〔美〕布·罗贝：《美国人民：从人口学角度看美国社会》，董天民、韩宝成译，国际文化出版公司 1987 年版，第 182 页。
④ 同上书，第 146—147 页。

我们在使用人口普查数据时,还需要注意美国人口统计的分类方法的变化。1931年墨西哥人在统计中属于"其他种族",因为墨西哥人本身的血统非常复杂,所以没有归类为白人也不是黑人。1940年的人口普查把墨西哥裔美国人归类为"白人"。自1970年开始,美国人口普查把墨西哥裔归类到"西班牙语裔"。由此我们可以看到,美国政府和学术界关于种族类别的划分也随着情况而不断演变。

在不同的年代,美国移民的来源也各不相同。表3显示的是不同年代的合法移民总数,同时注明了各移民来源地所占的比例,非法移民的详细数额和来源都难以统计。

表3 根据迁出地统计的美国各年代合法移民数字与比例

年代	合法移民总数(万)	欧洲、加拿大%	拉美%	亚洲%
1881—1890	524.7	97.8	0.6	1.3
1891—1900	368.8	96.5	1.0	2.0
1901—1910	879.5	93.9	2.1	3.7
1911—1920	573.6	88.3	7.0	4.3
1921—1930	410.7	82.5	14.4	2.7
1931—1940	52.8	86.3	9.7	3.1
1941—1950	103.5	76.6	14.9	3.6
1951—1960	251.5	67.8	22.2	6.1
1961—1970	332.2	46.3	38.6	12.9
1971—1980	449.3	21.6	40.3	35.3
1981—1990	733.8	12.5	47.1	37.3
1991—1998	760.5	14.8	50.4	30.1

资料来源:〔美〕马丁·麦格:《族群社会学》,祖力亚提·司马义译,华夏出版社2007年版,第139页。

我们来看合法移民的统计数据。比如1991年到1998年八年期间合法移民的总数是760万,每年平均76万。19世纪后期的1881年到1890年,合法移民主要来自欧洲和加拿大,这种情况一直延续到1961年。1970年代随着欧洲战后经济复苏,就业环境转好,欧洲人就不想移民了;但是美国又非常需要各层次的劳动力,于是开始从拉丁美洲吸收劳力;同时亚洲移民开始增加,1960 年后亚洲移民开始翻番,在移民中所占比例从 6% 增至 12%,又增至 35%,1980 年后逐渐稳定下来,1991 年后又略有下降。所以不同的年代,美国移民的主要来源地是不同的,这和各迁出国的经济和就业状况有关。移民的不同来源也促进了美国社会种族和族群的多样化。

说到"白人",究竟哪些人属于"白人"?其实美国来自欧洲几乎所有的国家,共享欧洲的文化传统,宗教信仰的源头都是基督教,在融合过程中彼此的界限逐渐模糊。但是白人族群之间的文化差异也非常大。根据 2000 年人口普查,德国人占 17%。按人口比例从大到小排序,接下来是爱尔兰人、英国人、意大利人和法国人等(表 4)。

表 4 欧裔美国人的主要祖先群体(2000 年)

祖先群体	人数	占美国总人口百分比
德国人	46,452,000	17.0
爱尔兰人	33,027,000	12.1
英国人	28,255,000	10.3
意大利人	15,904,000	5.8
法国人	9,768,000	3.6
波兰人	9,050,000	3.3
苏格兰人	5,419,000	2.0
苏格兰-爱尔兰人	5,223,000	1.9
荷兰人	5,219,000	1.9
挪威人	4,547,000	1.7
瑞典人	4,322,000	1.6
俄国人	2,987,000	1.1

资料来源:〔美〕马丁·麦格:《族群社会学》,祖力亚提·司马义译,华夏出版社 2007 年版,第 137 页。

在美国白人内部的族群分类中,人数最多的是来自英伦三岛、信仰基督新教的盎格鲁-撒克逊人。如果说在美国的社会生活中,有一种文化可以被视为普及型的主流美国文化,而且能够作为新移民子女参照的学习对象,那么这种文化就是以盎格鲁-撒克逊族源的白人新教徒为主体的中产阶级文化。但是,盎格鲁-撒克逊族源的白人新教徒并不仅仅来自英格兰,还包括威尔士、苏格兰、北爱尔兰及其他地方。即使是来自英格兰的盎格鲁-撒克逊人，也可能是北欧诺曼人的后裔。所以，当我们说美国的主流文化是盎格鲁-撒克逊文化时，还需要进一步辨析其内在的文化源头和结构。

　　美国白人当中有三大少数族群。其中很重要的一个族群是信仰天主教的爱尔兰裔。1840—1864 年，爱尔兰移民在全美移民中的比例超过了25%，成为这个时期西北欧向美国移民规模最大的群体。这与 1845—1850 年间爱尔兰大饥荒直接相关，那时当地的主要食物马铃薯歉收，导致 210 万爱尔兰人向海外迁移，其中 130 万来到美国。这些逃荒者没有家产和特别的就业能力，初期很贫困，当劳工、运货车马夫、搬运工、侍者和家庭佣人，参加修建铁路。爱尔兰人最初受歧视有两个原因，一个是宗教原因，另外一个就是社会经济地位低下。一直到 19 世纪后半叶，爱尔兰裔才被公认为属于主流社会的白人，在移民几代以后才逐渐改变自己的社会地位，也出现了一批活跃在政界的人士。比如像肯尼迪家族、克林顿家族都是爱尔兰裔，其背后有规模很大的本族选民的支持。这些爱尔兰裔政客基本上都是民主党人。

　　白人中第二个少数族群是意大利裔。大家可能看过电影 *The Godfather*（《教父》）。在美国这样一个现代法治社会，在纽约、芝加哥等大城市居然还有这样的传统帮会。居住在地中海地区的意大利人属于南欧人，他们的文化传统与英伦三岛差异非常大，在语言、宗教、社会组织、伦理道德方面都很不相同。意大利人移民美国要晚于爱尔兰人，其中一部分来自较高工业化的意大利北部如米兰；还有一部分来自南部农区如西西里。来自意大利南部的移民相对比较贫困，容易成为黑手党滋生的肥沃土壤。意大利人曾长期受到主流社会歧视，原因有几个：一是语言差异，二是教育程度偏低，三是信仰天主教。另外，意大利南方人的肤色偏棕色，和典型北欧人的碧眼金发白皮肤不一样。在 1964 年《民权法案》正式颁布之前，处于支配地位的盎格鲁-撒克逊主流社会一直将意大利裔视为非白人，禁止他们进入某些教堂、学校、社区和俱乐部。

　　白人中的第三个少数族群是犹太人。犹太人的主要特征是独特的信仰——犹太教，信《旧约》不信《新约》，与基督教新教和天主教都有明显差别。按照犹太人协会的估计数字，美国犹太人口数量在逐年下降，从 1872年的 601.5 万递减到了 2003 年的 530 万，减少的主要原因是低出生率。犹太人虽然出生率低，但社会地位高。有人说美国研究型大学里的系主任、院

长一半以上是犹太人,名字后面带有"斯坦"的一般都是犹太人。犹太人在
法律、科学、医学等各方面的表现都非常杰出。从美国殖民地时期开始,集
中赴美的犹太人有三大批。前两批来自西班牙、葡萄牙和德国,最大一批来
自 19 世纪后期赴美的东欧犹太人。1881 年,俄国沙皇亚历山大二世遇刺
身亡,后继者开始打压犹太人。大批犹太人纷纷从俄国以及当时俄国统治
的波兰逃到新大陆,1880—1914 年是犹太移民的高潮。

　　美国 1980 年、2000 年和预测的 2030 年、2050 年的人口种族结构可以
参考图 1。

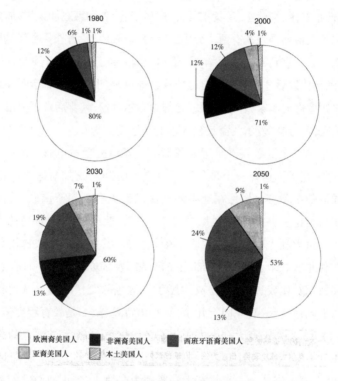

图 1　美国人口种族结构变迁

资料来源:〔美〕马丁·麦格:《族群社会学》,祖力亚提·司马义译,
华夏出版社 2007 年版,第 147 页。

　　美国种族-族群结构中一个特别需要关注的群体就是北美土著印第安
人,2000 年占总人口的 1%,集中居住在当年美国政府为他们划定的"印第安
人保留地"——位于西部的加利福尼亚州、俄克拉荷马州、亚利桑那州、新墨

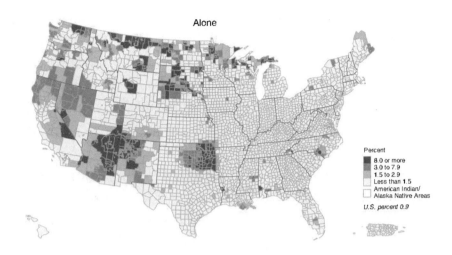

图 2　2010 年美国土著印第安人口的地理分布

西哥州和得克萨斯州等。图 2 展示了 2010 年美国印第安人口的地理分布。

　　美国印第安人大部分居住在美国西部,当美国白人从东部沿海向西"开发西部"时,不断侵蚀土著印第安人部落的传统领地,在最贫瘠的荒漠、峡谷划出一些"印第安人保留地",禁止他们离开。印第安人共有 280 个"保留地",总面积为 5200 万英亩,占美国领土的 2.3%。① 但是从这张图看似乎印第安人居住的面积比实际要大一些,只要有印第安人分布的各县(比例从 1.5% 以上)都标在图中。

　　在 1920 年之前,美国历次人口普查根本就不包括印第安人,一直到 1924 年印第安人才在自己祖先的土地上被授予公民权,才可以迁移、就业和领取社会福利。美国社会对于公民权、人权的真正落实是一个渐进的历史过程。到了 60 年代"民权运动"之后,公民权才逐步得到比较广泛的普及。在早期的美国,美国军队和白人移民不断向西部入侵,与当地印第安人部落作战强迫对方割让领土,当时与印第安部落签订的条约中,把这些印第安部落称为"nation",这个词也被印第安人沿用下来。到 19 世纪初,联邦政府开始制定明确的印第安人迁居计划,在 1815—1830 年间强迫印第安各部

---

① G. E. Simpson and J. M. Yinger, *Racial and Cultural Minorities*: *An Analysis of Prejudice and Discrimination* (fifth edition), New York: Plenum Press1985, p.194.

落签订"迁居协议"。1830 年,当时的杰克逊总统签署了《印第安人迁移法》,大规模、持续地迁徙印第安人。这一迁徙一直延续到 19 世纪后半期。现在有很多根据口述史编纂的迁移回忆录,美国政府的历史档案也已开放,人们形容印第安人的迁移过程是"血泪之旅",很多人病死、饿死在途中。1884 年美国政府通过《道斯法案》,强制把印第安人保留地内的公用土地分配给部落个人。1934 年又通过了《印第安人重组法案》,开始恢复部落,印第安人过去的许多社会建制得以重构。

图 3 显示的是西班牙语裔 2010 年在美国的地理分布,靠近墨西哥边境的颜色较深,越往北部和东部的颜色越浅,墨西哥是拉丁美洲移民进入美国的主要中转地。2000 年时美国东部的西班牙语裔还很少,到 2010 年西班牙语裔已经逐步进入美国东部。美国东南部的佛罗里达州临近古巴,是古巴西班牙语裔移民的主要居住地。美国西班牙语裔移民的来源国可以分为几部分,来自墨西哥的占 63%,来自美国属地波多黎各的占 9%,来自古巴的占 4%,其余 24% 来自拉丁美洲其他国家。

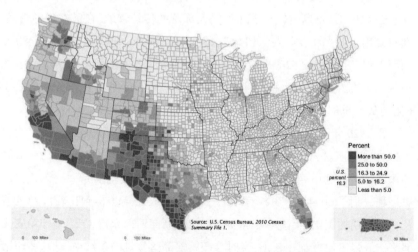

图3　2010 年美国西班牙语裔人口的地理分布

再来看看美国亚裔人口的情况。2000 年所有亚裔加在一起共 1107 万人,华人所占比例最高,有 263 万人。1980 年美国的华人只有 80 万人,1990年增加到 164 万,2000 年增加到 263 万。美国社会的华人结构是三部分:二战以前入境的老移民,二战后的台湾移民,90 年代后的大陆移民。由于美国在 19 世纪通过《排华法案》,所以老移民人数很少。1945 年日本投降之后国共内战,国民党败退台湾,台湾地方太小,许多国民党系统的官员和富人到台湾后逐步移民去美国,少数去了香港和新加坡。1949 年以后台湾许多年轻人留学美国,毕业后留在美国定居。自 80 年代中国大陆学生开始赴美留学。1989 年之后,乔治·布什总统在 1990 年 3 月签署一个行政命令,1990 年 3 月 10 日以前在美国有合法签证的中国大陆公民都可以申请绿卡,当年就有六万人申请了绿卡,此后大陆留学生毕业后在美国就业和定居的人数也逐年增加。

亚洲移民中人数位列第二是菲律宾裔。菲律宾曾是美国的殖民地,初中以上的学校课程用英语讲授,所以菲律宾人移民美国有较多便利条件。另外就是印度裔,因为印度人口基数大,国内官方语言是英语,所以许多印度人留学美国并在美国就业定居。有人说硅谷的人口结构是:40% 华人从事硬件开发,40% 印度人从事软件开发,20% 白人做经理和营销即管理和市场方面的工作。另外美国亚裔中还有韩裔和越南裔,形成这些移民的主要原因是韩战和越战,美国从南越撤退后,跟随美国政府安排进入美国的南越政府官员、军警、宪兵等大约有 10 万人,美国联邦政府把他们分配到各州,为其提供就业机会和语言培训。

图 4 是 2010 年华裔在美国分布图,统计数据具体到县(county),可以帮助我们更直观地了解亚裔人口的地理分布状况。

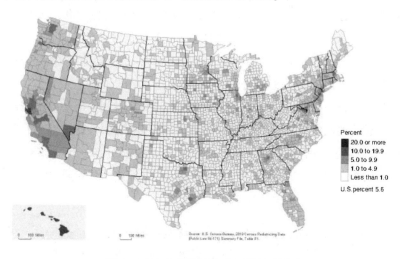

图4　2010 年美国亚裔人口的地理分布

四 美国社会各种族-族群之间的结构性不平等

社会学研究关注社会的主要切入点是社会结构。理解社会结构的关键概念是"社会分层"(social classification),就是根据教育程度、职业、收入、消费水平等指标,将社会中的个体成员划分为几个社会阶层,"社会分层是各类人的结构性的不平等,人们由于在社会等级制度中的地位不同而有着不同的获得社会报酬的机会"①。另一个概念是"社会流动性"(social mobility),表示在一个社会中位于低层的个体有多大的可能性通过个人努力上升到高层,而位于高层的个体若不努力会跌落到低层。在 16、17 世纪的时候,很多欧洲的思想家非常羡慕中国,那时欧洲的身份地位高低是世袭的:贵族的后裔都是贵族;平民的后裔都是平民。与欧洲相比,当时的中国有科举制度,给处于底层的人提供通过十年寒窗苦读一朝金榜题名的机会,虽然这种机会依然比较有限。"社会分层"研究的是社会成员内部的分化与流动。

1975 年哈佛大学出版社出版了由两位著名社会学家主编的《族群》(Ethnicity)一书,书中提出族群之间"结构性差异"这个重要概念,同时介绍了一个非常重要的术语"族群分层"(ethnic stratification),把社会学的"社会分层"(social stratification)概念转用来分析族群关系。② "族群分层"分析的是各族群集团之间由于结构性差异引起的不平等,这是研究族群关系的一个极重要的领域。比如几个族群在受教育程度上(指群体而非个人)可能会存在结构性差异,教育方面的结构性差异会影响族群成员的职业分布,而职业分布结构的不同又会影响到收入水平结构,并进而影响到该族群整体的消费水平和社会地位,这些方面都是结构性差异分析的主要内容。

具有明显结构性差异的族群集团如果生活在各自相对隔绝的区域里,这些差异对他们之间关系的影响也会比较间接。但是在一个多族群的城市社区里,几个不同的族群集团共同生活在一起,如果他们的社会地位、经济收入差别很大,按照唯物主义的"社会存在决定人们意识"原理,则他们看

---

① 〔美〕伊恩·罗伯逊:《社会学》,黄育馥译,商务印书馆 1990 年版,第 301 页。

② N. Glazer and D. P. Moynihan, eds., *Ethnicity*, Cambridge: Harvard University Press, 1975.

待社会制度的观点和相互之间的看法会不大相同。一个社会中的穷人与富人在看待相互关系时,分别有强烈的被剥夺感和优越感。一个社会中不同的族群集团之间的关系与这种情形十分相似。

我们在研究美国社会的时候需要关注:那么多的种族和族群是如何嵌入到美国的社会分层结构之中的,他们在美国社会的高层、中层、低层是如何分布的? 如果一个社会中的高层全是白人,底层全是黑人,那么它的阶层矛盾和种族矛盾就是重合与相互叠加的。1985 年,两位美国社会学家(Simpson and Yinger)出版了《种族和文化的少数群体》(*Racial and Cultural Minorities:An Analysis of Prejudice and Discrimination*)一书的第 5 版。这本书利用了大量的人口普查、政府统计资料和其他各类调查材料,系统和详尽地分析了美国各种族、族群集团的社会分层情况。在美国的各项统计和研究中,通常把美国各种族、族群区分为几大类:黑人(占总人口的 11%)、亚洲裔人、操西班牙语的墨西哥裔人、太平洋岛屿上的土著、印第安人等。由美国人口普查机构和研究部门提供的各种统计和调查资料,可以用来帮助我们分析这些以族群划分的社会集团的结构性差异以及这些差异在不同时期的变化。

我们要用族群分层的概念来分析各族群之间因结构性差异而引起的不平等、社会成员之间的分化和社会流动差异。我们在研究族群分层时,不能仅靠印象,需要使用几个重要的量化指标:

(1)劳动力的产业分布构成,即各族群的就业人口集中在哪些产业就业。

(2)人口城乡比例。大家知道,工业化是和城镇化同步的,工业讲究规模效益,其结果是二、三产业集中在城市,农业在乡村。

(3)劳动力的职业结构。我们需要了解各种族的人口是如何嵌入到社会的职业结构之中的。

(4)平均受教育水平。人们的职业在很大程度上取决于个人的受教育水平。

(5)收入结构。

(6)消费模式,这与收入水平直接相关。

(7)失业率。反映族群成员的整体就业竞争能力。

美国的社会统计系统非常发达,政府机构与许多民间和大学的研究机构开展即时和追踪调查来分析美国社会结构变迁,运用问卷调查、街头或电话采访、民意测验等方法来收集数据,用以判断哪个族群在上升、哪个族群在下降,族群之间的差距主要反映在哪些领域,各区域之间有什么差别,等等。另外在做社会阶层调查时,还可以询问被调查者对此的自我评价:"你认为自己属于哪个社会阶层?"有些群体的实际社会地位并不是那么高,但自我感觉很好。如果一个群体自我感觉良好,对未来充满希望,他们就不是社会中的不安定因素。所以在族群分层分析中还可以加上一条指标即自我主观判断,可以作为一种辅助信息,帮助我们了解某一群体的社会分层态势及发展预期。

（一）产业分布构成

一个国家的经济通常分为第一产业（农业、畜牧业）、第二产业（制造业、运输业）和第三产业（金融业、服务业等）。一个国家的现代化进程,通常也是社会劳动力大量地从农业向制造业、再向服务业转移的过程。从社会地位、经济收入来说,特别是在发展中国家,农民收入往往最低,生产工人收入高于农民,在城市里从事服务业的就业人员收入最高。所以,分析各族群在各个产业领域的分布情况,可以反映出各族群参与国家现代化进程的程度。

黑人最初被奴隶贩子运进美国的时候,主要是被用于农业劳动。所以在历史上,美国黑人务农的比例一直很高。但是由于南部农场主对黑人的歧视和压迫,在南北战争后黑人大量逃离南部农场而进入北方和西部的城市。根据美国 1920 年的人口普查,黑人劳动力中从事农业的尚有 92.5 万人,1940 年黑人农业经营者①降至 70 万人,1978 年黑人经营的农场降到 5.7 万个,到 80 年代末,黑人经营的农场约剩下 1 万个。农业黑人人口流失最快的时期是 70 年代,在 1970—1976 年这六年期间,生活在农场的黑人人口（包括没有劳动能力的人）从 90 万降至 50 万,同时由于青壮年大量迁往城市寻找其他就业机会,留在农村的黑人人口中儿童和老人占据很大比例。1982 年在美国的 600 万农庄居住者当中,黑人仅占 4%。② 这是黑人人口的产业大转移,从原来全部从事农业到几乎完全不从事农业。1962 年,全美国由黑人开办的银行只有 10 家,1970 年上升为 27 家,1976 年也仅为 50 家,而美国的银行约有几千家。这也多少反映出黑人族群在金融界开始获得一定地位。

---

① 包括农场拥有者和部分拥有者、农场管理人员、租种土地者。

② G. E. Simpson and J. M. Yinger, *Racial and Cultural Minorities: An Analysis of Prejudice and Discrimination* (fifth edition), New York: Plenum Press, 1985, pp.171-172.

我们再来看墨西哥裔。墨西哥裔历史上也主要从事农业。在 1846—1858 年,美国和墨西哥打仗,割占了原属墨西哥的得克萨斯、新墨西哥和加利福尼亚大片土地。美方以资助反对美国的军队为罪名,征收了 200 万英亩的墨西哥私人土地,还有 170 万英亩的社区土地和其他土地,不支付任何补偿。这使墨西哥人因失去土地而成为雇工和农奴。有两位美国学者指出,这些土地的失去毁灭了墨西哥裔美国人庄园的经济基础。今天在美国农场工作的墨西哥人,并不是农场主,而是合法或非法进入美国的廉价计时工。美国农业现在虽然高度机械化,但是有些活还是必须手工操作,比如摘甜瓜。

自 20 世纪 40 年代开始,墨西哥人成为美国农业廉价劳动力的首要来源。在第二次世界大战期间,美国政府与墨西哥政府签订了协议,由墨西哥向美国提供季节性劳工。战后这一协议又延续了几年,最后 1964 年正式终止。但是在邻近墨西哥的美国西南部农业区,仍然存在着对季节性廉价劳动力的大量需求。有一些住在边境附近的墨西哥人得到"绿卡"后,仍然居住在墨西哥,每天跨过国境去美国做工,有的在农场劳动,有的在白人家庭做女佣。由于他们每天在工作的美国和居住的墨西哥之间定时流动,被称为"摆动人口"(commuters)。据调查,这些"摆动人口"中有四分之一已取得美国公民权,但他们仍愿意住在消费低廉的墨西哥。除了这些合法的打工者外,每年还有大量墨西哥农民非法偷越国境到美国的农场打工。在美国农场打工的墨西哥人,由于主要是"季节工",严格地说,他们在统计上不能被算作"农民"(指农场拥有者和部分拥有者、农场管理人员、租种土地的佃农)。

印第安人作为美洲土著居民,其人口的主体依然居住在美国政府为他们选定的 280 个"保留地"内,从事农业和畜牧业,这些"保留地"是最贫瘠、难以耕种的土地。随着近年来某些矿产资源(石油、天然气、铀矿)的发现,其中一些有价值的土地又被政府强行征用。"印第安人要想承租或转租任何土地都必须得到政府农业局的批准,而农业局规定的批准率通常低于地区其他土地的批准率。"[①]这就使得印第安人离开土地十分困难,同时又难以摆脱贫困。

其他移民群体如亚洲移民及其后裔(日本人、中国人、印度人、朝鲜人、越南人等)、南美洲人(波多黎各人、巴西人、古巴人等)大多居住在城镇,主

---

① G. E. Simpson and J. M. Yinger, *Racial and Cultural Minorities: An Analysis of Prejudice and Discrimination* (fifth edition), New York: Plenum Press, 1985, p.195.

要在制造业和服务业寻找就业机会,极少有人从事农业经营。以华人为例,
1870 年时,在城市个体服务业中工作的人口占到华人就业人口的 40.9%。
到 1960 年个体服务业的这个比例就降到 10.9%。但是从事零售、批发业的
比例,从 1870 年的 1.7% 增加到 1960 年的 34.6%。在过去的美国老电影
中,华人是什么职业形象? 一个是开烟片馆,另一个就是洗衣业。但到
1960 年代,洗衣机普及了,所以华人洗衣业随之衰落,大烟馆也逐渐消失。
现在比较兴盛并保持着华人之前产业特征的就是餐饮业,还有近三十年兴
起的成衣业。在 20 世纪 20 年代,在公共行政事业(政府、统计局、警察局等
机构)任职的华人只占华人就业总数的 0.4%。但到 70 年代就增长到
6.3%,之后又到了 11%。美国的州长、市长、联邦政府部长的行列中,现在
都可以看到华裔的身影。

(二) 人口城乡比例

刚才我们讨论的是产业,现在再来说说城市化。一个族群的城市化程度
与它的人口的产业结构密切相连,同时各个族群的城市人口比重作为简单和
直接的统计指标,可以用来衡量和比较各族群参与工业化、城市化的程度。

美国人口普查结果表明,近几十年来黑人人口不断从农村向城镇迁移,
从小城市向大城市迁移。1960 年时,在全美人口 10 万以上的城市中,只有华
盛顿市的黑人人口占总人口的半数以上。到了 1980 年代,这种情况就有了很
大的变化,黑人占总人口半数以上的城市达到了 9 个。这一过程被美国社会
学家称为"黑人城镇化"(Black Urbanization)。1982 年,美国黑人住在城镇的
比例高达 99%。这使得黑人构成城市贫民的主体,并使种族冲突主要发生在
城市地区。我们发现美国有很多市长是黑人,原因很简单,因为城市选民半数
以上是黑人。美国的"市"和中国的"市"的概念不同,美国是大都市圈内有多
个小城市,每一个小城市居民的种族结构影响着市长和议员的种族比例。

墨西哥裔人口在 1940 年时大多数还在农村,到了 1960 年,开始逐渐转
变为城市居民。1985 年已有 80% 的墨西哥裔成为城镇居民。洛杉矶市成
了除墨西哥城之外世界上最大的墨西哥裔居住地①。未来的加州,西班牙

---

① G. E. Simpson and J. M. Yinger, *Racial and Cultural Minorities: An Analysis of Prejudice and Discrimination* (fifth edition), New York: Plenum Press, 1985, p.187.

裔在政治上的影响力是不可低估的。

在 1950 年以前,印第安人主要居住在保留地的农业社区。到了 1970 年代,有一些印第安人开始进入城市念书。1970 年,在印第安人口超过 1 万的 9 个州里,城镇人口占印第安人总人口的比例在 13.3%—39.6%。[①] 但是总的来说,印第安人还是美国城镇化程度最低的群体。从其他大陆 (亚洲、南美洲)来的移民族群到达美国后绝大多数居住在城镇。

(三)受教育水平

我们再来说说教育。在现代社会,受教育程度直接影响工作能力和发展机会。学校教育对一个族群的社会地位的影响是非常根本的,标志着一个族群的劳动力素质和竞争能力。人们的学历不同,知识结构、工作能力、建立的社交网络和发展的潜力也是完全不同的。

1930 年,美国南部黑人入学率为 58.5%,白人为 67%;到 80 年代,黑人与白人的入学率达到了同等水平。1940 年,年龄在 25 岁以上的黑人与同龄白人所受教育的年限相比,差距超过三年;在 80 年代早期,两者之间的差距减到半年。[②]

在美国,一个值得关注的现象是,直到 1960 年代,美国学校长期实行种族隔离。在南北战争后,黑人虽然不再是奴隶了,但是同时建立起严格的种族隔离制度,"平等但是隔离"。如纽约的旅馆不对黑人开放;很多公共场所如公共汽车站、候车室、商店,都是白人、黑人分开使用的,黑人不能进白人厕所,白人也不进黑人厕所;黑人和白人分别乘坐各自的长途汽车班车,如果说旅客人数很少,只能开一辆班车,那么车的前部就坐白人,后面坐黑人。有一个很有名的案例,一位黑人妇女认为这样的安排是歧视,坚持坐在白人座位上,因而被判刑。这说明当时的种族隔离制度非常严格,黑人受到制度性歧视。

在 1965 年的时候,学校教育仍然在实行种族隔离制度。80% 的白人学生在学生 90%—100% 为白人的学校读书,65% 的黑人学生在学生 65%—

---

① G. E. Simpson and J. M. Yinger, *Racial and Cultural Minorities : An Analysis of Prejudice and Discrimination* (fifth edition), New York : Plenum Press, 1985, p.194.

② 〔美〕丹尼斯·吉尔伯特、约瑟夫·A. 卡尔:《美国阶级结构》,彭华民译,中国社会科学出版社 1992 年版,第 92 页。

100%为黑人的学校读书。由于黑人学校的教学条件、师资水平、教学质量都比较低,对学生毕业后的就业和发展都有不利的影响。1964 年,美国国会通过《民权法案》,禁止在联邦资助的工程和计划(包括学校、工程项目)中实行种族歧视。在此基础上,1965 年通过了《中小学教育法》,进一步推进各地区学校废除种族隔离制。[①] 美国的学校分为公立学校和私立学校,私立学校由于不拿政府津贴和贷款,完全不受政府法令的影响。

80 年代黑人与白人的小学入学率就达到了同等水平,但在相近的入学率这个表面现象之下,更进一步分析则发现,中产阶级白人把孩子送进私立学校,白人贫民和黑人孩子则在条件较差的公立学校就读。

1998 年时,成年人完成高中教育的比例,拉美裔是 54%,黑人是 76%,白人是 84%,有明显的差别。1992 年美国白人上大学的比例为 38%,黑人和西班牙语裔分别为 30.8%和 28.7%,而且中途辍学率远高于白人。[②] 1998 年,成年人完成大学四年学习的比例,拉美裔是 11%,黑人为 15%,白人为 25%。直至 1990 年,印第安人只有 56%从中学毕业。[③] 表5 显示在 25—54 岁的美国人口当中,拥有大学以上教育水平比例最高的是亚裔,49%;白人是 31%。所以现在美国的亚裔(包括华人、日本人、朝鲜人、印度人)受教育程度最高。我们再看不同年代的数据。2000 年,中学毕业的黑人占 78%,而白人则为 84%;大学以上的,白人是 26%,黑人是 16%。2007 年拥有大学本科以上学历的比例,亚裔是 49%,白人是 31%,黑人是 17%,西班牙裔则很少。这种教育结构对于这些族群在美国社会里的竞争自然十分不利。

表5　2007 年美国 25—54 岁人口中各族群受教育情况

种族/族群	大学本科以上	高中及以上
白人	30.5%	89.4%
黑人	17.3%	80.1%
亚裔	49.5%	85.8%
西班牙语裔	12.5%	60.6%

① 〔美〕约翰·富兰克林:《美国黑人史》,张冰姿等译,商务印书馆 1988 年版,第 567 页。

② Christopher G. Ellison and W. Allen Martin, *Race and Ethnic Relations in the United States*: *Readings for the 21st Century*, Los Angeles: Roxbury Publishing Company, 1999, p.325.

③ 〔美〕D. 波普诺:《社会学》,中国人民大学出版社 1999 年版,第 303 页。

另外,学生辍学率也应当引起关注。1995 年,32% 的黑人高中学生没有毕业就离开学校。墨西哥裔对教育的重视程度不但比不上亚洲裔,也不如黑人。1979 年,在 25 岁以上的墨西哥裔人口中,只有 34.9% 读完四年小学,波多黎各裔也只有 38.6% 读完四年小学。①

教育不仅仅涉及一个族群成员中各级学校(小学、中学、大学)毕业生数量问题,还有一个实际能力或学习质量问题。由于不同学校的经费、师资、教学条件不一样,同等学历并不一定表示具有同等工作能力。此外,各级学校毕业生的专业领域结构、各专业在社会中的实际影响及地位是另一个值得探讨并有重要意义的方面。1980 年,黑人占美国总人口的 11%,但在拿到应届社会学博士学位的美国人中占 4%,其中心理学占 5%,经济学占 2%,历史、地理、数学、物理、医学等学科均低于 1%。可见,少数族群在受教育方面虽然学位有所提高,但就专业结构来说仍有很大的倾斜性。这种倾斜性对其整个族群的发展和结构性差异的影响应当引起我们的注意。在 1977—1990 年间,每年美国黑人获得博士学位的人数比以前减少了 25% 以上,而且获得博士学位的半数以上属于教育学专业(毕业后当学校教师)。与之相比,同期每年亚裔人士获得博士学位的数目却增长了 82%。②

不同族群学生在学习成绩方面的差异,也是美国族群研究的热门话题。1990 年黑人学生的"学习能力测验"(Scholastic Aptitude Test)平均分数是 737,白人学生的平均分数为 993,大学里的这一发展趋势无疑将对未来的美国族群关系产生影响。那么造成这一差距的原因是什么?一般经验研究倾向于认为来自收入较高家庭学生的平均成绩比贫困家庭学生的平均成绩要高。但当家庭收入背景这一变量被带入族群差异分析时,有的学者发现来自年收入 5—6 万美元家庭的黑人学生的成绩与来自年收入 1—2 万美元的亚裔学生相似,并以此来说明黑人学习成绩较低并不

① G. E. Simpson and J. M. Yinger, *Racial and Cultural Minorities: An Analysis of Prejudice and Discrimination* (fifth edition), New York: Plenum Press, 1985, p. 342.

② Christopher G. Ellison and W. Allen Martin, *Race and Ethnic Relations in the United States: Readings for the 21st Century*, Los Angeles: Roxbury Publishing Company, 1999, p. 327.

是由于家庭经济情况较差。① 原因是什么？亚裔的父母，不管是日本人、韩国人、朝鲜人还是中国人，都特别重视对孩子教育的投入和关注，同时亚裔孩子对于学习的态度也特别认真努力。成绩有差异并不是源自智商差别，而是文化差别。去年美国媒体热议的一位刻苦培养孩子的华裔母亲，被称为"虎妈"，也从一个侧面反映出华裔父母对子女教育的高度重视。

我们发现白人、黑人和西班牙裔之间的差别非常明显。西班牙裔对教育的重视程度比黑人还要低。在 1979 年，25 岁以上的墨西哥裔，只有 35% 读完了小学，同一比例在波多黎各裔中是 38%。拉美裔的高中毕业率也比黑人更低。这种受教育结构对于黑人、西班牙裔这两个族群在美国社会参与竞争提高社会地位，是非常不利的。

我们说到美国的种族隔离，有一个与中国民族关系相关的问题，那就是少数民族学校。在美国，为了争取族群和种族平等，黑人非常希望废除黑人学校，让自己的孩子和白人一起读书。在白人种族主义政权统治下的南非也是如此，黑人上黑人学校，白人上白人学校。但是当地的黑人大众对此极为痛恨，因为学校里只教黑人的母语祖鲁语，不学习英语，而不掌握英语在毕业之后不可能担任公职或从事贸易。南非黑人认为，不让他们学习白人的英语，是对黑人的排斥。换言之，在种族主义政权统治下的南非，黑人非常想学英语，想要打破种族教育隔离。中国在 1949 年之后专门为少数民族学生设立"民族学校"，用少数民族的母语教学。过去计划经济的时候，因为毕业后包分配，所以就业没有问题。现在是自己择业，民族学校毕业的学生在当前劳动力市场上的处境非常不利，这就是我国政府为什么 2000 年后开始在新疆、西藏加强双语教育，强化汉语学习，主要的考虑就是改善少数民族学生的就业问题。

（四）失业率

在 1981 年，美国 16 岁以上白人男性的就业率为 72%，而非白人男性就

---

① Paul M. Sniderman and Thomas Piazza, "Pictures in the Mind", in C. Ellison and W. A. Martin, eds., *Race and Ethnic Relations in the United States*: *Readings for the 21st Century*, Los Angeles: Roxbury Publishing Company, 1999, p. 231.

业率为61%。① 表6是1970年和1996年美国几个族群男性、女性就业情况。从这张表中,我们可以看出各族群就业方面的明显差别。1970年印第安人、黑人的男性就业率最低,印第安人、波多黎各裔和墨西哥裔女性就业率最低。少数族裔中男性就业率最高的是古巴裔,古巴裔男性就业率83.7%,女性51%。白人男性就业率73.8%,女性只有38.9%;而华裔女性就业率超过了49.5%。女性就业率最高的是菲律宾裔(55.2%)。菲律宾女性在外做工可能是一个传统,目前亚洲各国的家庭女佣大量来自菲律宾。1996年的数据没有分性别,可以看到各族群的就业率都有大幅提升。相比之下,亚裔的就业率最高(96.7%),白人次之(95.8%),波多黎各裔和墨西哥裔最低(90.4%和90.8%)。

表6 1970年、1996年美国各族群分性别就业率

族群	1970		1996
	男性	女性	合计
古巴裔	83.7	51.0	92.8
日本裔	79.3	49.4	(亚裔) 96.7
华裔	73.2	49.5	
朝鲜裔	75.5	41.5	
菲律宾裔	79.0	55.2	
夏威夷土著	77.9	48.5	
墨西哥裔	77.4	36.4	90.8
波多黎各裔	75.5	35.3	90.4
黑人	69.8	47.5	91.1
印第安人	63.4	31.6	——
全体白种人*	73.8	38.9	95.8

1970年资料来源:T. A. Sullivan,"Racial-ethnic Differences in Labor Force Participation", F. Dean and W. Frisbie, eds., *The Demography of Racial and Ethnic Groups*, New York:Academic Press,1978,p. 167.

1996年资料来源:〔美〕A. 帕里罗等:《美国种族与族群关系》,社会科学文献出版社1002年版,第183页。

*1970年数据包括墨西哥裔和波多黎各裔。

---

① G. E. Simpson and J. M. Yinger,*Racial and Cultural Minorities:An Analysis of Prejudice and Discrimination*(fifth edition), New York:Plenum Press,1985,p. 173.

由于本表的定义是年龄 16 岁及以上人口,各族群的年龄结构因素也应考虑在内,人口越年轻(指年轻的各年龄组人口比例大),就业率就会相对高一些。把服兵役的人员排除之后,美国白人男性的就业率在 1980 年为 78.3%,黑人和其他有色人种男性的就业率在 1980 年为 70.8%。在 1960—1980 年期间,白人女性就业率从 36.5% 迅速升至 51.3%,黑人及有色人种女性就业率从 48.2% 升至 53.4%。① 这些变化反映出美国有色人种男性就业的困难越来越大,同时也反映了近几十年来白人妇女争取经济独立性的努力。

再来看失业率,这是与就业率对应的另一个指标。在 1982 年,美国黑人男性中 16 岁以上的失业率为 20.1%,16—19 岁年龄组的失业率为 48.9%。相比之下,16 岁以上白人男性的失业率仅为 8.8%,16—19 岁组的失业率为 21.7%,都不到黑人失业率的 45%。1995 年,黑人的平均失业率达到 12%,而白人仅为 3%。在这种大形势下,黑人族群的社会地位很难得到改善,黑人的不满情绪也事属必然。

表7　1980—1992 年美国分种族的失业率(%)

年份	白人	拉丁美洲裔	黑人
1980	6.3	10.1	14.3
1988	5.3	8.2	11.7
1990	4.7	8.0	11.3
1992	6.5	9.8	14.1

资料来源:转引自 D. 波普诺:《社会学》,李强等译,中国人民大学出版社 1999 年版,第 314 页。

表 7 是 1980—1992 年的失业率分布。我们发现,1992 年黑人的失业率 14.1%,白人是 6.5%;1995 年,黑人失业率是 12%,白人是 3%,黑人是白人的 4 倍。黑人的失业率长期保持在两位数,没有很大的改善。

(五)职业结构

职业与社会地位和收入密切相关,分析各族群就业人员的职业结构,对

---

① G. E. Simpson and J. M. Yinger,*Racial and Cultural Minorities:An Analysis of Prejudice and Discrimination*(fifth edition),New York:Plenum Press,1985,p. 175.

于理解社会中的"族群分层"十分关键。美国黑人始终从事低工资职业,在20世纪60年代,当白人因为纺织业工资低而转向其他部门时,大量黑人因此而获得就业机会成为纺织工人;到了20世纪70年代,同样的情况又使许多黑人成为电话公司的操作工人。①

1970年黑人、波多黎各裔、印第安人、墨西哥裔加在一起占美国总人口的14.4%,而在全美工程师人数当中他们仅占总数的2.8%,可见这四个族群在工程专业领域里的能力表现和从事职业人数都不尽如人意。但在文科(诸如律师等)领域,少数族群显示的能力和就业人数要比理工科领域稍强。因为出生率的关系,美国黑人已占了全国总人口的12%,1970年黑人律师占全美律师总数的1.1%,即是说在美国黑人成为律师的机会是白人的十分之一。

表8把墨西哥裔与全美国的就业总人口进行比较,1978年全美"白领雇员"在总就业人数中已经达到50%,而墨西哥裔仅达到本族群就业人员的27.5%。在墨西哥裔就业人员中,"蓝领"的操作工人占21%,这类职业在全美就业人员中只占11.5%。可见半数墨西哥裔工人属于低工资的"蓝领"阶级,而且他们中很大比例是生产第一线的操作工人。这样一个职业构成十分清楚地说明了在美国社会"族群分层"中墨西哥裔族群所处的地位。

表8　美国墨西哥裔、黑人就业人员的职业构成(%)

	墨西哥裔 (1978)	黑人 (1980)	全国16岁以上人口 (1978)
白领雇员(总计)(%)	27.5	36.6	50.0
其中:1.专业技术人员	5.6	10.9	15.1
2.经理和行政人员	5.4	4.5	10.7
3.推销人员	3.0	2.7	6.3
4.办事人员	13.5	18.5	17.9
蓝领雇员(总计)(%)	49.9	37.2	33.4
其中:1.手工业人员	14.6	9.7	13.3

① G. E. Simpson and J. M. Yinger, *Racial and Cultural Minorities: An Analysis of Prejudice and Discrimination* (fifth edition), New York: Plenum Press, 1985, p.178.

（续　表）

	墨西哥裔 （1978）	黑人 （1980）	全国 16 岁以上人口 （1978）
2. 操作工人	21.0	20.1	11.5
3. 运输司机	4.5	—	3.8
4.其他非农业劳力	9.8	7.4	5.0
服务业人员(%)	16.5	24.4	13.6
农业人员(%)	6.1	1.7	3.0
就业人员总计(%)	100.0	100.0	100.0
就业人员总人数(万人)	266.5	—	9437.3

资料来源：G. E. Simpson and J. M. Yinger, *Racial and Cultural Minorities: An Analysis of Prejudice and Discrimination* (fifth edition), New York: Plenum Press, 1985, p. 189；[美]丹尼斯·吉尔伯特、约瑟夫·A. 卡尔：《美国阶级结构》，彭华民译，中国社会科学出版社 1992 年版，第 92 页。

　　表 9 提供了使用另一种职业分类统计的美国族群的就业结构。"管理与专业人员"和"技术、销售、行政支持"这两类关键职业，亚裔男性在本群体就业人员总数中的比例分别为 35.9% 和 24.3%，明显高于白人，加在一起达到亚裔男性总就业人数的 60%，具有明显的优势。"技术、销售、行政支持"是白人女性、亚裔女性从事的最主要的职业，其比例分别达到 45.7% 和 43.3%。这一职业同样也成为其他三个族群女性最集中的职业。而黑人、西班牙语裔和印第安男性在"管理与专业人员"和"技术、销售、行政支持"这两类职业中的比例均为白人男性的一半，这三个族群男性最集中的职业是"操作和装配工"，在职业结构中表现出明显的劣势。

表 9　美国各族群就业人员的职业构成（1990）（%）

职业分类	白人		黑人		西班牙语裔		亚裔		印第安人	
	男	女	男	女	男	女	男	女	男	女
管理与专业人员	27.3	27.3	13.4	18.8	10.7	16.0	35.9	27.9	13.5	20.9
技术、销售、行政支持	20.8	45.7	16.6	39.7	14.7	38.4	24.3	43.3	13.9	39.1

职业分类	白人		黑人		西班牙语裔		亚裔		印第安人	
	男	女	男	女	男	女	男	女	男	女
服务业	8.7	16.1	17.5	27.0	16.2	25.1	14.6	15.7	10.0	23.8
高级技工、修理、工艺	19.9	2.1	16.3	2.3	20.6	2.7	12.4	3.0	22.1	3.2
操作、装配工	19.2	7.6	33.3	12.0	29.8	16.7	11.6	10.0	35.1	11.8
农、林、渔业劳动力	4.1	1.1	2.8	0.2	8.9	1.1	1.2	0.1	5.4	1.2
总计	100.0	100.0	100.0	100.0	100.0	100.0	100.0	100.0	100.0	100.0

资料来源：Adalberto Aguirre Jr. and Jonathan H. Turner, *American Ethnicity*：*The Dynamics and Consequences of Discrimination*, New York：McGraw-Hill inc., 1995, p.7。

表10介绍了1980年美国本土出生者与各族群新移民从事专业技术工作的比例，反映出美国在吸收移民（特别是非欧洲移民）时对移民专业技术能力的要求。移民在技术工业中任职的比例明显超过美国本土出生者，这是因为有"第六优先"等技术移民政策。美国出生者从事专业技术职业的，只有12%。印度移民的比例达到43%。最低的是葡萄牙移民，只有2%，大多数从事渔业。墨西哥移民的比例是2.5%。可见不同来源国的移民，职业差别非常大。

表10　美国各族群新移民从事专业技术工作的比例（1980）

族群	%	族群	%	族群	%
美国出生者	12.0	德国移民	13.0	意大利移民	6.0
朝鲜移民	15.0	英国移民	17.0	墨西哥移民	2.5
菲律宾移民	20.0	爱尔兰移民	14.5	葡萄牙移民	2.0
印度移民	43.0	希腊移民	8.0	移民总体	12.0

资料来源：〔美〕布·罗贝《美国人民：从人口学角度看美国社会》，董天民、韩宝成译，国际文化出版公司1987年年版，第131—132页。

（六）收入结构

族群整体收入的绝对水平和产生的相对差距是社会分层的重要指标。

在这部分内容里,我们利用国外的资料介绍几个常用的收入统计指标。

表 11 介绍了 1950—1995 年间美国三个主要种族群体的家庭平均收入的变化。首先,黑人的平均收入始终是白人平均收入的 54%—61%,尽管从事特殊职业的少数黑人(歌星、球星、拳王等)享有很高的收入,但黑人整体收入与白人的差距在这半个世纪里没有明显缩小。同时需要指出,在这半个世纪里,黑人的绝对收入水平有很大提高,增长幅度大致接近白人的增长水平。1991 年黑人中等家庭的年收入为 21423 美元,白人中等家庭是36915 美元,是黑人的 1.72 倍。[①]

表 11　1950—1995 年美国各族群家庭平均收入变化

年份	白人（美元）	黑人（美元）	拉美裔（美元）	占白人收入%		与白人实际收入差距	
				黑人	拉美裔	黑人	拉美裔
1950	3445	1869	—	54.3	—	1576	—
1960	5835	3233	—	55.4	—	2602	—
1970	10236	6516	—	63.7	—	3720	—
1980	21904	13843	14716	63.2	67.2	8061	7188
1990	36915	21423	23431	58.0	63.5	15492	13484
1995	42464	25970	24570	60.9	57.6	16676	18076

资料来源:〔美〕A. 帕里罗等:《美国种族与族群关系》,社会科学文献出版社2002 年版,第 184 页。

总的来说,少数族群家庭收入得到明显提高。近几十年黑人家庭收入状况改善的过程中,存在着多重因素。首先是立法的影响,许多有关在就业和报酬实现种族平等的法规发生了作用;其次是黑人妇女就业数量的增加也使许多黑人家庭收入增加;再次是黑人教育水平的提高也为他们争取较高收入的工作创造了条件。应当说黑人家庭收入的逐步提高是各种因素综合作用的结果。但是黑人家庭收入仍然只有白人家庭收入的大约三分之二。

衡量收入的另一个指标是收入中位数,因为平均收入可能受到个别非

---

① 〔美〕D. 波普诺:《社会学》,李强等译,中国人民大学出版社 1999 年版,第 298 页。

常富有者高收入的拉动,所以需要用收入中位数来防止极高值、极低值影响我们对平均水平的判断。我们发现黑人家庭收入的中位数差不多是白人的一半。1959年白人是10000,黑人是5000;1975年分别是14000和8000。图5是1980—2000年黑人家庭收入的中位数。我们可以看到种族差异很明显,白人和黑人之间的收入差距似乎是很稳定的。

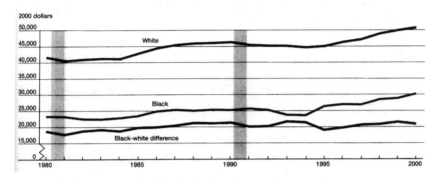

图5　1980—2000年美国黑人与白人家庭收入中位数

另外衡量收入的指标还有收入指数。如以1970年美国全体家庭的平均收入为100,则犹太人家庭收入指数为172,在各族群中是收入最高的,大约是黑人家庭的6倍;其次是日裔;印第安人的家庭收入最低,仅为全国平均数的60%。按平均指数计算的家庭收入水平与家庭收入中位数一样,都清楚地表明了美国各族群之间在收入方面所存在的悬殊差距。

常用的另一个评价收入的指标是贫困线(poverty line)。不同的年代,贫困线的标准不一样。美国政府每年根据物价、房价等消费指标的变化公布当年的贫困线标准,确定四口之家的收入贫困线。1959年,白人收入在贫困线之下的是18%,黑人是55%。到了1992年,白人降到11.3%,黑人降到32.7%,差别近乎3倍。1994年时,美国四口之家的贫困线是15000美元,同年白人的贫困率是11.7%,黑人是30.6%。1997年,在全美贫困人口当中,白人占8.4%,黑人占23%,拉美裔是24.7%。所以,贫困人口中确实有明显的种族差别。到2006年,白人中的贫困人口比例维持在8.6%,黑人降到了11.4%。图6展示了1980—2000年间白人和黑人家庭收入在贫困线以下比例的变化,可以看到种族差距没有显著的改善。

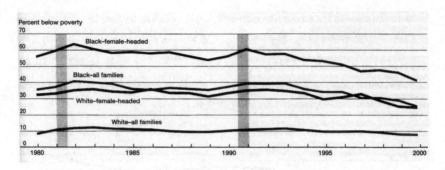

图6　1980—2000 年间白人和黑人家庭收入在贫困线以下比例

美国学者们也利用调查数据对全美人口的种族、性别、家庭结构、职业绘制了社会分层示意图,采用不同的图标来表示这些种族和社会经济特征。社会分层示意图共包含了族群、家庭、职业、人口数量、收入水平五个方面的信息,生动地向我们展示了美国社会各族群在职业、收入等方面的"族群分层"状况。1986 年收入在 15 万美元以上的,都是白人公务员和犹太人。到了 9 万美元这个收入线时,才开始出现西班牙裔。这就像一个金字塔,顶尖基本都是白人。

刚才谈到黑人和白人收入存在明显差距,造成差距的主要原因是什么?很多学者对此进行了分析。一些学者认为第一个重要原因是黑人的家庭不完整。1981 年,有一半以上黑人婴儿由未婚妇女生育,白人这种情况的比例只有 7%。同年白人已婚人口的离婚率是 10%,黑人是 23%。1990 年时63.7%的黑人婴儿是婚外生育。在 80 年代的时候,48%有 18 岁以上未成年人的黑人家庭是以女性为户主的,而同类家庭白人只有 14%。在 15—24岁生育过孩子的黑人女性中,有 68%是未婚女性。全部黑人妇女当中,有69%从未结婚。根据 1969 年的统计,黑人的婴儿死亡率是 1.42%,白人是0.6%。黑人的家庭状况与白人和亚裔非常不一样。

第二个原因是黑人犯罪率高。据 1990 年统计,黑人因谋杀被逮捕的人数是白人的 8.53 倍,因抢劫被逮捕者是白人的 14.3 倍,因盗窃被逮捕者是白人的 3.5 倍。同年,在 20—29 岁的黑人男性中,有 23%正在坐牢或是在缓刑假释期。1995 年这个比例是三分之一。这么高比例的人口都去坐牢,当然就没有收入,这对家庭有非常大的影响。

黑人的犯罪率为什么这么高?学者提出三种假设解释。第一种解释认为政府法律不够严厉,但是在 1970—1990 年代美国对犯罪的打击一度非常严厉,似乎并不奏效;第二种解释是"社会非组织化"假说,认为黑人社会从传统社会向现代社会转型过程中,很多传统的组织形式瓦解,人们之间的关系和伦理制约松懈了,导致犯罪率升高;第三种解释是"经济压力"假说,认为美国经济快速发展的同时,黑人失业率反而增高,黑人认为自己无法通过合法途径获得利益,转而采用非法手段。经济压力假设是目前美国学术界的主流观点。

(七) 自我认定的社会阶级

除了这些可以进行客观统计计算的教育、行业、职业、收入等指标之外,有的研究者使用"主观自我认定的社会阶级"作为衡量社会分层的指标之一。根据美国罗得岛州 1967、1968、1969 年的三次抽样户访调查数据①,美国社会学家科普林和格德沙尔德在 1978 年发表了他们共同的研究成果,介绍了他们对几个族群的成员进行"自我认定"调查的结果(表12)。他们发现犹太人特别是 35—44 岁年龄组的犹太人自我感觉特别良好,该年龄组有 94% 认为自己是上等或中等阶级②;自我感觉最差的是45—64 岁年龄组的葡萄牙裔居民,只有 27% 的被调查者认为自己属于上等或中等阶级。当然这些人的自我认定是有一定"物质基础"的,在罗德岛的葡萄牙裔有许多人是个体渔民,社会地位与收入不高。这种"自我认定"的调查结果对"族群分层"研究有时可以起到一定的辅助作用,可以帮助我们判断被访者对未来发展的自我预期,确定他们对社会稳定有可能发挥的作用。

---

① 这次调查的有效总样本为 3342 户,见 F. E. Kobrin and C. Goldscheider, *The Ethnic Factor in Family Structure and Mobility*, Cambridge: Ballinger Publishing Com. , 1978, p.7.

② 这一自我认定是有客观基础的,美国犹太人的家庭收入是各种族中最高的,高出平均水平 72% ,而且在上学年数相同的情况下,犹太人的收入也要高于其他族群,因为"犹太人不仅受到更多的教育,而且受到更好的教育,读的是高质量的大学,选的专业也多在博大精深的领域,如法学、医学和科学等"。〔美〕托马斯·索威尔:《美国种族简史》,沈宗美译,南京大学出版社 1993 年版,第 128 页。

表 12　美国按族群和年龄分类自认为是上层或中层阶级者的比例(%)

总计	全部年龄组	60 岁及以上	45—64 岁	35—44 岁	25—34 岁
	54.7	55.1	53.0	54.5	57.8
新教徒	63.0	69.6	57.5	66.3	61.4
犹太教徒	87.8	85.7	86.2	94.1	85.7
天主教徒	49.5	45.1	48.6	48.6	55.0
法裔加拿大人	43.0	36.1	40.8	47.2	50.5
爱尔兰裔	62.3	71.0	56.2	59.7	66.7
意大利裔	50.6	41.3	50.7	46.6	64.0
葡萄牙裔	37.2	41.3	27.3	40.5	45.5

资料来源:马戎编:《西方民族社会学的理论与方法》,天津人民出版社 1997 年版,第 187 页。

以上有关"族群分层"方面的分析主要来自美国社会学家对美国族群的分析,他们的这些思路、指标和比较方法可以为我们进行相关分析提供借鉴。除了在族群之间存在这些方面的绝对数字或相对差距之外,更重要的是,我们需要分析造成这些差距的原因。20 世纪 70 年代美国少数族群收入明显提高,这种收入的提高就近期看,是与美国政府在就业和分配中采取反对种族歧视政策、实施针对少数族群的福利政策等等紧密相关,从远期效果看,也与美国政府重视与支持少数族群的平等教育分不开。当然,美国社会的整体发展和经济波动都会直接影响少数族群在各个时期的就业和收入。对这些方面的因素及其对少数族群收入造成的影响程度,我们都需要根据实际情况开展系统、深入的调查和分析。

顺便再说说美国国会中宗教和族群的比例。在参议院、众议院之中,各个教派的分布是不一样的。1961 年犹太人只有 1 个人,到 2001 年就增长到 10 个人。新教徒的比例则从 87%,降到 76%,再降到 64%。我们可以发现,众议院、参议院议员组成中的宗教结构是在不断变化的。

五　美国种族关系发展的三个阶段

美国作为一个新兴的移民大国,存在着世界上最复杂的种族、族群关系。美国的族群，来自全世界各地，来源最纷杂，除了印第安人之外，在今天的美国，哪一个族群都没有自己的"祖居地域"。在美国的历史上曾多次爆发种族冲突和族群冲突，因为解放黑奴甚至爆发了南北战争。这使得美国的种族、族群问题，具有一定的特殊性，也使得美国的种族、族群问题研究，在政府和社会的重视下最为发达。在西方关于族群关系的社会目标的许多理论中，美国社会学者提出的理论十分流行。

戈登（Milton M. Gordon）于1964年出版了《美国人生活中的同化》（*Assimilation in American Life*）一书，重点讨论了美国族群关系社会目标的历史演变阶段，以及每个发展阶段的特点。他认为，美国处理族群关系社会目标的发展过程可以大致分为三个阶段。第一个阶段叫"盎格鲁-撒克逊化"（Anglo-conformity），它的文化导向是明确地以强化盎格鲁-撒克逊白人新教移民的传统文化为中心；第二个阶段叫"熔炉（主义或政策）"（Melting-pot），主张族群之间彻底融合；第三个阶段叫"文化多元主义"（Cultural Pluralism），主张承认并容忍"亚文化群体"的存在。实际上，这三个阶段理论所反映出来的，是随着移民成分改变而造成的美国人口族群结构变化的三个不同阶段。

(一) 美国族群关系发展的第一个阶段

第一个阶段自英国向北美移民开始，直至上世纪初。最初建立的北美十三州都是英国殖民地，主要移民的来源是英国，而且移民们大多是受到宗教压迫、政治迫害而逃亡的英国新教徒和一些破产的英国农民。这些移民的文化背景无疑都是英国（盎格鲁-撒克逊）的。为了这个移民的"主群体"与其他移民（在初期，爱尔兰人占很大比例）之间的整合，当时非常注重在移民群体中强化这种盎格鲁-撒克逊（Anglo-Saxon）文化。

在杰斐逊时代，美国国务卿曾公开宣称："我们的国家就是盎格鲁-撒克逊文化统治的国家，如果你不愿意学习英语，不愿意接受我们的文化，大西洋的门永远为你敞开，你可以回欧洲去。"甚至直到1909年还有人提出要用行政手段"割断"各移民集团与母国的联系，以此来达到同化移民的目的。那时政府的官方政策非常明确，即要求所有来到美国的移民都必须接受和学习盎格鲁-撒克逊文化。戈登用"A + B + C + …… = A"这个公式来对这一政策的实质加以概括，"A"表示盎格鲁-撒克逊文化，即不管你是什么文化背景,来自哪一个国家,要生活在美国并成为美国公民,就必须盎格鲁-撒克逊化,这是一个由政府推行的、不间断的、完全的族群同化过程。这个阶段从英国人在北美建立殖民地开始,历经"独立战争"和"南北战争",一直延续到上世纪初。

(二) 美国族群关系发展的第二个阶段

第二个阶段自上世纪初开始,直至 50—60 年代。随着欧洲遭受第一次世界大战前后天灾人祸的巨大冲击,大量来自意大利、德国、法国、西班牙、北欧各国的移民,甚至还有东欧的波兰人、俄罗斯人等为逃避战争和十月革命,不断涌入美国。移民人口的成分和族群比例改变了,在这种情况下继续实行先前的政策,要求所有的人都"盎格鲁-撒克逊化",实际上是不可能的。当时的美国,形成了许多有一定人口规模、有特定族群文化背景的种族、族群集团,族群之间时常发生冲突,这使得美国的政治家和社会学家们很忧虑。

1918 年美国上演了一部十分流行的戏剧,名字就叫《熔炉》(*The Melting Pot*)。该剧描写的是由来自不同国度、具有不同文化背景的男女通过婚姻,组成了一个多文化、多宗教的美国家庭,它的成员们在日常行为、价值观念、思维方式、语言等方面存在深刻的差异,但是经过长期的相互调适,最后相处得十分融洽。这个戏剧从一个侧面反映了当时美国社会中的族群交往情形。社会学家们认为这个家庭的演变结果是解决族群差异的理想结果,并乐观地认为戏剧中的这个家庭预示了美国社会的未来。后来,就借用"熔炉"来概括这一时期美国在族群关系方面的政策,戈登用公式表示为"A + B + C + …… = E",意即来自不同文化背景的人们(A、B、C…)经过在美国社会的共同生活,最后变成具有美国文化特质的"E"即"美国人"(American)。

由于美国东部主要是英国早期移民后裔的居住地,中部、西部因为有后来的新移民(爱尔兰农民、墨西哥人、华人、日本人等等),才真正具有文化的多元性,所以有些学者认为真正的"熔炉"现象出现在美国西部。特纳(Turner)在 1893 年提出西部才真正是形成美国文化的摇篮。随后,也有另外一些学者指出,移民混杂的大都市也是族群融合的摇篮。这些研究对美国各族群融合的"熔炉"现象,无论从理论上还是场景上都作了十分精细的分析。

(三) 美国族群关系发展的第三个阶段

第三个阶段自上世纪五六十年代开始到今天。第二次世界大战之后，美国的种族和族群问题并没有像政治家和学者们曾经预期的那样通过"熔炉"而得到完满的解决，族群间的文化差异也远未逐渐消失。他们发现，在发生部分族群融合现象的同时，许多族群差异依旧顽固地保持了下来。

在美国，尤其是在城镇里，各族群居民分地区居住的现象很普遍。如纽约的曼哈顿区，南部有"唐人街"（Chinatown），也叫"中国城"，这个地区的居民主要是华人，他们有自己善于经营的一些行业，如餐馆、珠宝店、成衣厂、洗染店，食品店里的中国食品集中了大陆、台湾、香港的精华，各类"国货商品"无所不有，华人有自己的学校，广场上竖立着孔子像，有自己的报纸、广播电台甚至电视台，完全形成了一个"亚文化群体"（a sub-cultural group）。在"唐人街"北面有一个"小意大利区"，那里居住的都是意大利裔，讲意大利语，有意大利餐馆，社区的人际关系带有浓厚的意大利色彩。

获得 1961 年奥斯卡最佳影片奖的是一部歌舞片，名叫《西区故事》（*West Side Story*），讲述的是纽约市曼哈顿西区的波多黎各裔与意大利裔两个族群之间的械斗。剧中的男主人公是一个意大利裔青年，在舞会上爱上一个波多黎各裔姑娘，遭到两方家庭和亲友的激烈反对，在械斗中男主人公为了替朋友报仇，失手杀死情人的哥哥，他在潜逃中误信情人被复仇者杀死而走上大街求死，于是也被对方族群的复仇者杀死。族群的隔阂和相互仇视，终于酿成一出人间悲剧。

这个现代的罗密欧与朱丽叶的故事，反映了在小小的曼哈顿岛上，来自不同族群背景的居民们虽然经过了很长时间甚至很多世代的共同生活，但却依然保持着各自很鲜明的传统文化特点，并具有非常清醒的族群意识。即是说，尽管这些不同文化背景的族群来到美国后，也使用英语，按照美国联邦宪法和各州法律行事，承认这个社会总体的规范，能够作为这个社会中一个守法的公民而存在，但是他们依然保有原有的族群传统文化特征。这是一个不得不承认的现实，所以社会学家们说"熔炉并不总是发挥作用"（the Melting Pot does not always work）。后来两位社会学家根据他们对纽约市各族居民情况的调查研究出版了一本书《在"熔炉"之外》（*Beyond the*

Melting Pot)①。

　　早在 1915 年,美国犹太学者卡兰(Horace Kallen)就已经根据自己的体会撰文对"盎格鲁–撒克逊化"和"熔炉"理论提出质疑,并提出美国实质上是一个"(各)族群文化的联邦或共同体"。② 卡兰在他 1924 年的文章中首次使用"文化多元主义"(Cultural Pluralism)这个词汇。他认为"(各族群的)文化本身就具有价值",正是"在多样性的影响中才能出现创造性"(creation comes from the impact of diversities)。他的观点得到了一些学者的赞同,他们认为假如文化是单一的话,社会就会变得十分枯燥;正是这些族群文化差异的存在,可以迸发出很多的创造性,而人权的意义就在于不同文化之间的平等。这种"多元化"使得各地区的文化生活变得丰富多彩。戈登也用公式对此作了概括,即"$A + B + C + \cdots\cdots = EA + EB + EC + \cdots\cdots$",表示族群交流和共同生活的结果是产生出保留了各族文化传统的"美国人"。

　　1964 年,戈登在《美国人的生活同化》一书里第一次清楚地把这三个阶段划分出来,而且给予了上述理论分析与概括,全面地总结了美国族群关系社会目标的历史演变过程,这本书出版之后在美国的政界和学术界具有很大的影响。

　　他的"三阶段理论"对我们思考族群关系有一定的启发性。使用行政手段强制实行族群同化是不会成功的,以美国的政治、经济、文化基础这样的优越条件来对零散进入美国的新移民实施同化,其结果尚且如此。但是,"文化多元"并不意味着各族群在政治、地域上实行"割据"而危害国家的统一,美国的"多元"之上有十分强大的"一体",州和联邦都是很强的政治实体。而且在美国不仅仅只有政治上和经济上的统一,在文化层次上也有很强的"一体化",如使用英语,接受美国社会的基本价值观念和行为规范。事实上也很简单,不会讲英语在美国就寸步难行,不接受美国的价值观念和行为规范就无法在美国社会里与其他人和各种政府机构打交道,更谈不上就业和发展。所以,"文化多元"并没有保留具有真正独立意义的"文化群体",只是允许在接受"共同文化"的前提下保留原有传统文化某些特点的

---

① N. Glazer and D. P. Moynihan, *Beyond the Melting Pot* (second edition), Cambridge: The M. I. T. Press, 1970, p. 16.

② M. M. Gordon, *Assimilation in American Life*, New York: Oxford University Press, 1964, p. 142.

各个"亚文化群体"的存在。允许发展有族群背景、真正具有自治倾向的"文化群体",也将危害美国的政治统一。当然,这种情形也决不会被美国政府所容忍。

在戈登之后,许多美国社会学家也继续在理论上对美国族群关系进行探讨,出现了"生成文化论"和"碰撞——体化理论"。前者表示在多元文化的环境中,人们会"生成"一种新的文化形态,如一个中国人逐渐变成一个华裔美国人,这时他已经不再是一个中国人了,他在美国出生的孩子与中国人的距离就更大了,他们加入了"华裔美国人"族群。后者认为通过与其他族群交叉作用(碰撞),各文化集团逐渐改变着自身并逐步融合进美国主体文化。①

对于各个少数族群在美国如何发展,波特斯(Alejandro Portes)提出了"族群聚集区经济模式",强调在族群群体成员的社会流动和争取社会地位方面,族群聚集区(如"唐人街")的经济发展和族群社会网络能够起到重要的作用,而且可以成为少数族群(特别是新移民)融入主流社会的另一条途径。② 关于纽约的研究也充分说明了"唐人街"在社会经济方面的潜在力量和对华人移民适应美国社会所起的正面作用。③

六　美国当今种族和族群关系的特点

由于各族群结构性差异的存在,可以说在美国社会存在着各个种族、族群之间"事实上的不平等"。这种在社会地位、经济收入等方面的差异,导致了种族、族群群体之间的矛盾与冲突。从早期殖民者对土著印第安人的大屠杀,到南北战争前白人对几百万黑人奴隶的残酷压迫,这种矛盾与冲突贯穿着美国的整部历史。

1776 年美国独立后即迅速开始扩张领土。1803 年从法国手中得到了密西西比河西岸的"路易斯安那省"(包括现在的 9 个州),1819 年从西班牙

①　杨国美、黄兆群:《中美学术界关于美利坚民族性质的研究》,《世界史研究动态》1991年第 7 期,第6—7页。

②　A. Portes, "On the Sociology of National Development: Theories and Issues", *American Journal of Sociology* 82(1976), pp. 247-279.

③　周敏:《唐人街:深具社会经济潜质的华人社区》,商务印书馆 1995 年版。

手中夺取了佛罗里达,1845 年从墨西哥手中夺取了得克萨斯,1846 年占领了西北的 3 个州,1848 年再次打败了墨西哥,夺取了包括加利福尼亚在内的 3 个州,1867 年从沙皇俄国手中购买了阿拉斯加,1898 年战胜了西班牙之后,美国占领了波多黎各、夏威夷群岛、关岛和菲律宾群岛,1899 年占领阿留申群岛,1904 年巴拿马运河区被正式割让给美国。[1] 在这一百年的大扩张中,美国领土增加了三倍多,中西部的许多印第安部落、西南部的墨西哥人、太平洋各岛土著居民都落到了美国的统治范围之中。

(一) 黑人反对种族歧视、压迫的抗争

黑人最早是作为奴隶被大量在非洲捕捉后贩运到美洲的。17 世纪每年被卖到美洲的约有 1 万人,18 世纪每年约 6 万人。共有 1000 万黑人这样来到美洲。1825 年美国黑奴占美洲黑奴总数的1/3。1661 年弗吉尼亚英国殖民政府通过了北美第一部明文确认奴隶制度的永久性并包括奴隶子孙后代的法律,全面恢复了奴隶制,此后所有黑奴及其子女在制度上都属于"永久奴隶"。

1776 年美国的《独立宣言》在奴隶制和奴隶贸易方面保持沉默。1808 年英美两国同意禁止贩卖奴隶的国际贸易。美国独立后北方各州反对奴隶制,成为"禁奴州",而南方坚持奴隶制,称为"蓄奴州"。有些南部州明文规定,黑人子女上学是犯法行为。

1862 年 9 月林肯总统发表《解放黑奴宣言》,宣布自 1863 年 1 月 1 日起,所有奴隶获得自由。1865 年南北战争胜利后,黑人在法律上获得解放。但南部白人农场主组织了"三 K 党",对争取实施自由权利的黑人施行私刑。1871 年政府颁布了制止"三 K 党"活动的法律。但之后"三 K 党"在南部各州多次复活,鞭打和杀害黑人的事件时有发生。一直到"1957 年和 1958 年,在南卡罗来纳、亚拉巴马、佐治亚和南方其他各州,杀害黑人是不受任何惩罚的"[2]。1896 年美国最高法院裁定"分离但平等"的设施是符合宪法的,从而为在公共设施实行普遍而严格的种族隔离政策提供了法律依

---

[1] David Burner, et al. , *An American Portrait*, New Jersey: Revisionary Press, 1982, p. 155.

[2] 〔美〕约翰·富兰克林:《美国黑人史》,张冰姿等译,商务印书馆 1988 年版,第 543 页。

据。之后美国各州长期以来实行种族隔离政策。①

第二次世界大战后期,美国军队里开始取消种族隔离。在朝鲜战争中,军队中混合编制的程度从9%上升到30%。1948年南卡罗纳州允许黑人登记为选民。1950年,9个州和8个城市禁止在公共住房实行种族隔离。1953年,最高法院的裁决使华盛顿的旅店开始向黑人开放。1955年,火车和公共汽车上开始废除种族隔离。

虽然联邦政府颁布了废除种族隔离的各项法令,许多地方政府仍然顽强地抵制。1957年原南部联邦的11个州联合反对联邦最高法院关于取消学校种族隔离案件所做的裁决,直至总统因州长无视最高法院的裁定而派出联邦军队时,黑人儿童方能入学。积极推动《民权法案》的肯尼迪总统1963年11月遇刺后,1964年2月和6月,众议院和参议院先后正式通过《民权法案》。

1968年,"伯克利成为用校车接送学生横穿市区从而成为完全取消种族隔离的第一个城市。其他城市迫于卫生、教育与福利部的压力,也很快开始效仿伯克利的榜样"②。

黑人与白人种族主义者之间的斗争始终没有停止。种族歧视行为和黑人反抗斗争对美国的社会稳定和经济造成巨大的损害。"据1962年经济顾问委员会估计,为种族歧视而付出的全部代价约值173亿美元,即国民生产总值的3.2%。"如1965年洛杉矶瓦茨地区的一次种族暴乱,即造成了34人死亡,1032人受伤,3952人被捕,财产损失约4000万美元。③

由于黑人人数在包括华盛顿在内的许多大城市中超过或接近人口的半数,为了争取黑人的选票,美国两党的政治家们开始关心黑人问题。1960年黑人运动领袖马丁·路德·金被关押,正在竞选总统的肯尼迪设法使他开释,从而得到黑人的好感。有人分析正是黑人选票使肯尼迪当选。1963年马丁·路德·金在华盛顿的集会上发表"我有一个梦"的著名演说,反对暴力和独立诉求,反对种族歧视,要求给予黑人完全的公民权。1968年马

---

① 吴泽霖:《美国人对黑人、犹太人和东方人的态度》,中央民族学院出版社1992年版,第55—58页。

② 〔美〕约翰·富兰克林:《美国黑人史》,张冰姿等译,商务印书馆1988年版,第569页。

③ 同上书,第565—566页。

丁·路德·金被暴徒枪杀，他死后美国各地的一百多个城市连续几天发生骚乱。1967 年的"黑人权力会议"要求"把美国分为两个独立的国家，一个是白人的祖国，另一个是黑人的祖国"。黑人激进派"黑豹党"的发言人宣称，美国面临的选择要么是"黑人的彻底自由，要不就是美国的彻底毁灭"①。当时黑人暴力斗争遍及全美国，毛泽东主席为此专门发表了支持美国黑人斗争的声明。1965 年颁布选举权法令后，黑人开始积极参与地方选举，1973 年黑人选出 15 位众议员和 1 位参议员。②

关于废除学校种族隔离制度有一个著名事件，1957 年在阿肯色州(Arkansas)有 7 名黑人学生申请进入小石城高中上学，但该校拒绝招收。黑人学生告到州法院，州法院支持学校的立场。许多人权律师帮助上诉到联邦法院，经过激烈辩论后，联邦法院裁定州法院判决违宪，认为这 7 名黑人学生完全有权利进入该校就读。但学校警卫仍然阻拦，最后总统下令让联邦军队护送黑人学生进入学校。如果大家关心伊拉克战争，就会知道美国最精锐的部队是 101 空降师。这次执行护送黑人学生进校园任务的就是 101 空降师。这是一个由联邦法院裁决、联邦军队执行的打破种族学校隔离的历史性事件，这张照片刊载在当年的 Time 杂志上。黑人从此逐渐有机会进入教学质量好的中学和大学。

黑人争取合法权益的斗争一直延续至今。1995 年由于法院对殴打黑人司机的白人警察宣判无罪，引发洛杉矶黑人又一次暴动与骚乱。同年由于实行多年的《平等就学、就业法案》面临取消，黑人对于今后的前景十分担心，由激进派黑人领袖法拉汉发起的"黑人百万人大集会"吸引了来自全国的 40 多万黑人参加，反映出黑人的焦虑和愤怒心情。今天美国黑人在法律上取得了平等地位，一些黑人精英人物进入政府的高层职位，但是在社会的基层社区，种族问题仍然存在并且仍然是当前美国社会一个最敏感的话题。

（二）一度濒临灭绝的印第安人

印第安人是世世代代居住在美洲大陆的土著居民。北美印第安人原来约 1500 万人，经过白人殖民者的多次大屠杀后，残存的印第安人被驱赶进

---

① 〔美〕约翰·富兰克林：《美国黑人史》，张冰姿等译，商务印书馆 1988 年版，第 571 页。
② 同上书，第 574 页。

图 7　黑人学生在联邦军队护送下进入小石城高中

了不毛之地——"保留地",因屠杀、瘟疫和贫困而人口锐减。1830 年,美国国会通过了《印第安人迁移法案》,规定印第安人向政府或私人机构交出土地后,搬迁到指定的居住区(保留地)生活。之后由于恶劣的生存条件又有大量人口死亡。20 世纪 60 年代印第安人口不到 100 万人。1980 年普查表明美国有 140 万印第安人,"自 1860 年……以来,这是这个族群在美国第一次超过 100 万人"①。1990 年增至近 200 万。

　　1968 年《印第安民权法》和 1975 年《印第安自决法》开始施行,美国政府开始改变对印第安人的歧视性政策。由于受到政府的限制,印第安人很长时间以来不能离开"保留地",这对他们接受现代学校教育、参与现代经济活动极其不利。在白人的小说、电影中,印第安人总是面目可憎的"吃人生番"。1992 年拍摄的《与狼共舞》是许多年来第一部正面描写印第安人的电影。存在于白人与印第安人之间的隔阂,实际上比白人与黑人之间还要

---

① 〔美〕布·罗贝:《美国人民:从人口学角度看美国社会》,董天民、韩宝成译,国际文化出版公司 1987 年版,第 141 页。

深。自 80 年代以来，许多部落的印第安人，根据历史上美国政府签署、后来被白人单方面撕毁的协议、契约，与白人打官司，要求退还被侵占的土地并要求赔偿。印第安人的"索地运动"虽然规模不大，但是也成为困扰各州和联邦政府的一件令人头疼的事。

经过"美国印第安人运动"三十多年的斗争，印第安人在 80 年代获得了免税和自治等权力。为了缓解印第安人的贫困问题，1988 年美国国会通过了《印第安人赌博法案》，准许各州印第安人部落开设以赌博为主业的夜总会。1993 年有 18 个州的印第安人部落设立了 100 家夜总会，年营业收入达 60 亿美元。《印第安人时报》总编辑认为，虽然这种经营可以使一些部落致富，但是"必然彻底改变道德标准和价值标准，从而加速我们（印第安人）文化的灭亡"①。

（三）谨慎发展的亚洲人

亚裔美国人中最大的族群现在是华人。美国的华人最早是作为"苦力"来到美国的，这种用几元钱招募的华工，一旦上船之后便被关入底舱，所受到的待遇与黑奴一样。他们参与了西部铁路和其他艰苦的工程，但在这些工程结束之后，很多人被集体屠杀，那些侥幸活下来的人因无路费回国，只好居住在"唐人街"里。1851 年加州有 2.5 万华人，1870 年达到 6.3 万人，其中 73% 住在加利福尼亚。② 1882 年的《排华法案》和其他法律禁止华人成为美国公民。"从 1854 年到 1874 年，有一条法律禁止中国人在法庭上提供不利于白人的证词，这实际上等于公开宣布可以任意凌辱华人，华人遭到抢劫、伤害和攻击时，法律是不管的。""1871 年在洛杉矶，一伙白人歹徒一夜之间射杀、绞死了 20 名左右的华人。"③

由于受到各种法律的限制，华人在美国的发展十分艰难。许多职业禁止雇佣华人，直至 1920 年，美国就业华人 50% 以上只能在洗衣店或餐馆打

---

① 《环球文萃》1994 年 8 月 7 日。
② 吴景超：《唐人街：共生与同化》，天津人民出版社 1991 年版，第 38 页。
③ 〔美〕托马斯·索威尔：《美国种族简史》，沈宗美译，南京大学出版社 1993 年版，第 178—179 页 。

工。华人开办的商店、企业"被课以特别税和附加税"①。由于《排华法案》的影响,美国华人从 1890 年的 107488 人减少到 1920 年的 61639 人。②

处于太平洋战争中的美国政府,出于对日作战的实用主义的考虑,终于在 1943 年废除了《排华法案》,允许华人加入美国籍,同年把华人每年移民限额定为 105 人,1945 年《战时新娘法案》使包括华人在内的 11.8 万美军配偶移民美国。1965 年之后,把各国移民限额改为东半球每年移民 17 万人、西半球每年移民 12 万人,1976 年每国移民限额都定为 2 万人。③ 只是在这些新的移民政策实施之后,华人才有可能迁入美国定居。

与其他移民族群相比,美国华裔族群的发展有一个特殊的问题。最初来到美国的华人大多是男性,1860 年华人的性别比例为 20∶1,1890 年为 27∶1。美国当时的法律禁止华人与白人通婚,所以美国的第一批华人很少留下后代,直至 1940 年,美国华人的大多数都是在美国之外出生的新移民。由于历史上遗留下来的对华人的特殊歧视,在灾害和经济困难时期,美国华裔决不向公共救济伸手,而靠华人内部的互助渡过难关。1933 年经济大萧条时,纽约的白人中有 9% 接受联邦政府的失业救济,华人中仅有 1%。④ 与激烈反抗斗争的黑人不同,美国的华人是在政治上、经济上避免与白人竞争,而主要凭借自身努力和互助来逐步改善社会地位、经济状况的一个十分谨慎的族群。

第二个重要的亚裔族群是日本人。日本人移民美国始于 18 世纪末,上世纪初达到 10 万人。与华人的移民方式不同,日本移民都是经过日本政府挑选的青壮年,他们在美国的权益得到了日本政府的保护。与华人"苦力"不同,90% 以上的第一代日本人主要从事农业、商业和体力劳动。由于许多妇女从日本来到美国与移民男子结婚,很快就有了取得美国公民权的第二代日裔。日本移民农场主凭借子女的公民权在 1913 年《外籍人土地法》颁布之后仍然保存了土地。由于这几个方面的原因,日裔族群在美国社会里

---

① 〔美〕托马斯·索威尔:《美国种族简史》,沈宗美译,南京大学出版社 1993 年版,第 181 页。

② 陈依范:《美国华人史》,世界知识出版社 1987 年版,第 243 页。

③ 同上书,第 259 页。

④ 〔美〕托马斯·索威尔:《美国种族简史》,沈宗美译,南京大学出版社 1993 年版,第 187 页。

的发展远比华人要顺利得多。

1941 年 12 月的珍珠港事件引发了美国人对日裔的仇视,第二年有 10 万居住在美国西海岸的日本人被运送到阿肯色州的拘留营。这次被迫迁移使日裔损失 4 亿美元。但是需要指出,与此同时也有 30 万日裔美国人作为美国军人参战,在欧洲作为一线士兵,在太平洋作为翻译人员。战后日裔族群得到了迅速发展,由于勤奋和团结,他们在日裔集中的夏威夷州竞选议院和州长获得成功,在今天的美国政坛上,日裔是最成功和最有影响力的亚裔族群。但是随着日本经济发展和对美贸易巨额顺差,受到日本产品影响的美国汽车行业和其他行业的工人产生了新的反日情绪,针对日本人的暴力事件在 80 年代时有发生。

1980 年美国菲律宾裔人数在各亚裔族群中仅排在华裔之后,但是与其他族群相比,居住分散,对美国社会的影响不大。在美国大城市的韩国移民人数虽然不多,但是自 70 年代以来发展很快,由于勤恳和团结,韩国移民在 80 年代迅速占领了包括纽约在内的许多大城市的蔬菜、水果零售业。华裔、日裔和韩裔的一个共同特点是十分重视子女的教育,这也许与儒家文化传统有关。亚裔学生在学校里的杰出表现,令白人社会十分惊奇。80 年代后期加州大学开始限制亚裔学生入学比例,充分反映了白人社会的担心及坚持对亚裔的歧视。

(四)"二等白人"——拉丁美洲裔

在人口规模上,拉丁美洲裔移民是仅次于白人和黑人的族群。在过去的一些普查中,他们有时也被统计为白人。但是他们讲西班牙语,肤色较黑,很容易与其他白人区别开来。其中最重要的是墨西哥裔,其次是波多黎各裔。在历史上,美国西南部的几个州(得克萨斯、新墨西哥、加利福尼亚等)曾属于墨西哥,美国在战争中夺得了这些土地。那时许多农场为墨西哥农人所有。在 1854—1930 年间,美国联邦政府征收了 200 万英亩墨西哥裔的私人土地、170 万英亩墨西哥裔社区拥有的土地和 180 万英亩其他土地,没有支付任何补偿,"这些土地的失去毁灭了墨西哥裔美国人农庄的经济基础"①。

由于语言差异和教育水平较低,拉丁美洲裔在美国社会的发展中处于不利的竞争地位。地理上的便利条件使得每年都有大量的非法移民从墨西哥进入美国(2004年有110万人)。1975年以后移居美国的墨西哥人,三分之二是非法入境。2000年在全部非法移民中,墨西哥人占69%(480万人)。自从踏上美国国土的那一天起,他们就成为移民局和警方搜捕的对象。报刊上披露的许多警察暴力事件,都是与这些墨西哥裔非法移民联系在一起的。关于墨西哥裔非法移民的纠纷,有时演变为美国与墨西哥两国之间的外交交涉。美国西南部的农场主年复一年地需要季节性的廉价墨西哥劳工,承认他们是支撑美国农业的重要基石,但是又绝对不希望他们留居美国,这种纯粹为了剥削廉价劳动力的思考方式是墨西哥非法移民问题的主要根源。

在1990年和2000年两次人口普查的分类中,拉丁美洲裔从"白人"中被区分出来。这在一定意义上反映了白人社会对他们采取的一种"非我族类"的歧视态度。在美国,拉丁美洲裔实际上是"二等白人"。由于拉美各国社会稳定与经济形势欠佳,美国拉美裔人口比例会通过移民持续上升。2002年拉美裔人口已达3880万人。

2000年,在美国以外出生的人原籍最集中的是墨西哥(784.1万人,占27.6%),第二是中国(139万人)。拉美裔移民在地理分布上高度聚居:如墨西哥裔集中居住在南加州,古巴裔集中在迈阿密,多米尼加和波多黎各裔集中在纽约市。在洛杉矶市,拉美裔占居民总数的46.5%,到2010年预计达到60%。2000年全美国有2600万人在家里说西班牙语,其中1370万人英语不熟练。根据调查,在美国出生的孩子中,墨西哥裔只有3.9%说自己是"美国人",而其他族裔回答自己是"美国人"的比例达到28.5%—50%。所以亨廷顿在《我们是谁?》中表现出对美国部分地区"拉美裔化"的担心。

(五) 如何看待"平等"和"公平竞争"

美国是标榜"平等"的国家,但是美国的"平等"观与我们一般认为的

---

① G. E. Simpson and J. M. Yinger, *Racial and Cultural Minorities: An Analysis of Prejudice and Discrimination* (fifth edition), New York: Plenum Press, 1985, p. 186.

"平等"并不完全具有同样的内涵。美国的"平等"指的是"机会的均等"和"公平竞争",不考虑竞争者在自身条件方面的差异。一个由于家庭贫寒而仅上了四年小学的墨西哥裔青年,在就业市场上如何去与一个大学毕业的白人富家子弟竞争?在这种"公平竞争"机制下,社会地位高、收入丰厚的工作和低收入工作也许在很大程度上将分别由不同的族群(如白人和黑人)"世袭"下去。在考试中,"在分数面前人人平等"是一个公平的原则。但是这个原则如要真正公平,必须充分考虑各种前提条件,历史上几个世纪所造成的学习基础的不平等,不是单靠给予"平等的准考资格"就可以立刻消除的。

马克思主义关于民族之间的平等问题,提出了"法律上的平等"和"事实上的平等"两个范畴。在法律上废除种族和民族歧视,实现民族的平等权利,只是民族平等的第一个阶段。只有通过各项措施和长时间的不懈努力,帮助原来被压迫、被剥削的落后民族在教育、专业训练等方面赶上先进民族,消除各族群之间的结构性差异,使所有的民族族群在社会的竞争中都能站在一条起跑线上,才能实行真正的公平竞争,并发展到"事实上的平等"。只有采取这样的思路和做法,才是真正的力图实现公平、平等、自由的社会。

(六) 少数族群之间的关系

最近在美国出现了一些令人不安的倾向,就是随着经济的不景气和失业率的升高,一些少数族裔群体(特别是黑人)把自己的不满情绪发泄到其他少数族群的身上。黑人人数多,在许多大城市里接近或超过总人口的50%,由于家庭不稳定、平均教育水平低,他们在社会地位和经济收入方面的改善程度有限。有些黑人觉得无法与白人抗争,但是作为历史悠久的美国人,他们对亚洲新移民在教育和经济上的发展心里很不平衡。1991年一个韩裔店主殴打了一个偷东西的黑人孩子,结果导致纽约市黑人与韩裔之间持续几周的冲突。1995年,因法院判决殴打黑人出租汽车司机的白人警察无罪,洛杉矶黑人发动了几周的骚乱,在纵火和抢劫的对象中,首当其冲的却是韩裔杂货店和华裔餐馆。

美国的种族歧视虽然在联邦法律上被禁止了,但是在各州的法律以及各地区自行设定的地方法规中,仍然保存着一些种族歧视的内容。而且也总有一些人为种族歧视制造舆论。1994年美国出版的《贝尔曲线》一书,从一次智商测验中黑人平均比白人低15个百分点这件事出发,试图证明黑人的遗传基因使黑人天生就比白人愚蠢。① 影响智商的因素除了遗传基因外还有其他许多后天因素,测验的具体情况也可进一步分析,但是这件事多少证明了种族偏见至今还根深蒂固地留存在一些人的头脑里。随着中国经济的迅速发展,又有一些人在制造"黄祸"和排华的舆论。要在美国真正实现林肯、马丁·路德·金的种族、族群平等之梦,无疑还有相当长的一段路要走。面对各种复杂的局势,美国的各亚洲族群都在呼吁内部团结,并在努力与黑人族群、拉丁美洲裔族群进行沟通和协作。今天美国最富有、最有权势的人依然是白人,少数族裔应当加强相互之间的沟通与协作,同时联合同情有色人种的白人民众,为争取自己的合法权益而携手努力。应当说,通过近些年的发展,美国的种族问题有了很大程度的改善。一个重要的标志,就是2008年,黑人候选人奥巴马高票当选美国总统。美国的黑人只有12%。换言之,奥巴马是由白人选出来的。这表示大多数美国白人已经放弃了种族歧视的观念,从认同种族肤色到认同公民理念,这是一个非常重要的变化。

（作者为北京大学社会学系教授）

---

① 《中国青年报》1994年10月28日。

第四讲

美国宪法的价值观探讨①

王锡锌

美国是一个高度法制化的社会,法律不仅仅是法学院课堂上学习的一门学科,更渗透于公共生活和个体感受的方方面面。美国的宪法和法律是高度"生活化"的。"生活化"的法治使宪法和法律不仅作为一种正式文本和制度而存在,同时更是一种文化和生活方式,涉及从国家构造、公共生活到日常感受等等丰富、多样的领域。从这个意义上讲,要想在一堂课的时间里来充分讨论美国的宪法和法律,就好比要在 5 分钟之内跑完马拉松,是个不可能的任务(mission impossible)。但我们还是启程,因为前方有值得一看的风景。

一 引言:美国宪法的理想与现实

(一) 理想背后的美国神话

从人类政治制度文明的角度看,应当承认一个基本的事实,那就是:美国宪法以及通过宪法而建立起来的宪政体制,是人类文明史上一个重要的里程碑,是人类社会在政治文明追求方面的一个重要成果。它的最重要的意义就在于,将欧洲文艺复兴时期以来人类对于理性政治活动的追求变成了一种制度实践。② 从政治活动的过程看,宪政实际上是一种通过和平、理性的方式讨论公共问题,并且在寻求合意的基础上作出妥协的制度性安排。

---

① 本部分内容是在课堂录音的基础上修改而成的。北京大学光华管理学院的史晓楠、金英梅、朱萝伊同学整理了录音的文字部分,特此致谢。

② 参见王希:《原则与妥协:美国宪法的精神与实践》,北京大学出版社 2000 年版,第 6 页。

宪法本身也是公众就政府存在之目的、公共权力之来源、政府组织与运行之方式、个体权利与国家权力之关系等一系列问题进行讨论与妥协的结果。通过讨论,政治变成了一种公共财产、公共责任和公共活动。基于对政治活动理性化这一理念的追求,美国宪法设计了一系列原则和制度,例如联邦制、分权与制衡(separation of powers and checks and balance)等宪法原则,这些制度设计使"共和"成为可能,而这正是保障个体基本权利和公共讨论以及政治妥协得以进行的基础。

但是,任何一部宪法都不可能设计出一种完美的政治制度,美国宪法也不例外。宪法所设计的制度在过去、现在和将来都不是一个乌托邦的完美方案。宪法和宪政体现了人类对人性中弱点的承认,以及在此基础上所进行的改造和遏制这弱点的努力。这一努力的过程若要获得成功,除了要求人们富于理想之外,更重要的是必须妥协。美国宪法是不同价值观念在讨论过程中进行妥协的结果。例如,对于美国普通老百姓来讲,政府是一个必要的罪恶,所以大家都是以对政府的高度怀疑作为生活方式的一个基础;但政府又是安定性和社会秩序的保障,政府应该拥有多大权力、如何运转、个体如何通过行使权利而限制政府等等制度安排,都是一种两难之间的妥协。

因此,在讨论美国宪法乃至整个美国文化与社会的语境中,有必要注意一点:美国是一个具有某种理想意义的国度;但是在更大的意义上,美国理想并非一个完美的神话。从来没有一种绝对理想的政府制度和生活方式,而只有某种"比较好"的选择。不幸的是,美国的成功却在一定程度上使大多数美国人产生了一种过于自负的精神状态,仿佛美国是唯一的救世主,而这只是一个神话。例如,我们仅仅就法治主义这个话题来看,虽然法律是美国国内生活的一部分,法治也是美国立国的根本,但是在国际社会这样一个大的范围内,美国并不总是用它自己所声称的原则和方式来遵守国际法。在国际关系中,美国人倾向于相信他们从来没有违反过国际法。如果破坏了现存的国际规则,他们往往将其理解为创造了新的国际法规则。

(二) 生活化的美国宪法

宪法以及以宪法为基础的法律制度与美国文化和社会高度关联的另一个重要方面,表现为宪法的高度生活化。宪法涉及公共生活和个体生活的各个方面,甚至成为生活的一部分,影响甚至决定公众的生活方式。宪法将政治变成一种公共生活、公共责任的同时,也意味着个体与政府之间的冲突与紧张、个体相互之间的关系,需要以和平、理性的"谈判"方式来不断调整。宪法所设立的制度框架作为公民与国家以及公民社会内部进行交涉与谈判的平台,必然与个体的生活息息相关。毕竟,每一个人在每一天都需要与其他人和组织进行交涉。例如,宪法所保障的基本权利涉及个体的人身自由、表达自由、信仰自由,也涉及个体与政府之间的关系,这些基本权利直接界定了个人生活的方式。谈判或交涉不仅构成生活的内容,也表现为各种结社活动、形形色色的选举、游行请愿,在某些特定情况下甚至表现为战争(例如美国内战)。美国历史上的每一次运动,从早期的废除奴隶制到上世纪的民权运动、女权运动,都证明了宪法与文化和社会生活的关联。

(三) 宪法中的基本价值与妥协

为了从文化与社会的角度理解美国宪法,我们可以选取和分析美国宪法几个最主要的价值取向为切入点,我把这理解为价值观。美国宪法中有三个最基本的价值观:自由、平等、秩序。其中,个体自由或者自由权具有最基本的意义。受到欧洲启蒙主义政治理论影响的美国政治和法律文化将个体的自由权作为政府目的及其得以存在的道德基础。自由主要是个体的自由,个人的自治权。对于平等价值,美国法律文化中存在一种非常矛盾的心态。美国宪法所建立起来的体制,虽然可以被理解为确信人在道德意义上的平等,但对平等权又抱着深深的怀疑,因为平等权的实现在很多情况下都可能构成对个体自由权的限制甚至威胁。平等基本上是一个在复数以上的人群中才能感知和存在的概念,而自由对每一个体而言具有自在自为的属性。由于自由具有更为基本的价值意义,美国宪法对平等权采取非常谨慎的立场。至于秩序,虽然为社会生活所必需,但也可能被用作政府侵害个体自由权的种种理由。而且在一定意义上,"整齐划一"的秩序本身就可能意味着对个体偏好和多样性的限制。

我们不难看出,宪法所追求的价值不是一种,而是多种不同的甚至可能相互冲突的价值。美国宪法获得成功的一个重要经验就在于在多元价值之间寻求妥协,而不是追求某种特定的"乌托邦"。妥协的态度,实际上是一种面对现实的态度,这一态度不仅使宪法的诞生成为现实,而且也使宪法在面对各种社会危机的挑战时,有能力通过面对现实而获得解决方案。当然,在很多情况下,妥协也使社会改革变得艰难。

事实上,我们将从原则与妥协相结合的角度,试图阐述一个基本的观点,那就是美国宪法之所以能够具有一定的活力,乃是因为在个体自由与全体平等以及秩序之间,宪法始终愿意面对现实,寻找一种妥协。宪法是妥协和学习如何妥协的产物。

二 宪法作为一种文化载体:美国宪法的宗教、文化和政治哲学基础

人们对宪法作过许多界定。例如,列宁曾经有一个很形象的说法:"宪法是一张纸,一张写着人民权利的纸。"但在许多高度政治化而不是法律化和生活化的状态下,它仅仅是一张纸而已,没有权威,无法成为一种生活文化和个体经验。

在西方,通过对包括美国宪法在内的宪法起源与实践历史的考察,我们可以把宪法理解为人们对自己苦难生活经验的反思或总结。宪法实际上是一种有关人类公共生活的文化观念、政治话语以及制度体系。今天我们为什么需要宪法?不管是在西方民主国家还是在其他的社会形态中,所有的宪法都会直接或间接提到对国家权力的控制。为什么要控制国家权力?是因为人类的生活中充满了权力滥用而带来的各种痛苦经验。由于国家的权力过分强大,个人的自由总是面临受到侵害的威胁,人们在生活经验中得到过类似的教训。因此,宪政、法治都有一个非常悲观的前提或假设:人性是恶的。如果人都是天使,那就不需要宪政和法治了。

宪法是某种文化的载体,这样一个命题可以从很多方面来理解。首先,宪法及其所确立的价值和体制,不可能是凭空想象出来的,而是人们对过去生活经验的反思与总结。宪政体制是文化的产物。另一方面,作为一种制度化的体制,宪法所确立的价值和生活方式,反过来又不断促进特定文化的生长,例如个人对政府的态度、个人对相互之间关系的定位等等问题,都需要在特定的宪法框架下才能被理解。

对于美国宪法而言,宪法的起源和基础与宗教、文化和政治哲学密切相关。宪法并不是制宪者在斗室中冥思苦想的结果。首先,美国宪法的起源

具有深厚的宗教基础。这种宗教文化对宪法的影响,集中体现在 1630 年温斯洛普在登上美洲大陆之前宣读的一篇题为《基督教博爱的楷模》的布道词中,其中宣称,清教徒漂洋过海到新大陆去建立新的宗教世界,是因为他们是上帝的特别选民,与上帝之间有一种特殊的"契约"(covenant)关系,而清教徒相互之间也因为上帝赋予的特殊和共同使命而结成了一个"共同体"(community)。①

这种通过契约而建立新的宗教和社会共同体的做法贯穿于清教徒殖民北美的全过程。早在 1620 年,一批清教徒在他们所乘坐的"五月花"号甲板上,签署了著名的《五月花号公约》(The Mayflower Compact),公约宣布:"……为了建立良好的秩序,保护我们的生命,推进共同的目标,我们在此立约组成一个公民政治实体……"清教徒的这种宗教思想与后来出现的洛克的"社会契约"(social contract)思想虽然在契约的内容上表述不同,但二者具有共同的精神实质,都强调社会组织成员为了共同使命和目标,必须建立一种相互承诺的契约机制,而这种为了保护共同利益的契约机制为政府的存在提供了一种新的道德基础和法律基础。

在美国宪法的诞生过程中,英国哲学家洛克的政治哲学理论起到了关键性的作用。1690 年,洛克发表了著名的《政府论》第二篇,运用自然法和自然权利理论阐述了立宪政治的哲学基础。洛克指出,人类在自然状态中享有一种"自然权利",但为了保证个体权利和利益免受社会秩序缺乏而受到的威胁,人们必须建立一种相互之间的承诺和契约,按照这种社会契约,人们将一部分权力转移给一个共同认可的权威来行使,当人们让渡出一部分权力而结成公民社会时,他们就从自然状态进入政治社会。洛克认为,社会契约的建立过程,本质上是自然权利转换为"公民自由"和"公民权利"的过程。洛克的政府理论不仅成为北美殖民者反抗英国、争取独立的理论武器,而且也成为美国宪政的思想基础。制宪者在后来的立宪活动中毫不犹豫地接受了洛克的思想并付诸实践,这些政治哲学和宗教文化中的理念不

---

① 1630 年春,温斯洛普带领七百多名清教徒乘坐 11 条货船在波士顿附近登陆。登陆前,温斯洛普宣读了这份布道词。这份布道词被认为是美国政治思想的重要文献之一。参见 John Winthrop, "A Model of Christian Charity"(1630), in Daniel J. Boorstim ed., *An American Primer*, The University of Chicago Press, 1966, pp. 10-23。

断地得到生活化,并以制度化的方式延续下来,成为美国文化发展的一个源泉。

三 美国 1787 年宪法的诞生:自由与秩序的妥协

早在殖民地时期,美洲殖民地法律的发展就已经表现出与英国法的一些不同。其中,对成文法的偏好已经显现出来。美国 1787 年宪法是现代第一部成文宪法,距今已有二百多年了。在立宪历史上,美国宪法是一个非常成功的例子,因为一部宪法跨越了两个世纪仍然有效,而且其基本的体制框架仍然运转良好,这非常发人深思。在欧洲,许多立宪国家(例如法国)可能已经有几十部宪法了,而且在过去的一百或二百年的历史中宪法在不断地变化。为什么美国宪法有如此长久的生命力? 要回答这个问题首先要看美国当时为什么要制定宪法。实际上,对于要不要制定宪法以及如何在获得秩序和权威的同时又能保障个体自由权,制宪者怀着一种十分矛盾的心态。为了了解美国宪法的诞生,我们有必要简要回顾以下 1787 年宪法产生的过程。

(一)《五月花号公约》

美国是一个由移民建立起来的国家,这些移民有些是受新大陆无法扼制的利益诱惑而来,有些是因为逃避在欧洲的宗教迫害被迫来到新大陆的,他们来到新大陆的梦想是建立一个更加自由的王国。早在 1620 年,一批来到美国的移民乘坐"五月花"号到达美洲大陆之前,在甲板上签订了一个契约,即《五月花号公约》。协议约定在新大陆要使"保护宗教自由和公正平等的法律成为可能"。在美国独立战争前夕,13 个殖民地都制定了具有基本法意义的文件,这些法律文件成为各殖民地行使治理权的依据,不仅为 1787 年宪法的制定提供了待选模式,有的甚至成为 1787 年宪法的基础。

(二)1776 年《独立宣言》

在美国宪法的诞生过程中,1776 年的《独立宣言》(The Declaration of Independence)是一个关键性的政治与法律文件。作为一份政治文件,《独立宣言》宣告了北美 13 个殖民地成为"自由而独立的国家"(free and independent

States）；作为一份法律文件，《独立宣言》通过诉诸自然法、天赋权利和社会契约的理论来强调独立的正当性，并证明其在政治哲学和法理上的必要性。当时 33 岁的托马斯·杰斐逊用饱含激情的笔调，写下了这部近代政治与法律历史上最重要的文件，第一次用一个法律文件的形式宣告了"人人生而平等"。我们不难看出，《独立宣言》的重要意义并不在于提出了新的政治思想和政府理论，而在于把天赋人权和社会契约的思想确立为一种现实的政治原则和制度，从而使一种新的政治方式和实践成为可能。在这个意义上，我们可以认为，《独立宣言》开创了一种新的政治活动的生态环境，也使独立战争胜利后通过宪法将这种新的政治生态环境制度化成为可能。

（三）1781 年《邦联条款》

美国革命不仅直接导致 13 个殖民地的独立，而且在更深层次上使人们对政府、主权、公民权利等一系列问题有了深入的看法。美国革命具有始料不及的特点，从原先的保护殖民地人民作为英国臣民权利的斗争演变成争取独立的斗争，这一革命性质和目标的转换具有深刻的意义，革命成了制度创新的催化剂。在独立战争期间，政府制度的改革就已经开始，首先是州宪法的制定，这些州宪法成为后来联邦宪法的基础。在革命胜利后，各州面临的最大问题是它们相互之间的法律关系和地位问题。为了取得革命的胜利，殖民地结成了一个同盟，但这个同盟的性质应当如何界定成了一个问题。1781 年通过的《邦联条款》（Articles of Confederation），核心就是要解决各州之间的关系以及州与"同盟"的关系问题。《邦联条款》建立了一个州的联盟，定名为"美利坚合众国"，但规定"各州保留自己的主权、自由和独立以及一切权力"。13 个殖民地成为一个联盟，而不是一个具有统一主权的国家。这样的邦联是一个十分松散的联合体，像今天的英联邦国家。许多人提出要建立一个统一的国家，而不是邦联，但是殖民地的这些人很害怕一个强大的政府，因为他们有一个很痛苦的经验：远在英国的政府仍然可以控制大西洋彼岸的殖民地，向它们征税，所以他们很害怕一个强大的国家，因此不想建立一个联邦，只想维持一个松散的邦联；但是另一方面，为了对抗英国、保护共同利益，他们又需要某种形式的联合。邦联是当时美国人对政府"既爱又恨"情结的表现和妥协的选择。

（四）1786 年安纳波利斯会议

基于 1781 年《邦联条款》而成立的"美利坚合众国"，由于邦联政府缺乏必要的权力，在外交、财政和对内关系等问题上都陷入了困境。1786 年，13 个殖民地在安纳波利斯召开会议（Annapolis Convention），修改邦联条款，试图把邦联团结得更加紧密。与会者中两个重要人物汉密尔顿（后来成为美国政府第一届财政部长）和麦迪逊提出次年（1787 年）在费城召开一个特别会议，对邦联条款进行修改，以使邦联能够应对紧急情况。1786 年一个重要的事件就是，开会期间马萨诸塞州爆发了一次影响很大的农民起义，即谢司起义。谢司起义使麦迪逊和汉密尔顿的提议得到了意想不到的支持。包括华盛顿在内的一些领导人物非常担心秩序和权威的缺乏可能导致"自由太过头了"。这为 1787 年费城会议的召开起到了促成的作用。

（五）1787 年制宪会议

1787 年 5 月 25 日到 9 月 17 日，制宪会议（The Constitutional Convention）在费城召开。这次会议的目的原本是修改《邦联条款》，但后来却发展成制宪会议，这可能出乎很多与会者的预料，因此也有人认为制宪会议是一个"阴谋"。但是对于美国乃至世界政治的发展而言，1787 年的制宪会议是一个重要的历史事件。

从 1776 年到 1787 年这将近十一年的时间里，殖民地的人们一方面需要一个秩序、权威和力量来对抗大西洋彼岸的英国，但另一方面又害怕为了解决一个旧的问题而制造出新的问题，因此不愿意有一个强大的国家和一个强大的政府。在这种矛盾的心态中，我们看到制宪的过程已经体现了宪法将要作出的选择：个人的自由始终是制宪过程中最关注的一个问题，而为了获得秩序，为了获得这种团结的力量，又需要制宪。分析这样的过程有助于我们理解宪法所作出的很多妥协。

尽管今天很多美国人常说那些参与制定宪法的人是"国父"，但其实美国宪法是由年轻人制定的，而不是元老制定的。参加费城制宪会议的各州代表共有 55 人，其背景多为种植园主、商人、银行家、律师等，平均年龄 42 岁。重要的人物，比如：麦迪逊 36 岁，汉密尔顿 32 岁，华盛顿 52 岁。这些年轻人聚在一起，在历史上是一个难得的机会。他们不仅有强烈的价值追求和信念,而且有勇气和能力对价值竞争作出选择。

13 个州一共派了 74 个代表,但是当时很多人,包括一些州已经推选出来的代表,对制宪都怀有抵触情绪,实际上去开会的只有 55 个代表,而最后开完会的只有 40 个代表,在美国宪法上签名的只有 39 人。许多人对制宪不是很热情,而且有许多人是不情愿参加这样的会议的,因为他们最后没有在宪法上签字。看来宪法虽然试图作出妥协,也并没有找到一种让所有人都满意的解决方案;即便在宪法上签名支持的人,也未必就是支持宪法的选择,就像富兰克林在制宪会议上劝说代表们支持宪法的演讲中所指出的那样:"我支持这部宪法,因为我并不期待得到一部比此更好的宪法,也因为这部宪法不一定就是一部最好的宪法。"①

四 什么样的宪法:美国宪法的基本内容

(一) 共和民主制与平等

这样一些年轻人聚到一起,他们到底为美国制定了一部什么样的宪法?对这部宪法,我们可以从下面几个方面来看。美国宪法从整体上来说是多种价值的妥协,它是一个为整合各种观念和利益而寻找妥协的产物。首先,美国宪法选择了一种重要的政治组织的体制模式,它就是共和民主制。民主和平等的问题是一个非常容易产生歧义的问题。什么叫民主?什么叫平等?民主,从根本的意义上来说,自古希腊以来至少有两种模式。一种是所谓古典民主,是在希腊城邦时代比较受欢迎的民主,它是一种直接民主制,每个自由人都可以投票来决定他们的事务,这就是真正意义上的直接民主或古典民主。但美国宪法或者说制宪者显然对这种古典民主不屑一顾。他们怀疑直接民主,因为制宪者并不相信人民(mass),他们不觉得一个国家的人民可以真正决定一个国家的命运或别人的事务。在制宪者看来,直接民主有一个巨大的危险,它有可能等同于多数人的暴政(majority tyranny),因为多数人可以通过合法的程序剥夺少数人的权益,所以他们很担心多数人专制。美国的民主制度模式选择的不是直接民主,而是共和制的民主。

---

① Farrand, *Records*, vol. 2, pp. 641-643.

美国的制宪者在考虑基本的政府组织体制时选择了共和（republic）。什么是共和呢？共和应该说也是民主的一种方式，它不是直接民主，它所关心的是那些在政府中行使权力的人由选民自由选举出来，他们作为选民的代表共同来行使公共权力，决定公共事务，而不是由民众直接决定国家事务。因此这种共和制的民主实际上是以代议制民主为基础，不是所有的人直接地平等地享有权利。从这个意义上说，就像美国宪法的批评者所指出的那样，1787 年的宪法是"反民主的"。的确，美国的制宪者一方面不相信权威，不相信一个人的智慧可以进行最好的治理；另一方面，他们也不相信人民，不认为"人多力量大"，群众路线就一定很对。他们喜欢一种折中或者妥协，在直接民主和间接民主之间选择一种政治活动的模式。

对于美国宪法所选择的民主制度，制宪者更愿意使用"共和"这个概念来阐释。对于绝大多数制宪会议的代表来说，他们制定宪法的目的不是要建立一个流芳百世的民主政府的体制，而是要建立一个有效但又受到约束的政府。制宪者并不是狂热的理想主义者，他们是愿意面对现实并且愿意进行妥协的政治家。实际上，制宪会议的大多数代表并不欣赏以平等为基础的直接民主制。美国的宪法强调了"自由"这个概念，它不仅写在宪法条文之中，而且也是生活中最重要的概念。"平等"这一概念在 1787 年美国宪法的正文中并没有被提及。可以认为，制宪者在考虑平等的时候是非常谨慎的，因为平等虽然是一个激动人心的理念，但在法律上是一个非常难以把握和操作的概念。制宪者深知他们的使命是制定一部可以解决问题的宪法，而不是缔造一个乌托邦。似乎可以认为：美国宪法之所以对平等采用一种冷淡的态度，是因为他们根本就没有考虑在 1787 宪法中面对这一可能永远没有答案的现实难题。更重要的是，平等的理念与宪法制定时代的现实不相符，如果无视这样的现实，宪法就不可能获得通过。例如，宪法中所称的"人"是"men"，不包括"women"，而"其他人"（other persons）实际上指奴隶。很显然，这些人是不平等的。在整个宪法的条文中不可能用到平等。为什么不强调平等呢？因为需要妥协。例如，南方和北方有巨大利益分歧，北方高度工业化，他们想废除奴隶制，但南方是需要奴隶的。如果想建立南北统一的联邦，南北方在这个问题上必须妥协。

（二）联邦制

对于制宪者来说,1787 年宪法所要解决的一个根本问题就是:如何使美国从一个邦联式的政治虚体转变成民族国家式的联邦这一政治实体。这个转换需要面对几个关键问题,包括:联邦的权力基础何在? 联邦政府的权力范围如何确定? 联邦与州之间的权力如何界分? 1787 年宪法所确立的联邦制,以独特的方式解决了这些问题。

在联邦制体制下,最重要的问题是:美国联邦政府的权力是从哪里来的? 对于这样一个联邦权力的来源和基础问题,制宪者以创造性的方式,启用了"人民"这一概念,宣称联邦政府的权力来自于人民。不能小看这里所说的"人民",因为这一概念使联邦政府的权力基础发生了质的变化:当美国人民为了共同的目的组成联邦,原来的邦联体制就被取而代之。联邦与邦联的区别在于:邦联是一个联盟性质的政治虚体,其权力来自于各州的让与,其基本的构成单位是各州;而联邦是拥有独立主权的统一民族国家,其权力来自于人民,是由公民组成的政治共同体。联邦政府权力基础的变化使其获得了比邦联更大的权力。

联邦制在使联邦政府的权力扩大的同时,也兼顾了联邦权力的制衡,因为在联邦制体制下,虽然联邦声称其权力来源于"人民"而不是州,但同时,州的权力也不是来自于联邦,州的权力和联邦的权力一样,也是来自于人民。在这样一种体制下,州与联邦可以说并不是一种从属关系,而具有一定的相互独立性。既然州并不从属于联邦,就可以拥有自己的权力,在属于州的权力范围内,联邦政府不能干涉。因此,州与联邦制之间也存在分权,基于这种纵向的分权,州可以对联邦政府的权力构成一种制约。由于 1787 宪法并没有对联邦和州权力的划分作出具体明确的规定,所以联邦与州之间的法律关系,成为宪法运作过程中的一个重要问题。

联邦制表明了制宪者在多样性与统一秩序两种价值之间寻求妥协的愿望。在这样一个制度下,既可以在联邦的范围内建立和维持基本的、统一的秩序和权威,同时各州又可以在其权力范围内展现多样性。从某种意义上讲,每一个州都是一个试验区,可以在那里进行不同体制和制度的试验,当这种试验被人们承认以后,可以在别的州进行推广。同时,在多样性之上有一个统一的联邦,这个联邦可以保持最低限度的统一和秩序。另一方面,我们可以发现联邦制能使个体的选择自由得到更好的保障，即我们通常说的"用脚投票的权利"。除了在选举中用手投票之外，用脚投票也是很重要的。比如，当人们对自己所在的州的制度不满时，例如认为征税太高，就可以搬到别的州去，因为那里税率更低一些。在这一意义上，联邦制也是一种个体选择自由的保障。

（三）分权与制衡

为了对联邦政府的权力进行有效的制约，1787 年宪法在建立联邦的同时，又对其权力进行了划分，在分权基础上使各权力部门之间相互制约。宪法的目标不是要建立一种由人民来进行统治的政府体制，也不是要建立一种由精英来进行统治的体制，而是要建立一个"平衡政府"，这就是我们通常所说的三权分立与制衡的体制。分权与制衡的思想在启蒙运动时期由英国哲学家洛克和法国的孟德斯鸠系统提出，在美洲新大陆，这些思想得到了制度化的尝试。

权力一旦集中就会导致腐败和权力滥用，这实际上是人类社会生活中的一个经验性常识。从这个意义上讲，分权与制衡体制的选择，表明人们在基本制度的安排上开始愿意面对人性中的弱点。美国宪法中的分权与制衡体制包括"水平方向上的分权制衡"和"垂直方向上的分权制衡"两个方面。关于水平方向上的分权，美国宪法的第一条、第二条和第三条分别对联邦政府的立法权、行政权和司法权作了规定，并将这三种权力分别赋予国会、总统和法院。在分权体制下，立法、行政和司法的权力是分立的，并不互相从属；同时，三种权力又互相制约。例如，国会有立法权，但总统对法案可以通过拒绝签署而行使否决权，对于总统的否决权，国会又具有反制约的权力；最高法院对国会的立法可以行使违宪审查权，但国会对最高法院的违宪审查权也有反制约的权力。关于垂直方向上的分权，一方面主要是通过联邦制而实现的，这一点在我们介绍联邦制时已经指出；另一方面是进一步通过美国地方政府的"自治"而实现的。在美国，地方政府通常指州以下的地方政治单位，包括市（municipality）、镇（town）、县（county）等，数量巨大，采用不用的治理结构和方式进行地方事务的治理。这使得联邦内的政治权力在垂直方向上进一步分散化（decentralized）。

分权基础上的制衡是一套非常精致而复杂的体制，其目的在于防止任何一种权力形成专制性的权力。通过分权，政府可能在效率方面受到一定程度的影响，但是，政府专断的可能性也得到扼制，个体的自由可以得到更高程度的保障。正如麦迪逊和汉密尔顿在《联邦党人文集》(The Federalist Papers)中所声称的那样，分权与制衡的体制，就是要通过利益牵制的机制，来达成权力之间的制约。那就是用私利来制约私利，用权力来制衡权力。每个人都可能怀有私利，他们都会为了自己的利益而去考虑问题和采取行动。防止私利的唯一有效的方法不是去进行道德上的说教，不是去行思想上的教育，而是利用他们相互之间的利益来进行制衡。分权的思想跟我们上面说的宪政的思想一样，体现了对人性的怀疑，而不是对人性的乐观。如果人类都是天使，那就不需要政府，因为我们每个人都可以自己克制自己的私欲，和平共处；如果政府官员都是天使，那就不需要宪法。正因为我们都不是天使，所以需要通过制衡的原则和机制来克服人性中的贪婪和私欲。

（四） 宪政主义

美国宪法通过分权与制衡、联邦主义以及其他规定，确立了一种"平衡政府"的模式。对于"平衡政府"的实现而言，法治与宪政主义是极为关键的。虽然宪法没有明确地使用"法治"(rule of law)和"宪政主义"(constitutionalism)这样的词语，但是二者都体现在宪法所确立的基本制度中，而且作为这些制度的基础而存在。例如，宪法所确立的"平衡政府"，无疑需要以政府遵守法律以及具有法律上的"可归责性"(accountability)作为基础。所以，法治与宪政主义的精神，体现在宪法的字里行间。

宪政主义是政府运行的一种模式或者体制，同时也是政府与人民关系的一种模式。对于生活在特定社会体制中的人而言，宪政主义是一种生活方式，决定了个人的自由权以及个人与政府的关系。关于宪政主义的含义，人们存在很多分歧，因为在某种意义上说，宪政主义是一个高度抽象化、理念化的概念；但另一方面，宪政主义作为一种生活方式，又是具体的，可以在生活经验中被感受。就像著名的分析法学大师哈特所指出的，有些概念是我们无法界定和表述的，但是我们能感觉到。比如说时间。什么是时间？没有人能回答这个问题，但是我们都知道时间是什么。

立宪主义的一个最基本的理念就是政府必须遵守法律，政府在法律之下。政府必须是负责任的。我们看到美国的宪法和公法上有一个最重要的概念,就是"可归责性"。这个词不用"liability"或"responsibility",而是用"accountability"。政府应该是"accountable",它必须要对自己的行为负责。怎么样来负责?就是根据宪法和法律的程序及方式来追究责任。这一基本要求与民主制度、法治原则相结合,就构成宪政主义的基本体制框架。政府权力的活动、政府与人民之间关系的设定与互动,都需要在这一基本框架下展开。对于法治或宪政主义来说,语词游戏和概念变换都是无关紧要的,重要的是政府权力是否得到有效的、实质上的制约,个体自由是否得到尊重和保障。法治和宪政主义不是形式上的语言游戏。立宪主义是一种制度安排,不仅仅是一个理念,更不是一个口号。在这方面,美国宪法确实成功地把理想化作了一种制度,这种将宪政主义制度化的努力历时二百多年依然保持着它的生命力。

(五) 阴影中的宪法:妥协及其问题

对制宪历史的考察和宪法内容的解读,都一再使我们意识到宪法对许多问题所采取的妥协立场。妥协使宪法得以诞生,但同时也使宪法不得不在将来的运行中面对一些因为妥协而遗留下来的问题。1787 年宪法有处在阳光之中的一面,我们能够感觉到它的光芒;但它也有在阴影中的一面。它是一个妥协的结果,并不是完美的。

首先,应该承认,美国宪法的制定是一个革命性的事件。如果说美国独立战争是一次革命的话,制定宪法完全可以被理解为美国的"第二次革命",在这次革命中,法律和法律家获得了胜利。联邦宪法创造了一个崭新的政治体制,使美国成为一个现代意义上的民族国家,对限制政府权力和保障个体自由做了制度化的努力,并且开创了现代成文宪法的先河。

其次,也应当意识到,作为各种利益和观念妥协的产物,美国宪法也有在阴影中的一面。例如,虽然制宪者特别强调对个体财产权的保护,但是当他们在宪法中特别强调私有财产权的时候,他们没有考虑移民和土著人的关系该如何处理的问题,从根本上回避了移民对北美土著人财产的掠夺这一历史现实。至今,土著人的权利在美国仍然是一个严重的法律和道德问题。另外,从 1787 美国宪法中我们也看不到妇女的主体地位,妇女在宪法上一直没有选举权,这种状况持续到 1921 年,而且关于性别平等权问题的修正案至今还没有通过。

1787 年宪法中一个最严重的问题是奴隶制。宪法关于奴隶制的三项妥协使宪法得以诞生，但同时也埋下了一个"定时炸弹"。宪法承认了奴隶制，"五分之三"条款和"逃奴条款"都表明了这一点。基于这样一些妥协而形成的宪法虽然解决了当时的一些问题，但留下了新的问题。随着宪政体制的运行，这些问题无法再通过妥协而得到解决，于是就只能通过社会冲突来化解，通过各种形式的"革命"甚至战争来解决。

对于美国宪法，我们不仅要看到宪法在阳光中的一面，也要看到它在阴影中的一面。

美国的制宪者是有理想的人，但他们更是现实主义者。没有什么理想是在一步之内实现的，在很多时候必须与不完美进行妥协来追求完美，这是从美国的制宪过程以及 1787 宪法中我们所能看到的一点启示。

对美国宪法的阴暗面，美国一些著名宪法学者作出了相当激烈的批评和反思。例如，比尔德在《美国宪法的经济观》一书中，从制宪者的身份、家世、教育、财产状况等因素出发对制宪者与宪法的形成进行了分析。通过这一角度，比尔德认为，宪法实际上是这些制宪者从他们自己利益出发而进行利益争夺的产物，是这些拥有财产和权势的人进行利益分赃的结果。

他指出，宪法陈述了有产者集团的纲领，他们希望限制各州议会，加强全国政府，使它成为保护产权的工具。他进一步认为，美国宪法制定者的观念和行动都不是受到伟大理想的号召，而是受到利益的驱动，他们代表着有产者的利益。[1] 另一位学者斯密在《美国政府的实质》一书中，把宪法描绘成一种对民主的反动，认为宪法反对多数人的统治，简直是一起阴谋的产物[2]，因为在宪法中人们看不到典型民主制度的内容。确实，就 1787 宪法文本来讲，它并没有用"民主""权利"（right）这样一些概念，也没有明确规定个人应该拥有什么样的权利。

正如我们前面所指出的那样，美国宪法所确立的并不是一个完美的制度。实际上，制宪者也根本没有考虑要制定出一部完美的宪法。宪法及其所规定制度的成功，在很大程度上归功于制宪者寻求妥协的努力和能力。

---

① 参见詹姆斯·伯恩斯等：《民治政府》，陆震纶等译，中国社会科学出版社 1996 年版，第 18 页。

② 同上书，第 18 页。

（六）宪法的批准

我们再来看宪法的批准。我们已经指出,宪法的制定过程以及通过这一过程而制定出来的宪法在很多问题上都做了妥协。即便是这样一部经过各方妥协而诞生的宪法,在批准过程中也遭遇了很多困难和阻力。宪法的批准过程在很大程度上同样也是一个充满妥协的过程。

制宪会议确定,宪法的生效至少需要 9 个州的批准。当时一共有 13 个州。在宪法批准的过程中,应该说支持宪法的一派遇到了巨大困难。反对批准宪法的人提出了一个关键性的问题,他们指出宪法对个体的自由权没有给予充分的保障和重视,因为宪法中没有强调个人的自由,也没有提供法律上的手段来保障这种自由,宪法缺少一个权利保障的法案。反对派担心联邦政府的强大权力可能意味着个人自由厄运的开始。这样一种观点在批准宪法的过程中成为许多人的担心,也构成宪法批准的最大障碍。针对这一指责,支持宪法的一些主要人物,例如麦迪逊和汉密尔顿,一方面为宪法辩护,进行了大量的演讲、宣传等推动工作,这些文件后来编成《联邦党人文集》,成为理解美国宪法的经典文件。同时,支持宪法的这些主要人物也承诺,一旦宪法获得批准,就立即制定一部《权利法案》,以对个体自由权提供充分的宪法保障。

面对宪法批准的问题,小州可能是比较愿意的,因为根据宪法,在联邦政府中小州可以获得与大州平等的代表权,各州是平等的,在国会的参议院中都有平等的代表权。特拉华州是第一个批准宪法的州。在大州里面首先采取行动的是宾夕法尼亚州,因为制宪会议是在宾州的费城召开的,费城是联邦党人的根据地。但是在费城批准宪法的时候,州议会即将休会,处于少数派的反联邦主义者觉得这么快就要求议会批准宪法太仓促,因为联邦国会甚至还没有将宪法的正式文件交州议会考虑。反联邦主义者希望推迟到下届州议会选举之后(到那时他们可能成为州议会中的多数派),从而阻止批准宪法大会的召开。当意识到联邦主义者要先发制人时,反联邦主义的州议员离开了议院的会议厅。这时,议会离法定人数还差两名议员。

但是第二天清晨,两名反联邦主义议员被人从住地带到议会大厅并被强迫留下,于是通过了要求选举代表参加批准宪法大会的决议。宾夕法尼亚于 1787 年 12 月以 46 票对 23 票批准了宪法。①

从 1787 年底到 1788 年春天，在宪法批准问题上的斗争一直在延续。到 1788 年 6 月，随着马里兰、南卡罗来纳和新罕布什尔州批准宪法，达到了批准宪法所需要的数字(9 个州)，但是，仍然存在两个巨大的障碍，弗吉尼亚和纽约都尚未批准宪法。这两个州对宪法而言至关重要。弗吉尼亚是当时人口最多的州，又是许多制宪会议主要领导人的故乡;纽约是重要的经济中心。通过联邦党人的努力，上述二州分别于 1788 年 6 月和 7 月批准了宪法。

随着宪法的批准，一个新的民族国家产生了，一套新的公共政治的制度变成了现实。看起来联邦党人(作为某种意义上的民族国家主义者)获得了胜利，但事实上，在批准宪法的斗争中，拥护宪法和反对宪法的双方都获得了胜利。为了使宪法获得通过，拥护宪法者与其反对派进行了交易和妥协——也许是美国历史上最大的妥协——承诺在宪法获得批准后立即在宪法中增加《权利法案》。这一妥协对美国宪法的实践具有重要意义，也为宪法的通过奠定了基础。在宪法通过之后，麦迪逊和其他联邦主义者很快实践了他们的诺言，1791 年，共有 10 条内容的宪法修正案获得批准，称为《权利法案》。

五　宪法与公民自由权:《权利法案》中的个体自由权

1787 年宪法的批准，对于支持宪法的联邦主义者和反对宪法的反联邦主义者来说都是一种胜利。对后者来说，联邦主义者关于在宪法批准后起草《权利法案》的承诺，在一定程度上削减了他们对强大中央政府可能侵害其权利的担心。在很多政治过程中，正如在交易过程中一样，妥协意味着一种"双赢"。对于联邦主义者来说，履行承诺的使命落到了年轻的麦迪逊身上。1791 年的麦克逊面临着一个很重要的任务，那就是起草《权利法案》。《权利法案》实际上是美国在 1792 年通过的十条宪法修正案。这十条修正案通过限制联邦政府权力的方式，确立了对个体自由权利的宪法保障。

---

① 参见詹姆斯·伯恩斯等:《民治政府》，陆震纶等译，中国社会科学出版社 1996 年版，第 24 页。

《权利法案》对政府权力的限制仅适用于联邦政府,但是,1868 年通过的第十四条宪法修正案,将《权利法案》的部分内容推广到对州政府权力的限制。

《权利法案》的内容涉及宗教信仰自由、表达自由、集会自由以及请愿自由(第一条);携带武器的权利(第二条);住宅自由(第三条);人身自由及不受无理搜查、扣押的权利(第四条);禁止自证其罪和正当法律程序保障的权利(第五条);受公正而迅速审判的权利(第六条);受陪审团审判的权利(第七条);免受无理而残酷刑罚的权利(第八条);公民权利的保留(第九条),以及州与人民保留的权利(第十条)。

从宪法所涉及的政府权力与公民权利角度观察,这十条修正案中最重要的是第一至第五条修正案,因为这些条款都是以限制政府权力的方式来保障个体的"消极自由权",即"免于受到政府干涉的权利"。这些权利和自由,被认为是个体人格发展和尊严、主体自主性的保障,因此,这些权利是基本的,构成政府权力和政府活动的"边界",从而限制了政府权力。特别值得提到的是,美国宪法修正案所涉及的这些基本权利,不仅仅是宪法文本上的规定,不仅仅是对个体权利的某种宣告,而是具体的、活生生的权利,是个体生活的基础和重要内容,是"生活化的"权利和自由。

关于《权利法案》所涉及的基本权利和自由,有几个方面值得进一步讨论。首先是第一条修正案所涉及的最基本的信仰自由。我们知道在一个人的生活中,信仰自由是最重要的。在法学院的教学中或在有关自由问题的教科书里,我们通常会被告知,自由是受到限制的。根据一个经典的表述,挥动手臂的自由止于别人的鼻尖,如果超出这一限度就不是你的自由。但是我觉得,信仰自由是一种绝对的自由,它是不受限制的,因为它是一种"心灵的自由"。没有人可以限制一个人的信仰和心灵自由。任何政府,无论其如何强大,都不能、也不可能禁止人的信仰自由。信仰自由基本上超出政府的控制能力,所以在宪法上信仰自由可以被称作绝对的自由权。言论表达的自由、和平集会的自由是政治自由中最重要的问题,也是"作为公共生活的政治"的基础。尤其是言论表达的自由,更是个人生活以及公共生活中最重要的一项权利。为什么应当尊重这样一种个人权利?我们可以从很多方面或者角度证明表达自由是相当重要的。有一种理论认为,表达自由有助于发现真理,因为表达自由可以使不同观点得到充分展现,不同思想进行竞争和交流。表达自由的价值在于能让我们发现真理。但是，也有理论认为，表达自由的价值和意义不能用这种功利主义来解释。他们认为，表达自由之所以重要是由于它是实现自我价值的重要工具，其本身就具有价值的"自足性"。如果没有表达自由就不会有个人的人格发展，因为每个人都需要诉说，需要倾听，需要交流。所以，表达自由的权利就像小鸟歌唱的权利一样。小鸟生出来就是要唱的，如果禁止它去唱，就违背了它的本性。另一方面，表达自由对个人生活和公共生活都具有很重要的作用。在公共生活如经济领域中，有一个自由市场，每个人都有自由的权利，可以用自己的货币或商品来购买自己所需要的东西，但公共生活中同时也有一个"政治市场"。在这个市场上，不同的政客需要拿出不同的政见与理念，人们用选票去选择他们所需要的政治理念。在这两个"市场"之外，还存在一个更为重要的市场，那就是观念与思想的市场，因为人类社会和生活的进步主要都是由观念推动的。人类最稀缺的资源实际上是"具有革命性的观念"（the revolutionary ideas）。如果我们承认人类的进步对观念和思想的依存性，那么自由的观念市场的重要性就是无可否认的。所有的人都有权利表达、思考、倾听。在这个意义上，可以说表达自由是仅次于信仰自由的权利，在一般情况下不应受到法律的控制；但表达自由作为一种"行动自由"，在一些特殊情况下是受到限制的。对于言论与表达自由的限制，美国联邦法院在早期所采用的原则基本上有三个，即"恶劣倾向原则""明显而即刻的危险原则"和"优先地位原则"。前两个原则试图表达这样一些思想：如果言论有带来恶劣的和非法的活动的倾向，如果言论具有明显的、即刻的危险，那么这样的言论就应当受到限制。"优先地位原则"则强调，宪法第 1 修正案所保障的言论自由具有"优先的地位"，绝不能加以压制，但这并不意味着不需要在言论自由和非言论自由之间划清界限。早期的这三个原则反映了政府对言论进行控制的基本态度，即承认言论自由的基础性意义，但也承认言论自由并非绝对性权利。今天，对言论自由和政府权力的界限，法院更愿意采取一种"场景化"的方式来具体分析，而不是给出原则。例如，要考虑：言论说的是什么？在什么地方和场合说的？是怎么说的？说话人的意图是什么？政府为什么要控制这种言论？是如何控制的？

关于《权利法案》，除了对其中的一些基本权利进行解读和分析之外，我们还应当注意到立法语言上的一个耐人寻味之处。我们会发现,《权利法案》在确定宪法对公民权利的这些保障时,并不是以肯定式的"列举"方式来规定公民权利的,而是通过对政府权力的限制来宣告公民权利。例如,第一条修正案规定:国会不得制定下列法律:确定国教,或禁止信仰某种宗教,禁止言论自由,禁止和平请愿与集会。《权利法案》用一种"否定性"的语式对政府权力的边界作出规定,同时也就宣告了公民权利的范围,在这一范围内,政府权力的活动受到宪法的限制。否定性的语式和肯定性的语式在技术上和语体上有很大的差别。如果我们用这样的一种视角来观察我国的许多立法,特别是宪法关于公民权利的规定,可以感悟到某种法律文化和权利传统上的区别。在英美法传统中,由于受到自然法思想的影响,特别是启蒙时期的"天赋人权"观念的影响,个体权利被认为是先于国家而存在的,个体权利构成对公共权力的限制,并且为公共权力的范围划定了边界。所以,个体具有哪些基本的自由,无需通过立法来加以宣告或者"赋予",因为这些个体权利是不言而喻的。如果以肯定式的列举来规定个体基本权利,在逻辑上就会引申出这样的推理:这些权利是立法者赋予我们的,因为宪法和法律规定了这些权利,所以我们才享有这些权利;因为宪法规定了自由权,所以我才有自由权。但是从根本意义上来说,权利应该优先于宪法和法律——不是因为制定了宪法我们才获得了权利,而是因为我们有权利并且要保障这些权利所以才需要制定宪法。因此,否定性的规定不是在列举公民具有哪些权利,而是在禁止政府去侵害这些公民的权利。这样的立法语言在逻辑上意味着:公民享有权利,不需要政府通过法律来"赐予"。

六　平等权与宪法

(一) 宪法所关注的平等仅仅是"法律的平等保护"

前面我们讲到了宪法的自由观,而《权利法案》确实表明了宪法对个体自由权的基本立场。但是,如果说自由作为一种权利是"天赋"的而不是"人赋"的话,那么平等权则主要是一种"人赋人权"。我们在前面已经提到,美国宪法似乎对平等权没有特别的兴趣,因为与古典意义上的自由权相比较而言,平等权是一个非常难以把握的概念。而从美国制宪的过程来看,制宪者也担心平等有可能导致一种雅典式的直接民主,这是他们不希望看到的。虽然《独立宣言》宣告"人人生而平等"（all men are created equal）①,但是这样的宣告主要是政治性的"煽情"（inspirational）,并没有体现为宪法上的制度性保障（institutional）。确实,相对于自由权而言,平等有时候是很难理解的。例如,美国宪法第十四条修正案确实规定了"平等对待"（equal treatment）条款,但什么是"平等对待"？ 在传统上,我们认为平等对待主要是机会均等,只要对所有的人提供一个平等的机会就可以了,也即机会向所有的人平等地开放。但是,平等的问题并没有那么简单。例如,一群人参加跑步比赛,在这个比赛中,平等的游戏规则是什么？平等对待要求所有参赛者在同一条起跑线上去跑同样的距离。但是马上会有人指出,我们这么多人来参加跑步,也许你本来天生就身体好一点,而我本来身体就差,让我们站在同一条起跑线上来进行比赛本身就不平等。更有可能是你本来就四肢健全而我残疾,如果还是要求我们在同一条起跑线上进行比赛,就更加不平等。这样的假设提出了在"机会平等"之外,还存在"条件平等"的问题。而条件平等的实现,如果不是不可能的,至少是非常困难的,更何况,"条件平等"与自由主义所坚持的个体自由价值之间存在着难以调和的紧张关系。美国宪法的基本价值观倾向于对个体自由权的尊重和保障,基于这样的价值取向,宪法对实质意义的平等无暇顾及。宪法上的平等权主要是一种"法律的平等保护"。

（二）宪法对平等有着深深的怀疑

更进一步,条件平等的问题实际上涉及宪法上一个更敏感的问题。如果要实现条件平等的话,就必须有一个十分强大的政府来进行调控,因为每个人与生俱来的条件是不平等的。原本以为只要机会平等就可以,实际上这是远远不够的。有的市场上,机会是绝对平等的,但最后产生的结果绝对不是平等的,而是产生了差异。因为大家的条件是不一样的,有的人聪明一点,有的人有更好的判断能力,有的人有更好的运气,而有的人没有,那怎么

---

① 也有学者指出,即便这样的宣告也不能被理解为"人人平等",因为这里的"人"所指称的词是"men",因此可能并不包括"女人"。事实上,宪法对女性一系列权利的漠视印证了这一点。

办？所以，如果要真正实现条件的平等，就需要一个强大的政府来进行调控。但是，如果一个政府过于强大，我们并不能保证政府只做好事，不做坏事。因此要实现实质意义上的平等是很难的，也超出人们对政府功能的理解。由于对平等权及其所关联的"强大政府"的疑虑，宪法对平等权问题一直心存戒心。例如，在1972年有几个州就提出了一个修正案条款，即《平等权利修正案》（Equal Rights Amendment，ERA）。其内容其实非常简单，即美国联邦政府不得因为性别原因而对公民进行歧视性的待遇。这一条款的提出受到女权主义运动的影响，目的在于确定两性的平等。根据宪法规定，修正案需要四分之三的州批准才能通过。在随后的十年里，围绕批准和反对批准这一修正案的活动一直持续进行，但直到1982年，批准该修正案的州也没有达到四分之三。其实，这一宪法修正案的理念非常简单，即承认性别之间的平等权。但是为什么这样的修正案都不能被通过呢？根据美国宪法学者的解释，ERA的命运涉及教会的阻力、保险业的利益考虑等等因素，但更主要的，还是美国文化中对平等权的怀疑以及平等权对自由权可能构成的威胁使然。

七　宪法的长寿之道及其对于"自由/平等"之争的意味

（一）最高法院：不断进行的制宪会议

最后我们还要简单讨论一个问题：美国宪法从1787年制定到现在已经经历了两百多年，但这部宪法为什么能够历久弥新？对于这个问题，首先应当看到：美国宪法在不变的背后其实是不断变化和自我调整的。在一个不断变化的世界里，不变的只有变化本身。没有不变的宪法，只是宪法的文本以及最基本的价值没有变化，但宪法所关注、所面对的问题及其相应的态度和立场都处在不断变化之中。但是，在这里我要着重强调的一个问题不是宪法如何成功地回应社会的变化，而是宪法在不断变化的过程中确实在坚守某些不变的价值。在我们看来，宪法中不变的是一种妥协的态度，以对自由的保障作为终极价值，但又不断地在民主政治与个体自主性、自由权与平等这样一些多元价值之间寻求妥协和平衡。在维护这种终极价值并努力寻求平衡的过程中，美国宪法的制定者不过是开了个头，两百多年来，联邦最高法院作为宪法的维护者始终不断地根据变化了的世界来寻求妥协和平衡，并在这一过程中维护宪法的基本价值。事实表明，宪法只有在这种不断变化的过程中才能不变，才能永葆生命力。

事实上，最高法院每一次的审判都有可能是一次新的制宪会议。

（二）变化与实用主义

宪法能够历久弥新，也与美国宪法解释和运用中的实用主义态度有关。托马斯·杰斐逊在制定美国宪法的时候说过，每一代人都需要有自己的宪法，所以美国宪法估计有十八年寿命，因为十八年之后一代新人就出现了，他们应该选择自己的宪法。有人也会提出这样的问题，即死去的人有没有权力为活着的人制定宪法并告诉后者应当如何生活？那些制宪者早就死了，为什么我们要遵守他们制定的宪法？为什么要遵从他们为我们选择的生活方式？因此，最高法院在个案中要重新解释宪法的内容，而法院通常从实用主义立场来权衡各种价值，使宪法不断适应变化了的情势。比如说言论自由，制宪者当时绝对没有想到今天会有 Email，或者说还有 QQ、微博、微信，还有各种各样的手机短信，那么如何用言论自由的概念来涵盖所有这些新的变化？需要不断地对宪法进行解释，对权利进行扩充，对多元价值进行平衡并寻求妥协。所以我们看到，宪法能够维持下来是各方面妥协的结果，另一方面，最高法院对待宪法的这种实用主义态度也是十分重要的。

（三）宪法的生长以自由与平等的妥协为基础

最后我想做两个方面的总结。第一，在美国宪法这么一个言简意赅的文本中（4737 个词），我们会发现一种精神和态度，即在现实与理想之间寻求妥协的态度，这是一种务实的精神。这是我所要强调的一点。对于任何一个伟大理想的实现而言，一定程度的妥协是至关重要的。我们无法指望完美可以在瞬间实现，它是一个过程。在寻求的过程中，我们需要承认多元价值的存在，并且在这些价值之间寻求妥协。美国宪法在两百多年来所作的妥协，使多元价值的共存成为可能，也使多元的生活方式包容于宪法的胸襟之中。宪法没有规定一种乌托邦的生活，因为每一个人都会有自己的乌托邦。第二，我们在前面也提到，在美国精神与美国理想的背后，也存在一种梦想,认为美国是一个更美好、更强大、更具有使命感的国家。美国的许多精英也直言不讳地表达过这一点。例如,威尔逊总统曾经说过:我认为美国是最无私的国家。毫无疑问,这是一句过分夸大的言辞——美国绝对不是一个最无私的国家。在她的理想的背后,我们可以看到她有她的偏见,有她自己的立场,这可以从她当初对黑人、对土著印第安人、对女性的立场中看出来。没有一个国家是神圣的,神圣的只有个体的基本自由和尊严。国家从来不是神圣的,美国是一个国家,它当然也逃不出这个命题。从这一意义上讲,一个过于自负的美国可能也只是个神话。在一个法治化的框架里,自由的个体充分寻求多元价值的实现,造就了美国今天的繁荣与强大;但某种自负、某种幻觉也可能成为威胁和包袱。在我们崇仰美国宪法之光的同时,也需要让目光穿越神话的光环,反思价值、现实以及其他。

(作者为北京大学法学院教授)

第五讲

美国的政治制度与政党政治

李永辉

美国是一个年轻的国家，其独立的历史只有不到二百四十年；美国又是一个古老的国家，现代政治制度的诸多创新皆发端于美国：当今世界上仍在生效的最古老的成文宪法，最古老的联邦制度，最早建立的现代政党制度①，等等。这一切比华尔街的财富、硅谷的高科技、五角大楼统辖的强大军队以至全世界的学子所向往的常春藤大学都更让美国人感到自豪，也更能解释美国的成功。

一　宪法与政治制度

美国政治制度和政治生活的基础是联邦宪法。这部宪法于 1787 年 9 月 17 日在费城制宪会议上通过，1789 年 3 月 4 日正式生效，从此成为美国政治最重要和最神圣的文献，或如福山所说，是一部准宗教的文献。说得通俗点，宪法其实就是美国最权威的游戏规则。美国当代著名政治学家罗伯特 A. 达尔指出："支配美国政治生活的不只是这一文件（宪法）。然而它对于形成美国政治制度的特点、形式的特殊性、实质和程序，从而使其区别于其他政治制度所起的作用，比任何其他单个因素都大得多。"实际上，美国宪法及法律不仅作为一种正式的制度而存在，同时更是一种文化和生活方式。

---

① 有学者认为，尽管英国的政党制度出现得更早，但真正意义上的现代政党制度产生于美国。

从政治学的角度说,美国宪法最重要的意义就在于将欧洲文艺复兴以来人类对于理性政治活动的追求变成了一种制度实践。在政治史上,西方政治制度的建构也由此发生了一个重要的转换,即由权力的分配转向对权力的规范。关于宪法的基本精神和原则,政治学家们有不同的概括和总结,简单地说,主要有这样几个方面:首先,也是最重要的,美国宪法通篇规定的是对权力的限制,即规定政府不能做什么,如不得干涉宗教、言论、写作、集会等方面的权利。这是美国人理解的"社会契约"的本质。其次,通过分权和制约与平衡来限制权力,包括权力的分立(separation of powers),即所谓的三权分立,以及三权之间的制约与平衡(checks and balances)两个方面。正如麦迪逊所说,"立法、行政和司法权置于同一只手中,不论是个人,少数人或许多人,不论是世袭的,自己任命的或选举的,均可公正地断定是虐政"①。但仅仅分权仍然不够。因为,在制宪者看来,总有这样的危险,即握有不同权力的不同官员,可能将他们的权力集中起来并采取共同的行动。怎么办呢?答案是制衡。麦迪逊写道:"防止某些权力逐渐集中于同一部门的最可靠的办法,就是赋予各部门的主管人以必要的宪法手段和个人动机……必须用野心来对抗野心。"表现在制度安排上就是:国会制定法律,但总统可以否决它们,最高法院可以宣布经国会通过并经总统签署的法律违宪,但总统经参议院批准任命法官。行政部门执行法律,但由国会给钱。即使是立法机构本身,参议院和众议院在制定法律过程中也互有对另一方的绝对否决权,因为法案必须经两院批准。

在这种制衡中,司法复审权有重要的意义。所谓司法复审权是指法院可以宣布立法机构通过的法律违宪因而无效。这是司法权对立法权最直接最有效的制约,也是司法对立法的重要补充。在实践中,司法判决有时还比立法更重要,成为制定公共政策的一种方式。比如,在欧洲国家和加拿大,女性堕胎的权利是通过立法的方式获得的,但在美国,却是通过联邦最高法院对罗伊诉韦德案的判决而实现的。需要指出的是,司法复审权是在宪法实施了几年之后才获得的,因为宪法本身对此未作规定。司法复审制是美国政治制度中颇具特色的一大创新。

---

① 〔美〕汉密尔顿等:《联邦党人文集》,商务印书馆1982年版,第246页。

美国宪法的另一大原则是联邦主义,即通过联邦和州的纵向分权来限制政府的权力。由此确立的联邦制成为美国政治制度的基本形态,也是理解美国政治制度,包括政党制度的一大关键。

孟德斯鸠早就发现,一个小的共和国容易为外部力量所摧毁,而一个大的共和国则易为内部缺陷所破坏。联邦主义的一个显著优点就在于,它将一个大共和国的强大和一个小共和国的自由很好地结合了起来,正如托克维尔所说,"联邦既像一个小国那样自由和幸福,又像一个大国那样光荣和强大"。联邦制是美国政治生活中的一个重要组成部分,实际上,它影响着美国几乎每一个政治问题。这种影响主要有两种形式:一是差不多每一件事情的解决(包括外交政策的实施)都需要各级政府的共同参与;二是联邦政治(特别是国会政治)富于地方主义色彩,地方利益是美国政治的主要动力之一。各个地方的政治取向、对外经济联系和种族构成,很大程度上决定了本地国会议员的投票行为。

1787 年宪法确立了美国联邦制的两大基本原则:一是联邦的地位高于州,二是联邦与州之间的分权。前者使美国从一个邦联式的政治实体转变为民族国家式联邦,后者则明确了联邦与州之间的权力划分。就后者而言,宪法的规定是颇为耐人寻味的。宪法采取的方式是,联邦权力由宪法列举,而其余权力则由各州保留。宪法把合众国的立法权、行政权和司法权授予联邦政府,并逐项列举了国会有权立法的 18 个方面,而在第十条修正案笼统地规定"宪法未授予合众国,也未禁止各州行使的权力,得由各州或由人民保留"。这意味着州的权力更为广泛。由于宪法相关条款的模糊性,联邦和州的权力之争一直贯穿于美国的历史。

大致说来,这一斗争主要经历了三个阶段:一是 20 世纪 30 年代以前的"二元联邦制",即二者各司其职,相互独立。二是 20 世纪 30 年代以后的"合作联邦制",即联邦和州共同行使过去只属于州政府的权力,二者的相互独立让位于相互依赖(特别是州对联邦财政的依赖),联邦权力的范围大为扩大。三是肇始于尼克松时期(1969—1974)、确立于里根时期(1981—1989)的"新联邦主义",在这一时期,新政以来联邦权力急剧膨胀的势头受到遏制,一些权力被重新交还给州和地方政府。但从大趋势来说,联邦权力对州权的优势似乎并未根本改变,只是在形式和手段上变得更为精致和巧妙。这在奥巴马政府推出的"微妙联邦主义"(nuanced federalism,这一概念是由乔治·梅森大学的蒂姆·科兰和保罗·珀斯纳提出的)中表现得更为突出。它指的是联邦政府一开始谋求与州的合作,在一些富有经验的政策领域为州提供方便和支持,但同时却使用前所未有的联邦资金在一系列政策领域(包括健康、教育、环境等)推进自己的政策议程。

这一切表明,联邦和州的权力关系正在逐渐走向"碎片化"(fragmentation)的演进方向,权力的组合变得更加多元与摇摆。但是,必须指出,无论如何变化,在现有宪法框架下,美国政治制度中联邦与州的关系的基础仍然是伙伴关系(partnership)。在大多数情况下,责任都是分担的,有时候平等地分担,有时候倾向联邦政府,有时候倾向州。简言之,现代美国的联邦制可以概括为一个权力分享、功能分担的由全国政府主导的体系。

总而言之,在创建现代国家的过程中,美国建立了自己独特的政治制度,形成了独特的政治传统,并对整个世界产生了广泛而深远的影响。这一制度安排的根本着眼点是法治基础上的限权、分权与制衡,而不只是表现为简单的多数统治的民主制。因此,有学者指出:"我国的制度不仅是一种民主制度,而且是一种宪政制度。这两个概念相互关联,但也有区别。民主制度涉及如何获得并保有权力。宪政制度则涉及如何限制权力。一种政体可能是立宪而非民主的,如 17 世纪的英国;也可能是民主而非立宪的,如伯里克利时代的雅典。"[1]美国政治制度的这一特点导致了对其保守性和非民主性的长期争议。批评宪法的人甚至说 1787 年宪法是"反民主的"。同时,在限权和分权制衡的原则下,美国政治制度表现出权力高度分散的特点,在社会主流具有普遍共识和国家蓬勃向上的背景下,这一制度显示了其高度的灵活性和活力;而在社会和政治分化,党派政治泛滥,国家发展前景模糊不清时,这一制度则往往导致政治僵局。这正是我们在当今美国政治中所看到的。

二　政党的产生、发展与功能

宪法确立了美国政治制度的原则与基本架构,但现代政治的具体运作

---

[1] 〔美〕詹姆斯·M.伯恩斯等:《美国式民主》,谭君久等译,中国社会科学出版社 1993 年版,第 7 页。

却离不开政党。因为，"组织政治参与扩大的首要制度保证是政党及政党体系"。因此，尽管美国宪法中并无关于政党的任何规定，尽管宪法的制定者对政党保持着高度的警惕，但政党还是在实践中应运而生了。为了更好地理解政党在美国政治中的意义和作用，有必要对政党的内涵及其产生与发展加以界定和介绍。

人们对"政党"的理解，因时代、地域及立场的不同而不同。大致说来，马克思主义强调政党的阶级性，认为政党是指一定阶级、阶层或集团的积极分子为维护本阶级、阶层或集团的利益，围绕着夺取政权、巩固政权或影响政府而结合起来采取共同行动的政治组织。①

在西方，以埃德蒙·伯克（Edmund Burke，又译埃德蒙·柏克）为代表的早期研究者及英国学者多强调共同认可的原则，伯克认为，"政党是人们为通过共同努力以提高民族福利，并根据某种他们共同认可的原则而结成的组织"②。美国学者则注重政党组织政治参与和选举的功能，尤其是后者。爱泼斯坦即将政党看作是"任何——无论多么松散地组织起来的——贴有特定标签的寻求选举政府官员的集团"③。从美国政党政治的角度看，综合以上观点，可将政党定义为以共同的原则为基础，以影响和制定政策为目的，以赢得选举和获取权力为目标和手段的政治组织。

政党是近代的产物，但"党"字和党派的观念则古已有之。根据乔瓦尼·萨托利（Giovanni Sartori）的说法，"党派"（party）一词来源于拉丁语动词 partire，意为分开。"党派"在根本上表达的是部分的意思，即全体中的一部分。在这个意义上，"党派"与"宗派"（faction）大致是一个意思，为一部分意气相投、利害相关者的组合。然而，"党派"与"宗派"又有本质的不同，后者隐含着热衷于破坏和损害的意味，有更多的消极含义。将这两个概念区分开来是一个长期的过程，这一过程同时也就是政党观念形成的过程，其最终的完成者是 18 世纪的英国著名政治思想家埃德蒙·伯克。

美国的政党是在政治斗争的实际需要中诞生的。为了使购买路易斯安

---

① 周淑真：《政党和政党制度比较研究》，人民出版社 2001 年版，第 3 页。

② 〔英〕埃德蒙·柏克：《自由与传统——柏克政治论文选》，蒋庆等译，商务印书馆 2001 年版，第 148 页。

③ Leon D. Epstein, *Political Parties in Western Democracies*, New York：Praeger, 1967, p. 9.

那和其他重大议案及拨款在国会获得通过,为了与联邦党人斗争,为了竞选连任和继续执政,咒骂政党的杰斐逊组织并维持了一个各种利益集团的联盟,从而实际上创建了一个政党——共和党。杰斐逊的共和党缺乏深厚的基础,因而不久即随着杰斐逊的退出政治舞台而逐渐解体。经过一段政党的休眠期后,安德鲁·杰克逊及其助手马丁·范布伦建立了一个新的更为强大的政治联盟——民主党。在他们的经营下,民主党成为一个大规模的全国性组织,有全国和州一级的领导,有明确的政治主张,也有深厚的群众基础。差不多与此同时,辉格党作为联邦党的继承者和民主党的反对党而发展起来,势力也与民主党不相上下。1840 年,辉格党人将自己的候选人威廉·亨利·哈里森送进了白宫。两党制诞生了。

在 19 世纪 50 年代的危机中,一个新的主要政党出现了,这个后来被称为"老大党"(Grand Old Party)的第二个共和党很快成为全国性的政党并取代了辉格党的地位。共和党由于取得内战的胜利,维护了联邦的统一并建立了包括金融家、工业家、商人以及新获得自由的黑人在内的广泛联盟而赢得了长期的政治优势,主宰全国政治达四分之三世纪之久,只是偶有中断。直到 20 世纪 30 年代,民主党人才借大萧条之机东山再起。富兰克林·罗斯福加强了由伍德罗·威尔逊开始建立的农民—劳工—南方人联盟,同时,他还将中产阶级的失业者、少数民族和少数种族拉进他的联盟,从而建立了一个空前广泛的"大联合"。这个"大联合"不仅使罗斯福三次连任成功,也使民主党获得了此后半个世纪的政治主导地位。

共和党在 20 世纪 80 年代借助保守主义思潮的兴起而恢复了活力。罗纳德·里根成功地赢得并保持了日渐强大的保守派的支持,同时把共和党变成了右翼政党。里根的新联盟是广泛而巩固的,并且日渐加强。这个联盟不仅打破了新政联盟长期的政治优势,而且使共和党在此后与民主党大致势均力敌的政治格局中长期处于略占上风的有利地位。近年来,随着社会的更加多元化和政治极化,美国政党政治进入了新的混沌期。一方面,保守主义思潮依然强大,自认为保守主义者的选民大大超过自认为自由派的选民;但另一方面,民主党在多数争议性问题上的立场得到了多数选民的认可,并在总统选举中占据优势。

政党为现代民主政治所必需,因为政党拥有现代民主政治运作所必不可少的几大功能。学者们对这些功能的分析不尽相同,概括起来主要有这样几个方面：

(一)连接政府与公众的桥梁。通过政党，公众可以让自己普遍的需要或愿望为政府所知，而如果没有政党，个体的公众就只能单打独斗，因而往往被政府所忽视。反过来，政府通过政党将自己的政治目标、政策主张及其他各种信息传达给公众，从而为公众的政治选择提供明确的引导。许多人认为，政党以此而增强了现有政治体制的稳定性和合法性。

(二)利益的整合与表达。社会总是分阶层和集团的，每个阶层和集团都有自己独特的利益。如果这种利益只是通过利益集团表达，而每个利益集团仅为自身利益服务并相互争斗，试图以这样或那样的方式左右政府，那么，就难以形成能获得全体国民认同的价值观、目标或意识形态。政党通过把不同的利益整合到一个更大的组织中来，驾驭和平息利益集团之间的冲突。在这种情况下，利益集团不得不相互妥协和合作，为政党的利益而努力。当然，作为回报，利益集团也会实现他们自己的一些目标。因此，从某种意义上说，政党，尤其是大党，其实就是利益集团的联盟。

(三)政治整合与政治社会化。随着利益集团加入联盟，其利益得到表达，其意愿被写进党的纲领，利益集团与整个政治体系便形成了实际的和心理上的利害关系，这种利害关系使它们倾向于支持这一政治体系。利益集团的成员以政党为自己的代言人，因而产生出为政治体系工作的内在要求和对政治体系的忠诚。在美国，民主党通过其政纲强调工会权利和平等就业机会、提供福利和教育机会等来赢得工人的加入，成功地将工人整合进政治体系。此外，美国的两大政党还起到了帮助把一代又一代的移民和少数族群成功地整合进美国政治生活的作用。政党在将利益集团整合进社会的同时，也教育它们的成员如何玩政治游戏，政党将公民介绍给候选人或当选的官员，从而让公民觉得他们也能表达自己的意见，进一步深化了其在政治体系中起作用的感觉。在政党活动中，人们学习演讲、组织会议等技巧，也学会合作与妥协，与此同时，政党在其成员中树立了对这一政治体系之合法性的信念。

(四)动员选民。在许多美国学者看来，政党最重要的功能是选举功能——政党就是一部选举机器。为了自己的候选人的竞选，政党要动员选民去投票并努力激发选民的利益动机以提高投票率。没有政党的宣传鼓动，选民的投票热情会显著下降。在选举中，政党还起到简化和解释的作用。个体选民无法了解所有的候选人,这时候,候选人的党派归属便成为选民投票的指示标志。政党可以让选民在复杂的选项中做出简单的选择。

(五)组织政府与制定政策。在选举中获胜的政党便赢得了政府的职位和权力,正如常言所说,"白宫的大轿车属于胜利者"。在美国,几乎所有州的立法机构和国会都是按照党派界限组织起来的。作为组织政府的重要基础,政党不仅将自己的影响带进立法机构,也通过任命程序将其影响延伸到行政和司法机构。在众参两院中,从议长①、委员会主席到小组委员会主席皆由多数党议员担任,入主白宫的政党则可以在行政部门任命三千多人担任高级职务。赢得选举与获取权力并不是政党的唯一目标,获得权力的政党还要将自己的政治要求转化为具体的政策。在野党则要检验和批评执政党的政策并提出自己的政策选择。政党制定政策的功能自二战后似乎有所衰退,学者们对此的看法也不尽相同,许多学者对此提出了批评。但是,无论如何,即使是一个所谓的机会主义政党也不可能只追逐权力而没有自己的政策目标。

(六)竞选服务。这一功能在美国得到了最充分的体现。人们甚至认为,一个政党存在的最重要的理由就是提供领导和进行选举。政党要提名候选人并为他们提供竞选服务和支持。政党提供的各种资源、技能和人力对候选人赢得选举是至关重要的。

政党有许多功能,以上只是其传统功能中最重要的几项。自20世纪早期以来,这些功能就一直处于变化的过程之中。有些功能衰退了,有些功能加强了,而且,在不同的时期,这些功能的兴衰变化也有很大的差别,不可一概而论。但总的说来,美国政党更强调选举功能。

三 美国政党制度的特点

美国是真正意义上的现代政党制度的发源地,这一制度在其长期的发展演变过程中形成了自己鲜明的特色。

---

① 即众议院议长和参议院临时议长(为荣誉职务,并无实权,一般由多数党资历最深的参议员担任)。参议院议长由副总统兼任,不参与日常议事,但在赞成票和反对票相等时可投下关键一票。参议院的实际领导者是多数党领袖和少数党领袖。

(一)两党制。两党制是政党制度的一种表现形式,其本身并非美国所独有。但是,美国的两党制产生较早,虽经历了多次的分化和重组,两党的立场、社会基础和选民支持也都经历了重大的变化,但始终保持了两大政党既对立又合作的竞争共存的基本格局。两党轮流执政,互相监督和制约,使这一体制具有极强的稳定性,这在世界各国中是十分少见的。由于这一问题的特殊重要性,我们将在第四节中对其进行专门论述。

(二)组织的松散与权力的分散。对世界上大多数国家而言,政党都有一个中央集权式的组织结构,党的中央委员会对各级地方组织拥有很大的权威,发挥着领导和指导的职能。同时,政党也大多在党纲中对党员的权利和义务加以明确的规范。因而,这些党在组织上都比较严密,纪律也比较严明,党的成员忠诚而稳定。在美国,联邦制和分权制原则也充分体现在政党制度之中。表面上看,两党都各有自己的全国委员会,委员会形式上也是党的最高机构,但实际上,两党全国委员会的权力和作用却有很大的局限,拥有的资源也很贫乏,特别是在非大选年,其作用和影响就更小了。相形之下,两党的各州组织则拥有较大的权力和相对独立的地位。因而,有人甚至戏称美国的政党制度是"百党制",即 50 个州各有两个政党,全国共有 100 个政党。

政党纪律的相对松弛在美国表现得也比较突出。与议会制国家不同,在总统制的美国,总统和国会的权力各有其宪法依据。因此,尽管两党在国会中都有自己的议会党团,但作为党的名义领袖的总统对本党在国会中的组织和普通议员都缺乏有效的制约手段。国会中的两党组织对本党议员也没有直接控制的权力。就党的普通成员而言,党的纪律就更为松弛了。除了少数职业党员外,普通党员拥有参加政党的充分自由,行为不受党籍的任何约束。实际上,所谓党员只是在选举登记时声称自己支持某党而已,并无任何入党的组织程序。而且,在实际投票中,也不必一定按照其在选民登记时声明的党派立场投票,完全可以投他党候选人的票,或者在总统选举时投本党候选人的票,而在国会议员的选举中投他党候选人的票;还可以在联邦一级的选举中投本党的票,而在州或地方一级的选举中投他党的票。此外,同一位选民可以在本次选举中声称自己是民主党人,在下一次选举中则登记为共和党人。这种分裂投票的现象是美国政党政治的一个鲜明特点,对美国政治的影响很大。

不过,随着政党在某种程度上的复兴,尤其是政党的极化,两党、特别是共和党在组织上已有很大的加强,选民的政党认同感和归属感也有所加强。这是美国政党政治的一个新发展,应该引起人们的关注。

(三)政党组织的复杂性。就两党制的宏观体制而言,美国政党制度是十分简明的,不像许多国家那样党派林立,相互间钩心斗角,形成复杂多变的结盟关系。但美国两大政党的内部结构却又十分错综复杂。这与美国的历史传统、多元文化和独特的分权制度密切相关。与政府本身一样,在美国,两党也都各有其全国、州和地方的组织机构,而且每一级都有行政、立法和其他组成部分。具体而言,两党在结构上都包括以下几个层次:(1)由全国、州和地方组织构成的金字塔,包括党的全国委员会、州委员会、县(市)委员会以及基层选区组织;(2)担任公职或谋求担任公职的领袖们的内层圈子;(3)对党的组织机器进行日常管理的领袖们,即所谓"党魁"所形成的网络;(4)为党的候选人贡献金钱、时间和热情的党的积极分子,他们一般具有较强的意识形态倾向;(5)坚定地与党保持一致,几乎总是无条件地支持本党提名的候选人的选民,他们只有在极个别的情况下,如不得人心的战争、水门事件之类的丑闻或者急剧上升的通货膨胀和大规模失业这类灾难时,才会背弃本党。这种复杂的结构也是造成美国政党组织松散、纪律松弛的重要原因。

(四)独特的宪法功能。美国宪法中并无只字片语提及政党,而且在本质上对政党抱有敌视的态度。但是,政党却是美国宪法体制中不可或缺的一部分,起着某种"补充宪法"的作用,J. M. 伯恩斯甚至称其为"人民的宪法"。政党以既平衡又维护宪法所宣布的原则的方式,授予而又限制权力。就前者而言,1787年宪法使权力分散,"补充宪法"则有助于使权力集中,即把各种各样的势力联合起来支持一个纲领。"1787年宪法是以权力分立、制约平衡、联邦主义、多元冲突和机构分散等学说为基础的。'人民的宪法'则是依据这样的思想:具有共同政治观念的男男女女来到一起,组成一个非常明显可见、讲话明确有力的全国组织,使政府各部门构成某种协调配合的集体。"①

但另一方面,政党又是对权力制衡的一种补充。这就是所谓"分裂的政府",即一党占据白宫,掌握行政权,另一党则拥有国会的多数席位,主导

---

① 〔美〕詹姆斯·M.伯恩斯等:《美国式民主》,谭君久等译,中国社会科学出版社1993年版,第350页。

着立法活动的局面。以二战以来的情况为例,共和党人占据总统职位的时间较民主党人长,但民主党人却在大多数时候保持着国会的多数席位。在这种情况下,行政权与立法权的相互制约,除了有宪法规定的权力制衡原则外,又增加了政党的因素,从而使之进一步加强。就此而言,2002 年国会中期选举后共和党人曾一度同时掌控白宫和国会,的确是一个非同寻常的情况,也在某种程度上反映了共和党在这一时期的强势地位。目前,民主党掌控白宫并在参议院占据微弱多数,而共和党则牢牢地控制着众议院,政府的"分裂"和政党的制衡愈加突出。

(五)若有若无的第三党和独立候选人。美国政党发展史上的一个十分引人注目的现象是,第三党从未对两大主要政党构成真正的威胁。据统计,自乔治·华盛顿当选第一任美国总统以来,每 5 次大选中就有一次有第三党或独立候选人参加角逐,但迄今为止他们能够获得全部选票 7% 以上的次数不到 10 次[1],最高的一次为 1912 年大选中,西奥多·罗斯福挟前总统的余威,借自共和党中分裂出来的拥戴者的支持,率进步党获得了 27. 4% 的选票。[2] 第三党偶尔能够获得国会的议席,但也屈指可数。如果不把 1860 年的共和党称为第三党的话,它们也从未在政府内部左右全国的政策。从近二十多年的情况看,1992 年大选中,独立候选人罗斯·佩罗赢得了近 19% 的选票,是自西奥多·罗斯福以来的最高得票率,这曾使第三党的支持者备受鼓舞,纷纷预言第三党将要崛起。然而,在紧接着的 1996 年大选中,当佩罗以第三党候选人的身份参选时,其得票率却一落千丈。实际上,今日第三党的境况并未较其长期以来的窘境有多少改善。两大政党的地位至少在可见的未来仍是不可动摇的。

当然,若因此断言第三党毫无意义,也不符合事实。其实,第三党和独立候选人是对美国多元政治背景下的两党制的必要补充,也是一个安全阀,为特殊利益群体提供了表达的机会和渠道。此外,它们还促进了两大党政策和政纲的充实和调整,间接起到了影响政策的作用。它们以自己特殊的方式维护和巩固了美国的两党制。

---

① 刘杰:《当代美国政治》,社会科学文献出版社 2001 年版,第 154 页。

② 〔美〕詹姆斯·M. 伯恩斯等:《美国式民主》,谭君久等译,中国社会科学出版社 1993 年版,第 351 页。

（六）除上述特点外，美国的政党和政党制度还有许多其他的特点。其中，经常为人们所提及的有以下两点：第一，美国的两大政党都是选举型的政党，选举是政党日常工作的核心，赢得选举是政党工作的基本目标。第二，美国的两大政党都是群众型政党，为了吸引选民，往往走中间路线，因而，与许多意识形态型的政党比起来，纲领和政策主张不是那么鲜明，两党之间的界限也不像欧洲许多多党制国家的政党那样泾渭分明。这两点的确是美国政党制度的独特之处，也为许多美国学者所承认。但是，如果把赢得选举看成是美国政党"几乎唯一的目标和存在价值"，只承认其共同利益，而不承认其共同的信仰和原则，也是不全面的。

四　两党制与两大政党

美国是两党制国家，两大主要政党民主党和共和党轮流执政，垄断了联邦和州的政治权力。自两大政党出现至今，这一状况从未受到有力的挑战，在可以预见的未来，也看不到有第三党能够威胁两大政党的迹象。鲜明而稳定的两党制是美国政党政治的一大特色，对美国的政治制度和政治生活产生了重大影响。

其实，美国联邦宪法中并无关于政党和政党制度的任何条款，更无实行两党制的明确规定。那么，美国为什么会实行两党制呢？西方学者主要从两个方面解释了这一现象。美国学者加布利尔·阿尔蒙德（Gabriel Almond）区分了两种不同的政治文化，一种是大致稳定的英美政治文化，另一种是不稳定的欧洲大陆政治文化（包括法国、德国和意大利）。在他看来，前者倾向于两党制，而后者却是充满分裂的多党制。法国政治学家莫里斯·迪韦尔热（Maurice Duverger）则从选举制度的角度提出了自己的解释，他认为，"它（指选举制度）的影响可以用下面的公式来表述：简单多数的单一选票制有利于两党制。……显而易见，在简单多数的单一选票制与两党制之间存在着一种近乎彻底的联系：两党制国家使用简单多数投票制，而实行简单多数投票制的国家是两党制国家"[①]。这就是著名的"迪韦尔热定

[①]　Maurice Duverger, *Political Parties*, London：Methuen，1954，p. 217.

律"。在这里,所谓简单多数的单一选票制指的是,在一个选区中,任何候选人只要获得了比其他候选人为多的选票即可赢得选举,而不要求他必须得到超过半数的选票。就总统选举而言,这意味着,一位候选人只要获得了某个选区的简单多数票,就等于赢得了这个选区的全部选票,即所谓"赢家通吃"。

如上所述,由于美国只有两个主要政党,而且两党都以入主政权中心为目标,所以,对公众投票来说,并没有太多的选择余地。此外,传统上,作为大众型政党,两党往往避免突出自己的意识形态色彩,以争取居大多数的中间选民,结果是,至少表面看起来两党之间的界限模糊不清,致使选民难以做出选择,这也影响了选民的投票热情,造成美国选举中投票率低的特点。

但是,我们也应该看到,在两党制的政党体制下,民主、共和两党是作为政治对手产生和存在的。自诞生至今,两党在不同的时期,围绕着该时期的核心议题,一直存在着巨大的分歧,进行着激烈的斗争。我们不能把这种差异与斗争等同于不同阶级间的本质差异和根本的利害冲突,然而,这也不等于我们因此可以忽视这其中所展现的在历史和现实利益的冲突中形成的从政党传统、价值观念、政策取向、行为方式和风格到许多具体问题上的一系列差异与分歧。大致说来,两党在根本利益一致的前提下存在以下的差异与分歧:

(一)"主义"之争。尽管两党成员在思想倾向和价值观上存在某种交集,即民主党内也有保守分子,共和党内也有自由派,但大多数人同意,在基本的价值取向上,民主党可以被看作是自由主义政党,而共和党则是保守主义政党。自由主义和保守主义作为政治哲学都不能简单化为一种单一的类型,不过,抛开其各自内部的派别之争,这里所谓自由主义与保守主义大致可以概括出这样一些差别:(1)前者追求变革,主张向前看,对新生事物比较敏感,后者则追求稳定与秩序,愿意向后看,更怀念旧事物;(2)在基本价值上,前者更强调平等,后者则更强调自由,有些保守主义者,如拉塞尔·柯克,甚至强调人是不平等的,他们有义务接受上帝指定他们生活和劳动的位置[①];(3)在世界观上,前者比较乐观和积极,愿意挖掘人性中那

---

① 〔美〕爱·麦·伯恩斯:《当代世界政治理论》,曾炳钧译,商务印书馆1983年版,第291页。

些美好的方面以及实现它们的无限的可能性,后者则比较悲观和消极,更多地看到了人性的弱点和局限,怀疑所谓无限的可能性,强调选择的有限性。

(二)政治理念的分歧。这种分歧主要体现在对权力和政府作用的认识上。共和党秉承其怀疑政府权力和作用的一贯传统,主张小政府,尽可能地限制政府的权力,减少政府的管制,同时,强调充分发挥市场的调节作用和私有企业的积极性。用里根的话说,政府不能解决问题,"政府是问题本身"。共和党人尤其警惕联邦政府的膨胀,更强调州和地方的权力,主张将某些联邦的权力下放到州和地方,以将联邦政府的干预减少到最低限度。共和党人对地方权力的钟爱具有深厚的情感和心理基础,因为他们有浓厚的乡土气息和强烈的乡村情结。民主党则主张大政府,相信政府——特别是联邦政府——的积极作用。尤其是自新政以来,政府干预几乎已成为民主党施政的法宝,甚至成为一种政党意识形态。罗斯福的新政离不开新扩大的政府权力,约翰逊总统的"伟大社会"依赖"伟大的"政府,"奥巴马医改"也同样需要政府的强力介入。

(三)两党的社会基础不尽相同。相对而言,美国两大政党的阶级分野并不十分明显,但是,这并不意味着两党的社会基础没有任何有意义的差异。大致说来,民主党的支持者主要是中低收入阶层、黑人、犹太人及其他少数族裔。[①] 共和党的支持者则主要是中高收入阶层、白人新教徒及企业界。在地域上,民主党在东北部、中西部和西部的太平洋沿岸影响较大,共和党则在南部和内西部[②]占优势,即罗兹·库克(Rhodes Cook)非常形象地称为"共和党的 L"("Republican L")的地区(指这一地区在美国地图上呈一"L"形)。有意思的是,今日两党的这一地域分布正好与一百年前的情况相反。

就特点而言,民主党的社会基础比较广泛,但这同时也意味着其成分更为复杂,异质性更强;共和党的社会基础相对狭窄,但更具同质性。当然,应

---

① 传统上,天主教徒被认为主要是民主党的支持者,但是,自 20 世纪 80 年代以来,这一情况已发生了很大的变化。现在,至少在联邦一级的选举中,支持共和党候选人的天主教徒在人数上已超过了支持民主党的天主教徒。

② 内西部大致指的是美国西部地区靠近太平洋的非沿海各州,如蒙大拿、爱达荷、怀俄明、犹他及亚利桑那等州。

该指出,两党社会基础的差别只是一种粗略的划分,并不具有严格的对应性。在现实政治中,大企业——比如一些大航空航天公司——赞助民主党,而某些工会赞助共和党的情况也屡见不鲜。① 事实上,两党在构成上的异质性和同质性的差别以及由此而带来的意识形态上的相应差别对两党本身的不同影响十分重要。比如在选举中,共和党内部利益冲突相对较小及意识形态的同质性有助于该党在代表大会前达成一致意见,更早地决定本党候选人的提名。但在民主党方面,由于利益冲突和意识形态的对立相对严重,竞争对手间的和解就更为困难。因此,我们常常看到这样的情况:一个竞争者尽管远远落后,毫无取胜的希望,也要坚持到最后,甚至宁愿支持某个第三者也不愿与领先者妥协。比如,在1980年民主党争取本党总统候选人提名的竞争中,自由派的特德·肯尼迪和相对保守的吉米·卡特即互不相让,他们各自的支持者也是如此。

(四)施政重点的差别。在现代社会中,由于议题的繁多,确定施政重点的政治议程就变得重要起来。两党在这方面也有着较大的差别。简单地说,民主党比较重视经济和人权问题,共和党比较重视社会和安全问题。这一不同的施政重点有着深远的历史背景。自新政以来,民主党的政治联盟就是围绕经济问题组织全国政治的。特别是20世纪60—70年代以来,共和党竭力利用种族、福利、犯罪问题、抗议活动、年轻人的生活方式以及其他社会性议题来攻击民主党的政策,并随着选民关注焦点的转移而成功地使自新政以来一直在政治上占主导地位的民主党联盟走向了分裂。② 1972年大选中,尼克松就成功地使用了这一策略。"他通过将麦戈文-施里维尔联盟与坦白免诉期、堕胎以及酸雨等议题——而不是将其与民主党传统的社会福利和经济纲领——联系起来,从而赢得了民主党中'工人阶级'的支持;而民主党则竭力降低社会问题的重要性,把经济问题作为选举政治中两

---

① 实际上,两党的成分都远比这种简单的划分复杂,民主党中既包括最贫困阶层,也有最富有的美国人,比如在2004年总统大选中,沃伦·巴菲特、比尔·盖茨、乔治·绍罗什和唐纳德·特朗普都支持民主党候选人约翰·克里。有统计显示,在美国有12个最富有的邮政编码区,克里在8个区占有优势。而与此同时,一般被认为更多地代表中高收入阶层的共和党中也有强大的草根派,比如近几年迅速崛起的茶党。

② 参见 Kevin P. Phillips, *The Emerging Republican Majority*, New Rochelle, New York: Arlington House, 1969。虽然 K.菲利普斯预言的共和党多数并没有如他期望的那样很快出现,但他指出的两党的议题之争及其后果却是正确的。

党的主要分野。"①二十年后的 1992 年大选中,民主党人再次祭出了自己的撒手锏,比尔·克林顿那句帮助他赢得选举的家喻户晓的竞选口号"是经济,傻瓜!"恐怕人们至今还记忆犹新。而形成鲜明对比的是,打赢了海湾战争但在经济问题上表现不佳的在职总统乔治·布什却铩羽而归。

(五)两党在政策上的差异。不同的价值取向、不同的政治理念必然导致不同的政策选择。两党在具体政策上的差异不胜枚举,其荦荦大端者可以分为以下几个方面:

1. 经济问题。共和党坚持自由市场经济的理念和私人企业的宗旨,主张充分发挥市场机制的自发调节功能及企业自身的活力;民主党不反对自由市场经济的基本体制,但主张对其加以引导和限制,不能完全任由市场来决定一切。共和党主张减税,甚至要实行单一税率;民主党则主张增加税收,特别是增加对高收入者的税收。2008 年金融危机以来,两党围绕对大金融机构的监管和增加高收入阶层税收问题的激烈争论和斗争正是这一传统的差异和分歧的最新表现。

2. 社会问题。典型的共和党立场是,限制社会福利的规模和开支,反对堕胎,反对同性恋的合法化,支持个人持有枪支的权利,强调公共与个人安全,主张严厉打击犯罪等等;民主党的标志性立场则是,扩大社会福利,支持妇女选择堕胎的权利,支持同性恋者的合法权利,限制个人持有枪支的权利,反对或至少是严格限制死刑等等。目前,两党在这一领域的最大分歧和最激烈的较量是围绕医疗改革问题展开的。奥巴马政府几乎投入全部政治资源才勉强通过的医改法案,遭到了共和党前所未有的敌视和在各个层面上的激烈抵抗,从而使这一问题成为当今美国最具争议性和分裂性的议题。

3. 安全和对外政策问题。安全与对外政策领域传统上往往被认为是超党派的,正如一句格言说的,"政治止于水边",即政策的党派竞争和分歧在对外政策上让位于团结一致。但这一说法并不准确,事实上,即使在这一领域,两党的差异与分歧也并非微不足道。首先,在理念上,共和党的民族主义意识较强,强调美国特性,国家利益至上;民主党则有较强的国际主义

---

① Richard Scammon, Ben J. Wattenberg, *The Real Majority*, New York: Coward-MaCann, 1970. 转引自〔美〕E. E. 莎特施耐德:《半主权的人民》,任军锋译,天津人民出版社 2000 年版,序言第 19 页。

意识,强调国际制度和国际合作。其次,在对外战略上,共和党历来将国家安全问题放在首位,并从现实主义的角度出发,主张增加防务开支,而对军备控制持消极态度;民主党比共和党更重视对外战略中的经济因素,强调维护国家的经济利益,倾向于在保证国家安全的前提下尽可能地减少防务开支,支持建立军备控制机制。不过,值得注意的是,自朝鲜战争直到1972年,除了1964年大选中短暂的例外,共和党一直被选民看作是更有利于和平的政党。"结果,当对外事务占突出的地位时,就对共和党比较有利。"①直到今天,除了小布什总统发动的伊拉克战争引起较大争议外,共和党仍然被认为是更善于处理安全问题的政党。再次,在全球化、环境与气候变化及对外援助等问题上,共和党的态度比较消极,民主党的态度相对比较积极。前者站在民族主义的立场上,对全球化的负面影响比较警惕,后者较多地站在国际主义的立场上,倾向于积极推动全球化进程;前者在对外援助方面也相对不如后者慷慨大方。第四,共和党人不相信国际体系。因为,其一,他们在手段上是现实主义的,不相信国际体系的可操作性;其二,他们是美国主义者和民族主义者,相信美国的独特性和美国作为民族国家的主权;其三,他们对任何可能导致权力集中的东西都持怀疑态度,不论是国内的还是国外的。因此,表现在风格上,共和党的单边主义色彩比较浓厚,民主党则更希望在多边框架中实现国际合作。第五,从历史上看,美国两大政党的对外政策就不尽相同。美国立国之初,共和党(民主党的前身)与联邦党(共和党的前身)在对外政策上就有严重的分歧。

两党在对外政策上的分歧与冲突其实并不奇怪,因为,对内政策与对外政策是密不可分的,两党在政治理念、政策取向及行为风格等方面的巨大差异,不仅会反映在对内政策上,也不可避免地要反映到对外政策中。也就是说,尽管两党都以维护国家利益为己任,但由于上述各方面的差异,它们对国家利益的判断并不一致,采取的政策自然也就不尽相同。

(六)政党文化的差异。J. 史蒂文·奥特认为,广义上说,一种组织文化包括诸如价值观念、信仰、假设、感知、行为规范、人工效应物(artifacts)以及行为模式等无形的因素。他指出,"文化之与组织,犹如个性之与个人,

---

① John F. Bibby, *Politics*, *Parties*, *and Elections in America*(4th ed.), Belmond, CA: Wadsworth,2000, p. 303.

是一种提供意义、方向和动员的隐秘而又促进统一的主题"①。因此,政党文化为分析和解释政党组织的行为提供了一个有用的工具——不同的政党文化导致不同的政党行为模式。

民主党的政治文化强调非中心、多元化、包容和参与,因而重视程序问题,其语言是:发言权(voice)、代表性、包容性、参与、赋权、公正、民主。共和党的政党文化重视技术和企业技能,因而强调组织和管理行为,其语言则是企业式的。哈利·巴伯(Haley Barbour)在 1992 年竞选共和党全国委员会(RNC)主席时即将 RNC 比作"董事会",其主席则是 CEO。两党全国委员会的对比很典型地反映了这种因政党文化的不同而带来的行为上的差异。奥特举例说:"观察民主党全国委员会(DNC)和共和党全国委员会会议的人立即就对这样一个事实留下了深刻的印象:两个委员会之间的差异绝不仅仅是其各自的规模。运作风格和党的支持者之间的差异是明显的。共和党全国委员会的会议组织得极好而且工作人员极为专业,会议的安排有一种正规和相对有秩序的气派。民主党全国委员会的会议则组织得不那么好,不那么正规,并且有一种非常特别的特点。共和党全国委员会的会场上秩序井然,而民主党全国委员会会议上司空见惯的则是混乱。"②政党文化的不同还导致两党的组织原则不同。由于强调代表性,重视程序,民主党的全国代表大会实行三分之二多数规则,即任何决议的通过均须获三分之二以上的多数票;讲求效率的共和党的全国代表大会则采取简单多数规则。这一差别又导致了不同的后果。民主党的规则似乎更加民主,但赋予少数派以否决权实际上意味着本来就成分更复杂、派系更多的民主党更难尽早地达成党内的联合一致。所以我们看到,民主党的全国代表大会总是更混乱,争论更激烈,持续的时间也更长。

(七)作为政党核心和骨干的两党精英的不同。由于这些精英在选举党的领袖、制定党的政策、塑造党的形象等方面发挥着决定性的作用,他们之间的差异实际上也就是两大政党之间的差异。在这方面,精英和大众的

---

① J. Steven Ott, *The Organizational Culture Perspective*, Pacific Grove, CA: Brooks/Cole, 1989, p. 1. 转引自 Daniel M. Shea & John C. Green, eds., *The State of the Parties: The Changing Role of Contemporary American Parties*, Lanham, MD.: Rowman & Littlefield Publishers, Inc., 1994, p. 276。

② Ibid., p. 279.

政治意识的变化并不完全同步:在大众层次上,很长一段时间内更多地表现出党派性的弱化和选民的易变性;而在精英层次上,则是日益增长的政治意识形态化。

两党的精英甚至在个人层面上也有很大的不同。表现在对权力和职位的态度上,民主党精英在竞选公职方面一般比较积极,更看重自己的从政经历,更多地把政治看作是追逐名利的途径。而共和党精英由于有更多更好的机会,所以对此不是那么积极。与之相联系,民主党的政府官员和国会议员对权位更为贪恋,而其共和党同行相形之下则显得更豁达一些,因为后者更为富有,在权位之外的出路也更为广阔。

(八)两党在组织构成上的差异。根据组织原则,共和党只接受作为个人的共和党人,而不是有组织的团体。因此,共和党不是一个利益集团的党。在共和党内,有组织的选民不愿挑战这一立场,大声地表达自己,因而共和党更为同质化。民主党在接受团体成员方面比较积极,党内有黑人团体,也有西班牙裔及妇女和工会等许多利益集团组织,故民主党更异质化。这种异质化限制了它像共和党那样进行组织改革的能力。

(九)两党在政党改革和对本党候选人的资助方面表现不同。民主党的改革偏重程序问题,对党的负面影响较大,在许多人看来,这些改革恰恰是造成党的衰落的重要因素。与民主党不同,共和党的改革强调组织建设,对党的正面影响更大。同时,由于传统上民主党的筹款能力较弱,其对本党候选人的资助也就较少,而共和党对本党候选人的资助力度则要大得多。上世纪80年代的统计数字表明,民主党众议员候选人和参议员候选人从本党获得的资助分别占其所获资助的2%和4%;在共和党方面,这一比例则分别达到了10%和15%。① 不过,近年来,由于通过网络等新的筹款方式的出现以及民主党在筹款工作方面的改进,两党的差距已大为缩小。

上述方面的差异以及20世纪80年代以来民主党和共和党的实力和影响发生的此消彼长的变化,使两党成员对包括政党衰落问题在内的政党的总体评价和认识也产生了很大的差异。因此,不难理解,民主党人为什么比共和党人对政党作用的评价更低,而对政党衰落的感受比共和党人更为深

---

① David E. Price, *Bringing Back the Parties*, Washington, D. C. : Congressional Quarterly Inc. ,1984, p. 249.

切;相反,共和党人则对政党的作用评价较高,对政党的复兴也更为乐观。

除了在上述重大问题上的差异外,两党之间的差异甚至表现在许多诸如个人偏好和生活趣味之类的琐事上。据美国《娱乐周刊》报道,有机构在两大政党中进行"最喜爱的电视节目"调查,结果发现民主党人和共和党人首选的前十项节目中,居然没有一项相同。总体来说,民主党人更喜欢喜剧类节目,如 NBC 电视台的美剧《我为喜剧狂》和 ABC 电视台的《摩登家庭》等。而共和党人更喜欢真人秀节目和纪录片,如《单身汉公寓》和《减肥达人》,此外还有探索频道。还有调查发现,民主党人喜欢斯巴鲁(Subaru)牌子的车,共和党人喜欢山姆亚当斯啤酒(Samuel Adams),民主党人喜欢NBA,共和党人喜欢快客芭箩快餐(Cracker Barrel),民主党人喜欢杏仁、葡萄干和大米芯的糖果,而共和党人则喜欢花生和奶油糖果以及深色的巧克力等等。

长期以来,将两大政党比作两只贴着不同标签,内里却同样空空如也的瓶子的说法对人们一直有着深刻的影响。但是,值得注意的是,这种状况正在发生很大的变化。虽然普通公众并不能完全明了两党在各个领域的具体差异和分歧,但上述许多事实已为大多数人认识到。调查数据显示,自20世纪80年代以来,美国公众和学者们日益认识到,民主党和共和党的确有很大的差异,而且,这种清晰的差异对美国政治来说并非没有意义。"20世纪50年代,认为两党有差别和认为两党没有差别的人大致相当。但是,自1980年始,有相当大比例的被调查者回答说看出了两党的差别。在20世纪60年代和70年代,60%的看出了两党差别的人认为共和党人更为保守,而在20世纪80年代,这一百分比跃升为75%,到1992年,则超过了80%。"[1]

最后,还应该指出,第一,以上虽然罗列了两党之间的众多差异,但也仅是择其要者述之而已,至于两党在各种具体问题上的差异与分歧则是不可尽述的。第二,细数两党的种种差异并不意味着要否认两党之间的共同点。事实上,两党也并非在所有问题上都那么泾渭分明。总括而言,两党在各种问题上的立场可以分为三种情况,其一,在一些没有争议的非实质性问

---

① John H. Aldrich, *Why Parties? The Origin and Transformation of Political Parties in America*, Ill. : University of Chicago Press, 1995, p. 174.

题——如母亲节决议案——上,两党完全一致;其二,两党内部的分歧比它们之间的分歧还要严重,如在妇女权利问题上;其三,除此之外,在大多数问题上,两党之间界限分明。

五　政党的衰落与复兴

对于战后美国政党政治的发展变化,美国学术界一直存在着广泛而激烈的争论。争论的焦点是,美国的政党是在走向衰落还是正在复兴。1972年,著名记者布罗德发表了他引起广泛争论的著作《政党完了》,拉开了"唱衰"美国政党的序幕。[①] 此后,政党衰落论在相当长的一段时间内一直是学界的主流,政党衰落也似成定论。然而,到 20 世纪 80 年代中,已有越来越多的人对这一说法提出了挑战。他们宣称,政党已开始复兴。

(一)政党的衰落。实际上,这一直是美国政党史上挥之不去的重要话题之一。早在 19 世纪 30 年代,即美国现代两党制最终形成的时期,被认为对美国政治独具慧眼的法国政治思想家阿历克西·德·托克维尔即声称,与早期的政党相比,这一时期的政党已经衰落了。不过,一般认为,政党的衰落始于 20 世纪初,而现在人们所谈论的政党衰落则主要是指 20 世纪 60—70 年代美国政党与政党制度所受到的严重挑战。

政党的衰落表现在许多方面。对选民而言,这一衰落在两极上都有明显的反映:一方面是有强烈的政党倾向者的减少,另一方面则是纯粹的独立选民的增加。[②] 据统计,自 1952 年以来,后者的数量增加了一倍,而前者在 1960—1980 年间下降了三分之一。[③]

在选举和投票问题上,是分裂选票现象的增加。所谓分裂选票是指在总统选举中投一个政党的票,而在国会选举或其他选举中投另一个政党的

---

①　David S. Broder, *The Party's Over: The Failure of American Politics*, New York: Harper and Row, 1972.

②　在美国,自称独立选民的人实际上分为两部分:一部分其实并不完全独立,而是仍有一定的政治倾向,即在选举中仍倾向于投某个政党的票;另一部分才是真正没有任何政党倾向的纯粹的独立选民,这部分人的投票率最低。

③　Martin P. Wattenberg, *The Decline of American Political Parties*, Cambridge, Mass.: Harvard University Press, 1984.

票。此外,在选举中超越党派归属,投另一政党候选人票的跨党投票的现象也明显增加了。

政党的许多主要传统职能的削弱也是政党衰落的重要内容。提名公职候选人、组织竞选、筹措竞选经费、动员选民登记和投票以及组织政府等等,传统上都是政党的重要职能,但是,在战后相当长的时期内,政党在这些方面的作用都有不同程度的下降。同时,政党组织本身以及政府中的政党也都明显地削弱了,如总统对国会中本党议员的政治影响已大为减弱。

美国政党的衰落与美国社会经济发展及相应的政党与选举制度改革密切相关。对政党影响最大的改革是20世纪初预选制的引入,许多政党问题专家认为,预选不仅导致了"党魁"的垮台,也导致了作为负责、可靠及卓有成效之组织的政党的衰落。因为,在州和地方,党的代表大会不仅是挑选候选人的工具,也是党的全部基层领导班子。而预选使大多数城市和许多州的代表大会,连同大部分领导班子,完全消失了。只有党的全国代表大会在经受了猛烈的攻击之后得以幸存下来。正因为如此,至今仍有许多主张建立强有力的政党政府的人建议限制乃至取消直接预选制。① 此外,由于文官制的实行、分肥制的消失以及新政之后社会福利制度的建立和发展,也削弱了政党的影响及其与选民的直接联系。

就战后的情况而言,政党的衰落主要有这样几方面的因素:第一,经过杜鲁门"公平施政"和约翰逊"伟大社会"的广泛的社会改革,新政时期建立起来的社会福利体系得到了进一步的扩展,选民在福利问题上对政党的依赖越来越少。第二,利益集团的崛起和各种政治行动委员会(PAC)的大量出现挤压了政党的影响空间,政党的一部分功能为利益集团和政治行动委员会所取代。第三,现代科学技术的发展和大众传播媒介的兴起,加强了个体候选人的地位,政党继失去了对候选人提名的垄断权之后,对候选人的影响和控制也进一步削弱。第四,20世纪70年代的政党改革。自70年代初开始,美国国会先后出台了一系列政党改革的法律。这些法律在许多方面,尤其是竞选资金方面,对政党的活动作了限制。人们普遍认为,改革对政党的负面影响大于正面影响。

---

① Larry J. Sabato, *The Party's Just Begun*: *Shaping Political Parties for America's Future*, Glenview, Ill. : Scott, Foresman, 1988, pp. 205-212.

(二)政党的复兴。当两大政党为自身生存和发展而奋斗的时候,战后的宏观经济体系在20世纪70年代开始崩溃,凯恩斯主义共识也逐渐消失。这一切为政党地位的改善提供了契机。结果是,当政党衰落的呼声还萦绕在人们耳畔时,美国的两大政党却开始表现出逐渐摆脱危机并趋于复兴的种种迹象。

1. 政党在选举中作用的加强。美国的政党被认为是选举型的政党,所以,政党在选举中的表现就成为衡量一个政党兴衰强弱的重要标志。长期以来,政党衰落论的一个重要依据就是政党在政治动员和选举领域作用的下降。这在二战后相当长的时期内反映了美国政党政治的现实。但是,近二十年来,这一状况逐渐发生了变化。

其中一个重要的表现是,选举资金向以政党为中心的方向转变。这在20世纪90年代表现得尤为突出。90年代以来,受法律限制较少的所谓"软性资金"(soft money)与日俱增,为两党在选举中大量的资金投入提供了可靠的保证。1996年关于政党花费的财务报告表明,两党的"软性资金"增长了200%。显然,候选人从本党那里获得的竞选资金越多,其对党的依赖就越大,而政党对他们的影响也就越大。

2. 政党在选民中的复兴。这表现在两个层面。第一,政治精英的两极分化及其影响。20世纪80年代以来,两党精英的一个重要变化就是意识形态上的两极分化。这是解释政党复兴的关键因素之一。因为它造成了与传统看法大相径庭的结果:在普通大众的眼里,两党之间的意识形态界限明确起来了,不再是两个彼此相像的兄弟。而形象的明晰有利于两党的政治动员,鼓励大众参与政治并最终增进党的影响,加强党的地位。

第二,选民大众的分化。在政治精英分化的影响下,自80年代起,选民的党派性开始增强。1984年,真正的独立选民只占全部选民的11%,为1968年以来的最低纪录。在1988年的总统选举中,不投本党候选人票的背党者的比例只有18%,为三十年来的最低点[①],而在最高峰的1972年,这一比例为27%。与此同时,分裂选票的现象也有所减少。"据报道,即使将投第三党票的选民也包括在内,1996年投同一党的总统和众议员候选人票

---

① Dean McSweeny and John Zvesper, *American Political Parties*, London: Routledge, 1991, p. 196.

的美国人的百分比也比自1964年以来的任何一年都高。"①

此外,还应该指出,在最近的几次大选中,第三党吸引的选票越来越少。这说明,由于两大政党的立场日益鲜明,它们吸引的选民增加了,党的地位巩固了。

3. 政府中的政党日益活跃。在美国三大政府权力部门中,政党的作用和影响在立法机构中表现得最为突出。所以,让我们主要以政党在国会中作用的加强来说明这个问题。

首先,这反映在政党在立法机构选举中的作用日益加强。在国会选举中,自1985年以来,共和党和民主党都在尝试集中和有效地使用其资源以实现整体的竞选目标。如在1992年的国会选举中,两党在众议院和参议院的竞选中共花费了4300万美元。② 政党在竞选中的投入的增加自然增强了其在竞选中的作用和影响。

其次,这也反映在国会内政党一致性的提高。尤其是80年代以来,这一趋势日益明显。1981年,众议院的共和党人在关键投票中几乎一致支持里根的预算和减税计划。民主党人也一样,他们在1987年创造了三十年来本党在众议院一致性的最高纪录。这一年,众议院所有投票的三分之二是政党投票,即多数民主党众议员反对多数共和党众议员,这一数字也是三十年来的最高纪录。

4. 政党组织的加强是美国政党复兴最清晰的表现之一。这表现在以下几个方面:

第一,政党组织的全国化。应该说,这一进程自20世纪30年代就开始了,其背景是新政的政党重组以及二战和冷战的影响,因为三者促进了联邦政府的扩大,从而导致政党更加全国化。战后以来,随着国民教育水平的提高,选民的政治视野更加开阔,关心的问题开始超越比较狭隘的地方事务,日益具有全国性。由此而来的政治全国化必然推动政党的全国化,增强政党作为选举和竞选组织的重要性。

① Marc J. Hetherington, *Resurgent Mass Partisanship*: *The Role of Elite Polarization*, American Political Science Review, Vol. 95, No. 3 September 2001.

② Norman J. Ornstein, Thomas E. Mann, and Michael J. Malbin, *Vital Statistics on Congress*, *1993-1994*, Washington, D. C.: Congressional Quarterly Press, 1994, p. 98.

第二,党的全国组织的加强。与政党复兴的其他方面相比,政党组织的加强在时间上要更早一些。20世纪70年代的政党改革被认为对美国的政党产生了许多负面影响,但从政党组织的角度看,其对加强党的全国组织的作用和影响却未必不是好事。

20世纪70年代的一系列联邦选举财政法本意在于规范和限制政党对竞选资金的使用,但两党的全国委员会为规避这种限制,将大笔资金作为不受限制的"软性资金"投入州和地方党组织的建设。这一方面加强了州和地方的政党组织,同时也加强了党的全国组织与它们的联系,使后者对前者的依赖日益加深,丧失了许多传统的自治权,从而加强了党的全国组织的地位和影响。

第三,地方党组织的加强和草根层的活跃。地方党组织加强的一个重要表现是对选举的参与度大大增加。县级组织在1980年的参与度只有80%,但到1992年,已猛增到92%。① 在许多地区,通过诸如选民登记之类的工作,党的各级机构已再次在党的组织建设中发挥着重大的作用。

第四,政党组织结构的调整。经过调整,今日政党组织的整体结构更有层次,分工也更加明确和合理。党的全国组织在政策指导和资金募集方面发挥着主导作用,地方党组织则在动员选民投票,提供从事具体工作的党务人员方面发挥重要作用。

第五,党团会议(核心会议)的复兴。政党衰落的一个重要内容是党团会议作用和影响的下降。但是,它们并没有从政党生活中消失。随着政党在许多方面的复兴,党团会议在许多州里以更加开放、民主和广泛参与的形式再度崛起。在这些州里,对所有自称是该党党员者开放的党团会议挑选代表出席上一级党的委员会或代表大会,后者接着再挑选出席州和全国代表大会的代表。詹姆斯·M.伯恩斯等认为,"当今的核心会议制度是政党组织最有生气的成分之一"②。尤其是自20世纪80年代以来,艾奥瓦州的两党核心会议已成为总统提名竞赛的起跑信号,影响日益增长,引起了两党

---

① Samuel J. Eldersveld and Hanes Walton, Jr., *Political Parties in American Society* (2nd ed.), Boston/MA.: Bedford/St. Martin's, 2000, p.240.

② 〔美〕詹姆斯·M.伯恩斯等:《美国式民主》,谭君久等译,中国社会科学出版社1993年版,第356页。

及全社会的高度重视。

5. 两党政策导向的加强。长期以来,许多学者一直强调美国政党的选举功能,对政党在制定政策方面的功能谈得较少。其实,任何政党都不可能仅以赢得选举为唯一目标。制定政策有助于选举,赢得选举获取权力才能实现政策目标,两者是相辅相成的。从实践上看,历史上,两党都有自己的政治理念和政策主张,也都在加强政策导向方面做出过巨大的努力,只是都不那么成功罢了。但随着政党的复兴,两党在这一问题上取得了相当的成就。

在民主党方面,一部分温和的民主党人于1985年建立了"民主党领导会议"(Democratic Leadership Council, DLC),尽管它并不隶属于民主党全国委员会,但作为政策导向组织,成功地使自己成为党内观点和政策的倡导者,并帮助将本党当选的官员拉回到全国党的各种事务,特别是政策辩论中来。同时,作为辅助性的政党组织,DLC正好弥补了党的正式组织在政策形成方面的弱点和缺陷,因此,它也提供了一个政党内部的组织影响和改变党的政策方向的模式。在实践中,DLC对克林顿的当选及克林顿领导下的民主党的政策调整起了很大的作用,以至连以色列利库德集团的领导人都曾就如何开发新的政党信息求教于DLC。

共和党人当然也不甘示弱,他们建立了"全国政策论坛"(National Policy Forum, NPF),该论坛对共和党内的政策辩论及党的政策的形成发挥了重大的作用。正如在政党复兴的其他方面一样,共和党在这方面的表现不仅不逊色于它的民主党对手,而且实际上走在了民主党的前面。

6. 政党复兴与政党领袖的两极分化。在某种意义上说,政党的复兴取决于党的领袖使各自政党彼此区分的意愿。戈德华特和麦戈文是共和党和民主党彼此分离的典型代表。此后,共和党人在从里根到小布什的几代领袖的领导下日益保守化,与民主党人拉开距离的愿望日趋强烈。这一轨迹是十分清晰的。民主党的情况较为复杂,因而更具有迷惑性。因为民主党在成分上本来就比共和党复杂,面对保守主义的大潮,民主党内部的分歧也远远大于共和党。所以,在民主党向中间靠拢的表象下实际上掩盖了两个问题:第一,虽然以克林顿为代表的所谓新民主党人主张走中间路线,但传统自由派的影响仍十分强大,他们代表了与共和党彼此区分的力量;第二,尽管克林顿提出了许多新中间道路的口号,从共和党人那里借用了许多东西,似乎在向共和党靠拢,但由于党内自由派反对势力的掣肘,真正落实的并不多,相反,他的那种自由派的道德观和行为风格却引起了共和党保守派的极大反感。① 因此,颇具讽刺意味的是,当理论家们宣称克林顿正在向共和党靠拢的时候,他却成为共和党人此时最讨厌的民主党总统。奥巴马的上台进一步加剧了两党的分歧和党争,特别是奥巴马强推医改法案和在债务上限问题上的不妥协态度使两党的对立达到了前所未有的程度。

两党在理念和政策上的分化使美国政治中的党派斗争日趋激烈,对健康的政党政治来说,这并非灾难,因为,清晰的政党界限以及由此带来的政治参与度的提高正是政党复兴的题中应有之义。但是,社会的过度分化和政治的过度极化正在超出正常的界限,走向对抗性的党派政治,这一新趋势值得关注。

(三)政党复兴的限度。20 世纪 80 年代以来的政党复兴能持续多久,可以走多远,现在还无法预测。不过,可以肯定的是,它必然是有限的,不仅与欧洲意义上的责任政党仍不可同日而语,即使距许多美国学者希望建立的责任政党也还有相当的距离。因为美国政党是与美国的政治文化和政府结构相适应的,并受到后两者的制约。

1. 联邦制和分权制是美国宪政制度的基础,在这一基础不可动摇的前提下,以权力分散为特征的政治结构是不可能改变的。与此相适应,强大的集权式的政党制度便是难以想象的。就政党的全国化而言,我们也应该清醒地认识到,美国的政党仍深深地植根于各州之中,大多数党的领袖和政府官员都是在各州选出并居住在各州的。同时,各州比联邦政府更多地管制和控制着政党的组织和活动。

2. 尽管人们已开始意识到政党的重要性,但美国政治文化中淡漠政治、怀疑政府、蔑视乃至敌视政党的基调没有改变。这一现实决定了美国政党复兴的复杂性、艰难性和有限性。尽管政治学家们在大声疾呼,但多数人似乎并不希望看到责任政党或政党政府,对他们来说,这种强大政党的危险在于它会带来更强大和更积极的政府,而过于意识形态化和两极化的政党不鼓励妥协,限制创造性,并阻塞民众影响政府的渠道。

---

① 人们也许还记得,克林顿上台后的第一个举措便是宣布取消对军中同性恋的禁令。

3. 在两党向政策导向的政党转变的过程中,仍存在诸多限制性的因素。这些因素包括:第一,党的全国委员会在政策制定方面仍缺乏长期和坚定的决心。第二,对执政党来说,总统和其他官员一直是制定政策的源泉,并控制着议程,而在野党则靠国会领导人作为党的代言人,党的全国组织及其领袖的地位虽有提高,但并未成为权力和影响的中心,在可见的未来,也看不到这样的前景。

4. 两党的意识形态化也有限度。美国实行的是两党制,在美国这样一个具有多元文化的大国,这两大政党实际上都是某种政治联盟,其内部的不同派别有着不完全相同的政治要求和意识形态。因此,一个政党的规模越大,基础越广泛,就越难以长期保持单一而强烈的意识形态诉求。换句话说,适度的意识形态化是两党制存在的基础。因为,意识形态过于弱化会导致政党界限的模糊,从而使政党失去吸引力,而过度的意识形态化则将导致多党制。从这个意义上说,目前美国政党政治中的高度意识形态化的确是不同寻常的,对美国的政党制度形成了严峻的挑战。但这一现象的未来发展前景仍有待观察。

总之,对战后美国政党政治的发展,我们既要看到其经历了一个长期衰落的过程,也要看到其正在表现出来的种种复兴的迹象,同时,又要注意防止将两者中的任何一方面过分夸大的倾向。

六 美国政党政治面临的新挑战: 政治极化、政治僵局与政治衰败

根据意大利社会学家亚历山德罗·鲁索(Alessandro Russo)的理论,在政党政治中始终存在着国家性与政治性的悖论:所谓国家性就是强调政党的功能性而淡化其阶级性和价值取向,这会导致官僚化、平庸化和趋同化。当这一趋势占主导地位时,政党因界限的模糊而日益丧失活力和吸引力,于是,政党趋向衰落。政治性强调阶级性和价值取向,强化了政党之间的分野,带来了政治上的激情与活力。随着政治性的增强,政党开始复兴。美国政党的衰落与复兴正是这一现象的具体体现。我们看到,随着保守主义思潮的兴起和自由派的反弹,美国两大政党的党际边界趋向清晰,政党组织焕发了活力。但政治性同时也是一种分裂的力量,会导致政治的极化,甚至影

响国家机器的正常运转。而这正是当今美国政党政治乃至美国政治所面临的最大挑战。

在美国,政治极化并非新现象和新话题,但从广度和深度来说,其在当今美国各个领域和层面的迅速发展却是前所未有的。首先是美国社会在政治上的进一步分裂。20 世纪 90 年代末期,美国成为典型的"40-40-20"的社会,即各有 40%的选民支持民主党和共和党,其余 20%的选民是中间选民。今天的美国则进一步两极分化,成为"45-45-10"的社会,两党能争取的中间选民更少,形成二战后近七十年来美国政治历史上罕见的高度两极分化的政治局面。这种政治分裂已蔓延至从朋克组织到好莱坞圈子的各个层次,而有限的游离选民也会倾向于根据文化议题来决定选票。分别代表左右两极的占领华尔街运动和茶党运动的几乎同时崛起,正是这一现象的生动写照。前者自 2011 年 9 月 17 日于纽约开始后迅速向其他地区蔓延,形成了席卷全美的声势浩大的社会运动。抗议活动并无明确的具体目标,但集中反映了社会底层民众对美国社会日益分化,财富日益集中,特别是向以华尔街为代表的金融界集中的强烈不满和愤怒。相比松散而又诉求不明的占领华尔街运动,兴起于 2009 年初的茶党运动历史更长,组织更严密,目标更明确,影响也更持久而深刻。所谓茶党(Tea Party)本是"已缴纳够多的税"(Taxed Enough Already)的首字母缩写,其基本诉求是反对增税和扩大政府开支,成员绝大多数是不满现实的中产阶级白人和少数白人工人阶级。茶党运动虽然同样具有某种草根色彩,但其矛头却主要指向政府,特别是联邦政府,尤其反对政府的赤字财政。两场几乎同时自下而上地兴起、同样声势浩大和影响深远的社会运动,却有着完全不同的指向和诉求,正是当代美国社会包括底层在内高度分裂的真实反映。

其次是两大政党的极化,即共和党变得越来越保守化,民主党则变得越来越自由化。以后者为例,皮尤研究中心"价值调查"(values surveys)的一项从 1987 年到 2012 年的研究表明,近年来,民主党人整体上向左移动了。甚至与仅仅十年前相比,他们在社会问题上也自由化得多,更加支持一个积极行动的政府,更加倾向于加强对企业界的管制。更重要的是,这种极化还伴随着日益严重的意识形态化。佐治亚大学的一项专题研究表明,目前国会参众两院中两党议员的意识形态对立为 1879 年以来之最。《福布斯》杂志说,2012 年大选是美国现代史上意识形态色彩最浓的大选。而意识形态化则导致两党妥协空间的压缩和对立的尖锐化甚至情绪化。两党的争论不仅言辞日益激烈，且动辄上纲上线，比如关于堕胎问题的争论会上升到性别歧视的高度，移民问题会与种族主义联系起来。在这种氛围下，政见之争有时甚至会发展到人身攻击。比如，在参议院，少数党领袖麦康奈尔就指责多数党领袖里德"行为有问题"。两党的极化还反映在对作为政党领袖的总统的态度上，我们看到，最近两任总统小布什和奥巴马是美国历史上两个十分突出的极化的总统，民主党人对小布什的反感和共和党人对奥巴马的敌视都达到了前所未有的程度。前民主党参议员拉斯·范戈尔德甚至调侃说，按照当前两极分化的速度，两党不久就会要求消费品反映他们的政治立场——"我们将会有共和党牌牙膏和民主党牌牙膏"。

再次是政府中的党派之争愈演愈烈。这集中体现在国会政治之中。国会是美国整个政治体制中最核心的部分，伍德罗·威尔逊总统曾将美国的政治制度称为"国会政体"。同时，这里也是美国两党竞争与斗争的中心舞台。以颇具争议的奥巴马医改为例，自启动以来的历次投票表决中，共和党人几乎无一例外地投了反对票，在 2010 年 3 月 21 日的最后投票中，美国众议院以 219 票对 212 票通过了医疗改革法案，共和党众议员全都投了反对票。2010 年，对国会中过度的党派性感到极度失望的温和派重量级资深民主党参议员埃文·拜伊（Evan Bayh）不顾奥巴马总统的一再挽留，决定不再寻求连任，并在新闻发布会上表示："这里有太多的党派性却没有足够的进展，有太多的狭隘的意识形态却没有足够的务实的解决问题（的精神）。"

除了上述大背景，国会中党争加剧的一个重要原因是不公正的选区划分，这种划分增加了众议院的"安全"选区数量，两党议员因此只对最极端的选民基础投其所好。民主党因此变得更加自由化，而共和党则更趋保守，从而使两党间的意识形态鸿沟进一步扩大。与此同时，国会中两党的温和派也越来越少，一方面因为他们在国会内受到的压力越来越大，中间立场的空间越来越小；另一方面因为失去了党派的支持和本党骨干的支持，他们在竞选中，特别是预选中的压力也越来越大。

高度极化的政党政治与高度分权的政治体制的结合导致了当今美国的政治僵局。美国限权和分权与制衡式的政治制度设计，建立在妥协的基础之上，讲求的是协商手腕与妥协精神。如果社会主流价值趋同，主要政党之间的意识形态差距很小，可以维持其平顺运作；如果社会内部出现严重的价值分歧，主要政党的基本立场南辕北辙，则很容易陷入僵局。此外，在国力鼎盛、经济健康、社会昌平的时期，即使出现某种程度的政治僵局也不至于带来严重的后果。但在新兴大国崛起，美国相对衰落的大背景下，目前的政治僵局似乎空前严重，有人甚至认为已出现了某种制度危机。美国有线电视新闻网主持人扎卡利亚认为，美国政治制度解决问题的能力在大大下降。两党围绕提高国债上限的斗争导致联邦政府一度关门，似乎为此提供了注脚。英国《每日电讯报》2011年的一篇文章则认为，"美国的政治制度不是离奇，而是危险"，因为"美国经济濒临破产，但政党还在玩愚蠢的把戏"。

美国斯坦福大学民主、发展与法治研究中心资深研究员弗朗西斯·福山将这一现象称为"美国政治制度的衰败"。福山认为，美国政治文化有三个主要的结构性特征，而这三个特征当前都出了问题。首先，司法和立法部门（也包括两大政党所发挥的作用）在美国政府中的影响力过大，从而损害了行政部门，导致其成本极高且效率低下。其次，利益集团和游说团体的影响力在增加，这不仅扭曲了民主进程，也侵蚀了政府有效运作的能力。再次，由于联邦政府管理结构在意识形态上出现两极分化，美国的制衡制度——其设计初衷是防止出现过于强大的行政部门——也就变成了否决制。其结果是，两极分化导致决策困难，恶性均衡阻碍政府运作。福山的结论是：这直接引发了美国代议制度的危机。[①] 尽管这一结论带有某种人们熟悉的福山式夸张，但其提出的问题却不能不令人深思。

美国的政党政治和政党制度正面临着前所未有的新挑战，这一挑战也考验着美国的政治制度。美国的历史不长，但美国的政治制度却是久经考验的，美国人对此深感自豪，他们也不乏自信。这一次，他们还会化险为夷，找到新的出路吗？

（作者为北京外国语大学国际关系学院教授）

---

① http://www. the-american-interest. com/articles/2013/12/08/the-decay-of-american-political-institutions/.

美国的经济状况与政治抉择

朱文莉

很高兴有这个机会和大家一起研讨美国的经济与经济政策。刚刚接到袁老师的任务分配的时候,心情可谓戒慎恐惧,担心由自己来做这个讲题既非其时,亦非其人。所谓非时,是指用两个小时涵盖美国经济这么广泛的研究领域几乎是不可能完成的任务。所谓非人,是在有雄厚的经济研究实力与丰富成果的北大校园,由我所习惯的政治经济分析视角来切入这个课题可能有失偏颇。但考虑之下又感到正因其时而应其人——正因为时间极其有限,不及堂堂布阵,无妨剑试偏锋;建立完整的经济分析框架来谈美国经济有困难,反而是从国际关系研究者的视角出发,关注美国经济状况对其世界地位的影响、聚焦围绕经济政策决定的政治角逐,可以帮助大家形成比较清晰的逻辑脉络,在短暂的时间里尽量有所收获、有所领悟。

所以我们将舍弃对美国经济历史发展的介绍。对这个过程感兴趣的同学,推荐阅读三卷本的《剑桥美国经济史》①。该书虽冠以"剑桥"之名,但是由两位顶尖的美国学者主编。其中罗伯特·高尔曼曾任美国经济史学会会长,另一位——斯坦利·恩格尔曼可能有的同学听来熟悉,没错,他就是和罗伯特·福格尔一起用计量方法颠覆对美国奴隶制的研究传统,从而开创新经济史学的学人。他们主编的这套书从美国的拓殖、建国一直写到20世纪终结,展示了美国经济成长、繁荣、扩张的全过程,可以说代表了美国主流学者对美国经济成就与问题的历史认知。

---

① 〔美〕斯坦利·L. 恩格尔曼、罗伯特·E. 高尔曼主编:《剑桥美国经济史》,高德步等译,中国人民大学出版社2008年版。

我们还不得不舍弃对美国经济制度的分析。对这个领域感兴趣的同学，我也给各位推荐一本书，就是陈宝森先生的《美国经济与政府政策》①。它对美国政府管理经济各项政策的沿革都有周详可靠的介绍，粗看似乎不着力于评点，但串读下来，其义自见，体现了我国老一辈美国学治学者的态度和功力。

此外，在座的正在接受经济学训练的同学可能会自然地产生一种想法：不必单独研究美国经济。不管是宏观还是微观层次，或者哪个具体产业或技术领域，经济学各分支关注的都是普遍经济规律。美国作为庞大经济体，当然对这些规律的形成有贡献，而又不会超然于规律之外。只要得到普遍性认知，再将各个分支的理论模型用来讲解美国经济就可以了。这也确是经济学界常见的处理方法，所以很多关于美国经济的分析是分散在各个经济学分支学科里面的。化零为整，可以得到关于美国经济的非常丰富的知识。如果哪位同学想了解相关的分析视角或研究成果，欢迎在课后一起交流探讨。我们迫于时间压力，不能在课上做这种聚沙成塔的工作了。

一　美国经济的现状与问题

与历史进程相比，我们更关注美国经济当前的状况；与制度环境相比，我们更重视具体政策方案；与纯经济分析相比，我们更愿意讨论经济状况引起的政治反应，和美国国内的政治经济角力如何影响其外交行为。

从这个思路出发，首先要回答的问题就是在 2010 年代将近过半的今天，美国经济的状况如何呢？一言以蔽之，就是：

(一) 美国经济依然"强""大"

从国际关系视角评判美国经济的状况，往往不会就美国谈美国，而是强调把它放在全球政治经济体系中对比观察。于是可以发现，尽管经历了2008 年以来全球金融危机的冲击，尽管受到新千年以来阿富汗、伊拉克两

---

① 陈宝森：《美国经济与政府政策》，世界知识出版社 1988 年版。

场战争的损耗,当前的美国经济仍然是强大的,在全球体系中的影响力和控制力仍然首屈一指。

的确,近年来关于美国衰落、美国经济颓势的议论不绝于耳。概括起来说,一般基于两点观察:其一,若干新兴经济体已经在规模上接近美国经济总量,可以与美国比"大";其二,一些西方国家产业结构更完整合理,或是制度与科技创新能力更突出,可以与美国比"强"。

首先应当承认,这些观察是有现实依据的。我们来看看下面的统计:

表1　美国与新兴经济体 GDP 总量对比

	2005		2006	2007	2008	2009	2010	2011	2012
	总量	比例%	比例%	比例%	比例%	比例%	比例%	比例%	总量
美国	126384	22.1	21.7	21.1	21.0	20.0	20.0	19.1	18.9	156534
中国	53144	9.5	10.1	10.7	11.0	13.0	14.0	14.3	14.9	123826
巴西	15846	2.8	2.8	2.8	2.8	2.8	2.9	2.9	2.9	23659
南非	3988	0.7	0.7	0.7	0.7	0.7	0.7	0.7	0.7	5786
印度	23578	4.2	4.4	4.6	4.8	4.9	5.1	5.6	5.6	46844
俄罗斯	16980	3.0	3.1	3.2	3.3	3.3	3.4	3.0	3.0	25133
印尼	7052	1.3	1.3	1.3	1.3	1.3	1.4	1.4	1.5	12167
墨西哥	12983	2.3	2.3	2.3	2.2	2.2	2.2	2.1	2.1	17589

数据来源:IMF, World Economic Outlook Database, April 2013.

http://www.imf.org/external/pubs/ft/weo/2013/01/weodata/index.aspx,2013 年 5 月访问。

说明:按购买力平价计算。GDP 总量单位为亿美元。比例为该国当年 GDP 占全球 GDP 总量的百分比。

可以很直观地看出,新兴经济体的经济总量在 2005—2012 年间增长迅速。特别是最初被高盛认定的金砖四国——巴西、俄罗斯、印度、中国,不仅经济总量增加,而且占全球 GDP 的份额也在逐年攀升。中国更是特中之特,无论是总量增长速度还是所占全球比例的提高都极其引人注目,如果与同期美国 GDP 占全球份额的下降对比来看就更加戏剧化。以至于中国经济总量超过美国已经被普遍视为必然结果,具体的超越时间则成为经济界和大众媒体的热门预测话题,而且一再被宣告将提前到来。IMF 这个统计还是比较稳健保守的。大家可能都看到了最近公布的世界银行国际比较项目报告①引发的新闻评论,该项目自称改进了购买力平价统计调查方法,得出的结论是中国的实际经济规模以前被明显低估,按照他们的计算,2011年中国经济规模已经达到美国经济规模的87%,再结合 2011—2013 年间中美两国的经济增长速度,可以推算出中国经济到 2014 年底就可以在总量上正式超越美国。应该指出,这个结论引起很大争议。其中关于统计方法的技术性问题,外行无从置喙。耐人寻味的是,大多数非学术批评都是认为报告将中国总量超越美国的时间估算提前了,而很少有人质疑中国经济规模必将超越美国这个基本判断。

与此同时,美国经济的增长质量与一些西方国家相比似乎也失去了优势。比如美国制造业在全球化阶段外包成风,加速了所谓"去工业化"过程。而相比之下,德国顺利维护了制造业大国的地位,以高端制造业的竞争优势带动了出口增长和就业增加,产业结构被认为优于美国。德国总理默克尔被问及德国为何出口数字亮眼时曾脱口而出:"我们毕竟还在生产东西"(we still make things)。② 美国人一贯引以为豪的科技创新领域似乎也出了问题。曾任思科公司技术总监的朱迪·埃斯特林在 2009 年特意著书提醒国人,美国数十年来在创新领域独占鳌头的情况已经改变,用迪士尼CEO 鲍勃·艾格的话说:"在美国如今的环境下,就在我们眼皮底下,我们每一天都在给创新制造各种障碍。"如果不及时调整,所谓"innovation gap"将使美国在全球竞争中失速。③

这些议论虽然有其道理,但是只看到了硬币的一面。稍微调整视角就

---

① 该报告全称为《2011 年国际比较项目调查结果摘要》(Summary of Results and Findings of the 2011 International Comparison Program)。http://siteresources. worldbank. org/ICPINT/Re-sources/270056-1183395201801/Summary-of-Results-and-Findings-of-the-2011-International-Com-parison-Program. pdf,2014 年 5 月访问。说明:本讲使用网址除特殊标明之外,访问确认时间均为 2014 年 5 月,下略。

② 此语出自默克尔与托尼·布莱尔的公开对话。Korn Ferry, "Germany Revs Its Export Engine", *Briefing Magazines*, http://www. kornferryinstitute. com/briefings-magazine/germany-revs-its-export-engine.

③ 朱迪·埃斯特琳:《美国创新在衰退?》,阎佳、翁翼飞译,机械工业出版社 2010 年版,第 130、125 页。其英文书名为 *Closing The Innovation Gap*。

可以看到,新兴经济体虽然在体量规模上接近美国,但经济竞争实力和增长质量仍然明显落后。我们来看一下这方面的权威评估——世界经济论坛宏观竞争力年度报告的结论:

表2　世界经济论坛宏观竞争力评测排名

	2005 年	2006 年	2007 年	2008 年	2009 年	2010 年	2011 年	2012 年
1	芬兰	瑞士	美国	美国	瑞士	瑞士	瑞士	瑞士
2	美国	芬兰	瑞士	瑞士	美国	瑞典	新加坡	新加坡
3	瑞典	瑞典	丹麦	丹麦	新加坡	新加坡	瑞典	芬兰
4	丹麦	丹麦	瑞典	瑞典	丹麦	美国	芬兰	瑞典
5	中国台湾	新加坡	德国	新加坡	芬兰	德国	美国	荷兰
6	新加坡	美国	芬兰	芬兰	德国	日本	德国	德国
7	冰岛	日本	新加坡	德国	日本	芬兰	荷兰	美国
8	瑞士	德国	日本	荷兰	加拿大	荷兰	丹麦	英国
9	挪威	荷兰	英国	日本	荷兰	丹麦	日本	香港
10	澳大利亚	英国	荷兰	加拿大	中国香港	加拿大	英国	日本

资料来源:世界经济论坛宏观竞争力报告,http://www.weforum.org/issues/global-competitiveness.

大家可以看到,在2005—2012年间美国始终稳居前十,而且除2012年之外,一直是经济大国中排名最高的。相比之下,新兴经济体在此期间没有一国能进入前十。中国的排名2005年是49,2006年是54,2007年跃进到34,2009年再次突破到29,此后几年基本保持这个水平[1],在金砖国家中已经是最高的[2],但与美国的差距依然明显。可见新兴经济体也许可以和美国比"大",但是还无法比"强"。

同样的,一些在产业能力和技术能力上接近甚至超越美国的西方国家,其经济总量增长和在全球经济中的影响力又无法与美国相提并论。

---

[1] 据2014年9月世界经济论坛公布的当年国家竞争力评估结果,中国排名为第28。
[2] 在2014年国家竞争力排行榜中,俄罗斯排名第53,南非第56,巴西第57,印度第71。

表3　美国与西方国家 GDP 总量对比

	2005		2006	2007	2008	2009	2010	2011	2012	
	总量	比例	比例	比例	比例	比例	比例	比例	比例	总量
美国	126384	22.1	21.7	21.1	21.0	20.0	20.0	19.1	18.9	156534
日本	38728	6.9	6.7	6.6	6.3	5.9	5.8	5.6	5.6	46169
德国	25121	4.5	4.4	4.3	4.2	4.0	4.0	3.9	3.9	31942
英国	19459	3.4	3.3	3.3	3.2	3.1	2.9	2.9	2.8	23363

数据来源：IMF, World Economic Outlook Database, April 2013.

http://www.imf.org/external/pubs/ft/weo/2013/01/weodata/index.aspx, 2013 年 5 月访问。

说明：按购买力平价计算。GDP 总量单位为亿美元。比例为该国当年 GDP 占全球 GDP 总量的百分比。

我们选取的国家都是在同期国家竞争力评测中进入前十的西方经济大国，它们的经济质量也许优于美国，但经济规模与美国的差距在不断扩大；虽然美国占全球经济总量的份额在下降，但这些国家所占的比例要么同样在缩水（德国），要么下降幅度比美国还大（日本、英国）。像瑞典、芬兰这样的中等发达国家和瑞士这样的小经济体，在经济规模上更无法和美国同日而语。也就是说，这些西方发达国家也许能够和美国比"强"，但是无法和美国比"大"。

兼具经济规模之"大"和经济竞争力之"强"的国家，在当前看来还只有美国一家。这也保证了它在世界经济中的影响力和全球体系中的优势地位。美国经济"强""大"的现状，是我们展开以下讨论的基础性背景。

（二）美国的产业结构

在确认美国经济的状况之后，随之而来的问题就是：这种强大是结构性、可持续的，还是周期性、阶段性的呢？如果是强弩之末、大而不倒，则并不可恃。我们可以先根据产业结构分析作出判断。

美国的农业作为第一产业，虽然就业人口只有 213 万人，仅占总就业人口的 1.45%，但美国是世界最大的农产品出口国，2011 年出口额达到 966

亿美元,在各项主要农产品的全球贸易份额中占比惊人。[1] 其农业基础雄厚,具备充分的国际竞争优势。

美国的制造业作为第二产业,自 1960 年代之后处于持续收缩的过程,像前面已经提到的,在经济全球化时期再次经历企业甚至产业的外移,以至于出现"去工业化"的说法。但是就在最近几年,由于页岩气革命带来能源价格的下降、3D 打印技术等科技创新带来生产效率改进以及新兴经济体劳动力成本上升使美国用工成本相对下降等等变化的出现,一些制造业生产开始回归美国本土,国际资本在美投资制造业大项目屡见不鲜,美国政府借机提出"再工业化"的目标,美国的制造业基础有望得到巩固和强化。

美国的服务业现在毫无疑问是美国经济的主体部分,按 2011 年统计已经占到当年 GDP 的 80%,无论是就业人口还是产出与消费占比都远远超过第一、第二产业。[2] 而美国服务业的状况也更复杂,呈明显两极分化的趋势。在高端服务业,如金融、法律、医疗、文化产业、包括 IT 软件等科技产业领域,美国的竞争优势极其突出,创新层出不穷,可以说是拉动其经济增长的主要动力所在。而低端服务业一方面就业人口众多,另一方面生产效率没有明显改进,薪酬过低,增长乏力,成了美国经济社会问题的温床。

(三) 美国的要素结构

观察了美国的产业结构之后,我们再换个角度,用经济增长的要素分析来看美国经济的结构基础。一般认为,现代经济增长来源于四大类要素的投入:劳动力、资源、资本、技术。

美国的人力要素从数量上看绝对不成问题。很多同学可能没有注意到,美国是仅次于中国、印度的世界第三人口大国,总人口已达 3.3 亿。因为是移民国家,美国没有陷入一些发达国家面临的人口零增长甚至负增长困境,而且人口年龄结构比较合理,还没有突出的老龄化问题。[3] 但在人力资本的塑造上,美国又呈现了两极分化的趋势。一面是享誉全球的高等教

---

① 2011 年统计。见《美国农业概况》,中国驻美大使馆经济商务参赞处,http://us. mofcom. gov. cn/article/zxhz/hzjj/201401/20140100468500. shtml。

② Bureau of Labor Statistics, http://www. bls. gov/ces/。

③ 具体移民人口数据请参照美国国土安全部移民年鉴:http://www. dhs. gov/yearbook-immigration-statistics-2013-lawful-permanent-residents。

育体系,吸引了源源不断的智力资源,支持创新和经济成长。另一方面是饱受诟病的基础教育体系,确切地说是公立基础教育部分,如果按经济合作与发展组织进行的 PISA 测试的结果衡量,在全球范围内甚至是中游偏下的水平。① 这有可能限制美国基础劳动力素质的提升。

在资源要素投入方面,美国虽然自然资源丰富,但因为经济规模庞大,早已成为能源进口大国。如前面已经提及的,2006 年前后爆发的页岩气革命正在出人意料地改变这个局面。技术突破带来的商业开采成功,使美国自 2009 年起超越俄罗斯成为全球最大的天然气生产国,其国内天然气价格自 2005 年以来已经下降了一半以上。伴随页岩气开采而出现的页岩油正在使美国对中东地区的石油需求迅速下降。② 尽管对其发展前景还存在不同看法,但页岩油气的开采能够提高美国的能源独立性,已经在国际关系学界引发若干地缘政治联想。当然经济研究更关心的是它能有效地降低制造业成本,带来产业格局的重大变化。据波士顿咨询公司 2014 年 4 月公布的研究,美国制造业成本在过去的十年里明显降低,按照该机构的评价指数,已经与若干东欧国家持平,比全球十大制成品出口大国中的多数国家低10%—25%,仅比中国高 5%。③

对美国的资本要素状况可能存在不同评价,特别是 2008 年金融危机之后,美国大型金融机构被公认为罪魁祸首,不仅把美国经济带到崩溃边缘,而且危及整个全球经济体系。但是尽管美国资本市场的软肋被充分暴露,它仍然是全球资本运作的枢纽,其公开、透明和法治化程度具有相对优势,从而吸引各地资金涌入。由于货币金融基础的稳固,美国能够以超强的投融资能力引导经济成长。

在技术要素方面,多数美国人具有充分的自信。无论是在创新、技术发明还是基础科学研发层次,他们都认为本国保持着绝对优势。但是像前面

---

① 可参见 PISA2012 年报告美国部分:http://www.oecd.org/pisa/keyfindings/PISA-2012-results-US.pdf。

② 参见 Mark Barteau and Sridhar Kota,Shale Gas:A Game-changer for U.S. Manufacturing,University of Michigan Energy Institute, http://energy.umich.edu/sites/default/files/PDF%20Shale%20Gas%20FINAL%20web%20version.pdf,2014 年 8 月访问。

③ BCG Press Release, April 25,2014, http://www.bcg.com/media/PressReleaseDetails.aspx?id=tcm:12-159505。

已经讲到的，反而是一些科技产业和教育、研究机构人士开始表示担心。他们指出美国联邦政府的科研投入长期不足，而且还在进一步下降。美国的私人企业、大学、机构虽然保持着技术投资传统，但是政府支持力度下降可能损害美国的长期基础研究，导致创新视野收窄，在市场压力下追求短期收益的趋向日益明显。①

(四) 美国经济的优势与问题

根据对美国产业结构和要素结构的观察，可以看到美国经济的强大其来有自。它的三大产业既保持了传统优势，又在积极补强"短板"，总体上看是平衡且有活力的。它的增长要素大多状况良好，而且还在不断改善。正是有这些结构性支撑，使美国的经济优势在可预见的未来能够基本保持。

但是通过以上的细节分析，大家也能够清晰地注意到目前美国经济的弱点。总结起来，一是低端服务业表现欠佳，二是基础教育弊病拖累劳动力素质，三是金融监管跟不上金融创新速度导致资本市场波动，四是政府科技资金投入不足弱化创新基础。此外，也有观点认为页岩气革命使一度成为热潮的新能源革命黯然失色，页岩油气开采使用新技术拯救"老"能源，反而对真正的清洁能源、可再生能源的市场前景产生威胁，如何平衡新旧能源利用可能也是美国经济发展亟待解决的问题。

二 解决经济问题的地方政策实践

简单总结之后即可发现，这些问题几乎都不是纯粹的经济领域技术性课题，其根源可能在社会、可能在制度，大多需要政策回应，寻求政治解决方案。说句题外话，这对我这样的国际政治经济学学者而言倒不出乎意料，而正符合我们这个分支学科的一贯追求：探讨政治决定背后的经济逻辑，为经济现象筹划政治解决之道。反之亦然。在政治与经济分析的结合点上做文章是我们的主要任务。

---

① 除前引朱迪·埃斯特林的著述之外，还可参见〔美〕约翰·高：《美国还是创新国家吗?》，戈悦等译，当代中国出版社 2009 年版。

美国人处理这些经济问题的政治方式很有美国特色——自下而上，分头试错，多元竞争。这种政治传统早在 19 世纪 30 年代就被法国学者托克维尔辨识出来，并进行了精彩的阐述。① 基于美国的拓殖建国历程，美国的政治建制是先有自由乡镇，然后有县市，然后组成州，最后各州联合起来组成联邦政府。地方政治不仅是美国政治活力的源泉，而且是各种政策方案的起点。"统治美国社会的那些伟大政治原则，是先在各州产生和发展起来的。"②20 世纪 30 年代的美国最高法院大法官布兰代斯更精辟地指出："各州是美国民主的试验室。"

面对全球化的经济问题，美国各州又在自然而然地尝试各种解决思路和政策组合。而试验至今的结果是逐渐形成两种泾渭分明的政治方案，可以概称为红方对蓝方。

（一）美国政治的红与蓝

这里的红与蓝是美国政治语境里约定俗成的叫法。大家都知道，美国国旗是以红蓝两色为主色。而美国的党派政治又形成了著名的两党制。大概在 20 世纪 80 年代，美国电视媒体在报道美国大选投票结果的时候，为了帮助观众一目了然地追踪两党选票得失状况，开始用红色标识共和党获胜地区与席位，蓝色则被分配给民主党。这样，美国两党在拥有吉祥物之后又获得了主场色。

于是，长期在各类选举中支持共和党人的州被称为红州，坚定支持民主党的州则称为蓝州。1994 年中期选举中，共和党在保守派领袖纽特·金里奇的率领下以强硬的党派斗争手段获得历史性胜利，在 1954 年之后首次掌握国会两院多数、1972 年之后首次控制州长席位过半、1944 年之后首次在超过半数的州得到议会多数。自此之后，党同伐异之风在美国政坛愈演愈烈。越来越多的州开始成为固定的红州或蓝州，摇摆两党之间的州明显减少。各州党派分野鲜明的状况并未改变。1996—2008 年间四次均坚决支持民主党或共和党的州到 2012 年无一改变立场，3 个三次支持民主党的州也是如此。三次支持共和党的州转而支持奥巴马的只有科罗拉多和弗吉尼

---

① 〔法〕托克维尔：《论美国的民主》上卷，董果良译，商务印书馆 1996 年版，第 65—109 页。
② 同上书，第 65 页。

亚,据美国选举研究分析,这两个州改换阵营主要是因为大量涌入的拉美裔移民扭转了投票结果。

美国的两党一度被欧洲媒体嘲笑为可口可乐型政党,或说在美国两党中做选择是类似于选择可口可乐还是百事可乐的问题。言下之意是美国两党缺乏像欧洲议会制政党那样明确的意识形态分野,缺乏明显的政策分歧,政治主张含糊不清,旨在最大限度地取悦中间选民。这种状况即便曾经存在,现在也早已成为过去。自20世纪90年代中期以来,民主与共和两党的观念差异和政策分歧被突出和固化,在几乎所有经济、政治、社会、文化议题上形成了泾渭分明的两套主张,而且都毫不妥协地坚持自己的立场。

在看待和处理我们在前面归纳的经济问题的时候,两党探索形成的政策方案同样南辕北辙。下面分别选取典型的红州和蓝州来介绍共和党与民主党的政治经济逻辑。

(二)红州模范生——得州奇迹?

我们选择的红州代表是得克萨斯州。得州从土地面积上讲在美国本土48州中位居第一,人口数量仅次于加州位列全国第二,经济规模也是50个州中的第二位,2013年经济产值占全美的8.92%。[①] 无论以政治还是经济标准衡量都是无可争议的大洲,具有举足轻重的地位。而以党派立场划分,得州五十年来一直是坚定的红州。在我们关注的时段不仅始终在联邦一级选举中支持共和党,而且先后推举出布什父子代表共和党入主白宫十二年之久。在州内政坛,自2000年以来共和党一直同时掌控着州长职位和州参众两院的多数议席,可以配合运用行政和立法权力实践自己的政策理念。执政的共和党人不仅坚持本党的政治经济立场,而且通过自己的行动引导党内潮流,得州因而被保守派视为政治重镇,认为得州经验可以为全国的政治经济发展指示方向。

令保守派感到兴奋的是,2008年金融危机全面爆发之后,在美国各地纷纷陷入经济困境之时,得州却交出了相当亮眼的经济成绩单。共和党人夸耀地称之为"得州奇迹"。其中最引人注目之处在于,当其他各州面对经

---

① http://www.usgovernmentrevenue.com/compare_state_revenue_2013dZ0g.

济衰退压力失业率激增的时候,得州不仅没有被失业问题困扰,反而大量创造新增就业岗位,帮助本州经济逆势上扬。自 2009 年 6 月至 2011 年 8 月,得州的新增工作岗位超过 26 万。2009—2011 年,美国新增就业机会的 40% 是由得州创造的。[①] 在此期间,得州作为全美人口第二的大州,失业率控制在 8.2%,比全国平均水平低一个百分点。如果将视线延长到金融危机爆发之前,得州 2004—2007 年创造的就业岗位中有 36000 个出现在制造业领域,与当时美国其他区域的去工业化过程形成鲜明对比。2002—2008 年,得州的出口额在全美各州中连续七年位列第一,2008 年达到 1922 亿美元的出口规模。这与常年被巨额贸易赤字困扰的美国经济构成有趣的反差。[②]

2011 年 8 月,担任得州州长已超过十年的里克·佩里凭借上述政绩,宣布参加共和党总统候选人竞争。在全国各地的演讲、辩论竞选活动中,佩里大力宣扬他在得州的施政经验,认为自己找到了解决美国经济问题的有效措施,证明了共和党保守派传统思路的正确——即美国的社会经济问题产生于政府过度扩权,干预和扭曲了市场运作;因此必须结合政治上的新保守主义和经济上的新自由主义原则,回归小政府大社会的美国传统,允许市场自由发挥作用,由社会力量寻找最佳解决方案。

根据共和党保守派的总结,佩里治下的得州能够创造经济奇迹主要归功于以下具体政策:第一,为个人减轻税负,得州是美国少数几个坚持不对工资收入征收个人所得税的州之一[③];第二,为企业减轻税负,经过共和党州长的持续努力,得州企业税负已属全美最低之列[④];第三,管制宽松,对企业的劳工、卫生、环保监管被一再压缩,各级行政部门被要求尽量创造亲商业亲投资的政策环境,尽可能不干扰企业的经营活动;第四,州政府大力招商引资,佩里在任州长前八年内 24 次出国访问,在海外举办招商会宣传得

---

① "Review & Outlook: The Lone Star Jobs Surge", Online. wsj. com. http://online. wsj. com/article/SB10001424052702304259304576375480710070472. html.

② Texas Vs. Ohio, *Wall Street Journal*, Mar. 4, 2008. 以及 http://www. trade. gov/td/industry/otea/state_reports/texas. html。

③ 目前美国共有 7 个州不征收个人工薪所得税(income tax on wages)。

④ 据税收研究基金(Tax Foundation)评估,得州税负对商业的支持程度为 50 个州中的第 8 位,http://www. taxfoundation. org/research/topic/60. html。

州的投资环境，允诺各种政策优惠。得州政府分别设立企业基金（Texas Enterprise Fund）和创新技术基金（Texas Emerging Technology Fund），对承诺在本州投资创造就业机会的企业进行奖励。在 2003—2010 年间，两个基金共发放 6.35 亿美元投资奖金。[1]

虽然佩里最终未能获得共和党总统候选人提名，但他宣传的得州经验得到了右翼保守派的一致认可。代表共和党与奥巴马展开角逐的米特·罗姆尼也将其中的重要内容结合到自己的竞选纲领当中，力主以亲商业亲企业的自由市场思路应对美国的经济问题。

但是民主党方面却根本不认同共和党的说法。他们对德州经济表现良好的一面提出了自己的解释[2]。第一，民主党人认为德州的经济成绩主要得益于它天然的资源优势。得州坐拥美国油气能源带的南端，自 1940 年代起就已成为美国首屈一指的能源产地，休斯敦更有世界能源业之都的称号。[3] 在佩里执政的前期，恰逢世界能源价格飙升。作为美国主要能源产地，得州获得了巨额收益。民主党自由派认为这与共和党的经济倾向和佩里的执政能力并无关联，佩里无非和俄罗斯的普京、委内瑞拉的查维斯一样，搭上顺风车而已。到 2006 年之后，得州又获得了页岩气革命带来的助力，成为页岩油气商业开发的早期受益者。正是凭借暴涨的能源收入的支撑，得州才可以抵御金融危机的冲击，并且敢于坚持针对个人与企业的低税负政策，而无须担忧财政压力。

第二，民主党人指出得州经济受益于新增劳动力的大量涌入[4]。20 世纪 90 年代以来，大批拉美裔移民从南部四个边界州进入美国。有这些新移民不断进入，得州根本不必担心劳动力供给问题。而得州在共和党人控制下，本来就在劳资关系中倾向资方，对待新移民的工资和福利要求更是态度苛刻。何况新移民当中还有相当数量的非法移民，这进一步为得州企业推

---

① Tami Luhby, "Rick Perry and his Texas jobs boom: The whole story", Money. cnn. com, Aug. 12, 2011.

② Ezra Klein, "Breaking down Rick Perry's 'Texas miracle'", *The Washington Post*, Aug. 15, 2011.

③ "Petroleum Profile: Texas", http://tonto. eia. doe. gov/oog/info/state/tx. html.

④ Tami Luhby, "Rick Perry and his Texas jobs boom: The whole story", Money. cnn. com, Aug. 12, 2011.

行剥削式的用工成本提供了借口。压低劳动力成本当然有利于企业主获取利润，而且还可以推动出口，也可以作为投资环境优势进行对外宣传。但它同时也压低了新增就业岗位的质量，而且不利于消费扩张。自由派强调，其实与新移民的规模相比，得州创造就业的能力是远远不足的。在2001—2010年间，得州劳动力数量增加22%，但同期就业岗位只增加了14%。也就是说，就业机会并没有满足新增就业人口的需求。

另一方面，民主党人还试图揭露所谓得州奇迹的阴暗面，认为这种模式的经济增长是以长期的社会牺牲为代价的。[①] 在他们看来，佩里等共和党人的执政污点之一，是忽视社会福利开支，特别以忽视医疗保健公共支出为甚。得州的无医保人口比例在全美各州中是最高的，达到惊人的26%，即超过四分之一的居民无法享受稳定的基本医疗服务。在新移民当中，无基本医保的比例更高。更令民主党人气愤的是，在这种状况下，得州共和党州政府仍在拒绝奥巴马提出的医疗改革方案，佩里还联合其他共和党州长试图以保护州权为理由抵制关于强制性全民医保的联邦立法。由于得州的新移民人群平均年龄相对较低，他们在年轻时可能还不会明显感到对医疗保健的需求，主动要求加入医保体系的意愿不太强烈。但不需要很高深的医学知识就可以推断，如果大量移民在年轻时缺乏保健，随着年龄的增长，未来的医疗成本会迅速升高。而这对劳动力成本的长期推升作用更不可小视。

民主党人认定的污点之二，是得州基础教育水平低下。2008年在全美大学入学考试（SAT）中，得州高中毕业生的写作和阅读科目成绩在50个州中列第46位，数学科目列第38位。得州拥有高中学历以上的人口占居民总数的比例更是全美最低。尽管小布什在任得州州长期间以重视教育考试为口号，试图提升得州中小学教学水平，当选总统后还以此作为地方实践经验，提出"不让一个孩子掉队"的全国教育改革倡议，但是得州公立高中的辍学率始终居高不下，教学质量参差不齐，在一些贫困社区的公立学校甚至课堂纪律都难以维持。民主党自由派认为问题的关键在于得州的基础教育投资长期不足。而这又是共和党长期坚持减税政策、导致财政收入不足的结果。

---

① Paul Krugman, "The Texas Unmiracle", *New York Times*, August 14, 2011.

另外,民主党人还争论说,佩里大力招商引资的行为与共和党主张的自由市场原则明明背道而驰。如果说保护劳方和社会利益的政府干预是坏的,扶植资方和商业利益的政府干预是好的,那等于毫不掩饰地遵循双重标准。况且州长对企业承诺税收优惠甚至提供财政补贴,是越权行政。在极力压缩医疗、教育等本州社会福利开支的同时,却将有限的财政资金用于迎合资本利益,令人难以接受。①

(三)蓝州龙头——加州崩溃?

加利福尼亚州有时被戏称为50个州中的巨无霸,其人口和经济规模均居各州之首,2013年经济产值占全美的13.34%②,土地面积在美国本土48州中仅次于得州居第二位,社会文化的影响力更是可以与新英格兰地区相提并论,带动了美国东西齐进、两洋并举的平衡发展。

加州在美国国内的政治谱系中是典型的蓝州,其选民多数长期倾向民主党。在冷战时期,加州也曾出现过共和党政治明星,比如最终入主白宫的尼克松和里根都来自加州。但是加州推选的联邦参议员、众议员总是民主党人占压倒性多数,而且其中往往出现自由派的代表人物。在我们观察的这段时间内,加州的蓝色更是越来越深,以至于每逢总统大选,这个美国人口第一大州却很少迎来两党候选人的到访。因为民主党人笃定可以拿到加州的55张选举人票,觉得不必费力气;共和党人则觉得再怎么努力也没有翻盘的希望,干脆把资源用到争取摇摆不定的各州去。加州媒体有时候开玩笑地抱怨本州遭到忽视。加州的地方政治也是被民主党一方牢牢控制。有同学听到这里可能产生疑问:好像上一任加州州长施瓦辛格属于共和党啊?没错,施瓦辛格是以共和党身份当选,但是他本人并不像另一位从电影界转行的政客里根那样政治立场鲜明,而是凭借婚姻关系同民主党政治世家肯尼迪家族结盟,得到了蓝方重要的资源和支持才竞选成功。这可能从另一个方面印证了,目前要想在加州政治中出人头地,不带点儿蓝色是不

---

① 《纽约时报》的调查认为,得到得州政府投资奖励的企业高管向佩里提供了大量竞选捐款,其中不无政商勾结、权钱交易之嫌。Nicholas Confessore and Michael Lu,"Perry Mines Texas System to Raise Cash",*New York Times*,August 20,2011.

② http://www.usgovernmentrevenue.com/compare_state_revenue_2013dZ0g.

行的。

作为民主党的旗帜性地区,加州在 2008 年经济危机中表现不好。共和党方面当然不会放过这个机会,他们大肆批评蓝色经济学的失败,甚至断言加州财政经济已经处于崩溃状况。首先,加州的房地产泡沫破裂,大量的止付清偿使信贷金融秩序陷入一片混乱,是全美受金融危机正面冲击最严重的地区之一。其次,金融危机演变为全面的地区经济衰退,使加州在危机爆发三年之后仍步履维艰。其 2011 年失业率仅次于内华达州,为全国第二。在 2009 年危机最高点时,失业率曾达到 12.1%[①],被保守派人士嘲笑过上了南欧的日子。再次,加州政府在同期陷入预算危机,州财政赤字 2009 年和 2010 年两年都超过 400 亿美元,美国四大金融机构一度联合宣布拒绝接受加州发行的短期债券,其信用评级也被一再降低。[②] 政府根本无力自救,更谈不上拯救经济。

加州的经济困难和得州在 2008 年经济危机之后逆势增长的表现实在是冰火两重天。共和党和右翼媒体热衷于拿这两个大州的状况做比较,不仅抨击和批评加州的执政者(其实当时执政的是共和党州长施瓦辛格),并且将其视为民主党整体的政治经济构想的失败。他们认为加州的问题不是经济危机造成的短期问题,而是自由派的政治经济战略失误造成的长期弊病的集中爆发,是民主党一方被工会、民权团体、左翼知识分子把持的必然后果。他们指责这些民主党的核心支持者陷入大政府迷思,一边鼓动政府干预经济,强加私人税负,制定各种劳工、环保管制规章,使商业企业运营处处受限;一边操纵政府设立大量社会福利项目和免费公共服务项目,并通过工会活动不断争取提高政府人员工薪和退休待遇,致使财政开支失控。在美国右翼看来,这些自由派利益集团不仅搞乱了加州经济,也是造成全国层次经济问题的根源。

民主党则根本不接受右翼的批评,认为他们制造的"加州崩溃"概念纯属夸大其词。作为美国第一大州,加州的经济规模如果与世界各国 GDP 放

---

① State of California, "Labor Force & Unemployment Data", http://www. labormarketinfo. edd. ca. gov/? PageID = 4&SubID = 164.

② 此事件发生于 2009 年 7 月,四家金融机构为美国银行、花旗银行、富国银行、JP 摩根。之后不久,惠誉将加州政府信用评级由 A – 调低至 BBB。

到一起排名的话可以稳居世界前十。加州还拥有全球首屈一指的科技产业、文化产业、特色农业等等经济支柱,其活力和发展势头并未受金融危机打击而一蹶不振。400亿美元的年度财政赤字对一般的州政府而言是天文数字,但是以加州的经济实力,短期内偿还债务、实现财政平衡并非难事。①

况且,在民主党人看来,加州之所以出现财政赤字,从一开始就是共和党人极力阻挠财政收入增加而造成的。自里根执政以后,减税已经成为共和党的信条,是他们用来打击大政府的法宝。而里根的财政理念正是来自于他1970年代在加州担任州长期间减税成功的经历。在里根转向全国政坛之后,共和党担心自己在加州议会中长期居于劣势、无法在每年的财政预算审议中与民主党抗衡,所以在1978年立法规定,所有增税提案必须得到州议会两院三分之二多数票同意。这样一来,只要共和党能控制州参议院的三分之一议席再加一票,就可以阻止所有增加税收的企图。此后三十多年的时间里,州财政支出连续增长,而财政收入却无法相应增加,多年累积下来才产生巨额预算赤字的局面。

那么财政支出增长是不是必要的呢?保守派坚持说是州政府乱花钱,自由派则认为应该具体分析这些支出的走向。如果现在的支出是为了保护今后经济增长和长期健康发展,就很难批评加州的财政模式有根本问题。

比如加州财政开支很引人注目的一部分是公共教育拨款,尤其是投向公立高等教育系统的资金。加州注重公立高等教育可以说是举世闻名,经过多年建设,其州立大学系统也是全球最好的。加州的州立大学共分三级,其中10所分校(UC)是最高一等,CSU是中级,最基层还有超过百所受财政支持的社区大学,面向一般加州居民。加州高中生只要顺利毕业,SAT成绩达到合格线,基本可以保证得到州立三级大学的入学机会。而且作为加州居民,还可以得到十分可观的学费减免。作为研究型的最高级别大学,10所UC分校有8所常年跻身全球大学百强之列。充分的教育机会和高质量的教学研究使加州的高等教育水平得到推崇和认可,围绕着这些大学在加州形成了一个优质的人力资源库,这是加州能在科技创新、产业创新领域实现领先的重要基础。

①　事实上,在民主党州长杰里·布朗治下,加州财政已于2012—2013财年起扭亏为盈。

旧金山的硅谷是大量高新科技公司的总部所在地,其中不少都是在当地白手起家一路做到全球龙头的。因而一度流传一个说法:湾区的每一个车库中都隐藏着下一个乔布斯。这中间自然有产业聚集效应发挥的作用,但更重要的是加州雄厚的人才基础支撑了活跃的创新氛围。而这种令人羡慕的人才池是靠巨额财政教育投入维持的。金融危机后,在州财政面临巨额赤字的情况下,加州州立大学被迫涨学费,三级学校平均学费上涨32%。① 保守派认为这是回归财政理性,自由派则担心教育质量下滑影响人才质量,最终影响经济活力。哪边的认知更有道理还有待观察。但将加州与得州的做法对比,我们可以明显地看出,在公共教育投入上两党的思路背道而驰。

加州的能源政策与得州也存在根本不同。共和党认为能源领域管理应该采取产业思路、经济思路,完全允许市场自由发展,政府不可武断区分新能源和旧能源,更不应该强迫个人和企业用新能源代替旧能源、用可再生能源代替高污染能源。他们宁愿等待市场定价机制筛选出能源比例,决定产业的未来。但是在加州决策的民主党人主张能源发展和环保考虑相结合,认为政府有责任平衡能源业的商业收益和环保的社会收益。在这种理念推动下,加州成为美国最积极限制碳排放并提出严格环保标准的地区。州政府规定到 2020 年将可再生能源比例提高到全州使用能源总量的三分之一。结果清洁能源企业在加州比比皆是,十分活跃,比如引发电动汽车热潮的特斯拉公司(Tesla)就是从旧金山地区起家的。加州道路上行驶的油电混合汽车比例在全美最高。不过另一方面,加州的能源价格在全美也居前列,这和得州的状况又恰成对照。得州能源价格低廉,不仅推动消费者大量购买高油耗车辆,而且确实有效地降低了企业生产和经营成本。加州则是有意识地将原来由公众隐形分担的环境成本市场化,通过政策法规将环境代价体现在能源价格中。这样做肯定会推升能源价格,但刺激消费者购买节能汽车及其他节能产品,不仅保证了新能源企业的发展,而且长期看来通过能源使用效率的提升可能从根本上缓解能源压力,也有望提高经济增长质量。

在对待企业的态度上,加州政府比较强调企业的社会责任,强调对其进

---

① "Tuition Hikes: Protests in California and Elsewhere", *Time*, 2009-11-21.

行规制和规范。从企业经营者角度看,加州比得州的市场环境差太多。美国中小企业协会 2012 年给加州的政策环境排名为 50 州倒数第一,这其实是一种严厉的批评。加州的税收排名也被评为最低,因为其个人资本所得税率为全美最高,个人收入所得税和资产税也居各州前列。[1] 和得州共和党人亲商业亲企业的倾向相反,加州的各级政府更加亲劳工、亲社区。一旦资方和劳方发生争议,加州政府机构更支持劳方,而得州多支持资方。同样的,当社会组织根据各种社会责任标准监督企业活动、要求政府出面规制的时候,加州更倾向于社会组织。因此,加州的工会势力很强大,社会组织非常活跃,让企业和商家感到种种不便。这对加州吸引投资到底产生何种影响,也是两党争辩不休的话题。共和党红方指出,企业不喜欢这种环境,因为它对各种商业企业过于挑剔,对市场干预过多。但民主党蓝方认为这种环境是鼓励守法、负责任、愿意承担社区责任和社会责任的好企业在加州发展。相比之下,虽然得州貌似吸引了更多企业,但企业的质量却值得怀疑。

三　全国层面的政策僵局

通过对比得州与加州可以看到,在全球化第一阶段、尤其是金融危机前后,美国各地出现不同的政策方案、政策选择、政策后果。这些分歧累积到全国层次便开始形成联邦政府一级的政策争论乃至政治僵局。

(一) 茶党异军突起

首先在全国层面挑起争执的到底是谁? 红蓝两边、右派和左派都相互指责。在民主党看来,由右翼发起的蔓延全国的政治运动——茶党是将政治分歧推向极端化、最终导致政策僵局的祸首。

茶党究竟何时出现? 一般认定的代表性事件发生在 2009 年 2 月。当时美国一个电视节目主持人在财经节目中抨击政府的危机救助措施,然后号召大家拿出立国者的精神,行动起来表达自己的愤怒。结果引发了首个

---

[1]　http://www.sbecouncil.org/2013/04/17/business-tax-index-2013-ranks-state-tax-systems-for-small-business-and-entrepreneurship/.

全国性的大型茶党集会抗议。① 我们仔细想一想,此时奥巴马上台尚不足一个月,他几乎还没有开始行使权力,就引起这样普遍、强烈的反对情绪,美国右翼难道是在同风车作战吗?

确切地说,他们此时与其说对抗的是奥巴马哪个具体政策,还不如说是他整体的政治经济理念。一般而言,美国政客在参选总统之前都会出版一本回忆录,告知全国选民自己此前的政坛经历和政绩表现。2008 年奥巴马除了写这样一本政治回忆录——《无畏的希望》——之外,还专门出版了一本政论集——《我们相信变革》(*Change We Can Believe In*)。我一提英文书名,大家立刻感到似曾相识,这不就是他最响亮的竞选口号嘛。他的确是以这个口号打动了美国人、特别是美国年轻人的心。而他在书中谈论的治国方略包括:推广全民医保、鼓励清洁能源、增加政府科技投资、推动公共基础设施建设、改善公共教育体系。② 共和党人一看,这是完整照搬加州那样的蓝色经济学啊。奥巴马还在书中做出超越党派的姿态,呼吁保守派配合他。美国右翼真是听都不要听。什么合作? 我们要和这一套对抗到底! 大选失败也不能退让! 在此心态之下,茶党应运而生,它的出现凸显了红蓝双方之间深刻的原则性分歧。

那么这批人为何自称茶党呢? 据他们自己解说是模仿美国独立战争的著名导火索——波士顿倾茶事件中的北美爱国者团体。我们不能不佩服他们的巧妙设计,可以说,茶党人士是在有意识地唤起美国人的历史记忆,为自己同奥巴马、同蓝色经济学对抗争取合法性。因为严格意义上讲,他们的做法违背美国政治传统。奥巴马此时刚刚赢得大选,通过自由公平的投票过程明确得到多数选民的支持,他已经不再是民主党一方拥戴的首脑,而是整个国家的总统,共和党方面按游戏规则必须承认失败、接受领导。二百二十年间只有一次,这个规则被打破,就是林肯当选之后,美国南方各州拒绝服从,单方面脱离联邦,结果导致内战。现在,美国右翼为避开不遵守政治规范的嫌疑,抬出建国精神的旗帜,以回归宪法初始意图对抗多数选民认可的蓝色方案,以美国立国者、制宪者的权威对抗奥巴马的大众支持度。试图

---

① 该节目 2009 年 2 月 19 日在 CNBC 播出,主持人为该电视台编辑 Rick Santelli,以芝加哥证券交易所为背景,反对奥巴马对无法支付住房抵押贷款者的援助计划。

② 巴拉克·奥巴马:《我们相信变革》,中信出版社 2009 年版。

以这种精心设计占领道德高地,堪称用心良苦。

茶党自称是有全民基础的草根式的抗议活动。但事实上,在茶党运动中活跃的美国人特色鲜明。[1] 茶党活跃分子一般是白人、男性、已婚、45 岁以上,而且再生基督徒比例比较高。这个名词大家可能不熟悉,所以要做些解释。再生基督徒,也可以叫做基督教福音派。首先,他们相信基督再生是真实的历史事实,而且坚信自己是再生之徒。其次,他们积极向他人传递福音。再次,他们强调《圣经》上每一个字都具有字面意义的真实性,应该依据《圣经》对现实进行解读和判定。[2] 一定程度上,可以将再生基督徒理解为基督教原教旨主义者,或者叫做基督教极右派。

由这批活跃分子掀起的茶党运动在 2009 年、2010 年的美国政坛风云一时,并且迅速俘获了共和党。茶党人士并不打算独立成为新的美国第三党,而是选择在共和党内发展,成为共和党的极右翼。他们首先在共和党内部获得突破,所有在党内敢于不同意他们的人,就会在党内初选中突然面临极大挑战。茶党会推举候选人,调动全国资源投入特定选区,展开宣传攻势,使得共和党温和派人士在地方选举中猝不及防,纷纷落马。这样的势头一旦形成,共和党在职议员和行政首脑人人自危,不说完全接受茶党的纲领,也轻易不敢再公开质疑反驳他们了。共和党内的话语权就逐渐被茶党所控制。

茶党的主要政策主张概括起来就是将得州的红色经济学上升到全国层次。他们要求削减联邦政府开支,减少国债和财政赤字,目标是实现财政平衡。[3] 但事实上,他们主张削减政府在福利方面的开支,但联邦政府支出的另一个大头——军费开支在他们看来却是不可触动的,不仅不应被削减,还应以各种理由得到补充。结果只能是,开支削减有限且缓慢,而税收不能增加,这样事实上财政赤字无法减少。为了弥补财政赤字而继续举债,就意味着国债也将无法减少。这其实并非一种成熟的财政经济逻辑。

但建立在这种逻辑上的政治主张在 2009—2010 年的美国政坛风头一

---

① 因为茶党以草根运动为荣,无固定组织结构,所以对其成员组成众说纷纭。以下分析根据 2010 年 4 月 *New York Times/CBS News Poll* 与 2010 年 *Bloomberg National Poll*,并参考《大西洋月刊》Chris Good,"The Tea Party Movement: Who's In Charge?" *The Atlantic*, April 13, 2009。

② 参见 George Gallup, Jr., *Religion in America*, Princeton Religion Research Center 1982。

③ Tea Party canvass results, "What They Believe", *Washington Post*, October 24, 2010.

时无两。到 2010 年国会中期选举时,茶党获得大胜,或者说茶党支持的共和党候选人获得大胜。当年茶党推举了 138 个候选人,他们在共和党初选中全部胜出,没有温和派能够击败他们。① 这些人在代表共和党与民主党竞选时,有超过三分之一胜出。再加上一些原属温和派的议员改变立场,在美国联邦众议院出现了由 62 个茶党成员组成的联邦议员团。他们以共和党身份进入众议院,但组成单独的茶党议员团,并在立法过程中采取统一行动。由于美国众议院共有 435 个席位,茶党的统一行动意味着他们得以成为一个可以左右立法过程的核心团体。

这个核心团体的主要口号是"抵抗社会主义"(revolt against socialism)。与冷战时期的含义不同,这并非国际政策主张,而是因为他们认定奥巴马是社会主义者,于是以反对社会主义作为阻挠奥巴马施政的号召。② 他们的论证方式是将小布什和奥巴马时期的财政赤字状况作对比。

图 1 茶党图解美国经济问题根源②

图中浅色的是小布什任内的财政赤字状况,深色的是奥巴马当总统前两年造成的联邦财政赤字状况。下面的文字是"有问题吗?"就是茶党质问观

---

① 根据《纽约时报》估算。Kate Zernike,"Tea Party Set to Win Enough Races for Wide Influence",*The New York Times*, October 14, 2010.

② "Tea Party Rallies Protest Obama Policies", *US News and World Report*, April 16, 2009.

者:这还看不出来奥巴马搞垮了联邦财政吗？其实,对美国经济稍有了解的人很容易看出其中的问题。如果连基本数据都是错误的,在这样的数据支持下的政策主张实在不可靠。①

但是,当时茶党似乎震慑了美国的舆论,甚至一度可以在政坛呼风唤雨。茶党成员在 2010 年中期选举中获胜,2011 年 1 月进入新国会之后,首先就拒绝提高国债上限。共和党国会领导层其实原本也都算著名右翼保守派,但在茶党面前唯恐被指责还不够右,结果被迫向茶党成员妥协,不敢拒绝他们的要求。

财政部和华尔街赶紧来做情况说明:美国国债突破上限是财政赤字累积的结果,而累积的赤字是每年国会通过的财政预算出现赤字的结果。往年预算累积下来的赤字,必须通过技术操作——如发行国债——来弥补。茶党的做法相当于国会一方面通过预算创造赤字,另一方面却拒绝借债。结果必将出现美债违约,如此"赖债不还"将引起世界其他国家的担忧和全球资本市场的混乱。美国财政部起初还能安抚各个债权国家政府,市场也普遍认为茶党虽然姿态强硬,最终也要面对经济现实。但谁也没想到,茶党议员毫不退让,美债危机在 2011 年夏天几近爆发。

(二)"占领华尔街运动"

保守右翼的这种极端行为引起左翼的反击,"占领华尔街运动"正是在这种背景下出现的。美国的自由派认为茶党一意孤行,人为制造国债上限危机,不仅影响了经济运行和政策决定过程,而且完全曲解了金融危机爆发的原因和美国需要采取的补救措施。为了将政策争论引回正轨,一些自由派人士在 2011 年秋天决定发起社会运动显示本方的力量。

图 2 是当时在社交媒体上广泛流传的招贴画,预告的行动日期是当年 9 月 17 日。

招贴画很难进行政策解读,大概是对华尔街资本追逐巨额利润的轻蔑和不屑。行动日当天,相当数量的人群在下曼哈顿聚集抗议,但并没有冲进美国证券交易所,而是转向附近的公园安营扎寨。请大家注意,这是自由民主和街

---

① https://encrypted-tbn3.gstatic.com/images? q=tbn:ANd9GcT6yT2no3xYL0u0dhVjPez-WF5bgoK5NDeokm84f2fyqgWibDHkk.

图 2 "占领华尔街运动"招贴画

头暴力之间的关键界限,"占领"其实是精神上、概念上的占领,表达抗议呼声,而不是强行阻挠和破坏社会经济运行秩序。

"占领华尔街运动"提出的核心口号,后来也被认为是 1960 年代反战运动之后美国最有影响力的政治口号,就是"我们是 99%"。运动发起者经常会领呼:"We are...",然后参加者回应:"...the 99 percent"。很有感染力和认同感,所以其影响力很快超出美国国界。全球化第一阶段的收益被 1% 的人所垄断,而 99% 的绝大多数人没有得到公平的份额,这是不仅在美国、而且在全球各大经济体都出现的极其类似的现象,甚至越是在全球化阶段总体获益多的国家,这个现象越突出、越典型。这成为"占领华尔街运动"得到很多国际呼应的原因。大量数据支撑着 1% vs 99% 这个结论,下面我们来看看美国的情况①:

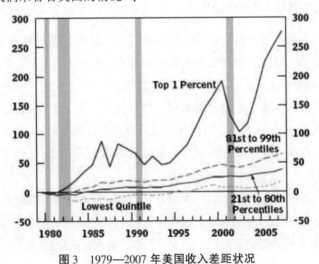

图 3 1979—2007 年美国收入差距状况

---

① *Trends In The Distribution of Household Income Between 1979 and 2007*, Congressional Budget Office, Oct. 2011. p. 19.

此图以经济学讨论收入分配惯用的五等分组为基础,将美国总人口按收入水平从高到低分四组,以1979年收入为零点开始计算,观察到2007年的变化。最低的虚线就是最低收入的20%人群,等于是美国的弱势群体。我们可以看到他们在里根和老布什执政时期收入其实在下降,在克林顿上台后收入才有所上升。虽然在克林顿增长阶段,他们的收入终于开始有提高,但提高幅度极其有限。在其上方的实线由五等分组中的中间三组合并而成,代表从80%到21%的中间阶层,是由蓝领中产、白领中产、上层中产组成的美国中产阶层,可以说是美国社会的主体。从1979年到2007年,他们的收入增长速度明显超过最低20%的人群,但总体累积增长不到50%。正数第二组包括五等分组最高一组的大部,81%—99%收入人群,即通常说的高层中产或中小业主。这一组同期的收入增长超过50%,但一些社会经济分析认为他们为收入增长付出了重大代价。比如这个阶层的妇女以前大多是全职太太,但在这段时间都参与工作。这与妇女解放有关,但事实上很多也是迫于经济压力,是为了追上真正顶层收入增加的步伐而不得不付出的家庭和社会代价。这一组收入虽然比其他各组增长要快,但增长还不到70%。真正爆炸式的增长其实只波及最顶端1%的人,是真正最高收入的1%,即大资产阶层。从1979年的起点到2007年金融危机爆发前统计截止的时候,这1%的美国人的收入增长280%左右。如果看更细致的统计,收入差距状况、全球化收益向最顶层聚敛的程度会更惊人。比如将劳动所得、商业所得和资本所得分开,美国过去三十年的几乎所有资本所得都集中在这1%的人手里。

所以,"占领华尔街"体现了美国左派对美国经济为何陷入困境的解释。[①] 他们认为是因为全球化第一阶段收益分配严重不平衡,才使美国经济在高速扩张阶段反而问题丛生,直至爆发金融危机。比如,政府财政赤字居高不下,就是因为1%的人不愿意和99%的人分享收益,不愿意承担社会责任,不愿意用税收支持公共开支,以解决经济结构缺陷。

更使自由派不满的是,1%不仅没有因为引发危机而被追究责任,反而在政府救市的时候进一步加剧不公。比如政府用纳税人的钱救助大金融机

---

① Ray Downs, "Protesters 'Occupy Wall Street' to Rally Against Corporate America", *Christian Post*, September 18, 2011.

构、三大汽车巨头,而底层人群的收入下降和失业状况却没有得到有效缓解。再比如美国高级管理层和一般雇员在危机过程中遵守的是不同的游戏规则,前者不仅胜者全得,而且经营失败也可全得,即享受所谓的"黄金降落伞"。经常谈到的例子是惠普当时的 CEO。惠普因为公司状况不好,雇佣他来整顿企业。他于 2010 年 11 月上任,2011 年 9 月就因经营不善而被解聘。虽然他受聘期间企业股价蒸发近半、亏损将近 30 亿美元,但他本人薪水分文不少,且获得近 1300 万美元的解聘补偿,其中甚至包括 200 多万美元的"工作表现奖金"。对管理层和普通雇员的评价标准出现严重背离,"不仅是不道德的,更是反市场的"[1]。

据分析,"占领华尔街运动"中的活跃分子具有以下特点:年轻,三分之二在 35 岁以下;高学历,76% 学历在本科以上;有稳定职业和收入,无业者仅 13%,有 13% 的参与者年收入超过 7.5 万美元;自由派倾向明显。[2] 在他们看来,茶党不仅完全曲解了金融危机爆发的原因,而且故意模糊美国经济问题的政治根源,提出的应对方案更是错上加错。在这样的收入分配结构下,茶党还在要求通过减税平衡预算,红色经济学还在要求进一步亲商业、亲企业,令他们难以容忍。占领运动的参加者相应地要求限制大企业对政治过程的影响、推进经济收入公平分配、增加和改善就业机会、减轻青年人的学费负担。[3] 这些呼声引起了媒体和学术界的热议,也得到不少呼应和支持。

(三)2012 年大选与分裂政府

"占领华尔街运动"的出现是对保守右翼和茶党的有效平衡,但也使红蓝双方的争议进一步白热化。2012 年大选等于是他们将两套不同的政策方案交给全美民众进行表决,但结果仍然是分裂的选择,形成了典型的分裂政府。

---

[1] Matt Taibbi, "Wall Street Isn't Winning-It's Cheating", *Rolling Stone Magazine*. October 25, 2011.

[2] Sean Captain, "The Demographics Of Occupy Wall Street", *Fast Company*, Oct 19, 2011. 以及 Jillian Berman, "Occupy Wall Street Activists Aren't Quite What You Think", *Huffington Post*, January 29, 2013.

[3] Joan Walsh, "Do we know what OWS wants yet?" *Salon*, October 20, 2011.

表4 2012 大选后的分裂政府

	民主党	共和党
参议院	53（+2①）	45
众议院	193	234
州长	20	30

当年的联邦层次选举花费 60 亿美元以上,选出来的结果却和此前两年的政局没太大区别。白宫仍由民主党控制;参议院民主党占多数,众议院多数控制在共和党手中;地方 20 个州长是民主党,30 个州长是共和党。由此,混乱局面继续:行政部门由民主党主导,实行蓝色经济学;立法部门中,参院由蓝色主导,众院由红色主导;地方上,红色占多数,尤其是在几个大州执政。这样的投票结果无法分辨美国民众的多数到底是何种倾向,也说明基层民众普遍处于左右为难、莫衷一是的状态。

我们来总结一下,从地方到联邦层次,民主党和共和党、红方和蓝方两套政策,到底有哪些争议点。首先,他们在政治经济原则上针锋相对。共和党认为美国面临的主要问题是政府干预过多。他们认为,联邦政府过度干预市场,过度干预社会,而这种干预阻碍了经济成长。像奥巴马热衷的全民医保就是典型例子。他们要求政府除了负责国家安全外,全面退出经济和社会领域。而民主党正好相反,他们认为,1% 对 99% 这种利益分配格局持续三十年后,政府此时必须出面干预,去解决不公正分配和公共投资不足的问题。正是政府延续三十年的不作为甚至误操作,才造成美国现在的困局。总之,两党的原则理念存在着根本分歧。

具体到经济政策设计,双方设定的短期政策目标也完全不同。共和党认为应该以削减赤字、平衡预算为第一要务。政府必须摆脱凯恩斯经济学的思路,不要再想制造预算赤字来刺激经济、克服危机,因为这不是政府的责任,也不在其能力范围之内。但是民主党认为,增加就业是政府应该排在首位的目标。要想真正从金融危机冲击下恢复,就必须降低失业率。为了降低失业率,增加公共投资是政府当务之急。

---

① 来自缅因州和佛蒙特州的两位参议员以独立人士身份当选,但进入参议院后参加民主党议员团会议。

再具体到实际政策措施，共和党反对削减军费，反对任何形式的增税，要废除奥巴马医改。而民主党要保护社会福利系统，扩大医疗保障，向全民医保方向努力。同时还计划增加基础建设和公共投资，认为长久失修的公共设施——如桥梁港口等——应由联邦政府出面翻新改建。当然，他们也主张增加教育投资，重点是 4—5 岁儿童的学前教育，因为对这一年龄段的儿童，低收入家庭和高收入家庭的教育经费支出差距最大，政府要介入弥补。

（四）2013 年联邦政府关门

2012 年大选并没有决出明显的胜负，使红蓝双方更加互不相让。政策争议持续造成政治僵局恶化，其高潮是 2013 年 10 月份美国联邦政府被迫关门。

当时两党的主要争议点在共和党不愿为奥巴马医疗改革拨款，并且反对任何增税；而民主党主张对 1% 的最高收入人群增加税收。有意思的是，多年位列全美个人收入首位的亿万富翁沃伦·巴菲特就此问题给《纽约时报》写社评，认为对自己这样的富人加收一点税并不会产生什么负面影响。巴菲特在文中指出，自己的真实税负甚至比自己的秘书还低一些，这不仅不公平，甚至不道德。文章发表之后，比尔·盖茨等人站出来支持巴菲特，认为最高收入阶层应该主动向联邦政府多交税。但也有反对者，如《华尔街日报》的老板鲁伯特·默多克就通过自己的报纸予以回击，讥讽巴菲特"too young too simple"。

民主党方面也承认在增税的同时削减开支才能逐渐解决财政赤字问题。但他们强调削减开支的时候，军费不能例外，认为福利开支削减很多，军费却分文未少，是说不过去的。共和党则坚持说，在当前国际关系局势下削减军费，是对国家安全极不负责任的行为。

在双方无法妥协、财政拨款无法通过的情况下，出现了美国历史上第二次联邦政府长时间关门停职①。闹成这样的局面，两党也不得不做出愿意

---

① 自 1980 年代开始，美国联邦政府多次出现局部技术性关门，但一两天内可得到解决。1995 年底至 1996 年初，由于克林顿政府与共和党国会的对抗，首次出现累计长达二十六天的全面关闭。

坐在一起、想办法寻找出路的姿态。共和党方面是众议院财政委员会主席保罗·瑞恩(Paul Ryan)领衔,民主党方面是来自加州的派蒂·默瑞(Patty Murray)女士率团出席谈判。民主党宣称自己代表真正的美国人,因为默瑞这边的团队中,她自己代表女性,同样也有老人和黑人代表。他们是替美国的弱势群体发声,是从联邦财政再分配当中受益最多的群体的代言人。共和党这边的谈判团队则是典型的白人男性新教徒为主,茶党声称这是真正的美国形象,令人追思美国的开国元勋。而民主党却嘲笑对方完全违背历史潮流,脱离美国社会和经济现实。

值得注意的是,这次关门事件中资本市场和政策人士都吸取了 2011 年的教训,对各种新议员、茶党人士展开更有效的游说工作,设法控制其后果。两党在政府关门十六天之后达成技术性妥协,保证至少在两年之内关门危机不会频繁发生。但是,一些根本的分歧并没有解决。

(五) 政治经济僵局的外交影响

我们完成了对前面四个问题的讨论后,对美国政治僵局的经济根源有了认识,下面来分析一下它对美国参与国际事务所产生的影响。

2013 年联邦政府关门的直接影响是奥巴马无法出席当年同期举行的 APEC 峰会。东道国印尼按照国家地位和出席人士的级别来综合排位安排会议代表媒体亮相,结果站在印尼总统两边的是普京和习近平。国务卿克里代表美国出席,因为他级别不高而被放在第一排的最角落,露出尴尬的笑容。到各国领导人偕眷属晚宴的合影中,克里更进一步退到了第二排的角落,几乎可以被忽略。在这种情况下,想要让亚太领导人相信美国重视亚洲、要重返亚太、决心投入精力搞再平衡,似乎说服力不够。这种场景反而提醒亚洲国家注意到美国领导层顾此失彼的处境:奥巴马政府不仅政治关注分散,被处理国内经济政策争议牵扯精力,而且经济问题久拖不决,也势将影响军事安全投入。

奥巴马缺席 APEC 会议可以说是具有象征性意义的事件,而过去两三年美国对重大国际事件反应迟钝、措施空洞的戏码已经一再上演。比如,干涉利比亚过程中,美国虽然派出特种部队参与,但是由英法空军担任行动主力,这在冷战时期是难以想象的。随后的叙利亚危机中,奥巴马一度划出红线,声称如果叙利亚政府动用化学武器,美国就会有实质性干预。然而当媒体报道说叙利亚确实出现了动用化学武器的情况时，奥巴马却悄悄放弃了红线，强调保持轻足迹。共和党方面嘲笑他的所谓"轻足迹"，其实是无足迹，不插手、不干预。到了乌克兰问题爆发，奥巴马政府本来以为克里米亚最多争取到名义独立，美国就可以引用 2008 年格鲁吉亚危机的先例，置身事外，维持政策模糊。但克里米亚公决宣布独立之后，其领袖立刻到莫斯科签署协议，成为俄罗斯的一部分。西方舆论一片哗然，迫使奥巴马政府做出反应。但它反复斟酌后采取的第一波制裁措施只涉及 7 个俄罗斯人，不给其发放签证、冻结其在美资产。美国媒体开玩笑说：奥巴马暴怒，决定剥夺普京和拉夫罗夫在线观看《纸牌屋》的权利。

这种外交失语状况到底是什么造成的？美国的共和党和保守派认为这是个人因素造成的，是奥巴马本人缺乏动用美国实力的决心。但真的是这样吗？围绕美国经济的困惑，围绕这些困惑产生截然不同的解决方案，然后由此形成的从地方到联邦的政治僵局，使得任何一个领导人在美国总统这个位置上的行动能力都受到限制。在国内的政治经济僵局如此牵扯精力、束缚手脚的情况下，美国对一些国际危机的反应迟缓，可能带来危机处理模式的调整，这是我们这些国际关系研究者必须关注和回答的问题。

（作者为北京大学国际关系学院教授）

第七讲

美国的科学与大学

汤　超

　　"美国的科学与大学"这个题目非常的宽泛,在这里仅以我的视角来讲述以下几个方面。

一　美国早期科学与革命

　　仿佛"科学"与"革命"这两个词是风马牛不相及的,但实际上美国的科学与革命在早期一直是联系在一起的,这源于17、18世纪欧洲的启蒙运动。

　　启蒙运动与同时期的科学革命直接相关,从开普勒的三大定律到牛顿万有引力定律,以及哥白尼的日心说,整个经典物理都是诞生在科学革命的年代。科学革命颠覆了人们的世界观,并引发了随后的工业革命,从而改变了全人类文明的进程。

　　这次里程碑式的科学革命也使随之而来的启蒙运动倡导科学和理性思维,要挑战传统,特别是宗教的权威,要破除迷信,用我们现在的话说就是"科学发展观"。该运动不仅是人类的一个觉醒,也是对自己的一次解放。

　　到了18世纪中晚期,美国开始的启蒙运动受欧洲启蒙运动的影响颇深。很多美国启蒙运动的领袖不但提倡科学的思维和方法,而且把科学的方法推广到了社会学、人文学、国家体系的建设以及人类在大自然中的地位(人权)等。事实上,美国启蒙运动中的一些科学家同时也是该运动的领袖,都直接参与投入到美国的独立与建设中来,成为美国建国的奠基人。例如著名的电学家本杰明·富兰克林(Benjamin Franklin,1706—1790)、农业学家托马斯·杰斐逊(Thomas Jefferson,1743—1826)、天文学家大卫·黎顿郝斯（David Rittenhouse，1732—1796），医学家、后来的美国卫生部长本杰明·拉什（Benjamin Rush，1746—1813）等。上述的这些人是科学家也是美国政治家，从而使美国建国时期的思想理念与科学革命紧密地联系在了一起。实际上，美国建国早期经济落后，在世界上相对孤立，整体的科学水平也远落后于欧洲。但正是由于有这些科学家参与了美国的建国以及宪法和《独立宣言》的构思和起草，使得美国早期在理念、制度上都为日后的科学发展打下了坚实的基础。

二　美国的大学

（一）美国早期的大学

美国早期的大学要远远早于美国早期的启蒙运动。例如，哈佛大学（Harvard University）成立于 1636 年，威廉玛丽学院（College of William & Mary）成立于 1693 年等。这些大学主要由宗教系统建立，目标主要是培养牧师以及与宗教有关的神职人员。这些大学的理念比较保守传统，教育方式也是模仿欧洲的牛津与剑桥大学。

这种现象持续了很长时间，直到托马斯·杰斐逊意识到自己的母校——威廉玛丽学院受宗教势力的影响太深，使学生的发展受到了束缚，也仅向学生传授极为有限的科学知识，所以于 1819 年也就是美国独立不久创立了弗吉尼亚大学（The University of Virginia），亲自担任校长。托马斯·杰斐逊的目的除了使大学摆脱宗教影响、追求科学之外，更重要的是发展公共教育。

有意思的是托马斯·杰斐逊就葬在离弗吉尼亚大学不远的地方。虽然他做过美国总统，但他生前为自己撰写的墓志铭上却并没有体现这一点，而写的是："托马斯·杰斐逊，美国《独立宣言》的起草人，《弗吉尼亚州宗教自由法令》的执笔人，弗吉尼亚大学之父，安葬于此。"[1]这一点足以看出，在托马斯·杰斐逊看来，"弗吉尼亚大学之父"的头衔比美国总统还要重要。

---

① 原文："HERE WAS BURIED THOMAS JEFFERSON, AUTHOR OF THE DECLARATION OF AMERICAN INDEPENDENCE, OF THE STATUTE OF VIRGINIA FOR RELIGIOUS FREEDOM AND FATHER OF THE UNIVERSITY OF VIRGINIA."

(二) 经济发展需求：技术型大学

美国为了顺应国内经济发展的需求，建立了一系列大学。这一进程中的一个里程碑式的事件就是国会把联邦的土地拿出来一部分让各个州自行创立大学，各州可以直接选择在这些土地上创立大学，也可以卖掉土地，用换来的资金筹办大学。所以在这一时期美国诞生了近百所大学。大部分新增的大学不再为宗教服务，它们的目的非常明确，就是为了经济发展的需求，这导致新增的大学大部分为技术型大学，主要研究的领域为农业和技术业，例如麻省理工学院（MIT）就是在这个时期于1861年成立的。麻省理工学院在成立前夕给州政府提交的报告里，阐明了成立该学院的理由是使工业科学为社会经济的发展服务。[①]

(三) 大学发展过程中的科学

让我们再回到科学的话题。虽然美国的科学在早期是与革命联系在一起的，但美国当时整体的科学水平是远远落后于欧洲的。

对美国科学发展起推动作用的是移民。二战之前就有不少科学家为了追求自由或发展机会来到美国。例如发现氧气的著名化学家约瑟夫·普里斯特利（Joseph Priestley，1733—1804），他的思想在英国受到了限制，于是移民到了美国。还有以下的这些非常著名的人物：来自苏格兰的被誉为"电话之父"的著名发明家亚历山大·贝尔（Alexander Bell，1874—1922）；来自德国的交流电专家查尔斯·斯坦梅茨（Charles Steinmetz，1865—1923）；来自俄国的电视发明者弗拉基米尔·佐利金（Vladimir Zworykin，1889—1982）；来自塞尔维亚的物理学家尼古拉·特斯拉（Nikola Tesla，1856年—1943）。他们都认为美国能够给他们提供广阔的发展机会，移民到美国。

二战对美国的科学和教育而言是最大的转折点。由于希特勒在欧洲对犹太人的迫害，大批科学家来到美国，其中有名的科学家不胜枚举，例如爱因斯坦、费米、美国"氢弹之父"泰勒、物理学家尤金·维格纳（Eugene Wigner）、发明计算机的冯·诺伊曼（von Neumann），还有钱学森的老师冯·卡门，以

---

① 原文：... a school of industrial science［aiding］the advancement, development and practical application of science in connection with arts, agriculture, manufactures, and commerce.

及曼哈顿计划的关键人物核物理学家贝特（Hans Bethe）。他们之所以来美国，一是由于美国的文化和他们比较相近，二是美国是一个比较自由的国度，且美国从建国以来就对世界各地的科学家非常欢迎，对各式各样的科学技术持积极态度。

美国吸引了大量的科学家，这不仅使他们的科学技术得到大力发展，也对二战的结束有很大的影响。正是由于上述的一批优秀的核物理学家支持了曼哈顿计划，使得美国比德国早一步研制出了原子弹。毋庸置疑，广岛长崎的原子弹爆炸使日本无条件投降，直接使二战画上了句号。美国除了拥有原子弹的优势，还有很多不广为人知的优势，例如雷达、瞄准镜、导航系统和电报密码破译的优势，这些都与科学家的参与相关。战后，美国军方不顾政府的反对收容了大量的德国纳粹科学技术人员，例如"火箭科学之父"冯·布朗（von Braun）。后来他因为对阿波罗登月计划的贡献赢得了美国的最高荣誉——国家科学荣誉奖章。这表明美国在当时是一个科学至上的实用主义国家。

我们可以用美国获得的诺贝尔奖数量作为衡量美国科学的标志。二战以前（1942 年以前），美国有 13 人获得诺贝尔奖，占总数 130 人的十分之一，且 13 人中仅有一人为非美国本土出生，可以看出那时美国的科学成果和移民数量都不是很多。而自 1943 年以来美国获得了 240 个诺贝尔科学奖，占总数 428 人的一半之多，非美国本土出生的 66 人，本土出生的也有不少是第二代移民，如朱棣文、丁肇中，可以看到二战以后美国在世界科技发展中完全占主导地位。

（四）二战后的大学

二战后美国的大学也有一个非常明显的变化，例如麻省理工学院（MIT）等通过与军方的合作实力大大提升。MIT 也确实为美国在二战中的科技发展做出了很大的贡献。例如 MIT 将美国的雷达、瞄准系统、导航系统的精度水平提高了很多，且 MIT 发明出了第一台可以实时处理数据、用显示屏作为输出的电子计算机的飞行模拟器，这对 1960 年代的商用计算机和微机都有很大影响。

二战后，美国政府为了奖励退伍的军人，给他们奖学金并通过一系列考试后资助他们上大学（GI Bill），大批的退伍军人到大学深造，使得社会对大学的需求大幅度增加,从而使美国的高等教育进入了一个黄金时代。同时期也有一个很著名的事件称作 Baby Boom,也就是二战结束后,新生儿出生率大幅度提高。

二战使美国对科学的作用进行了重新定位,因为当时谁也没有想到科学技术能在二战中发挥如此大的决定性作用。这使得美国政府和社会重新思考科学与教育的功能,更加不拘一格降人才。美国大众也看到了科技对国家实力的决定性作用。这些引发了以哈佛校长 Conant 为首的 1945 年的教育改革,让生源从少数几所贵族学校扩大到社会各阶层中来。

(五) 美国大学的目标

美国各大学的宗旨不尽相同,但有点殊途同归的感觉。哈佛的目标是培养全球各行各业的领军人物。① 普林斯顿大学强调的是他们在研究领域的优势,他们的宗旨是尽最大的努力发现并传播知识。② 麻省理工学院比较实际,他们奉行的是为国家和世界培养顺应 21 世纪发展需求的科学和技术人才。③ 加州大学的目标最简单,因为他们是公立学校,所以他们最基本的任务是培养人才、教育下一代从而为公共社会服务。

(六) 美国大学的环境与制度

大家可能会问,美国的大学到底是精英制还是民主制。这个问题很难界定,各个学校情况不一,但大部分大学都有一个特点就是责任制,各级权限定位明确,事后奖惩追责制度非常的严谨,并被恪守。所以可以说美国大学奉行的是精英下的民主制,也就是精英们讨论,以精英内民主的方式达成一致,若事后发现先前决定的事是个败笔,那么责任人的名誉受损,做得不好就换人。一般校长是五年一任期,这期间做得好可以连任,做不好到期下台。

---

① 原文:Harvard University is devoted to excellence in teaching, learning, and research, and to developing leaders in many disciplines who make a difference globally.

② 原文:As a world-renowned research university, Princeton seeks to achieve the highest levels of distinction in the discovery and transmission of knowledge and understanding.

③ 原文:The mission of MIT is to advance knowledge and educate students in science, technology, and other areas of scholarship that will best serve the nation and the world in the 21st century.

当然美国的每个大学对精英制和民主制的偏重不一样。举个有意思的例子，王晓东原来所在的美国西南医学中心（UT-Southwestern）实行的可能就是精英讨论制。每周五下午系主任带着自己信任的几个资深教授去一个固定的酒吧边喝酒边讨论系里的大事，久而久之酒吧里的常客怀疑他们公款吃喝，这使得他们小范围的精英讨论只能换地方了。而加州大学旧金山分校就奉行比较保守的民主制度，比如要招一个人进来，需要很多（几乎所有相关领域的）教授达成共识。这样的好处在于招来的人是大家都认可的，有利于该校的和谐与合作氛围，这种氛围的确是该校的一大亮点；但一个潜在的坏处就是它不够冒险与创新，尤其是在新兴学科、交叉学科方面，使得学校的发展有时会落后一步。有一段时间我在加大旧金山分校负责招聘系统生物学（一个新兴交叉学科）方面的教授，结果不尽如人意：有好些现在已经证明是非常优秀的人才，因为当时在加大达不到广泛的共识而被拒之门外。他们被哈佛、麻省理工学院、斯坦福等大学接纳，后来都做到很好。

美国大学与国内大学相比最大的不同就是软环境，一个是先前提到的美国大学有非常完善的制度；二是美国大学完全没有行政化的概念，只为科研教学服务；三是大学中的每个教职员工分工明确，大部分人对自己的工作都比较专业比较认真（这点在日本尤有体现为什么日本近些年拿了不少诺贝尔奖，并不是因为他们比我们聪明，而是因为他们做事比我们更加专业和认真）；再一个就是教授治学严谨和对年轻学者的支持。

对于美国大学教授的治学方式这里有个非常形象的例子。二战时的盟军总司令艾森豪威尔，在战争结束后做过五年的哥伦比亚大学校长。他上任后非常兴奋，去会见各个部门的代表和哥伦比亚大学的所有教授。在欢迎会上，艾森豪威尔说："今天非常荣幸能够和我们哥伦比亚大学的雇员们见面。"这时，一位物理学教授也是诺贝尔奖获得者拉比（I. I. Rabi）站起来说："先生，哥伦比亚大学的教授不是哥伦比亚大学的雇员，我们（教授）就是大学！"

对于鼓励和培养年轻人，美国大学有他们自己的思路。从政府层面和基金会层面，都有专门给年轻科学家设立的基金和奖项。年轻科学家的科研环境与资深教授基本平等，经常甚至还优于一些年长的教授；并且每个年轻的教授进来的前几年都会为他或她配备一位资深的教授作顾问

（Mentor），为年轻教授指点治学和科研等方面的不解之处。但是天下没有免费的午餐，如果年轻教授在六年的时间内没有有意义的科研成果就只能退出，因为他们在第六年需要进行一次非常严格有时候甚至是残酷的是否成为终身教授的评估（Tenure），所以说这也是美国大学恩威并济的一点。

（七）美国大学的课程设置

美国大学非常重视通识教育，很多大学的本科教育非常的宽泛，各个学科在本科阶段所选的课程有不少共同的东西，也有较大的自由度。一个本科学哲学的学生考上了物理的研究生不是件奇怪的事。同时本科入学后转专业的现象也很普遍。在教学过程中，美国大学非常重视师生在一起的交流与互动，重视培养学生的主动性和批判性思维。美国大学的这些思维模式至少可以追溯到启蒙时期。

美国虽然拥有教育部，但对于美国大学来说形同虚设。美国教育部对于各个大学的课程设置和学生的毕业要求是不过问的。美国大学的课程设置可以说是五花八门、百花齐放。下面以哥伦比亚大学和普林斯顿大学的课程设置为例。

哥伦比亚大学最引以为傲的事就是自己的核心课程设置是万年不变的。所谓的不变不是说具体所授的课程内容不变，而是核心的框架和培养理念不变。所有进入哥伦比亚大学的学生，不管学习哪个专业，必须学习哥伦比亚的核心课程并满足培养要求，核心课程的教学安排非常紧，学生课业压力很大，但核心课程所授内容也成为不同专业的同学在一起交流的话题。以下是具体的核心课程设置和要求。

核心课程	
现代文明	Contemporary Civilization
文学	Literature Humanities
大学写作	University Writing
艺术	Art Humanities
音乐	Music Humanities
科学前沿	Frontiers of Science

(续 表)

	其他要求
三门总共 10 学分的科学课程	Science Requirement (3 courses, 10 points)
全球	Global Core Requirement
外语	Foreign language Requirement
体育	Physical Education Requirement

哥伦比亚大学是以不变应万变,而普林斯顿大学则是与时俱进,他们推出了一项整合科学计划,这是个本科生教学计划。普林斯顿大学的一帮教授们认为把科学机械地分割为物理、化学、生物、计算机等不一定对所有学生以后的发展都有好处,从事科学的学生应该有一种全方位的思维。他们认为未来的科学虽然也是基于不同的传统科学学科,但更多的是跨两个学科甚至更多学科的综合研究。所以普林斯顿大学设计出了一套融合各个科学学科的课程授课方法,不将任何科学学科孤立出来单独授课,而是整合在一起。这项计划只招收少量学生,但非常火,毕业生炙手可热,很抢手。哈佛等其他学校也开始推出类似的教学计划。

三 美国的科学机构

(一) 美国科学院

美国科学院虽然享有盛誉,但它其实是个民间组织。院士头衔没有特权,只是一个学术的荣誉。这些院士组成的是一个具有很大公信力的团体,而不是突出出来的一个个"院士"个人。这个团体是义务服务的荣誉团体,却保持高度的学术权威性。

美国科学院每年会出版涉及各个领域的战略规划、咨询报告等,并对政府提些建议,从科学前沿动向,到美国教育改革,到转基因食品安全等,深得政府、学术机构和民众的信任。

(二) 美国基金会和大学捐款

美国的几个国家基金会是大学科研经费的主要来源之一。一个是国家科学基金会(National Science Foundation),主要资助自然科学的研究。一个是国家卫生基金会(National Institutes of Health),主要资助医学医药等和生命科学有关的研究。另一个就是现任部长是朱棣文的能源部(DOE),资助与能源相关的研究。还有一个非常大的科研基金来源是国防部,美国国防部资助国防相关的(包括在大学里的)科学研究从二战以来就是一个传统。

除了国家支撑几个大基金会以外,美国还有不计其数的私人基金会来资助各自感兴趣的领域的科学研究。例如比尔·盖茨基金会(Gates Foundation),主要支持一些富人不愿意资助的只有贫困地区人民才会得的病的研究,比如可以控制非洲疟疾的医药研究等。除此之外还有很多私人基金会,例如 Packer(HP 里的 P),Sloan,支持中国学生学者的李氏基金(Li Foundation)等等。

各个大学所接受的捐款也是美国科学研究的重要来源之一。下面这个表格是美国几所主要大学在 2011 年时的捐款账户余额。捐款的来源来自毕业后的校友、学生的家长及社会慈善家。可以看到捐款的数目非常的大。

学校名称(School name)	2011 年账户余额(FY 2011 Endowment)
Harvard University(MA)	$32,012,729,000
Yale University(CT)	$19,174,387,000
Princeton University(NJ)	$17,162,603,000
Stanford University(CA)	$16,502,606,000
MIT(MA)	$9,712,628,000
Columbia University(NY)	$7,789,578,000
University of Michigan—Ann Arbor	$7,725,307,000
University of Pennsylvania	$6,582,030,000
University of Notre Dame(IN)	$6,383,344,000
Duke University(NC)	$5,747,377,000

(三) 企业的研发

美国还有一个科研的主力军就是在工业界和企业界层面。最有名的是美国电话电报公司的贝尔实验室。贝尔实验室出了包括朱棣文在内的7个诺贝尔奖。下列的这些重大的科学技术发现:射电天文、晶体管、激光、感光耦合元件(CCD)、信息论、UNIX 操作系统、C 编程语言,C++,很难想象居然全部是出自贝尔实验室这一家研究机构之手。

IBM 也非常支持科研,公司出了4个诺贝尔奖。微软更多地从事应用的研发,但也做基础科学研究,在全球各地都遍布着微软的研发中心,在北京也有一家。还有很多药物公司一直支持美国医药业的科研,例如辉瑞、默克等生物制药公司,他们吸收了美国很大一部分的生命科学博士。

1. 美国 IT 企业对研发的支持

下面两张图表显示的是美国 IT 企业对研发(R&D)的资金支持及与全球总量的对比。可以看到单纯从数字来看,美国 IT 企业对研发的投入非常大,且占到了世界总量的近一半。

Information & Communication Technologies	2009	2010	Q1-Q3 2011
Top U. S. R&D Expenditures	Millions , U. S. $		
Microsoft	8,581.0	8,951.0	6,991.0
Intel	5,653.0	6,576.0	6,042.0
International Business Machines	5,820.0	6,026.0	4,702.0
Cisco Systems	4,994.0	5,711.0	4,371.0
Oracle	2,775.0	4,108.0	3,347.0
Google	2,843.0	3,762.0	3,864.0
Hewlett-Packard Co.	2,768.0	3,076.0	2,440.5
Qualcomm	2,432.0	2,624.0	2,348.0
Apple	1,416.0	1,959.0	1,854.0
EMC	1,627.5	1,888.0	1,589.0

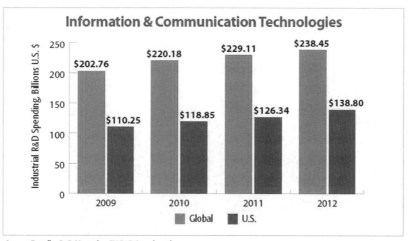

Source: Battelle, *R&D Magazine*, EU R&D Scoreboard

2. 美国医药业对企业研发的支持

美国生物制药公司每年对研发投入的资金也非常大。见下表：

Life Sciences	2009	2010	Q1-Q3 2011
Top U. S. R&D Expenditures	Millions, U. S. $		
Pfizer	7,845. 0	9,402. 0	6,516. 0
Merck & Co.	8,425. 0	8,669. 0	6,048. 0
Johnson & Johnson	6,986. 0	6,844. 0	5,393. 0
Lilly(Eli) & Co.	4,326. 5	4,884. 2	3,665. 5
Abbott Laboratories	2,743. 7	3,724. 4	2,978. 2
Bristol-Myers Squibb Co.	3,647. 0	3,566. 0	2,831. 0
Amgen	2,864. 0	2,894. 0	2,318. 0
Medtronic(e)	1,451. 0	1,491. 0	1,147. 5
Biogen Idec	1,283. 1	1,248. 6	880. 7
Monsanto	1,113. 0	1,241. 0	1,084. 0

Source：Battelle/*R & D Magazine* and Company Information；(e) = estlmated

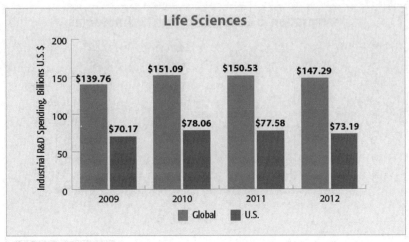

Source: Battelle, *R&D Magazine*

3. 美国企业投入研发资金占年收入比率

2010 年,全球研发投入最多的 100 家公司中,美国 Merck、瑞士 Roche 和美国 Pfizer 列前三位,均属于制药企业,年研发投入超过 90 亿美元。今年推测会是英特尔公司(Intel)第一,每年这个排名会相应变动。[①] 所以可以看到美国的企业是研发的主力。

公司	规模 (人)	年收入 (million USD)	研发投入 (million USD)	研发投入比 (%)
Merck	93000	45987.0	10991.0	23.9
Roche	80653	45530.8	9615.8	21.1
Pfizer	110600	67809.0	9379.0	13.8
Microsoft	89000	62484.0	8714.0	13.9
Bell Lab	28000	~35000.0	~4000.0	11~12
IBM	426751	99870.0	6026.0	6.0

---

① Source:Golcalwin, Wiki。

4. 研发资金来源对比

研发投入的资金是随着 GDP 的增长趋势而顺势增长的。而企业投入的数目和增长趋势比政府投入要大得多。

单看政府对研发的投入，可以看到国防的投入占主要部分。在两伊战争期间，两颗导弹所消耗的资金相当于政府对国家科学基金会（National Science Foundation）一年的投入。

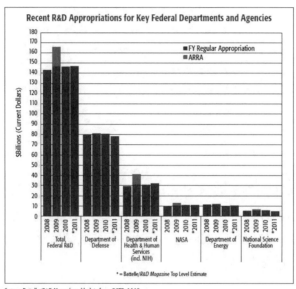

Source: Battelle/*R&D Magazine* with data from OSTP, AAAS

5. 不同研发投入的分工

如下表所示，工业界和企业界主要是承担应用和发展方面的研究，学校主要承担的是基础研究。

	Share of All R&D	R&D Performance				
		Industry	Federal Government	Academia	NonProfit	Totall
Basic Research	18%	20%	7%	60%	13%	100%
Applied Research	22%	72%	8%	13%	7%	100%
Development	60%	91%	6%	1.5%	1.5%	100%
All R&D	100%	72%	8%	16%	4%	—

Source：NSF，2008 National Patterns

6. 美国在海外的研发投资

美国究竟看准了哪个国家呢？从下图可以很明显地看出,美国看上了中国的发展前景,30%的海外研发投入都投向了中国。除中国以外,并列第二位是印度和北美。

Where U.S. Firms Plan to Expand R&D Operations

China	30%
North America	24%
India	24%
Rest of World	22%
Europe	16%
Other Asia	11%
Eastern Europe	10%
Japan	6%

Source: Battelle, *R&D Magazine* Survey

7. 全球各国研发投入对比

从下面两张图表可以看到,令人欣慰的是中国对研发的投入已经逐渐在追赶美国。可以预测,假如中美两国的研发投入均按当前的增长速度,在2023年中国将超越美国。

Rank	Country/Region	Expenditures on R&D (billions of US$, PPP)	% of GDP PPP	Year	Source
1	United States	405.3	2.7%	2011	[2]
2	China	296.8	1.97%	2012	[3]
3	Japan	160.3	3.67%	2011	[4]
4	Germany	69.5	2.3%	2011	[2]
5	South Korea	55.8	3.74%	2011	[4]
6	France	42.2	1.9%	2011	[2]
7	United Kingdom	38.4	1.7%	2011	[2]
8	India	36.1	0.9%	2011	[2]
9	Canada	24.3	1.8%	2011	[2]
10	Russia	23.8[n1]	1.0%	2011	[2]
11	Brazil	19.4	0.9%	2011	[2]
12	Italy	19.0	1.1%	2011	[2]

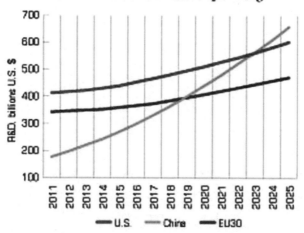

U.S. - China - EU Annual R&D Spending

Source：Martin Grueber，Research Leader，Battelle and Tim Studt，Editorial Director，Advantage Business Media.

　　从专利的数量来看，中国也在世界前列，但美国排在日本之后位列第二。这个数字显然不能完全说明国家的科技水平，因为目前很难说哪项专利是有应用价值的，所以除了看数量还要看质量。

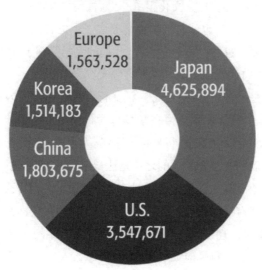

Total Patent Volume, 2003 to 2009

从科研人数的对比来看,中国在 2007 年已经和美国旗鼓相当。

Key Indicators on World Researchers				
	Researchers(thousands)		World Share Researchers(%)	
	2002	2007	2002	2007
World	5,811	7,209	100.0%	100.0%
Developed countries	4,048	4,478	69.7%	62.1%
Developing countries	1,734	2,697	29.8%	37.4%
Americas	1,628	1,832	28.0%	25.4%
Asia	2,065	2,951	35.5%	40.9%
Europe	1,871	2,124	32.2%	29.5%
U.S.	1,342	1,426	23.1%	20.0%
China	810	1,423	13.9%	19.7%

Source：Thomson Reuters.

结 语

虽然中国在上述的指标上已经逐渐赶上,但对比美国,中国国内的大学依然很穷,仅从大学接受的捐款一项就可以很好地说明这一点。其次,我们需要承认,中国的大学与科研在理念、体制、机制等方面仍然远远落后于美国。再次,中国大学的思想、文化很单一,且总是注重培养学生的单一技能,而不是整体的"育人",也就是把学生培养成一个更有能力、更全面的人才。这个理念是需要改进的。最后一点是,我们的大学受制于社会大环境,如果整体社会都在"向钱看",那大学又怎样独善其身呢?

科学不只是一种技能,它更是一种文化。有一句被爱因斯坦所推崇的关于教育的名言:"如果你忘掉在学校里学的所有东西,剩下来的就叫教育。"所以科学是要渗透在每个人的世界观、人生观、生活态度、思维方法、素质等方方面面的。教育的目的之一是让学生感受、理解这一文化,并学会终生受它不断地熏陶。文化也会反过来影响科学。一个民族、一个国家的文化对科学发展有巨大影响。我们需要把科学教育做得多元、兼容并包、理性探讨、不设禁区。理工科比较容易做到不设禁区,由于科学与文化相互影响、相互渗透,人文社科也应如此。

最后,送一段名言给莘莘学子,那就是:"世界是你们的,也是我们的,但归根结底是你们的。你们青年人朝气蓬勃,正在兴旺时期,好像早晨八、九点钟的太阳。希望寄托在你们身上。世界是属于你们的。中国的前途是属于你们的。"

（作者为北京大学物理学院教授）

第八讲

美国的新闻与传播

范士明

　　随着信息时代的到来，新闻传播本身连同它所产生的社会、经济、政治等方面的作用或影响，在各个国家都成为非常热门的话题。传媒是信息的载体，人们对自己、对国家、对社会的了解在很大程度上都依赖新闻媒体。新闻媒体在人们的日常生活中起到了相当大的作用。新闻媒体不仅传播客观信息，也分享观点、思想并塑造舆论。我们所感知的世界，往往是被新闻媒体选择和解释过的。媒介的报道不但是对现实世界片段的再现，甚至是对后者的重构。媒体具有政治性、商业性和公共性，如今又具有了明显的跨国性和互动性。但是，不同国家的思想文化不同、政治制度不同、发展阶段不同，媒体在社会中的地位和作用也很不相同。同样一件事情，通过不同国家的媒体报道，可能会在受众中造成截然相反的印象。新闻理念和媒介制度是造成这种现象的主要原因。

　　本讲主要讨论美国的新闻与传播，大致包括五个方面的内容：一是新闻传播在美国社会经济政治中的地位，即其对于社会的渗透，从而观察其功能和影响力；二是美国的自由主义新闻理念和新闻价值观，这有助于我们理解美国新闻媒体喜欢报道什么样的新闻以及为什么那样子报道新闻；三是美国新闻发展史上的重要人物和事件，虽然我们不能在这么短的篇幅内全面介绍这些重要人物和事件，但至少可以让大家有所了解；四是目前美国新闻传播体系的格局和特点，包括主要的新闻机构及其布局和机构特点；五是美国新闻媒体与政府的关系。

一 新闻媒体对美国社会的渗透

新闻媒体对美国社会、经济和政治生活有很大的影响。我们从三个方面来理解。

首先是新闻媒介对美国人民日常生活有很大的影响。这种影响我们可以通过以下一些数据和图画来展现。

Utilization and Number of Selected Media:2000 to 2009

Media	Unit	2000	2002	2003	2004	2005	2006	2007	2008	2009
Households with—Telephones[1]	Millions	100.2	104.0	107.1	106.4	107.0	108.8	112.2	112.7	114.0
Telephone service[1]	Percent	94.1	95.3	94.7	93.5	92.9	93.4	94.9	95.0	95.7
Land line households with wireless telephone[2]	Percent	(x)	(x)	(x)	(x)	42.4	45.6	58.9	58.5	59.4
Wireless-only[2]	Percent	(x)	(x)	(x)	(x)	7.3	10.5	13.6	17.5	22.7
Radio[2]	Millions	100.5	105.1	106.7	108.3	109.9	110.5	110.5	115.6	114.0
Percent of total households	Percent	99.0	99.0	99.0	99.0	99.0	99.0	99.0	99.0	99.0
Average number of sets	Number	5.6	5.6	8.0	8.0	8.0	8.0	8.0	8.0	8.0
Total broadcast stations[4,5]	Number	(NA)	26,319	26,613	26,254	27,354	27,807	29,593	29,832	30,503
Radio stations	Number	(NA)	13,331	13,563	13,525	13,660	13,837	13,977	14,253	14,420
AM stations	Number	4,685	4,804	4,794	4,774	4,757	4,754	4,776	4,786	4,790
FM commercial	Number	5,892	6,173	6,217	6,218	6,231	6,266	6,309	6,427	6,479
FM educational	Number	(NA)	2,354	2,552	2,533	2,672	2,817	2,892	3,040	3,151
Television stations[5]	Number	1,663	1,719	1,733	1,748	1,750	1,756	1,759	1,759	1,782
Commercial	Number	1,288	1,338	1,352	1,366	1,370	1,376	1,379	1,378	1,392
VHF TV band	Number	567	583	585	589	588	587	583	582	373
UHF TV band	Number	721	755	767	777	782	789	796	796	1,019
Educational	Number	(NA)	381	381	382	380	380	380	381	390
VHF TV band	Number	(NA)	127	127	125	126	128	128	129	107
UHF TV band	Number	(NA)	254	254	257	254	252	252	252	283
Cable television systems[6]	Number	100,400	9,900	9,400	8,875	7,926	7,090	6,635	6,101	6,203
Cable subscribers	Millions	66.1	64.6	64.8	65.3	65.3	64.9	65.9	66.2	65.8
Cable availability (passed by cable)	Millions	91.7	90.7	90.8	91.6	92.6	94.1	95.1	95.4	95.5
Broadband subscribers:[7] Totalfixed broadband[8]	Millions	6.8	19.4	27.7	37.4	47.8	60.2	70.2	75.7	80.7
Mobile Broadband	Millions	(NA)	(NA)	(NA)	(NA)	(NA)	(NA)	(NA)	25.0	52.5

以上表格是在本世纪的第一个十年里有关美国媒体普及率的一份统计数据,其中包含了美国收音机、电视机、宽带的家庭普及率,其拥有的电视台、广播电台及其他一些传播媒体的数量,等等。大家可以看出来,传统的电子媒体,例如收音机、电视机等,在美国的普及几近饱和并且使用率逐渐下降,而在这背后,网络媒体、社交媒体正迅速发展。由表中有关传播机构的数量及其能影响的受众的数字,我们可以感到,美国是一个媒体高度渗透的社会。

联合国教科文组织通常用每千人拥有的媒介终端来表示媒介的普及率。来自联合国教科文组织的数据显示,美国是电视机拥有量最高的国家,每千人大约拥有 850 台左右。同样来自联合国教科文组织的数据显示,美国人的报纸拥有量并非最高,最高的是北欧国家和日本。美国大概处于第二梯队,数量约在每千人 200—300 份之间。

以上是普通印刷媒体和电子媒体在美国的普及情况。下面这张表格说明了最近三四十年,特别是近十年来,报纸对美国人社会生活的影响正在逐渐下降。这一趋势也是随着电视及互联网等新媒体的出现而产生的。

Daily and Sunday Newspapers—Number and Circulation

Type	1970	1980	1990	2000	2002	2003	2004	2005	2006	2007	2008	2009
NUMBER												
Daily: Total[1]	1,748	1,745	1,611	1,480	1,457	1,456	1,457	1,452	1,437	1,422	1,408	1,397
Morning	334	387	559	766	777	787	814	817	833	867	872	869
Evening	1,429	1,388	1,084	727	692	680	653	645	614	565	546	528
Sunday	586	736	863	917	913	917	915	914	907	902	919	
NET PAID CIRCULATION (mil.) Daily: Total[1]	62.1	62.2	62.3	55.8	55.2	55.2	54.6	53.3	52.3	50.7	48.6	46.3
Morning	25.9	29.4	41.3	46.8	46.6	46.9	46.9	46.1	45.4	44.5	42.8	40.8
Evening	36.2	32.8	21.0	9.0	8.6	8.3	7.7	7.2	6.9	6.2	5.8	5.5
Sunday	49.2	54.7	62.6	59.4	58.8	58.5	57.8	55.3	53.2	51.2	49.1	46.8
PER CAPITA CIRCULATION[2]												
Daily: Total[1]	0.30	0.27	0.25	0.20	0.19	0.19	0.19	0.18	0.18	0.17	0.16	0.15
Morning	0.13	0.13	0.17	0.17	0.16	0.16	0.16	0.16	0.15	0.15	0.14	0.13
Evening	0.18	0.14	0.08	0.03	0.03	0.03	0.03	0.02	0.02	0.02	0.02	0.02
Sunday	0.24	0.24	0.25	0.21	0.20	0.20	0.20	0.19	0.18	0.17	0.16	0.15

在以往的研究中,去教堂的次数和时间是衡量西方人在社会化过程中所受影响的重要指标。教堂同课堂一样,也是一种传统的信息传播方式。

然而,美国现在的研究显示,当代美国人接触媒体的时间远远超过去教堂的时间。传播媒体在人的社会化过程中的影响已经远远超过传统方式。

其次,我们看看新闻媒介对美国经济的影响。美国的新闻传播行业从 19 世纪中叶报刊走向商业化开始,逐渐发展成为一个越来越庞大的产业,具有和汽车、石油等产业一样的经济功能:雇佣大量人员,以及创造巨大的经济价值。事实上,早在 20 世纪 90 年代,美国的信息传播产业(准确而言,是指包括信息娱乐新闻传播这样一个大类的传播产业)就已经超越传统产业,成为美国雇佣人数最大的产业。到 2008 年的时候,美国信息产业雇佣的人数为 343 万多人。与新闻媒介直接相关的产业也非常庞大。最而显见的是广告业(见下表)。除此以外,教育、印刷、娱乐、办公室租赁、设备制造等等方面的上下游产业,构成巨大的链条。从下面两张表中的数据可以看出,传播机构雇佣的人数众多,其产值也相当惊人。美国人想到新闻机构首先认为它是一家"公司"(company),然后认定它属于一种"产业"(industry)。所以,在美国,新闻媒体的首要属性不是政治性,而是商业性和产业特征。这与在中国突出新闻机构政治性和事业单位属性的情况相当不同。对媒体基本属性的看法,显然也取决于观念和制度。

Information Industries—Type of Establishment, Employees, and Payroll: 2008

[(3,434.2 represents 3,434,200). Excludes self-employed individuals employees on private households, railroad employees, agricultural production employees, and most government employees. For more information see source and Appendix III]

Industry	2007 NAICS code [1]	Establishments				Employees [6] (1,000)	Annual payroll (mil. dol.)
		Total [2]	Corporations [3]	Sole proprietorships [4]	Non profits [5]		
Information industries.................	51	141,554	76,024	8,288	5,130	3,434.2	233,641

Forecast Summary—Media Supplier Advertising Revenues: 2000 to 2010

[In millions of dollars (177,500 represents $177,500,000,000). See source for definitions of types of advertising]

Media supplier	2000	2004	2005	2006	2007	2008	2009	2010
Total supplier ad revenue	177,500	188,942	196,668	204,889	205,847	194,328	163,184	170,456
Total [1]	175,535	186,979	196,398	202,701	205,523	191,951	162,744	167,936
Direct	31,108	39,688	42,477	45,882	48,680	48,190	42,444	42,484
Direct mail	18,250	22,559	23,085	24,478	24,890	23,459	19,853	20,604
Direct online [2]	560	4,440	6,371	8,785	11,355	13,554	13,656	15,022
Directories [3]	12,299	12,689	13,021	12,619	12,435	11,177	8,934	6,858
National	53,494	55,699	59,200	61,858	64,498	63,132	56,797	61,009
National television [3,4]	25,574	31,452	33,231	33,712	34,820	35,141	33,723	36,210
Magazines [3]	19,025	17,961	19,341	20,373	20,975	19,533	15,554	15,623
National digital/online [5]	5,665	3,541	3,931	5,067	6,098	6,057	5,549	7,144
Network and satellite radio	1,065	1,175	1,161	1,178	1,226	1,220	1,100	1,145
National newspapers [3]	2,165	1,570	1,527	1,527	1,379	1,180	873	887
Local	90,933	91,591	94,721	94,961	92,345	80,630	63,504	64,443
Local newspapers [3]	46,506	45,133	45,880	45,074	40,830	33,559	23,949	21,909
Local TV [3,6]	18,530	20,047	21,281	21,023	22,001	19,706	16,995	18,670
Local radio [3]	18,819	18,932	19,018	19,031	18,476	16,536	13,203	13,847
Emerging outdoor	195	377	425	545	741	914	920	1,146
Other outdoor	5,040	5,457	5,876	6,260	6,542	6,077	4,980	4,997
Local digital/online [5]	1,843	1,645	2,241	3,028	3,755	3,837	3,456	3,874
Political [7]	1,180	1,259	270	1,538	324	1,777	439	231
Olympics [8]	785	704	–	650	–	600	–	488

– Represents zero. [1] Excludes political and olympic revenue. [2] Includes paid search, lead generation and Internet yellow pages. [3] Excludes Internet-based advertising revenues. [4] Includes English and Spanish-language network TV, national cable and national syndication. [5] Includes incremental olympic revenues. [5] Includes rich/online video, Internet classifieds, e-mail, digital display and mobile. [6] Includes local broadcast and local cable TV. Excludes local political advertising revenues. [7] Total political advertising revenue on local broadcast and local cable TV. [8] Incremental advertising revenue from olympics on network TV.
Source: MAGNAGLOBAL, New York, NY, (copyright), <http://www.magnaglobal.com>.

新闻媒体不仅自身具有产业的属性，也作为一种经济运行的润滑剂，促进其他产业的发展。例如，有些媒体属于专业性的经济类媒体，像美国的《华尔街日报》、彭博通讯社、CNBC 电视等。它们发布、分享的信息，诸如股市、汇市、油价、金价等，对经济活动有重要作用。一些媒体有专门的节目或栏目，从专业角度对经济发展进行探讨，包括行业走势、股市风向、管理经验、经济起落、技术发展方向等等，对企业或投资人具有指导、参考作用。好的经济类媒体，对于经济的良好运行具有不可替代的功能，而一则新闻引发股市、油价震荡的故事也不止一次出现。

再次，媒介对美国政治具有深刻影响。媒介在美国政治中的作用一般有以下五个方面：一是作为公众耳目的信息功能。提供信息是媒介最基本的社会和政治功能。美国民主政治机制运作的前提，是人们能够很好地了解政治，而新闻媒体——特别是它们的新闻版块——主要承担着这个任务。媒体让公众看、让公众听、让公众知情，从而提高了公众的知情度，支撑了政治参与。在被问到媒体基本功能的时候，美国新闻人最普遍的回答是"告知"（we just inform），而不同于在中国普遍被认同的"舆论引导"。二是新闻媒体的舆论表达功能。美国新闻媒体的编辑原则提倡新闻和意见分开，虽然舆论表达不可避免地会夹杂在新闻里，但主要还是体现在社论、言论、访谈、脱口秀等板块中。美国的报刊电视，不能公开做"党和政府的喉舌"，但会成为各种意见领袖、利益集团包括普通公众的发声筒，政府官员作为一种消息源也不会放弃这个"阵地"。三是媒体的教化功能和政治社会化功能。美国媒体的教化功能多为隐性的，或者更多是寓教于乐的，直截了当的政治宣讲比较少见。在动画片、电视剧和搞笑的政治脱口秀节目中，什么样的政治价值是可推崇的、什么样的政治行为是不可接受的，实际上就通过褒贬扬抑潜移默化地进入受众的头脑了。2014 年春，一部美国电视剧《纸牌屋》风靡大洋两岸，其传达的政治观念实际上非常明确。处在美国社会中的人通过分享不同的媒体信息或在媒体发表意见，从而建立起一个个社群（community）。例如，自由派习惯于《纽约时报》或者 CNN，而保守派可能更喜欢《华盛顿时报》或者 FOX。反过来，也可以说是这些媒体把他们连接在一起。四是新闻媒体的监督功能。美国的媒体被称为立法、司法、行政以外的"第四权力"，是政治权力的重要制衡器，它通过舆论对权力进行监督。美国媒体对有权势的人物和部门往往持批判的立场,被称为"看门狗"(watchdog)。美国历史上著名的"水门事件"和"莱温斯基事件"等,都是媒体对国家领导人实行监督功能的生动体现。前者导致尼克松总统被弹劾,后者导致克林顿总统颜面扫地。五是新闻媒体的政策功能。媒体对决策是有影响的,特别是对议程设置有很大影响。媒体的关注会使决策层去讨论某项事件,使其在决策者的关注榜单中位置上升。美国有一个概念叫"CNN 效应",指的是以 CNN 为代表的实时新闻报道对舆论和决策的影响。它使得民众的注意力都集中到媒体大量报道的事件上,逼着政府做出响应。1993 年美国在索马里的人道主义干预事件,就是一个生动的例子。

以上三个方面,简要地说明了新闻媒体对美国人民日常生活及经济和政治的影响。我们可以说,美国是一个高度媒介渗透或者说高度"媒化"的社会,媒体是社会生活的重要参与者。作为告知者(informer),媒体提供的信息使公众知情,而公众知情是参与理性讨论的前提;作为解译者(inter-preter),媒介为所发生的新闻事件提供背景和解释,为公众形成看法提供了一个框架;作为讲坛主持者(opinion-maker),它提供了进行意见交流(锋)的场所,并决定什么人在此有更多的时间/利用更大的空间发表意见;作为政策催化者(catalyst),媒介被试图影响政策的政府内外各种力量所利用以促进有利于各自利益的决策,影响决策环境。

二　美国的自由主义新闻理念

一个社会中,媒体信奉的新闻理念和新闻价值往往是政治文化和政治价值的产物。新闻理念是政治理念的一部分,有什么样的政治理念就会相应产生什么样的新闻理念。

在美国,主导的新闻理念是自由主义的。自由主义在传播方面的主张基于以下假设:人是理性的,受众有能力明辨是非、作出选择;强调个体自由和人的平等,反对以集体的名义压制思想和表达自由,否认精英高人一等,对大众有指导作用;媒体应该是多样和独立的,应该存在一个"观点市场";政府不是万能的,应该接受舆论监督;对传播的调控应主要依据市场和法制,拒绝政府行政干预。

自由主义新闻理念的特点可以通过其与威权国家新闻理念的对比中

看出：

威权国家新闻理念的假设：

A 政府是最了解大众利益的，会照顾大众；

B 新闻媒体不应该攻击政府，应该相信并唤起对政府政策的支持；

C 新闻或娱乐节目应该按照给定的社会价值选择的；

自由主义新闻理念的假设：

A 政府是容易犯错的和不值得信任的；

B 新闻媒体不应该支持政府，而是应该对于政府政策出现的失误进行批评和攻击，应该采取一个批判性而非支持的态度；

C 选择的标准是受众的喜好

在对美国的新闻记者所进行的调查中，记者对于自身所扮演的最重要角色的认知也证实了自由主义的新闻理念相对占上风。"把信息尽快告知公众""对政府的说辞进行查证""做政府和大企业的反对者"等等答案，排在选项的前头，显示出新闻从业者内心"反政府""反权威""反资本"的自由主义倾向。

如果说新闻理念是一种意识形态，那么媒体的新闻价值观（news value）更像是指导其日常运作和工作的行为准则。在这里，新闻价值主要指的是选择新闻的标准，也就是什么是新闻、什么是好新闻。在自由主义的理念下，商业化、自由化的新闻媒体判断新闻价值的主要标准是受众的偏好。通过研究，学者们已经总结出了一些西方媒体看待新闻价值的一些特点，即具有何种特质的新闻会更受媒体、记者的青睐：

一是影响力。一个事件可能影响的人越多越有新闻价值。二是及时性。这一点也不言而喻，新闻是讲求"快"和"新"的消息。新闻高度"易腐"。三是接近性。接近性是指事件在心理、文化、地理、利益上和受众越相关，其新闻价值就越高。这一点也很好理解，北大学生自然更关心有关北大的新闻；越南媒体不会关心美国媒体如何报道中国，而会更关心美国如何报道越南。这就是接近性原则。而美国媒体报道国际新闻，会更多考虑美国人喜欢看什么、希望看到什么。下图中，"relevance"在新闻注意力排名中独占鳌头，证实了接近性的价值标准。

Reasons for Attention or Inattention to News Stories

Reasons for attention	Percent	Reasons for inattention	Percent
Personal relevance	26	Missed the story	47
Emotional appeal	20	No interest	28
Societal importance	19	Too remote	10
Interesting story	15	Too busy	6
Job relevance	12	Doubt media	3
Chance reasons	1	Too complex	3
Miscellaneous	7	Redundant/boring	2
		Doubt story	1

Source: Doris A, Graber, *Processing the News: How People Tame the Information Tide*, 2d ed. (New York: Longman, 1988), p. 102. Copyright @ 1988 by Longman Inc. Reprinted by permission of Longman Inc.

Note: $N = 453$ for reasons for attention; 1,493 for reasons of inattention.

　　四是显要性。越涉及有名、有钱、有地位的人,相对新闻价值就越高。克林顿家的猫和布什家的狗会成为记者追逐的对象,是因为沾了总统的光。明星政客的被曝光率当然要高于普通人,这也是做名人的代价。五是异常性、冲突性。如果一件事情显示出不同寻常,或者表现出在智力、体力、文化等方面有所冲突,这件事情就具有新闻价值。直观上看,美国媒体倾向于报道"坏事"而不是"好事"。中美关系平稳发展不会成为新闻,出现波澜才会成为新闻。正所谓,"狗咬人不是新闻,人咬狗才是新闻"。就是这种异常性、冲突性体现在对中美关系的报道中,因此一定是负面的报道比较多。这同中国倡导正面报道又有所不同。

　　关于"在不同时期(1986—2006),什么样的事情是受到关注的"的调查结果显示,灾难和冲突一直排名靠前。

　　六是人情味。有人情味的新闻指能够唤起人的喜怒哀乐、悲欢离合以及生老病死等各方面感受的新闻。

　　以上这些新闻价值观是影响美国新闻机构和新闻从业人员工作的一些基本行为准则,也是美国媒体进行报道对象选择的重要依据。它们与中国占主导地位的新闻理念和新闻价值观有很大的区别。如果我们习惯性地用中国的新闻理念和价值观去衡量美国媒体的表现,多半会是不满意的。

在美国自由主义新闻理念发展历程中,一些具有深远影响的重要事件也是我们应该有所了解的。

曾格事件与批评官员的权利　曾格事件对美国早期历史上的新闻自由产生过重要影响。曾格(J. Zenger)是一位来自德国的移民、纽约出版商。1733年,他创办《纽约周报》(*N. Y. Weekly Journal*)。由于该报讥讽了州总督,曾格被抓进监狱,报纸在他妻子安娜的主持下坚持出版。1735年8月开庭审理此案。按照当时英国的传统法律,凡是批评官员的,即使是事实,也是诽谤,理由是会引起社会不安、破坏社会稳定。但律师向陪审团论证了"谎言才构成诽谤"的原则,陪审团最后宣布曾格无罪。对官员进行批判的权利被认为是检验新闻出版自由的试金石,发生在早期的"曾格事件"虽然不大,却是美国新闻出版自由观念的滥觞。通过这次审判,新闻媒体批判官员的自由得以确立。这一事件二百二十年之后,美国新闻界在当年审判曾格的纽约市政厅原址开辟了"曾格纪念馆",竖立起一尊曾格的铜像,表彰其在二百多年前确立的新闻媒体有权利批判官员的先例。

杰斐逊与宪法修正案第一条　美国1789年宪法修正案第一条的内容是:"国会不得制定关于下列事项的法律:确立国教或禁止信教自由;剥夺言论自由或出版自由;或剥夺人民和平集会和向政府请愿伸冤的权利。"这条修正案对美国新闻自由具有重要影响,是美国新闻自由和言论自由的护身符。对于这条法案的制订,杰斐逊功不可没。

在美国的"建国之父"们讨论宪法时,制定者对言论出版自由曾有激烈的争论。托马斯·杰斐逊在与联邦党人的辩论中,为争取平民参政和言论自由、新闻自由方面做出了巨大的努力。他提倡人民主权,鼓吹出版自由,不仅在独立战争中,而且在革命胜利后,继续高举言论自由的旗帜,捍卫共和政体。他的一句话是几乎美国所有新闻教科书都会提到的:"假如让我决定我们应该要政府不要报纸,还是要报纸不要政府,我将毫不犹豫地选择后者。"在杰斐逊的推动下,言论出版自由作为权利法案的第一条被写入宪法,为美国新闻自由传统的确立奠定了坚实的法律基础。之后,美国的新闻媒体在相当长的时间里处于"不受政府限制"的自由发展状态。

"沙利文诉《纽约时报》案"与政府应容忍错误批评　1960年,一家致力于种族平等的机构在美国最大的报纸《纽约时报》上刊登了整版广告,抨击阿拉巴马州警方对示威学生施行的"滥用公权的暴力行为"。广告引发了警方的强烈不满，阿拉巴马州首府蒙哥马利市的警察局长沙利文将《纽约时报》社告上法庭，指责对方"诽谤"。因为广告部分内容的确失实，《纽约时报》一审二审先后败诉，并被要求向沙利文赔偿50万美元。这给这家创办于1851年的著名报纸带来了一场巨大的危机。不过，在报社最后一次上诉中，美国联邦最高法院却撤销原判，并且宣布：媒体对官员错误的批评应当受到容忍。在这场与警察局长的对决中，《纽约时报》获得了最终的胜利。此案重新界定了新闻媒体批评官员的尺度。

"五角大楼文件泄密案"与保守国家秘密　1971年6月13日，《纽约时报》抛出"重磅炸弹"，头版刊载《越南问题档案：五角大楼研究报告回顾三十年来美国不断加深的卷入》，以6版的篇幅，刊出美国多年以来在印度支那的相关秘密活动，并以总统命令、公报、建议、备忘录、电报等文件支持。这就是轰动一时的五角大楼泄密案。当时美国正处于越战中，美国时任司法部长米切尔"客气"地建议不要再刊登"五角大楼文件"，以免危害国家安全，却被报社婉拒。他再警告：这一泄密事件，对美国国防利益正在造成不可弥补的损失，政府要向法院提起公诉。《纽约时报》还以颜色，6月15日，头版刊登司法部部长进行赤裸裸威胁的特大新闻，并连载"五角大楼文件"第三部分。6月18日，另一大报《华盛顿邮报》也开始刊载"五角大楼文件"，加入这场维护新闻自由的战斗。美国政府在纽约与华盛顿两地展开起诉。6月25日，美国最高法院开庭，审理五角大楼文件泄密案。6月30日，最高法院以6票对3票的表决结果一锤定音：《纽约时报》胜诉，美国政府败诉。

此案告诉人们，当国家利益、国家安全与民众知情权和新闻自由发生冲突时，美国如何抉择。很显然，美国最高法院的判决结果表明，新闻自由和民众知情权被置于了国家利益之上；保密是政府的责任，但不是媒体的责任。"在涉及国家安全问题中，'新闻自由'的自由程度不断提高，最常援引的'明显而现存危险'原则从最初的消极性限制原则逐渐发展为肯定性允许原则。这标志着对新闻自由限制的法律规定实质上是对政府的限制大于对言论的限制，除了对明显危害国家安全的行动进行约束之外，更多的是对新闻自由和言论自由的保护。"（张馨元《记者摇篮》）

三　美国新闻传播史上的重要事件和人物

　　尽管美国自身的历史并不算太长,但就现代西方民主实践而言,美国又是民主历史非常悠久的国家。在其建国以来的二百多年时间里,有相当数量的杰出历史人物和重要事件涉及新闻传播。我们下面尝试对美国新闻传播发展史上的重要人物和事件作一简单梳理。

(一) 报刊与美国的独立

　　美国独立、建国的历史一开始就与新闻传播紧密联系在一起。美国的第一份报纸是 1690 年本杰明·哈里斯出版的《国内外公共事件报》。该报一开始就触犯了英国殖民政府的出版许可法,被总督与行政会议责令停刊,哈里斯被捕入狱。早期政治活动家和新闻传播人中,广为人知的是富兰克林和潘恩。前者不仅是美国革命时期的资产阶级民主主义思想家、杰出的政治活动家、科学家、外交家,更是美国历史上早期的优秀报人和舆论家,他在《新英格兰报》发声,后接手费城的《宾夕法尼亚报》,使其成为当时发行量最大、广告收入最高的报纸,又参与草拟《独立宣言》。托马斯·潘恩生于英格兰,在伦敦遇到富兰克林之后,于 1774 年末移民北美,在《宾夕法尼亚报》做编辑。1776 年 1 月 10 日,其著作《常识》发表,引起轰动,总共售出了 50 万册。有评价说,"潘恩的《常识》比任何一个出版物都更能说服舆论支持北美的独立"。这一时期《波士顿公报》《马萨诸塞侦查报》(该报首先报道了莱克星顿的第一枪)等比较著名。在促发和引领美国从英国殖民地摆脱出来的斗争中,印刷媒体的沟通、鼓动功不可没。

(二) 商业报刊 VS 政党报刊

　　1783—1860 年间,美国的政党是办报刊的主力。这一时期,报纸依靠来自政党的资金支持,政党则借由报纸来传播其政见。民主党的主要机关报是《华盛顿环球报》,共和党的报纸以《春田共和报》为代表。两大政党的报纸政论多、新闻少;党派性强、可信度差;读者少、销量低。到 19 世纪六七十年代,政党报刊逐渐退出报业历史舞台。

　　从 19 世纪中期开始,美国进入了纸媒大发展的时期。报纸的商业化是从瞄准发行量的廉价报纸开始的,"便士报"应运而生。从早期的《太阳报》和《纽约先驱报》到《纽约论坛报》,美国的大众报纸走过了从夸张和猎奇等简单的煽情主义到注重专业性和社会责任感的发展道路。这时候,报纸的受众定位非常明确,确立了服务大众的观念,形成了摆脱政党控制、也摆脱广告与资本左右的新闻独立意识。美国一些主要的、主流的报纸,如现在成为美国报业中流砥柱的《纽约时报》(始于1851)、《洛杉矶时报》(始于1881)、《华盛顿邮报》(始于1887)、《华尔街日报》(始于1889)等,都是在这一时期起步的。

19世纪末期,普利策的《纽约世界报》和赫斯特的《纽约新闻报》展开激烈竞争,标志性内容是以"黄孩子"为主人公的连环画《霍根小巷》。"黄色报刊"风靡一时。在这一过程中,报刊形成集团化,出现了"报业大王"。极端煽情的黄色新闻因为降低了新闻的标准而饱受诟病。普利策后来厌于这种竞争,开始致力于培养专业性的新闻人才并使新闻服务于公众。普利策去世后,按照他的遗愿,在哥伦比亚大学捐建了新闻学院,设立普利策新闻奖。该奖成为美国报界的最高荣誉和美国记者的职业奋斗目标。

(三)"扒粪运动"和社会监督

19世纪后期,美国经济虽然高速发展,成为世界第一,却未普遍惠及大众。财富高度集中,市场出现垄断,贪官奸商沆瀣一气。城市的发展,也带来许多新的问题。大量的移民,导致城市公共卫生、基础设施、行政能力等等方面不能满足人们需要。政府软弱无力,企业纠纷、劳资纠纷、城乡矛盾得不到解决。这是美国历史上进步的时代,也是问题成堆的时代。

公众的关注、黑幕揭露者自身的责任感以及大众杂志所提供的宽松平台,催生了1903—1912年这十年间轰轰烈烈的扒粪运动(Muckraking)。在这场挖黑、揭丑、打假的报刊大战中,有新闻人对这些社会问题刨根问底,对腐败、欺诈等等进行了无情的揭露,调查性报道深入人心。报刊业给这些人创造了宽广的舞台,低廉、通俗的大众杂志报纸则拥有广泛的读者群和影响力。揭露黑幕的文章与民众的生活和权利休戚相关,此类新闻报道迅速成为人们关注的焦点。持续十来年的报刊揭黑推动了美国政府的一系列改革,强化了新闻媒体的舆论监督作用。例如,美国食品药品管理局(FDA)

和相关法律的完善，就是由于这一时期轰动世界的关于美国食品安全的新闻报道催生的。

（四）广播、杂志、电视三英雄

20 世纪，美国的大众传播业从报刊一统天下迈向广播、电视时代。这里，有三个名字分别与美国的广播、杂志和电视联系在一起，成为 20 世纪 30—80 年代美国新闻界的代表人物。他们分别是爱德华·默罗、亨利·鲁斯以及沃尔特·克朗凯特。

30 年代是美国广播大发展的年代，美国的全国广播公司（NBC）和哥伦比亚广播公司（CBS）迅速崛起。1935 年，默罗进入 CBS 做了一名广播记者，后前往伦敦任欧洲记者站负责人。1938 年 3 月 12 日，德军进占维也纳。默罗向美国公众广播了第一篇现场报道，这是美国广播史上第一次国际"现场直播"。默罗通过广播对欧洲局势的持续报道，对推动美国民众关心天下事进而摆脱孤立主义发挥了正面作用。后来，默罗又站在战争一线，对不列颠之战进行报道。"这里是伦敦……"飞机的轰鸣声、炸弹的爆炸声连同默罗的嗓音一起，把美国和英国连接在一起。默罗名声大噪，凸显了当时广播的威力。二战后默罗主持 CBS 开办的第一个电视纪录片节目，成为电视新闻的先驱之一。1961 年他出任美国新闻署署长，从事公共外交。

亨利·鲁斯以他的杂志王国而成为 20 世纪中期美国新闻传播史上的传奇人物。亨利·鲁斯出生于中国山东省蓬莱市，是美国传教士的儿子。1923 年，在耶鲁大学毕业三年后，他创办了《时代周刊》，开创了周刊概念的媒体。30 年代，又先后创办《财富》杂志和《生活》画报，并进而组成了美国最大、最有影响的出版托拉斯企业——时代出版公司，被称为"传媒帝王"。鲁斯与罗斯福等美国权势人物关系密切。1941 年，亨利·鲁斯在《生活》上发表著名文章《美国的世纪》，被英国前首相丘吉尔称为"美国最有影响力的七个人之一"。他有很深的中国缘，与蒋介石、司徒雷登等是密友，并曾担任过燕京大学副校长。现在北大湖心岛上还有个名为"鲁斯亭"的亭子。亨利·鲁斯虽然大力支持援华抗日，但亲蒋反共，多次打压批评蒋政府的记者。据统计，在鲁斯执掌《时代》的几十年间，蒋介石夫妇前后十几次登上封面，成为美国家喻户晓的"中国第一伉俪"，从而为美国政府二战后的

"支蒋反共"政策奠定了舆论基础。《时代》和《财富》周刊直到今天仍然拥有超出美国国界的巨大影响力。

　　克朗凯特是美国电视时代的杰出代表。虽然电视 30 年代就已经在美国出现，但是三四十年代是试播阶段，而且由于战争影响，发展比较缓慢。到了 50 年代，电视才算真正发展起来，普及进入美国家庭。提到电视，就必须提到克朗凯特。1962—1981 年间，克朗凯特担任美国哥伦比亚广播公司（CBS）《晚间新闻》节目主持人，一度是 CBS 的新闻台柱。在那个动荡的年代，美国经历了越战、肯尼迪总统遇刺、马丁·路德金遇刺，也完成了人类登陆月球的壮举，新闻迭出。克朗凯特报道了战争、自然灾害、核爆炸、社会巨变和太空飞行等各种重要事件，主持的黄金时段节目《晚间新闻》在美国电视新闻中收视率始终首屈一指。他的新闻节目让千千万万美国观众跟着他时而振奋、时而低落。克朗凯特的标志性名言"事实就是如此"出现在每一期节目的最后，观众把他当做"全美最受信任的人"，昵称他为"沃尔特叔叔"。1960 年代末，克朗凯特采访了越南战场，他面对镜头向美国观众宣布："这是一场打不赢的战争。"时任总统的约翰逊看过以后，黯然决定退出连任竞选。克朗凯特成为媒体公信力的象征——宁可不相信总统，也要相信克朗凯特。

（五）全球化与数字化

　　冷战结束前后，美国媒体开始了大规模的全球化和数字化进程。柏林墙的倒塌消除了西方媒体进一步跨国扩张的政治壁垒，数字技术和互联网又为美国媒体冲向世界提供了技术支持。以典型的跨国媒体 CNN 为例。1980 年建立、1986 年崭露头角、1990 年名声大噪的 CNN，在全世界拥有 43 个分支机构，8 个节目制作基地（包括亚特兰大、香港和伦敦三大制作中心），约 4000 名员工。它每天用 12 种语言为全世界 212 个国家和地区的大约 10 亿听众和观众提供各种报道服务。而在 CNN 旗下众多的频道中，"CNN 国际频道"（CNN International）尤为突出，几乎可以在世界任何一个角落的商业饭店中收看，可谓全球最大的国际新闻频道。另一个典型的美国跨国媒体是《纽约时报》。《纽约时报》现有 1000 多名国际记者，分布在世界各地的 39 个城市，但实际上其国际化的进程至迟从 1959 年就开始了。当时它和《华盛顿邮报》一起，收购了《国际先驱论坛报》的前身，进入欧洲。

《国际先驱论坛报》还以卫星传送版面在伦敦、苏黎世、香港、新加坡、海牙、马赛、迈阿密等地印刷发行。目前该报在全球拥有 26 个印刷点,销售至180 多个国家。

最近的十年,美国的新媒体迅速发展。2012 年发布的互联网产业报告显示,美国新媒体市值已达到传统媒体的 3 倍。新的互联网公司大举进军新闻领域,例如谷歌推出了基于数字操作系统和互联网的谷歌电视。而传统媒体也加速数字化、网络化,美联社、《华尔街日报》《纽约时报》等媒体都在打造多媒体、全媒体的传播体系。融合媒体蔚然成风,新媒体与传统媒体的合并、兼并大量出现。2008 年 3 月,美国哥伦比亚广播公司(CBS)的电台事业部和美国在线(AOL)的电台事业部合并运营,两者相加共有 300 多家广播电台。据有关研究,2010 年 8 月,Inc. 杂志评出的美国发展最快的60 家媒体公司中,有 89% 是以宽带互联网、电信网和有线网为传播平台的新兴媒体,而这 60 家媒体中排名前 11 位的全部是网络新媒体公司(周笑《电视研究》)。

新媒体特别是社交媒体的广泛兴起,对美国的社会政治生活产生了巨大冲击。在 2008 年的美国大选中,擅长利用新媒体的奥巴马,独辟蹊径地采用了电子邮件广告、Banner 广告、搜索引擎广告、网络游戏内置广告等形式,又积极使用推特(Twitter)、脸书(Facebook)等新媒体社交工具,在竞选宣传中相对本党对手希拉里和共和党候选人麦凯恩都取得了巨大优势。互联网流量检测网站提供的数据显示,访问奥巴马竞选网站的用户数量是希拉里竞选网站的 2 倍,而被访问的页面数量则接近希拉里的 4 倍;奥巴马成功募款 7.5 亿美元甚至更多,其中 8 成以上是通过网络募来的,而麦凯恩只筹集了 3.22 亿美元。2012 年的大选中,奥巴马继续善用新媒体,成功地动员和吸引了分散的小众群体选民。2011 年秋,美国爆发了吸引全球目光的"占领华尔街运动"。由于美国的传统媒体对这一运动热情不高,以手机、社交网站为代表的新媒体在运动中发挥了重要作用,"在很大程度上塑造了这场运动的目标设定、组织动员形式以及影响范围,使之跨越民族国家的范围而成为一种全球化的社会运动"。新媒体的崛起和传统媒体的衰落也改变了美国的国际传播策略,2011 年秋,"美国之音"停止了对华中文广播,转入互联网播出。

四　美国新闻传播事业的格局和特点

　　美国主要的新闻机构支撑起其新闻体系的骨架,这些机构的分布和特点造就了美国新闻传播事业的格局。依据不同的媒介分类,美国的主要新闻机构目前包括印刷媒体、传统电子媒体和基于互联网的新媒体三大类,而这三类媒体也出现了融合的趋势。近十年来,传统媒体和新媒体出现了数字化的融合趋势。传统印刷及电子媒体纷纷推出网络版,有的甚至预言最终将放弃纸媒。而新媒体则大举进入内容市场的争夺。

　　美国的报纸主要包括《纽约时报》《华盛顿邮报》《洛杉矶时报》《今日美国》《华尔街日报》《波士顿环球报》等等。杂志主要包括三大新闻周刊《时代》《新闻周刊》以及《美国新闻与世界报道》,休闲类的《读者文摘》《国家地理杂志》《纽约客》《花花公子》等。通讯社有美联社(AP)、彭博社(Bloomberg)等。广播电视公司主要是全国广播公司(NBC)、哥伦比亚广播公司(CBS)、美国广播公司(ABC)、福克斯公司(FOX)、有线电视新闻网(CNN)、公共广播电视(PBS/NBR)等。互联网新媒体和社群网络有雅虎(Yahoo)、谷歌(Google)、赫芬森邮报(*The Huffington Post*)、脸书、推特、You-Tube 等等。

　　下面几个特点对理解美国传播媒体比较重要。

(一)非政府性和商业性

　　美国几乎所有的主要新闻媒体都是私有的,特别是印刷媒体。相对于其他西方国家来说,这个特点是很鲜明的。无论在欧洲还是日本,报刊中仍然有党派报刊,电视也有很大一部分属于公共所有。比如在法国、意大利,有我们知道的法共的《人道报》、意共的《团结报》等,在日本则有日共的《赤旗报》。而在美国,除去影响微弱的地方性、非营利的宗教报刊,主要的报刊都是私有的,例如《纽约时报》和《华盛顿邮报》都是家族所有的。政党报纸则早已失去了生存空间。电视业方面,绝大多数欧洲国家很长时间都是公共电视一枝独秀,直到20世纪80年代才随着私有化浪潮走上了公共电视和私营电视二分天下之路。美国的公共广播电视媒体虽然也有全国广播公司(NBR)和公共电视服务公司(PBS),但与英国的 BBC 或者日本的 NHK

相比,其覆盖范围和影响力都小很多。几大商业电视网则与地方台合作,均覆盖全国。所以说,商业性是美国媒体的主要特点。在西方国家中,美国的媒介私有化程度是最高的。

严格来说,美国由政府控制的媒体只有一家,就是美国之音,我们会在媒体与政府的关系中讨论。全国广播公司(NBR)和公共电视服务公司(PBS)属于类似 BBC 或者 HNK 的公共媒体。西方的公共媒体(public broadcasting)主要指依靠收听收视费、捐助、公共基金或者政府的财政补贴独立运作的非营利的广播电视机构,节目注重教育、艺术、知识和公共政策讨论,不播放广告。其中的独立性和非营利性是主要的特征。一般这类广播电视机构的运行由独立委员会监督。下表显示的是 PBS 的主要收入来源。

Income Sources of Public Broadcasting Systems:1992
(includes nonbroadcast income)

Income sources	Millions of dollars	Percentage of budget
Fedcral government	374	21
State/local government and colleges/universities	485	27
Subscribers and auction/marathons	404	23
Business and industry	300	17
Foundations	80	5
Other	148	8
Total income	1,791	100

Source:Bureau of the Census,*Statistical Abstrad of the United States*,*1995*(Washington,D. C. :U. S. Government Printing Office,1995), p. 576.

Note:Public broadcasting system includes 400 CPB-qualified public radio stations and 352 public television stations.

但是,非政府性不等于非政治性。美国的报刊和电视也有明显的政治倾向。有些主流媒体长期表达所谓自由派立场,在种族、宗教、性别等问题上注意"政治正确",在选举中也更同情民主党,如《纽约时报》、CNN 等。有些媒体则相对保守,支持共和党,例如《华盛顿时报》、《旗帜》周刊、福克斯电视等。在接触美国媒体的过程中,不能想当然地认为他们是绝对客观、不掺杂政治偏好的。

(二) 传媒的地域性和专业性

传媒的地域性和专业性在美国的报纸中表现得最为明显。在日本，《读卖新闻》的日发行量最高可以达到1300多万份，目前也有近八百万份，是真正的全国性大报。而在美国，你很难找到一份这样意义上的大报。即使是影响力广泛的《纽约时报》，平日发行量也只有80多万份（指非周末版，周末版发行量为100多万份）。《今日美国》虽然在全国到处售卖，但其质量和影响力很难与《纽约时报》相比，发行量也不算大。

这种地域性不仅体现在发行量上，也体现在报纸读者的地域分布上。报纸主要是面向本地读者的，美国各地都有自己在当地影响很大的报纸。如波士顿有《波士顿环球报》，旧金山有《旧金山纪事报》，芝加哥有《芝加哥论坛报》《迈阿密先驱报》等等，各有各的受众群体。有这样一则比较有讽刺性的笑话，说明美国的报纸读者依照地域、阶层、职业等是分散的：

> 读《华尔街日报》的是统治这个国家的人；
>
> 读《纽约时报》的是自以为统治这个国家的人；
>
> 读《华盛顿邮报》的是以为自己应该统治这个国家的人；
>
> 读《今日美国报》的是以为自己应该统治这个国家可又读不懂《华盛顿邮报》的人；
>
> 读《洛杉矶时报》的是不太关心谁统治这个国家的人，除非他们闲得没事；
>
> 读《波士顿环球》的人是父辈曾经统治这个国家的人；
>
> 读《纽约每日新闻》的是不知道谁在统治这个国家的人；
>
> 读《纽约邮报》的是没心注意谁在统治这个国家的人，除非有个什么丑闻；
>
> 读《迈阿密先驱报》的是统治着另外国家的人。

美国主要的电视网也都具有全国性和地方性结合的特点，多由少数直属电视台和几百家地方附属电视台构成。地方附属台除了在固定时段转播全国网的节目以外，则多关注自己所在地区的新闻。还有些媒体靠专业性立足。比如《华尔街日报》、《财富》杂志、CNBC等擅长财经类事务的分析报道，而娱乐与体育节目电视网（ESPN）则是体育迷的最爱。此外，为数众多的宗教媒体也在美国人的日常生活中发挥独特的作用。数字媒体的出现，在一定程度上开始打破美国媒体的传统地域性。

（三）集中化倾向

美国媒体过去三十年出现了很强的集中化倾向，大集团化趋势十分明显。90年代中期以后，这一趋势加速发展，时代华纳、迪士尼、新闻集团这样的超级传媒集团相继出现。这样的情况一方面是资本扩张的结果，另一方面也和美国政府的政策取向有关。

美国原有的电信法是1935年制订的，其中主要一个目的就是限制大公司在一定地域内的垄断地位，保证舆论的多样性。1996年2月，美国参众两院通过《96年电信法》，继而由总统克林顿签署生效。这部新的电信法的基本点是大大放宽对广播电视并购的限制。比如：新法废除了一家公司最多只能拥有12家电视台的规定；把一家电视公司对全国的观众覆盖率的上限由原来的25%提高到35%；撤销在同一地区不能同时拥有电视台和有线电视系统的规定；电视台营业执照从五年延长到八年，等等。此外，新法还准许电话公司经营有线电视，准许有线电视网提供电话服务。这个新法一出台，全美所有广播公司、电话都闻风而动，立即掀起一股兼并、收购的热潮。ABC、NBC、CBS全美三大广播公司的易手都是新法背景下数字巨头并购的直接产物。尽管美国传播业的集中化趋势远未达到少数利益集团垄断传播市场的程度，多少还是引发了对于美国信息传播多样化以及舆论表达自由的警惕与担忧。有中国学者批评，"从独立媒介（independent media）和家族媒介（familyowned media）到媒介集团，再到媒介集团之间建立连锁董事关系、媒介集团与非新闻媒介公司建立连锁董事关系，最后大多数媒介在产权上为少数大型公司所控制，媒介系统发展为公司媒介（corporate media）模式，这种趋势体现的是媒介经济独立性的逐渐丧失，是媒介受利润驱动程度的步步升级"。

五　美国的新闻媒体和政府的关系

很多中国人从自身的经验出发，怀疑美国和政府是"唱红脸和唱白脸"的关系。对于新闻媒体和政府的关系，在美国大致有两种对立的观点：一种认为二者是对立关系,另一种则认为二者具有共生关系。

(一)对立和共生

持对立观点的人认为,新闻媒体和政府是、而且应该是对立关系。为什么? 这与我们之前所说的新闻理念有关。这种对立关系的看法源自应然、实然以及技术层面三种解释。一是权力制衡的思想。这是一种应然性的思维。它认为,在政府三权分立之外,还应该表现出一种制衡,即所谓的政府和社会关系的平衡(balance of state-society)。而媒体就是社会制衡政府的承载工具。被赋予制衡职责的媒体通过监督功能可以防范政府滥用权力。因此,媒体也被称为"第四种权力"。二是媒体从业者的自由主义倾向。这是一种实然性的探讨。有人在新闻从业人员中做过调查。调查发现,大部分从业者在社会、政治问题上都更加偏向自由派立场。他们喜欢挑战权威,对新观点有比较大的容忍度。这种自由派特点使得他们倾向于站在政府对立面去报道新闻。

Roles Deemed "Extremely Important" by Journalis

Role	Percentage
Getting information quickly to the public	69
Investigating government claims	67
Analyzing complex problems	48
Being an adversary of government	21
Reaching widest audience	20
Being an adversary of business	14

Source:Compiled from G. Cleveland Withoit and David H. Weaver, Preliminary Report,1992, pp. 10-14.

媒体对克林顿政府政策的立场

政策	正面	负面
对外政策		
NAFTA	49	51
俄罗斯	43	57
朝鲜	31	69
波黑	26	74
索马黑	24	76
海地	17	83
对外政策总计	31	68

（续　表）

国内政策		
政府操守	46	54
经济	43	57
治安	35	65
预算	34	66
医保	33	67
税收	18	82
对内政策总计	34	66

在以上两个表格中，前一个表现的是记者眼里媒体的作用。在他们看来，做政府的对立面，告知公众信息是媒体最重要的作用。而后一个，是这一思想在实际报道中的体现。由此统计，我们可以看到，媒体对克林顿政府政策的立场，正面报道总是少于负面报道。三是政府官员和媒体从业者的工作取向容易导致两者对立。这似乎是技术层面的解释。在媒体和记者看来，新闻的作用就是揭露事实真相，尽快将之传播出去。挖新闻、抢新闻是媒体和记者的天然爱好。但政府官员总是倾向于在政策出台或者成功之前尽可能隐瞒细节，不愿意公众知晓而闹得沸沸扬扬，特别是在高度政治性、涉及国家安全的事情上。所以，在这一点上，它必然与政府是对立的。

也有人认为，政府和媒体之间的对立关系是一种假象，实际上它们之间具有某种意义上的共生关系。这种共生关系体现在"制造同意"这一点上。这有点像中国人说的"小骂大帮忙"。麻省理工学院的语言学、传播学、政治学教授乔姆斯基（Noam Chomsky）就是这一观点的主要倡导者。乔姆斯基是左翼知识分子的旗帜。他强烈批评政府和媒体是对立关系的观点，为此，他专门写了本书，名为《制造同意》（*Manufacturing Consent*）。该书认为，媒体其实是在为权益集团的政策"制造同意"铺路。在美国，这样的观点难说是主流，但却是不可忽视的批评性态度。不管左翼还是右翼，在任何一个社会都有存在价值，是一个社会平衡的需要。如果把社会的某种声音压制到没有，那么这种声音的另一边就失去制衡了。这是很危险的。乔姆斯基这样的批评者的存在，至少可以用批评的声音给美国人带来一定的警醒。

一些实证性的研究为我们理解美国新闻媒体和政府的关系提供了启示。西格尔(Sigal,1973)分析了 1949—1969 年间《华盛顿邮报》与《纽约时报》的头版新闻,结果发现美国及外国政府官员占消息来源的四分之三。甘斯(Gans,1979)分析了美国两家电视网(CBS、NBC)及两家新闻杂志(《时代周刊》和《新闻周刊》),结果发现无论电视新闻还是杂志的主要消息来源都是知名人物,如总统、总统候选人、政府官员及违法犯纪的政界人士。这些知名人物分别占电视与杂志新闻消息来源的 71%。布朗(Brown,1987)分析了 1979 与 1980 年美国各地的 6 份报纸,发现不论是全国性还是地方性报纸均以政府官员为主要消息来源,而政府官员中又以行政主管成为消息来源的比例最高。这样的一些研究在一定程度上使我们对"对立"关系产生反思——不能从简单的角度理解美国媒体与政府的对立。实际上,二者是既对立又共生的。

Sources of Front-Page News S(in percentages)

Source	*Times/Post* staff stories	Local Press staff stories	Wire services staff stories	Total stories
Government officials	56	54	60	56
U.S.	34	14	38	28
State	7	17	6	10
Local	5	17	4	9
Foreign	10	6	12	9
Group-linked person	25	34	18	25
Private person	4	6	4	5
Foreign person	4	5	8	7
Other	11	1	10	7

Source: Author's research.

Note: Based on content analysis of news stories attributed to staff or wire services writers and published in the *New York Times*, *Washington Post*, and *Chicago Tribune* from 1994 to 1995. $N = 2362$ for *Times/Post stories*, 801 for *Chicago Tribune* stories, and 2032 for wire service stories, for a total of 5195 stories, "Group-linked" persons are identified as members of a group but are not necessarily official spokespersons for the group.

上图表现的是媒体消息源的排序。其中,来自政府官员是非常重要的消息源。事实上,美国媒体和政府有很多相互依赖,特别是消息源的依赖,它使官员对媒体有了控制的渠道。

(二) 政府新闻干预

美国政府开始干预新闻运作是从第一次世界大战开始的。战争一直是政府干预新闻媒体的一个强有力的理由。1917年，公共新闻委员会（又称克里尔委员会）成立。就在同一年，美国立法通过了《惩治间谍法》和《通敌法案》，开始了一些限制信息传播的尝试。这些机构的成立和相关法律的出台，表明美国政府开始干预新闻传播。自此，在以后的战争中，都出现了对战地报道限制的法案。二战时期，美国也实行了一定程度的新闻控制。1941年，新闻检查局成立。1942年，又出台了《报纸战时行为准则》。冷战结束以后，美国的多数军事行动中，新闻报道都受到军方和政府的限制，有所谓"嵌入式报道"一说。

除了对新闻报道有所限制，政府对新闻报道的干预也有另一种更为主动的形式——建立自己的新闻机构进行宣传。1942年，"美国之音"成立。这是一家由政府主导，对其他国家进行宣传的广播电台。美国以独立机构进行对外宣传是从此开始的。但是，在美国这样一个主张自由主义新闻理念的国家，由政府直接控制的媒体似乎有宣传之嫌，以达到控制受众思想的目的。因此，1948年，美国国会通过了一项名为《史密斯–蒙特法案》的法律，禁止"美国之音"在国内广播。因此，美国人大多数到现在也不知道"美国之音"这家媒体。"美国之音"总部设在美国首都华盛顿，目前以四十几种语言、每周一千几百个小时向世界各地广播，并推出了电视和网络版。其中文部是外语部中最大的一个。

在媒体和政府间，还存在一种软性控制和媒介操控的现象。任何政府都希望媒体称赞自己的工作，说自己做得好、做得对。有些国家可以通过行政手段干预媒体的言论。而在其他国家，政府也会想尽办法通过非行政干预去引导媒体说自己希望他们说的话。美国政府可以通过什么样的手段去影响媒体呢？这就是所谓的"政府媒介公共关系"。

政府媒介公关可以分为两种：显性公关和隐形公关。显性的政府公共关系手段包括建立专门机构、举办记者招待会、实行新闻发布制度，以及对消息进行设计的战略传播。隐性的政府公关，人们听说的比较多的方式主要是泄密和幕后吹风。泄密（leak）指的是未经授权把信息泄露给媒体。而吹风（brief）指的是通过向媒体提供一些背后的新闻材料来影响媒体。

关于政府对媒介的操控,小布什在伊拉克战争中的媒介操控是一个非常典型的事例。为了让媒体支持自己攻打伊拉克的政策,小布什做了一系列公关工作,包括预制新闻、买通新闻评论员或专栏作家,以及在新闻发布会上安排代理人等等,这些工作使得公关预算大大增加。这些动作后来被媒体揭发出来,使得小布什政府因此饱受诉病。从这个案例中我们可以感到,美国政府并非不想控制媒体,而是在那样的体制和环境下,它控制的意图很难成功。

(三)联邦通讯委员会

美国政府里并没有单独的一个管理新闻媒体的机构。并非它不想成立,而是不敢成立。美国唯一一个属于政府机构而又与新闻传播管理有关的机构,就是联邦通讯委员会。

联邦通信委员会(Federal Communications Commission, FCC)是一个独立的美国联邦政府机构,由国会的法令"1934年通讯法"授权创立,并由国会领导。其职责包括:所有权监管,分配频谱和制订标准,根据节目质量发放、更新、吊销执照,地域性公益性内容监管,以及执行公平待遇条款等等。联邦通信委员会原由7人组成,1983年《通信法案》修改后减为5人。美国联邦通信委员会的委员由总统指定并为议员所确认,任期通常为五年。总统指定其中一名委员为委员会主席。委员中属于同一个党派的成员不得超过3名,并且委员中不得有人与委员会相关商业机构有任何经济利益关系。尽管有一定管理权限,但联邦通讯委员会并不能作为美国政府控制新闻媒体的工具。

综上,我们对美国的新闻和传播有了一个大概的了解。美国是一个高度"媒介化"的社会,新闻媒体在社会、政治、经济生活中扮演着重要角色:告知、监督、沟通、兴业等。美国媒体具有非国有化、地域化、商业化、国际化等特点,但大多秉承自由主义新闻理念。美国媒体具有挑战权威和监督政府的偏好,政府对传媒的影响更多地依赖软性干预。对美国新闻和传播有一个更加切实的认识,有助于我们更好地思考美国社会与文化。

(作者为北京大学国际关系学院副教授)

第九讲

美国文学

毛 亮

　　在不到两个小时的时间里，要把美国文学的故事讲周全是挺难的。所以，我不准备给大家一个流水账式的讲述，按照时间顺序介绍美国文学从17世纪到20、直至21世纪的发展，而准备主要谈谈我自己在学习美国文学过程中的体会，希望能够对大家学习和阅读美国文学作品有所帮助。

　　我想大多数在座的同学对资中筠老师都有所耳闻。资中筠老师是一位非常出色的美国研究者。针对美国研究，她的一个观点是我非常认同的。资中筠老师认为，我们在做美国研究的时候，一定要注意美国文明的整体性。美国社会很复杂，我们往往只能看到其中的一个方面，或经济，或政治，或法律；但是，我们同时务必要注意美国社会各个部分之间的联系，以及这些不同的部分是通过怎样的内在精神统合起来的。我在自己的工作中，感觉到研究美国文学同样要注意了解那些影响了美国文明的整体性的价值观念。美国文学研究的一项重要工作，就是要在不同时期的美国文学作品背后，发现一种内在的传统精神或价值观念的流变过程。此外，美国文学与欧洲文学不同的一个地方是，它的发展历程与美国社会的演变联系得要更加紧密。我认为，理解美国文学，最好是如资中筠老师所说，先把它视为一个整体，既不要看作一个接一个世纪的"流水账"，也不要只是关注某个特定的作家而不顾其他。实际上，任何一个经典作家与文学传统的联系都是非常紧密的。

　　谈到我们当下对美国文学与文化的介绍，我认为要注意避免对美国现当代文学的过度关注。这当然不是说美国现当代文学没有价值，而是说就中国的情况而言，我们引进介绍美国文学的时候，有些过度关注现当代的文学,特别是二战以后的美国文学。这是我国特殊的历史情况所决定的,也是中国的美国文学研究领域的一个特点。我想,同学们读过的美国文学作品大多数是二战以后的吧？如果把美剧也算进来,那基本就都是现当代的了。然而,如果我们要理解作为一个传统的美国文学,就不能只停留在现当代,而需要努力往前走一步,去追溯美国文学传统的起源。实际上,了解和研究任何一个国家的文学传统,都绕不开对这个传统如何形成以及这个传统在哪个历史阶段形成了哪些基础性的价值、理念与主题等问题。对美国文学而言,这个起源的时期实际上远早于二战。

所以,我今天准备给大家多说一些美国文学传统形成中的三个关键时期:清教时期(17 世纪)、独立革命和建国时期(1776—1787)与美国的"文艺复兴"时期(1830—1861)。这三个时期都是比较早的,都涉及电视和牛仔裤之前的美国,而非英语系同学可能也不一定十分了解。但是,它们却是美国文学传统形成和起源最为关键的几个时期。了解这三个时期的情形,我们对美国文学传统的基本理念、价值与主题就能有一个比较好的把握。

一 "民主的文学"

怎样去定义美国文学呢？说法不一,有人说它是"多元文化的文学",有人说它是"移民的文学"。我个人认为比较中肯和到位的一个定义,是把美国文学看作"民主的文学"(Literature of Democracy)。这也是美国文学研究界的一个共识。美国文学的基本精神,或者说它作为一个独立的、独特的文学传统就源于它是一个完全在现代民主社会中孕育出来的文学传统,所以,我们说美国文学是"民主的文学"。它对于"好生活"的理解,对于语言和文学体裁的认识和运用,都建立在对民主社会的基本价值的认同之上:平等与自由的天赋权利,个人主义的哲学与文化理念,以及公民参与和批评公共生活的责任和自由等。

要注意,"民主的文学"并不等同于"民主政治的文学",前者更多的是指这个文学传统源自于一种平等和民主的社会状况。美国社会与欧洲和中国都不同的一个地方,就是它很早就建立了一套非贵族主导的社会和文化体系。美国从一开始就没有世袭贵族,而这是一个非常重要的历史事实。托克维尔在其《论美国的民主》一书中,就特别提到:美国的民主不是一种政治制度的安排,而是早于政治制度就已经建立的社会生活方式。因为美国没有贵族,也就没有世代沿袭的巨额财富。尽管美国南方存在着许多大庄园,但这些庄园的规模与欧洲贵族制度下的大庄园不可同日而语。欧洲的贵族在很长的历史时期之中,都是文学和艺术的庇护者、资助者,同时也是文学形式、趣味、主题和体裁标准的仲裁者。欧洲贵族长久以来,以各种方式承担了继承维护和发扬欧洲社会中文学与文化传统的角色。这个情形在美国从未出现。此外,美国的宗教相对而言也更多元化,特别是美国从来没有如英国国教(the Church of England)这样的国家性的宗教建制。美国文学的发展,相比而言,也就更少地受制于国家性宗教权威的约束;同时,也无法从这样的一个国家性宗教中汲取营养和灵感。在经济和社会方面,美国社会开始时就远比欧洲社会平等。早在18世纪,美国就废除了长子继承制(primogeniture),财产不由最年长的男性后裔全部继承,因此财富分配也趋于更加平均。此外,我们也熟知美国所经历的另外一些独特的历史过程,比如疆域的不断开拓,以及因此而形成的"边疆精神"(the Frontier Spirit),还有就是不断进入美国的大量欧洲和其他地区的移民,以及其所形成的多元文化并存、融合和冲突的格局。

美国文学的意义,它的重要性和独特性正在于它试图用文学想象的方式去构建一种理想的、民主的生活方式(Democracy as a way of life)。注意,这不一定就是民主的政治制度(Democracy as a political system)。民主作为一种政治制度与民主作为一种生活方式是两个相互关联但又往往有紧张和冲突的问题。简单说,民主的生活方式意味着两点:一是它不应该以传统、宗教或政治权力规定个人生活的基本理想,应该允许个人具有充分的精神和行动自由来设想和实现自我;另一方面同样重要,就是说它必须提供一种社会生活的形式,即具体的社会和伦理形式来使个人的实现成为可能。

二　美国文学研究中的三组概念

研究美国文学的学者通常比较重视这样三组概念:权威与自由(authority and liberty),个体与社会(individual and community),文明与自然(civilization and nature)。我们可以看到,这三组概念是相互对立的,但美国文学在形成过程中一直在设想实现这些对立概念之间的相互融合与促进。例如,权威与自由不一定只是对立冲突的,也许有一种生活方式可以让两者得到某种形式的相互依存和实现。个体与社会、文明与自然也是如此。我们在研究美国文学的时候,要注意这三组重要的概念。其实,不独美国,世界上所有主要的文学传统都会涉及这几组概念。但是,美国文学自产生伊始,这三组概念就扮演了重要的角色。因此有人说,美国文学从一开始就具有了非常现代的特质,或者说它的现代性意识萌发得很早。

我想就含义比较复杂的"文明与自然"这一组概念,再多解释几句。在美国文学中,"自然"是一个内涵十分丰富的概念。许多批评家会说美国文学是"自然的文学"(Literature of Nature),而美国则是一个"自然的国家"(Nature's Nation)。当他们提及"自然"这个意象或概念的时候,往往具有以下几重含义:

首先,"自然"意味着美洲新大陆给最早的英国移民带来的那种震撼感和蛮荒感(wilderness)。有些人把美国形容成上帝在造物之初留给人类的景象。当然我们可以说,当时已有印第安人生活在此地,美国人只是选择性地无视了印第安人的存在。但政治化的批评也有它的问题,比如遮蔽了历史上一些群体曾经体验过的真实感受。最早的欧洲移民到达美洲大陆,看到这片土地的时候,第一反应是:这是文明之外的存在。这种蛮荒感是非常强烈的。因此清教徒经常会说,他们是"担负了上帝的事业到达一片蛮荒之地"(Carrying God's Errand into the Wilderness)。"Wilderness"一词在清教作品中反复出现,所指的就是这层含义。

另外,"自然"也意味着新大陆给予个人近乎无限可能性的想象,是一个"充满机会的土地"(a land of opportunity)。因为这片土地在已知的文明世界之外,所以它孕育了无穷的可能性。在 17 世纪,欧洲移民刚到美洲的时候,他们的地理知识实际上是非常匮乏的,没有任何人知道这片土地到底有多大。他们只是不断地向西,直到较晚之后发现加利福尼亚,看到太平洋才知道到了尽头。所以,在很长时期内,"边疆"对他们而言,是永远向西,无限延伸的。这种心理上的感受转化到文学和文化的经验里,就意味着美国的西部(the West)代表了自然给予人无限的、重新开始生活的自由。这个主题在中国文学中比较少见,我们讲"到西部去",一般不会带有这种含义。此外,美国的西部也代表了个人生活中道德救赎的可能性。比如在美国的文学作品中,如果一个人物在东部或大城市里失败了或做了错事,就可以到西部去,到一个新的地方重新开始生活。到了西部,你就会有洗心革面的机会。许多美国文学作品都有这样的情节:有个人在芝加哥或纽约日子过得不好,或者犯了很多错,最后他抛下一切,去西部了。"到西部去"是非常典型的、带有美国特质的观念。

再次,在政治层面上,"自然"意味着先于一切传统和习俗的状态。这个层面的含义重要在哪里呢? 就在于它往往可以在一些如独立革命、内战、民权运动等特定的历史时刻,成为人们诉诸的对象,成为重新改革和建构社会秩序的基础。洛克讲过一句非常有名的话:"在上帝造物之初,一切都是美国。"美国对他意味着什么? 意味着人们可以重新开始,按照理性的原则,不折不扣地建设一个完全合理的社会。《独立宣言》中,为证明美国独立革命的合法性,杰斐逊所诉诸的一个权威原则,如他所云,就是"自然的法则"(the Law of Nature)。

最后,还有一层意思与文学相关。我们要注意,"自然"在美国文学中不一定是一个地理学范畴的词汇,不一定指"大自然"或"西部",也可以指一种内在的、纯真的状态(innocence)——这是美国文学研究中一个非常重要的概念。心灵的"自然状态"指的是,人的良知、意识或道德还没有被文明所桎梏和败坏。因此,一旦社会和文明出现腐败的情形,人们永远有可能回到内心的"自然",重新找到道德原则,并以此来改革社会的生活。这是"自然"在心理意识层面上的一个重要含义。库柏(James Fennimore Cooper)和梭罗(Henry David Thoreau)在其作品中表现的就是这种"自然"。在欧洲,卢梭在《爱弥儿》中也多次触及"自然"的这一层含义。概括说,这种"内在"的"自然"是美国文学中一个重要的母题。有时它表现为逃离城市和社会,到大自然中去,但有时表现为一种纯粹是内在的、意识层面的自我探索,有时两者兼而有之。这样的"自然"观显然不是中国文学中田园诗传统的意思,不是真的要规避历史和社会,而是通过这种"自然"的发现来确立道德的、社会的和政治的基础。"自然"是批评、改变和重构"习俗"与"文明"的根本。

大家在阅读美国文学各个时期的作品时,要比较重视以上提到的几组概念。我们不能简单地喜欢一部作品,而是要试图发现这些作品与传统精神之间的联系,这样才能真正读懂这些作品。

三　清教时期的美国文学

美国文学与欧洲文学不同,属于其自身的传统是在相当晚的时候才开始形成的。在 17 世纪的清教时期,如果要从诗歌、小说、戏剧等标准的文学形式来看,美国文学可说是乏善可陈,几乎是一片空白。其中一个重要的原因是因为清教徒本身对文学抱有非常大的偏见,视之为无益而又危险的消遣。伦敦的清教徒曾经把剧院关闭,而在北美,情形也没什么不同。清教徒认为,在闲暇时间不去做拯救自己灵魂的事情,而去看小说,简直是对上帝的亵渎。但我们要注意,不喜欢文学不代表蒙昧;清教徒实际上是一个非常注重教育和学术的群体,只是对文学抱有非常强烈的宗教偏见。因此,要看这个时期的美国文学,就不要去看小说或者戏剧,即便是诗歌也只有宗教赞美诗。这个时期有没有美国文学呢? 这就需要我们用一个比较宽泛的定义来概括"文学"了:文学不仅仅是诗歌、小说与戏剧,还包括其他可以代表一个民族在特定时期中的文化和精神生活经验的文本。在清教时期的北美,这样的作品实际上有很多。比如,注重内省和自我检讨的清教徒是一个非常喜欢写日记的群体,因此留下了大量宗教性的日记。此外,还包括大量的宗教赞美诗和早期殖民时期对北美自然状况描写的游记。在权威的美国文学读本《诺顿文学选读》(*The Norton Anthology of American Literature*) 中,是几乎找不到清教时期写成、符合标准体裁的文学作品的。其编者也认为,文学涉及一个民族在某个历史状况下的自我表达,但是这种自我表达不一定非采取诗歌、小说或戏剧的形式不可。从这个角度看,当时留下的宗教布道词、赞美诗和日记都很重要。清教日记有很多,篇幅也长,并有大量象征性的描写。清教徒有巨大的焦虑感,每天生活在危机状态之中,反复思考自己所做的事情是否能使灵魂得到拯救还是相反。因此,他们会在日记里详细记述所做的每件事情。比如说,今天我出去耕地,遇到了两个印第安人,他们把我的地垄给破坏了。这莫非是上帝对我的惩罚? 我日后应万分注意自己信仰的虔诚。又比如说一位商人会这样叙述自己的船只沉没后的感受:我首先感到的是一种巨大的失落感,我觉得我的日子一团漆黑,没有未来。但是,我这么想是不是也有问题呢? 我是不是把世俗的幸福与欢乐看得太重? 上帝会不会因此抛弃我?

这些日记比较真实地反映了清教徒的日常生活。有一位有名的清教徒 Samuel Sewall 留下了四本日记，他早年丧妻，在一段日记中详细记录了他追求波士顿城中一位名为 Madam Winthrop 的寡妇的过程：

> 星期一
>
> 我今天去 Winthrop 女士家了，她对我很眷恋，我一定是做了什么好事了，上帝特别关怀我……
>
> 星期二
>
> 我去了 Winthrop 女士家，待到了八点，她就让我走了。她今天的情绪不好，我不知道自己做错了什么……
>
> 星期三
>
> 我今天不应该再去她家了，我打算星期天在教堂与她见面，那里是更加合适的灵魂与灵魂交流的空间……

但再看他的日记，我们会发现，在周四、周五和周六，他又去了 Winthrop 女士家。所以，清教徒不是没有情感的群体，有时情感还很细腻。①

清教文本对理解美国整体文明很重要，清教的教义正是所谓"美国梦"的起源。清教中有一个关键的神学观念，他们认为上帝与自己有一个特殊的契约，也即所谓"the Covenant of Grace between God and New England"②。他们到北美来，不仅为谋生计，更是肩负了上帝的特殊使命。清教徒最重要的一位领袖 John Winthrop 在其船队即将抵达今天的马萨诸塞州的时候，写下了一篇题为"A Model of Christian Charity"的布道词，这篇布道词于 1630 发表；而在其结尾有一段非常有名的话，我在此用中文表述出来：

> 如此这般，我们与上帝之间存在一个事业（work，即 errand）。为了这个事业，我们与上帝达成了一个契约，担负了上帝的使命，而上帝给了我们自由来提出我们的现实需求。如果我们欺瞒了上帝，沉迷于世俗的世界以满足享乐的欲望，只是为了自己与后代追求世俗的幸福，上帝必

---

① Perry Miller and Thomas Johnson, eds., *The Puritans*: *A Source Book of Their Writings* (2 *Volumes Bound as One*), Minelo, New York: Dover Publications Inc., 1963, pp. 520-530.

② 关于清教契约的有关问题，可以参考 Perry Miller, *The New England Mind*: *The Seventeenth Century*, Boston, Mass: the Belknap Press, Harvard University, 1939, Chapter 13, pp. 365-397。

然会愤怒,重罚我们这些违背约定的罪人,让我们知道背约的代价。①

这段文字是宗教性的,但如果我们联想到美国人自己所说的"昭昭天命"(the Manifest Destiny),我们就会发现这些政治观念源自于清教的宗教意识。那么,为了完成上述的工作,美国人需要怎么做呢? John Winthrop 继续说道:

> 我们必须要用愉悦的态度来接受彼此,为彼此设身处地的考虑。我们要共享喜悦,共担悲伤,共同劳作,共担困难,永远明白我们肩负着上帝的使命,以及为了这个使命而结成的我们共同的团结。

这段文字的英文原文是:

> We must delight in each other; make others' conditions our own; rejoice together, mourn together, labor and suffer together, always having before our eyes our commission and community in the work.

多年以后,马丁·路德·金在《我有一个梦想》中使用了同样的修辞和语气,只不过他说的是"一起游行,一起祈祷,一起斗争,一起坐牢,一起维护自由"。

Winthrop 在布道词的最后说道:

> 如果我们真的做好了我们的工作,世界会给我们赞美和荣耀。我们一定会看到,我们的群体(community)应该成为山巅上的城,因为全世界的眼睛都在注视着我们。

英文原文是:

> For we must consider that we shall be as a city upon a hill. The eyes of all people are upon us.

"City upon a Hill"("山巅上的城")出自《圣经·马太福音》中耶稣对使徒所说的一句话:"你们应该成为世界的光,你们应该成为山巅的城。"所以,

---

① 这篇演说的文本见 *The Norton Anthology of American Literature* (*the Shorter Fourth Edition*),New York: W. W. Norton & Company, 1979, pp. 101-112。以下的引文皆出于此版本,译文为笔者自译。

Winthrop 是在借用《圣经》来定义清教徒们以后会建立一个什么样的社会。

这篇布道词具有非常强烈的理想主义色彩，不是简单地希望过上美好的生活。"美国梦"从一开始就具有浓重的宗教元素。但是，我们可以想象一下 Winthrop 在发表这段布道词时，船上移民的真实状态：他们的船只很小，人不多而且人畜混居，也不太清楚自己处在大西洋中的什么地方；经过长时间的航海，船上的清教徒移民已是筋疲力尽，大多数人因缺乏维生素而得了坏血病。实际上，当时没有人会注意这样一群人，但 Winthrop 却声称"全世界的眼睛都在注视着我们"，是否有一些黑色幽默的意思？我每次上课讲到这一段的时候，都会让同学们想象一下这么一群人的情形，想象一下当时 Winthrop 对他们说的话，是否有些黑色幽默的成分；但是，回过头来，再想一想，也许这种难以理解、与现实明显背离的东西就是理想主义的一种表现形式。真的理想主义是否都带有一点堂吉诃德的成分？《独立宣言》今天读起来一点也不新鲜，可是在 1776 年，欧洲大陆整体还处于"朕即国家"的专制状态中，杰斐逊的话肯定也会让有些人感受到一些"黑色幽默"的成分。

总之，清教徒的社会理想非常高，野心也非常大，绝不是停留在"和谐社会"的层面。由于来源于宗教，因此这个理念也具有强烈的宗教特质，我们也可以称之为一种"千禧年式的信念"（millennialism）。美国的出现将为世界带来一个新的纪元。如果我们仔细去想，美国梦虽然难以定义，但是它又无处不在。这就是因为在起源上，它具有浓厚的宗教性，后来又经过不断的变化和改写，并能够不断糅合进许多东西。

当然，我们都知道，野心越大，立意越高，失望往往也越大。实际上，清教社会也远远没有 Winthrop 设想的那么理想。从殖民地建立伊始，各种冲突就已展开。"政教合一，经济平等，均田互助"的清教社会在北美存在了不到五十年：自 1630 年左右始，到第一代移民基本故去的 1670—1680 年，清教社会的基本秩序就已经衰落和解体了。虽然宗教仍很重要，但已日益看不出清教徒所具有的那种理想主义激情。

就在这个时期，出现了另一种带有美国特色的文本，英文叫"jeremiad"，中文一般翻译为"哀辞"或"哀告"，它源自《圣经·耶利米书》。按照这个文体的基本逻辑，当社会或个人生活出现严重危机的时候，我们应该扪心自问：为什么有这么多苦难灾祸？原因并不是因为上帝对我们不好，而是因为我们道德堕落,所以受到了上帝的惩罚。这是哀辞写作的基本形式。17世纪进入后半叶,新英格兰地区出现了大量的哀辞;这些作品进一步拓展了美国文学的象征性与想象空间。之所以说它具有象征性,是因为按照《耶利米书》的套路,任何细微的生活事件都可以转化成对社会的道德批评。贸易的萧条,农业的歉收,印第安人的"捣乱",还有个人投资失败,生病,房屋被雷电击中而烧毁等等,所有这些事情都会被理解成上帝对道德败坏并且放弃信仰和宗教契约的人的惩罚。当人们不再去关注自身的道德,不再去关注超越日常生活的宗教价值时,就必然会遭到各种各样社会的或自然的灾难。

以上两种传统在清教作品中都很重要:一种是如Winthrop的理想主义,另一种则是哀辞。直至今日,美国文学,甚至美国其他领域的作品都还不断地体现着这种传统。美国为什么会发生2008年的金融海啸?尽管经济学家会提出一整套理论来解释,但还是会有很多人归因于美国人道德的堕落。最近《华尔街之狼》这部电影大热,有很多人还很同情迪卡普里奥未获奥斯卡奖。实际上,这就是一部非常典型的美国主旋律电影,它的基本形式就是一种"哀辞"。影片主人公种种道德败坏的行为与华尔街的丑闻和崩盘缠绕在一起,而在美国的语境中,这显然是在暗示金融市场的灾难与个人的道德不轨有着一种逻辑上的必然关系。这就是清教文学在今天的一次回响。开玩笑地说,《华尔街之狼》之所以是一部水平不高的电影,就是因为在这部电影中,我们实际上只看到了"狼",却没有看到"华尔街"。稍有常识的人都知道,华尔街的崩溃实际上是经济和金融方面的"体系性"的问题,电影将它归之为个体的道德败坏,实际上是借用了清教文学中"哀辞"的传统形式,但却遮蔽了社会问题的真相。了解"哀辞"的逻辑,我们也能够理解,为什么许多激烈批评美国现状的人,可能同时也是"美国意识"最强的人,未必是"反美"的盟友。而这个问题,我们往往有误解的危险。

清教时期还有一些有意思的作品,其中之一是Captivity Narratives。"Captivity"意为"被掳获并被关押"。这类作品的情节同样高度的套路化,也许文学价值并不高,但其意义主要在文化和思想上。这些故事一般都按照如下情节展开:一位体面的清教家庭中的年轻白人女性,突然被印第安人掳掠。在之后被囚禁的几个月中,她生活在印第安人的营地里。一方面,她会面临被印第安人非礼或诱惑的危险,这明显带有种族主义的想象,认为野蛮人对文明人有各种各样奇怪的想法（这里我们也能够看到美国种族意识的一个起源）。一般情况下，这位女性都会拼死抵抗，维护自己的贞操。这些情节显然具有教化妇女循守妇德的作用。另一方面，印第安人和住在加拿大的法国人结为盟友。法国人是天主教徒，而非清教徒，所以印第安人也大多皈依天主教。因此，在这些故事中，往往会出现一个法国人劝告这位女性，如果想要获得自由，就必须放弃她的清教信仰，改宗天主教。而女主人公一定会拼死维护自己的信仰。最终在某种天意的安排下，她得到了解救，并安全地回到新英格兰。

这类故事非常多。为什么会这样呢？可能最早的几个故事是真的，但后来基本上是虚构的。尽管这些作品套路化的色彩很浓重，但它们能告诉我们很多东西，例如早期清教社会中印第安人的情形、女性的社会地位和道德观念、清教与天主教之间的冲突以及种族意识的问题等等。Captivity Narrative 的套路在当今的好莱坞电影中仍然存在，只是现在的情节安排不是回到基督徒的乐园新英格兰，而是回到民主和自由的国度——美国。政治的理念取代了原来的宗教。

尽管清教时期没有传统文学体裁的创作，但以上提到的作品仍值得我们注意，因为这些文本中已经蕴含了未来影响美国文学传统的许多观念，包括理想与现实、社会秩序与个体自由、财富与信仰、集体利益与独立人格以及正统教义与个人良心之间的关系，这些观念与我刚才说的三组概念也有很大的关系。

四　独立革命和建国时期的美国文学

到了 18 世纪，美国社会与美国文学都逐渐世俗化，宗教的因素开始让位给其他生活价值的考量，但以上提到的基本冲突并没有因为宗教的退位而消失。相反，恰恰因为宗教的退位，因为缺乏宗教这一强大的精神系统来解释社会中的种种问题，这些冲突有时反而变得更加尖锐。这也要求人们寻找替代性的方式来解释和调和美国文明中的基本矛盾。

18 世纪的文学与 17 世纪的处境相似，我们也难以找到用传统文学形式创作的经典作品。在 1776—1787 年间的革命和建国时期，最重要的"文学作品"很多是政治文献，比如《独立宣言》、美国宪法、立宪会议的笔录、各种各样的政治演讲和书信。这也是美国文学传统中很有意思的一个地方。在当时,它们最好地代表了美国人的思想,也最好地运用了美国人的语言。尤其重要的一点是,这些文本大多都带有非常口语化的表述形式,特别是书信和演说,而这对美国文学风格中的"口语化"特点的形成起到了很关键的作用。

不仅普通民众对于"纯文学"兴趣缺缺,美国当时的主流精英,甚至是"开国元勋"(the Founding Fathers)们对文学和艺术也不关心。这一方面是由于政治危机的存在,国家建构才是当务之急;另一方面则与美国的社会环境有关,当时美国经济繁荣,所有人都忙着创业,很少有人真正关心文学和艺术。富兰克林(Benjamin Franklin)有一句非常有名的话:"还是让我们先创业吧,这样我的孙子就有时间来学习各种欧洲人才有的玩意儿了。"①

话说回来,近几年的美国文学研究也发掘出了这个时期一些具有特色的作品,包括大量的哥特小说(Gothic novels)与伤感小说(sentimental novels)。这些小说也许文学价值并不太高,但它们突出反映了身处新的社会与新的国家之中的美国人内心重大的焦虑与不安。

这是为何?我们可以设身处地作一思考。平等与民主是新成立的美利坚合众国的立国原则。何谓平等?何谓民主?平等就是说,谁也不比谁好到哪里去,所有人都是一样的。民主即大多数人的意见有权决定事情的发展。说"翻天覆地"或许言重,但这至少也是一些根本性的变革。在此背景下,社会不可避免地产生大量焦虑与不安,哥特小说与伤感小说即其体现。

美国的哥特小说与欧洲传统不同,最显著的原因是美国缺乏欧洲哥特小说必需的一些"硬件":美国没有中世纪的城堡,以及与之相关的各种传统和逸闻怪事,而恰是这些才构成了欧洲哥特小说的基本背景。美国的哥特小说更多的是挖掘和描绘恐怖的情节,特别是表现理性与疯狂相互转换的情景。从某种程度来说,这些故事告诫人们不要过于相信理性,否则很可能发展成一种新的疯狂状态。美国哥特小说注重对人物心理异常状态的描写,对后来美国小说的发展也有很大的影响。从文化和政治角度来看,哥特

① 富兰克林对文学艺术的偏见和轻视态度,可以看他的一篇有代表性的文章:"Information to Those Who Would Remove to America"(http://press-pubs.uchicago.edu/founders/documents/v1ch15s27.html)。

小说则显示出一定的"保守"倾向,对于各种"异常"的、"有违常识"的人或事的恐惧映射出人们对于时代变革的一种焦虑感。而对于"理性"的怀疑,也是对美国当时崇尚的政治的"自然"法则的一种质疑。因此,这些小说具有十分鲜明的时代与文化相关性。类似的情形在伤感小说中也有体现。这一类小说的情节与 Captivity Narrative 一样,也是高度套路化和程式化的。一般而言,伤感小说都涉及"诱惑"的情节安排,讲的往往是一位善良天真的少女怎么被坏人所骗。够俗套吧?欧洲是伤感小说的起源地,但美国的伤感小说有其特点。在欧洲的作品中,通常是一个年轻女孩被品行不端的贵族或绅士子弟所骗;而在美国的作品中,所谓的"坏人"却不是贵族(美国没有贵族),而是一个来历不明的人。这个人往往打扮谈吐都显得彬彬有礼,看上去也非常阔绰,但实际上却里外坏透,一文不名,而且常常是欠了一屁股的债。那么,这种故事为什么会在当时的美国社会风靡一时呢?当一个民主和平等的社会被建立起来的时候,我们失去的是等级森严的阶层社会(status society)。没有了阶层作为标准来划定身份,我们就很难按照一些外在的标志和身份来判断谁是好人、谁是坏人,谁是绅士、谁是恶棍。因为在民主社会下,人人皆可自称为绅士。有时候,伤感小说中的坏人是一个暴发户;而这里要说的是,与贵族社会的门第不同,在美国只要一有了钱,一个人好像就立刻自动获得了绅士的身份。可是,这些假绅士往往就是社会之中最危险的角色。所以说,建立一个民主平等的政治制度对社会生活的冲击实际上是非常大的。在这个新的社会中,我们难以知道住在隔壁的是怎样的人,难以判断从城里来的、打扮得光鲜靓丽的人究竟是绅士还是恶棍或穷光蛋。此时此刻,这些日常生活中具体的心理和社会经验就转化成小说的情节。这些小说在提醒美国人,民主和平等的社会与等级森严的贵族社会相比,其实有着更多的风险。和哥特小说一样,美国的伤感小说,特别是"诱惑"情节的设置,反映的都是一个新的社会中美国人焦虑甚至保守的情绪。

总体而言,18 世纪的美国文学还没有找到自己成熟的表达方式,单纯的文学价值还是不高。我们可以说,美国人是一个很有意思的群体:他们在政治上高度早熟,高度自觉,建立了人类历史上第一个宪政民主国家,但同时在文学上却又高度不成熟,高度不自觉。这种情况一直延续了大概半个多世纪的时间,直到 19 世纪中期美国"文艺复兴"时期的文学兴起为止。

19 世纪中期美国的"文艺复兴"是又一个理解美国文学传统的关键时期,甚至可以说是美国文学的真正开端。因为用传统文学形式写成、同时又极具美国特质的文学作品此时开始整体性地出现,比如美国小说、美国诗歌和散文作品、美国的自然写作,以及美国的短篇小说。

五 美国的"文艺复兴"

这一文学繁荣时期被美国文学研究大家马蒂森(F. O. Matthiessen)称为美国的"文艺复兴"(American Renaissance),但很多批评家认为这是一个不确切的说法。[1] 在他们看来,这一时期标志着美国文学的诞生(naissance)。之前其实并不存在,又何来复兴之说。我认为后一种说法也不算特别过分。的确,到 19 世纪中叶,美国才真正出现了文学传统形成与文学作品繁荣的时期,开始有了美国特色的小说、诗歌与散文作品,也开始出现真正意义上、有职业自觉的作家群体。

很少有哪个国家的文学像美国文学这样,似乎以一种突然和爆发式的方式宣布自己的自觉与成熟。在 1850—1855 的短短五年间,美国就出版了霍桑(Nathaniel Hawthorne)的《红字》(*The Scarlet Letter*)、麦尔维尔(Herman Melville)的《白鲸》(*Moby Dick*)、梭罗(Henry David Thoreau)的《瓦尔登湖》(*Walden*)和惠特曼(Walt Whitman)的《草叶集》(*Leaves of Grass*)这些均可称奠基性的作品。美国文学仿佛一下子找到了自己的声音。这几部作品对所有希望了解美国文学的同学来说,都应该属于必读的作品。

为什么会这样?我认为一个比较合理的解释还是与美国文明的发展相关。美国文明从一开始就具有强烈的危机意识。我们前面已说过清教徒的危机感,每天与上帝"谈恋爱"是非常令人紧张焦虑的事情。可以说,清教徒每天的生活都是一次"危机",充满了恐惧期待和不确定性。18 世纪的独立革命是一场重大的政治危机,革命的发生其实就代表着一种政治体制无法延续并陷入危机。而 1830 年左右的美国社会,也是危机四伏。这个危机不像清教那样具有宗教的意涵,也不像独立革命时期那样具有某种鲜明的

---

[1] 参见 F. O. Matthiessen, *American Renaissance*: *Art and Expression in the Age of Emerson and Whitman*, London and New York: Oxford University Press, 1941.

政治性；但是美国 19 世纪中前期所经历的"危机"是一种更加广泛的，涉及社会、政治、文化、生活各个层面的整体性的危机，而且也无法再诉诸宗教理想来获得解决。这个整体性的、特别是"价值"层面的危机状态，是催生美国文学新开端的重要因素。

这个危机是整体性的危机，但当时的宗教已经不能成为人们理解或解决危机的力量。清教虽仍有很大影响力，但已不具备统合社会和精神生活的能力。有这样一个记录写道，有一位教师问学生上主日学校（Sunday school）学习《圣经》的原因，学生回答："因为爸爸告诉我，学好《圣经》就可以做一个更好的推销员，可以和客户更好地沟通。"基督教在这里变成了一种纯粹功利性的信仰，而非精神性的信仰。

熟悉美国历史的人应该都知道，奴隶制是美国 19 世纪上半叶面临的最大问题。奴隶制问题由来已久，为何在此时趋于激烈？这是因为随着美国不断向西的领土扩张，只要有一个新州申请加入美国，国会就必须讨论这个州是自由州还是蓄奴州。19 世纪上半叶美国领土扩张的过程，就是这个国家不断陷入宪政危机的过程。这个时期美国政治中最常出现的一个词就是"妥协"（Compromise），即南北方为了维护联邦不解体而不断寻找一种讨价还价的解决办法。在这一问题上，曾有过两次大妥协：一次是 1820 年的密苏里妥协，另一次是 1854 年的堪萨斯–内布拉斯加妥协。西部扩张对美国 1787 宪法构成了严峻的挑战，维系奴隶制的宪政体制是否还能存续？林肯曾说，"分裂之屋不能长久"（House divided cannot stand），而当时的美国政治就处于这种"分裂"的情况。

经济上，美国在 1837 年爆发了第一次真正意义上的经济危机，其原因与前几年的美国房地产泡沫破裂非常相似：对土地的过度投机造成了货币滥发，从而导致金融危机和经济衰退。从以上种种危机中可以看到，当时的美国社会处于高度的变动、冲突、矛盾和对未来的不确定之中，而此时提供给美国人价值规范的是哲学史上所说的"常识哲学"（Common Sense philosophy），其最有名的倡导者之一是富兰克林。常识哲学的基本设定是人的自私自利。从这个常识性经验出发，它认为人应该追求一种"开明"（enlightened）的自利，即通过公平的契约确定人与人之间的行为规范，并使各自的利益得到保护。因此，常识哲学讲的是自私自利的人和以契约为基础的社会。这个哲学很有用，也曾具有革命性，更是推动美国经济繁荣的主导力量。但问题在于,常识哲学无法告诉人们任何超越日常生活的价值观念。它只告诉你该怎么做最有利,好比是耐克公司的哲学——"Just Do It"。或者,就如美国人有一句话,"Eat your cake and say no more of it","把你的蛋糕吃了,其他就别再废话了"。这种哲学当时对人的思想和精神的禁锢实际上是非常强的。所以,19 世纪上半叶美国社会的危机不仅是政治的、经济的、社会生活的危机,更是价值观的危机。从当时的一些历史和作品来看,美国社会是充满躁动而又极不成熟的,有许多的 activities,但没有任何的 ideals。人每天忙忙碌碌,却不知道为的是什么;人们缺乏理想,更缺乏认真的价值思考。后来,梭罗在《瓦尔登湖》中这样描写当时的美国:"所有的美国人都生活在沉默的绝望(quiet desperation)中。"人们感到绝望,但又失去了表达和选择的能力。这是梭罗要前往瓦尔登湖独处并求索的历史背景。

因此,这个时候出现的美国的"文艺复兴",和中国的五四运动相似,本质上是一场价值观的变革。美国的知识分子试图重新塑造民主社会的价值观体系。19 世纪中期美国文学的突然崛起,从本质上讲,可以说是陷入了道德和价值困境的民主社会在文化和文学上的率先自觉和反思。当时许多身为社会精英的作家都选择了反叛自己的传统,例如祖祖辈辈都是牧师的爱默生(Ralph Waldo Emerson)是 17 世纪以来第一个背叛家族职业的人,而霍桑的祖父是当年塞勒姆猎巫事件(Salem Witch Hunting)中的一位主审法官。霍桑那么刻意地描写清教社会的残酷,反思清教社会的缺乏人性,实际上也背叛了他自己的家族传统。又如一辈子没有正式工作的梭罗是哈佛大学的毕业生,是文化水平最高的一位"不务正业"者。要知道,一年仅有一二百人毕业的哈佛大学,传统上是新英格兰地区精英阶层的温床。所以,一辈子"晃晃悠悠"的梭罗,也是一个反叛者。可见,当时的许多美国作家都开始比较坚决地进行价值观层面的反思,而正是在这一背景下,才出现了美国的"文艺复兴"运动,并造就了美国文学传统的形成和繁荣。

六 美国文学传统的个体性与普世性

对于爱默生,我想重点讲一讲。这可能是中国人最熟悉的一位美国作家。

如果要了解美国文学，我建议至少应该读爱默生在 1837 年发表的一篇演说《论美国的学者》（The American Scholar），这篇作品就"什么是美国文学"给了一个概括性的答案。[①] 我们可以从中发现，时人是怎么反思并试图重新建构美国社会的文化与价值。这篇里程碑式的演说，被很多人称为美国"文化上的《独立宣言》"。

"文化上的《独立宣言》"说的是什么意思呢？爱默生似乎在说，美国应该有自己的文学传统，在文学和文化上独立于世界，独立于欧洲。但是，实际并非如此。非常吊诡的是，爱默生在发表演说的时候，美国还没有属于自己的文学。这一点，爱默生自己不可能不清楚。所以，爱默生演讲的目的，其实并不是要报告美国有了多少文化产品，而是为了告诉人们：美国虽然还没有自己的文学，但美国文明如果能够进行某种价值观的反思，则必然会产生一个伟大的文学传统。演说的真正要点不是已经取得的成就，而是美国文学的可能性问题。

我们在讲民族文化的独立时，往往会提到与其他民族文化的差异性。这种文化的差异性，也往往被用来证明文化独立的可能。不过，我们仔细思考一下，假使这篇演说只是说美国文学与欧洲文学有什么不一样的话，美国文学的合法性并不能自然而然地成立。爱默生在这篇演说中真正的"创见"是：从普世主义的角度出发，说明美国文学的可能性并不来自于任何文化的特殊性，而来自于这个国家和文明的普世性特征。换言之，证明文化的差异可以说明我们与别人不同，但是却无法给予我们的文化以自身的合法性。文化的差异不是一个文化传统立足的基础。这一点爱默生是非常清楚的。例如，在演说的后半部分，爱默生论证了美国文学一定会有一个独立展开的过程。他认为，美国文学的出现和成熟是人类社会进步的征兆（signs）。他提到的一个征兆就是当时世界上的文学作品中已经出现了对普通人的关注；这与以往只着意描写宏大和优美（sublime and beautiful）的 18 世纪新古典主义文学大有不同。19 世纪初，随着浪漫主义和现实主义的兴起，人们开始关心"穷人的文学，孩童的心灵，街头社会的哲学，和日常生活的意义"（the literature of the poor, the feelings of the child, the philosophy

---

① Ralph Waldo Emerson, "The American Scholar", in *The Norton Anthology of American Literature* (the Shorter Fourth Edition), pp. 467-480. 以下的引文皆出于此版本，译文为笔者自译。

of the street, the meaning of household life)。

非英美文学专业的同学或许不容易发现这段话中一个非常奇怪的搭配——"街头社会的哲学"(the philosophy of the street)。这样的词语搭配放在当时是不合规范,甚至是"不雅"的。这是因为"街头社会的哲学"这个短语做了一个非常"粗暴"的词汇连接,把"哲学"这个"大词"与"街头"这个"小词"连在一块。但是,这个搭配恰恰是爱默生要做的工作,而且以后他也不断地运用这个语言表述的方法。"哲学"在这篇演说的上下文里,实际上是"价值观"的同义词,而非一般意义上的哲学学科;而"街头"作为一个比喻,所指的实际上是日常的生活经验。所以,这个搭配的言外之意,就是说美国文学最为重要的使命,同时也是人类文化与文学发展的一个趋势,就是努力在日常生活和价值观两者之间建立一种鲜活和持久的联系。这并非宗教,但是却有着很强的宗教性。因为,我们知道清教在美国历史上之所以具有如此深远的影响力,就在于它能够在日常经验和宗教教义之间建立一种普遍性、象征性的联系。所以,爱默生所呼唤的"新文化"和"新文学"也有植根于美国文化和思想传统的一面。

爱默生在后文进一步说道:

> 我不关心那些伟大、遥远、浪漫的东西,我不关心在意大利和阿拉伯流行的风尚,我也不关心什么是古希腊的艺术或中世纪普罗旺斯的诗歌。相反,我拥抱平凡,我认真地探求并谦卑地坐在那些所谓普通和低贱的东西旁边。

这是此篇演说中经常被引用的出彩之处,英文原文是:

> I ask not for the great, the remote, the romantic; what is doing in Italy or Arabia; what is Greek art, or Provencal minstrelsy; I embrace the common, I explore and sit at the feet of the familiar, the low.

不过,我们要理解的是,他为什么这么说?注意这里远不止"平等"这个理念,也不是什么"为穷苦大众的文学"。理解爱默生的意思,还是要回到"街头社会的哲学"这个表述。我说过,什么是"哲学"?哲学就是价值观。什么是"街头"?街头就是日常生活。爱默生想说的是,我要重新建立日常生活和精神价值之间的联系。这句话与关心被压迫的穷苦大众没有任何关系。爱默生认为,这种联系一旦建立起来,美国就会有一种"新的文化"和"独立的文学"。爱默生在演说中所讨论的问题,如人类历史普遍性的演进过程,如价值与经验之间的联系,最终落笔在"个体的人"的塑造之上。在演说中,他这样说道:

> 我们不再将政治的事务交给伟人,办事员和办公桌,这是一次真正的革命,而这次革命来自文化的日渐普及。现在的世界最重要和光荣的,是塑造独立的个人,个体的生活和价值堪比历史上最伟大的王朝。

在这里,"伟人"即指"贵族",而"办事员与办公桌"即指官僚。爱默生要说的是,这次美国社会"价值观的革命",不依赖贵族也不求助于政府,而根本上来自于对自由个体的"塑造"。爱默生在这段话中所用的"文化"一词,意思比较复杂。爱默生用的"Culture"一词来自于德国启蒙运动中常使用的"*kultur*"这一概念,是"教育"的意思(如席勒的《美学教育书简》中的"教育"一词),或者追溯其英文原意,是"培育和塑造,使之充分养成"的意思("cultivate",也即德语中的"*bildung*"即"教育"一词)。

通读爱默生的演说,我们可以看出:这篇演说的要义并不在于"文化的独立宣言"。有些人从演说中读到了这样一句话:"长久以来,美国人虔诚地作为别国文化的学徒,而这个时代终于结束了。"他们便认为找到了胡适先生当年结束留学运动主张的美国版。这个理解是比较肤浅的,主要问题在于这些人没有读完演说全文就下了结论。《论美国学者》的核心问题是,文学如何承担价值观重建的工作。爱默生认为,只有承担了这个工作,一个国家的文学才有可能独立和繁荣。既然宗教已经无力承担这项工作,美国的现实政治又如此腐败,美国文学就应该成为宗教和政治之外重建社会价值观的力量。所以,爱默生的"个人主义"绝不是关心个体,而是鲜明的公共哲学,或曰价值观哲学。我们在理解爱默生的作品时要注意到:它一方面强调个体的绝对基础,并把权威从传统和宗教转移到了个体之上;但是,另一方面又具普世性的主张。美国文明以及美国文学的合法性都来自普世性而非特殊性。这个讲法与 John Winthrop 异曲同工,只不过一个用宗教讲,一个用文化讲。

不理解这一点,就难以理解美国文学的传统。在爱默生看来,一个文学传统的自觉和自立,需要的不是特殊性,而是要看这个文学传统能否对自己的生活内容作一种普世主义的反思和表达。当这个文学具有普世性精神，当这个文学具有价值观的作用，能够连接日常生活和精神价值的时候，它就具有生命力和独立性。爱默生的个人主义是用来构建价值观的，不是用来享受自我的。一旦社会秩序被认为是不公正的或在压抑个体的自由，当社会在宣扬盲从，当平等变成乌合之众的理据之时，我们便需要爱默生式的个人主义，因为这种个人主义会帮助我们实现一种"自由人的平等"，而非"奴隶的平等"。这与托克维尔在《论美国的民主》中讲的是一样的。人要首先成为个人，才可能有自由，之后才能谈到精神层面的平等——这是爱默生公共色彩浓厚的个人主义哲学的要义。我们或许可以说，爱默生的个人主义是"最不个人主义的"，因为它几乎没有对任何个人隐私（privacy）层面的关怀。

在美国文学的历史中，有意思的是，真正能够代表这种"个体精神自由"的文学人物往往不是以"人民领袖"的形象出场，也不是板起面孔的学者或其他的社会精英，而是一些带有"流放""逃离""探险"和"反讽"等色彩的人物，基本上是一些我们看来"非常不靠谱的"或很"怪异"的"小人物"。小人物通过"自我流放"，回到"心灵"的"自然状态"已经成为美国文学长久不衰的母题之一。美国文学中一直有一个"别处的世界"这样的主题和想象。这个母题与我们说过的"文明与自然"这组概念有很大的关系。如果文明处于一种堕落腐败的状态，美国文学作品中立刻会出现的就是"逃离文明，回归自然"的想象。文学作品中的人物决意自我流放到文明社会之外。《在路上》是现代叛逆文学的代表作，但是也是非常"主流"的美国文学作品。"叛逆"与"自我流放"其实都是美国文学的"主旋律"，并不真正"离经叛道"。这个主题其实在《白鲸》和《红字》中已经得到了非常经典和非常完整的表现。《在路上》是它的一个现代版本，而比如像《麦田守望者》这样的小说，相比而言，则要简化和"小儿科"得多了。有时候，美国文学作品并不那么强调个体在空间维度上的"流浪"，而更加注重内在的维度，表现一个人物如何质疑社会的一切习俗传统和信仰，如何拒绝一切社会角色的扮演，从而进行一种近乎离经叛道的对自我心灵的探索。

换言之，在启迪和改变文明社会之前，先需要走出文明社会的藩篱和局限。美国文学传统所刻画的这些人物，往往都采取了非常坚决的姿态，在文明社会之外去寻找一个"别处的世界"。所以，美国文学会经常表现一些非常古怪、不太正常、与社会格格不入的人物形象。其实，一点也不奇怪。这种形象在美国文学中比比皆是，而且基本都是经典人物。他们缺少优雅的礼仪，没有纤细的情感，未受过良好的教育，也没有财富和社会地位，但就是这些充满"否定因素"的存在，却能让他们最彻底地回到"自然"。如果一个人地位很高，家境殷实，那么他是不那么容易"解脱"的。我们北大英语系的韩敏中老师是美国文学研究的优秀学者，她曾经提到，美国文学里面有一个"上天入地"的传统，这是中国人感到非常陌生的。比如，美国小说经常会写一个人物没来由地做一些非常荒唐的事。大家也可以想想，美国电影和美剧中是否也有这样的人物？这种角色在美国文学传统中也是非常主流的。例如，在《白鲸》中，以实玛利为什么会登上捕鲸船去捕鲸呢？他说："我每天呆得很烦，看到的都是我不喜欢的人，如同生活在葬礼中一样。因此，我决定离开陆地，要到水上的世界（the watery part of the world）去闯荡一番。"①这个人是不是不太正常？但是，他却能逃离文明的状态，在一番危机和闯荡中，作为唯一的幸存者，获得了别人所无法企及的精神感悟。又如，梭罗的《瓦尔登湖》反映了文明与自然既对立又联系的关系。梭罗的家境尽管说不上很有钱，但还算殷实。他父亲开了一家在新英格兰地区很成功的铅笔厂，梭罗还发明了一个可以替代进口德国铅笔的配方，成为当时美国市场上质量最佳的铅笔。这个有着富兰克林式开头的"故事"却没有类似的结局，梭罗从未有过注册一个专利，以此成功创业之类的念头。相反，这么一个人在哈佛大学毕业后，没有从事任何"体面"的职业，却跑到湖边离群索居。这是为什么？我们不要做浪漫化的解读，这样做绝不是因为他有情调，很酷。在电影《死亡诗社》（*Dead Poets Society*）中，Tim Robbins 所扮演的老师曾引用过梭罗的一句话：

I went to the woods because I want to live deliberately.

这句话好像成了许多人做小资想象时爱用的一句名言。可是，梭罗想说的真的就是一种浪漫的情怀而已吗？我们来看，"deliberately"其实是梭罗特意用的一个词。从词源学的角度看，这个词的词根是源于拉丁语的"libera"，意为"秤或天平"。梭罗这句话讲的是："我要到林中去，过一种审慎

---

① Herman Melville, *Moby Dick*, New York: W. W. Norton & Company, 2002, p. 18.

的生活"，而所谓"审慎"即指我要能够衡量和判断不同的生活方式，然后再作出一个明确的选择。所以，有必要离开社会，离开文明，进入自然，在自然的世界里寻找到衡量、判断社会的能力。因为，梭罗自己说去瓦尔登湖，为的是不盲目地生活，也是为了"唤醒我的邻居"（wake my neighbors up）。

所以，《瓦尔登湖》里没有太多的情调，而是有着非常强的现实意义和关怀。梭罗希望美国人不要盲目地劳动，而应去想想劳动的意义究竟是什么。比如，他说："我们费了很多很多的钱，花了很大很大的力气，终于在美国的南方和北方，在缅因州与得克萨斯州之间建了一条跨越大陆的电报路线。可是建成以后，我们突然发现，缅因人和得克萨斯人彼此之间好像也没有什么可说的。"①这个社会是分裂的、碎片化的、沉默的。这是梭罗到瓦尔登湖去想要解决的问题。这是为什么《瓦尔登湖》在美国文学中一直居于非常主流的地位。

美国文学给我们最优秀的馈赠就是这些"怪人"，他们的个人主义色彩也好，公共意识也好，实践理想也好，这一切都是因为他们能够跳到文明的外头，找到外在或内心之中的"自然"，然后才能寻找更好的生活和更好的道德。"自然"是变革社会的实验室，不是逃离社会的捷径。梭罗之所以要去瓦尔登湖，是为了在人性内在的"自然"中发现良心和道德价值的基础。现在国内的部分研究者将梭罗与陶渊明类比，还有的研究梭罗作品中的道家思想，这些都是误读。美国文学主流传统中根本没有中国古代的田园诗传统。瓦尔登湖既不是"不知秦汉，无论魏晋"的桃花源，也无关现在很时髦的"环保意识"。美国所有成为主流的东西，都有非常强烈的现实关怀。在美国文学的主流传统中，你可以"为个体而艺术"，但不能"为艺术而艺术"。

在马克·吐温的小说中，大家可能读过《汤姆·索亚历险记》。但是，他的另外一本小说《哈克贝利·芬历险记》才是更加经典和更加主流的作品。为什么这么说呢？我们看到，哈克也是一个"非主流儿童"，甚至是有点"小流氓"式的人物，根本没有什么道德和文化修养。这部小说即是以哈克的醉鬼爸爸找他要钱，迫使哈克伪造了自己死亡的假象，脱身逃亡开始

---

① Henry David Thoreau, *Walden*, *Civil Disobedience and Other Writings*, New York：W. W. Norton and Company, 2008, p. 39.

的。哈克的"假死"是极具仪式性（ritual）和象征性的细节，因为它意味着哈克"社会性"的"我"死去，而哈克"自然"的"我"诞生。此后，哈克切断了与文明世界的所有联系。可是，马克·吐温在小说中安排哈克逃到木筏上时，也在木筏上为他安排了一个同伴——想要逃往北方自由州的黑奴吉姆。我们需要注意的是，在哈克所生活的美国南方，黑人和白人是无法处在同一个生活空间里的。只有在这个文明之外，漂流在密西西比河之上的木筏里，黑人与白人才能以朋友相处。这是特别有意思的道德与伦理的想象。所以，哈克的木筏不是一个纯粹个人意识的"平台"，而是一个"文明之外的世界"。在木筏上，他们观察"岸上的世界"；而马克·吐温则透过他们的眼睛，观察和批判美国的社会现实。木筏上是一个由两个不同种族的人所组成的"小社会"，而他们能够在这里尝试一种在美国南方完全不可想象的黑人与白人之间的伙伴关系。如此亡命天涯的两个人，他们自我流放的经历，在马克·吐温笔下却成了一种可能的、更好的社会中的"英雄"。

小说中有一个特别经典的片段是这样的：当木筏快要到达作为南北方分界的俄亥俄河时，哈克发现吉姆日日手舞足蹈。按理说，哈克本该为吉姆感到高兴才对，但此时他却非常焦虑和紧张。为什么？我们不要忘了，吉姆是一个奴隶；而严格按照美国的法律，他应被视为其主人华生小姐的财产。哈克担心，自己正在帮着偷窃华生小姐的财产，因而触犯了摩西十诫中的"不得盗窃"（Thou shall not steal）一条。我们知道，犯戒的后果就是死后要下地狱，灵魂永远不得安宁。因此，哈克决定为自己着想，向华生小姐写信告密，说明吉姆的下落。哈克很快就写完了信，小说此时描写哈克的心理活动：

> 我感觉很好，第一次感觉彻底洗刷了身上的罪过。我知道我可以祷告了，但我没有立刻这样做。我把信放下，开始沉思起来。我想到，因为帮助奴隶吉姆，我几乎就犯下了大错，差一点就会下地狱。我就这么一直想着，一直想着，我想到我和吉姆沿着密西西比河的这段旅程，他天天和我在一起，无论白天还是夜晚。有时候大河上月光如洗，有时是暴雨倾盆，可我们就这么一直顺流而下，谈天，唱歌，欢笑……这时候我转过头去，又看到了我写给华生小姐的信。
>
> 船上的地方很狭小，我拿起那封信，掂在手上，此刻的我浑身发抖，

因为我知道必须要在两者之间做一个永远的决断。我又仔仔细细地想了一会,然后对自己说:

好吧,那我就下地狱吧。于是,我把信给撕了。

这个下地狱的想法实在令人感到恐怖,我自己说的话也令自己感到后怕,可我还是说了出来,而且我也不想收回它们。从那以后,我就彻底杜绝了洗心革面做一个"好人"的念头。①

这是一个凝聚了美国文学传统精神的片段。马克·吐温的手法类似于欧洲世纪文学中"倒转乾坤,颠倒秩序"的意象(the Inverted Universe),很有一番"石破天惊"的效果。在这里,"地狱"与"天堂"被彻底倒转过来。"天堂"实际上是真正的"地狱",而"地狱"才是唯一的"天堂"。"地狱"就是"自然",代表着未被社会所败坏并能够超越习俗的我们内心的良知。相反,所谓的"好人""祷告"与"天堂"才是真正的地狱。在这里,马克·吐温的描写完完全全是爱默生式的,而这就是个人主义所要追求的目标:"自然"让我们跳出文明和习俗的桎梏,使我们能够审视和批判我们的生活经验,看到和社会告诉我们不一样的、新的道德价值的生成,并且依照这样的新价值重新安排我们整个生活的秩序,不管代价有多么的大,哪怕是绝了"做个好人"的念头也在所不惜。海明威曾有一句非常有名的评论:"现代美国文学的一切都起源于《哈克贝利·芬历险记》。"即便是旅居欧洲多年,后来改宗英国国教的美国诗人艾略特(T. S. Eliot)也评价说:"马克·吐温笔下的密西西比河是一条象征人类生活的、普世性的河。"②

最后,我想就美国文学谈两点总结性的看法:其一,权威与自由、个体与社会、文明与自然之间对立和紧张的关系,是美国民主价值观得以延续的可能性之所在。美国文学生成于一个在政治上具有高度自我意识的社会,但

---

① Mark Twain, *Adventures of Huckleberry Finn*, London, England:Penguin Books, 2003, p. 283.

② T. S.艾略特对马克·吐温的评论均见于艾略特的一篇重要的文学评论文章《美国的文学与美国的语言》("American Literature and American Language"),具体见 T. S. Eliot, *To Criticize the Critic and Other Writings*,London:Faber and Faber, 1965, pp. 54-55。海明威对吐温小说的赞扬转引自"Introduction", *The Adventures of Huckleberry Finn*, London, England:Penguin Books, 2003, p. 12。

美国文学的价值不在于为某种特定的政治制度背书。相反,美国的作家是对民主政治批判最为尖锐的群体。但是,这些人对美国民主的基本精神和价值理念却是高度认同的,正所谓"两口子吵架不分家"。我们经常说,美国社会具有"自我纠错"的能力。我认为,这个能力不仅来自其先进的政治制度与完善的市场机制和法律制度,根本上更来自一种文化的能力。文学在培养这种文化能力方面起到了非常重要的作用。可以说,没有文学的想象力,美国社会也未必能够培育出如此的文化能力和反思精神。直到今天,这样的情形也未见有根本性的变化,虽然未来仍然会有更大的挑战。在美国社会演进的过程中,一旦社会变得腐败和压抑,就会有强烈主张个人主义的文学出现;而一旦个人主义过度泛滥,又会有主张传统与群体价值的文学出现。美国文学后来产生了大量的地域文学作品和族裔文学作品,但是我们也不能脱离普世主义的角度来研究和阅读这些作品。简单说,多元化的文学作品的繁荣往往反衬着这个社会中普世性理念的强大。所以,单从任何一个方面去理解美国的社会和美国的文学都是片面的解读。

其二,美国文学传统的形成与成熟,根本上来自美国作家群体对价值观问题的持久关注和探索,否则美国文学就会永远成为欧洲文学的附庸,不会有成为一个伟大的文学传统的可能。这一点与美国国力的强大有关系,但不是必然的关系,不是说一个国家强大了崛起了,这个国家的文化与文学就必然能够自立和繁荣。无论从逻辑还是历史的角度来看,这两者之间都没有必然的关系。在美国文学兴起的1830—1860年,美国并不是世界上最强大的国家,甚至都不是真正意义上的统一国家。美国文学能够形成自己的传统,当然有其宗教和政治的资源;但是,更应该说的是它来源于美国人对于自身文明的认识,并能够从自身的特殊性出发,对人类面临的基本问题作出具有普世性的思考和表达。所以,不管喜不喜欢或对不对,我们一定要注意把握美国文学传统中的普世性精神。因为只有通过这样普世性的思考,美国的文学才能够汲取欧洲文学的财富,达到自身的成熟和自觉,并形成了属于自己的伟大传统。了解这一点,对于今天的中国人,应该是很有意义的事。

（作者为北京大学外国语学院副教授）

第十讲

美国电影本纪

戴行钺

　　"本纪"是帝王传记的专用名词,始于司马迁的《史记》。可是项羽和吕雉不是皇帝,司马迁为两人立传也称"本纪",只因他们位高权重,而且有帝王般的强势。好莱坞叱咤影坛,几近百年,其气势犹如无冕之帝项羽。美国电影自第一次世界大战之后,秀于世界电影之林,并逐渐成就其霸业;当今世界,中、法、俄、日、英、韩、印度及西班牙不愧为电影大国,但是,电影强国只有一个美国。据统计,过去五年,美国电影本土产出仅增长7%,但海外增长却达到46%;美国电影的覆盖面遍及全球。仅举三例:在英国及欧元区,60%—80%放映的电影来自美国;在中国,虽然美国片的年配额仅34部,与法国每年输入180余部美国片相比是小巫见大巫,但它们往往占年终票房的一半左右——2013年占42%;近日,号称2014年第一大片的《变形金刚4》在中国内地收获了近20亿人民币的高票房,远超《阿凡达》和《泰囧》的13亿纪录。据保守估计,今年国产片将达650部,总票房会步入一个新台阶:280亿元。如此看来,其中14%的收益是由一部美国大片贡献的!纵观电影史,好莱坞经典电影的编导演曾经惠及多少代的全球同行,尤其是法国新浪潮的新锐导演;而美国电影院校数量之多、专业性之强、招收留学生范围之广,也胜各国一筹。美国电影尽显其"王者风范"!讲述美国电影,冠以"本纪"当不为过。

　　正如本课程多年参与者法学院的王锡锌教授所言,要在一堂课内全面讨论美国宪法与法律"有点像在5分钟内跑完马拉松"。鉴于此,我推出"精简版马拉松",争取把40多公里的距离缩短为5000米的中长跑,等于到五四广场跑12圈半,时间是100分钟,即一堂课。恰逢马年,我就信马由缰,择要而言,慢慢说道好莱坞的"前世今生"。

一 好莱坞传统

1895 年,法国照相馆老板卢米埃尔兄弟在爱迪生电影视镜的基础上,制作了集摄影与放映于一体的活动电影机,使电影得以首次在银幕上放映,从此电影问世。美国科学家对电影的发明居功至伟。

推动电影的发明对于美国来说,有其国内与国际因素。1865 年,美国内战结束,黑奴获得解放,新增劳动力人数超过 10 万。随着国内形势日趋稳定,美国进入以经济建设为中心的工业化阶段。不到二十年,工业化程度超过以英国为首的西欧各国,从而推进了社会各个领域的改革与创新,电影的发明是其成果之一;另一因素是:每到世纪末,总有一批有志之士,要在新世纪到来之前,进行最后冲刺,为即将逝去的旧世纪留下最后一抹辉煌,为新世纪的来临鸣锣开道,于是,电影在美、法及欧洲其他各国发明家的竞争之中应运而生。从文学艺术发展的脉络来看,每一世纪都有一个领域脱颖而出:18、19 世纪是诗歌与小说交叉领衔的世界;20 世纪则是影视的天下;而 21 世纪明显是互联网与数码思维的时代。第一次世界大战之后,美国已经是一个高度工业化的社会,是全球首富,华尔街的资金足以支撑"一寸胶卷一寸金"的好莱坞电影业迅速崛起。

好莱坞是美国电影的同义词。米高梅电影制片厂在它的全盛时期,每部影片的片尾都要打出这样的字幕"Made in Hollywood, U. S. A"。虽然并非每部美国影片都出自好莱坞,但他们都是出自特殊生产模式的产品,这种生产模式是在好莱坞逐步完善的。伍迪·爱伦是继卓别林之后的美国喜剧电影大师,他主演和导演的影片十之八九是在纽约或纽约周边地区摄制的,但无不打上好莱坞文化的烙印。《星球大战》系列影片的总导演乔治·卢卡斯曾骄傲地对记者说:"我的影片不是在好莱坞生产的",言外之意他的影片是在加州北部制作的。但是,好莱坞不仅是一个地域概念,它体现了美国电影的"精、气、神",就是美国商业电影在制片、发行和播映方面的一整套独特运营方略。爱伦和卢卡斯的影片都自然而然地体现了这种好莱坞精神。好莱坞精神的最重要标志是制片厂制度的实施。电影艺术和技术的复杂化促使电影的制作日趋专业化。最终,在 20 世纪初叶,制片人决定采取工厂的流水线方式制作电影,这就产生了制片厂制度。电影公司广泛采用大规模生产手段并在内部实行细致分工,编剧、导演、摄影、美工、服装、布景各司其职,同时加强演职人员的专门化与专业化。一个为共同的使命而通力合作的集体——统称"好莱坞"——从1914年开始,每年向全世界提供300—600部风格各异、类型繁多的影片。产品出厂,就该寻找买主,这叫发行。发行是一门大学问,在今天的环球公司是由一名副总裁负责的。电影与一般的产品不同,每部电影是顾客使用之前从未见过的独特产品,这同买牙膏、肥皂不一样,它们陈列在货架上,摸得着,看得见,而电影是无形产品。美国从20世纪20年代到40年代中期,电影观众的数目是相对稳定的,但就每一部具体的电影来说,它是没有经过检验的商品,谁也不敢保证它的上座率,前一部电影在票房上的成功并不意味着下一部影片会同样博得喝彩。实际上,制片人每拍一部电影就等于在下一次赌注。实施制片厂制度之后,就减低了这一无形产品的固有风险,它的运作机制稳定了这一不稳定的行当。在具体运作中,电影公司又为制片厂制度添上两翼:推出明星制和拍摄类型片。电影公司发现明星的魅力对票房的巨大影响后,决定实施明星制,突出演员的作用。制片人雇请编剧为特定明星编写特定剧本,使演员定型化。于是,玛丽·璧克馥始终是一位天真可爱的姑娘,嘉宝是神秘莫测的深沉女子,丽泰·海华丝是性感的荡妇,而凯瑟琳·赫本则是贤妻良母。制片厂制度有利于用比较统一的规格大量生产标准化影片,但同时也在某种程度上扼杀了导演和演员的创造性,使他们只能在有限的范围内施展自己的才能。20世纪30年代著名导演刘别谦在执导嘉宝的最后一部影片《妮诺契卡》时,发现她居然演喜剧也是一把好手,自然会莫名惊诧!

类型电影是一种影片创作方法,是美国电影中的特殊现象,它在30年代获得了充分发展。类型电影就是按照不同类型(或称样式)的规定和要求制作出来的影片。类型片大致可以分为以下12类:西部片、歌舞片、科幻片、犯罪片、喜剧片、战争片、爱情片、伦理片、惊险动作片、灾难片、儿童片、恐怖片。

类型电影是对第一部成功电影的模仿,观众在同一类型影片中往往会发现许多似曾相识之处。类型片中最具代表性的是西部片、科幻片、歌舞片和犯罪片。

明星制和类型片逐渐培养了观众看电影的兴趣和习惯,他们冲着某一明星、某一类型或某一导演而步入影院，影迷群就以滚雪球的方式形成了，从而今天发行的影片就为明天更大批量的质量基本上是未知数的电影准备了潜在的观众。

与此同时，制片人在发行上还施展垄断手法，并建立了本公司的院线，好莱坞的八大公司中有六家建立了制片、发行、放映一条龙的体制。这可是六条"霸王龙"，中小电影公司面对这些巨型"恐龙"，只能拍摄一些低成本的 B 级影片，聊以度日。一个法制比较健全的国家是容不得明目张胆的垄断的。二战前夕，美国司法部状告八大电影公司搞垄断经营。这场马拉松式的官司拖了将近十年。1948 年，美国最高法院判决：八大公司必须取消"捆绑式"营销，不得借拷贝的搭配销售来倾销劣质影片；必须把制片、发行同放映脱钩，也就是说电影制片厂不得拥有自己的院线。"上有政策，下有对策"，电影公司千方百计推迟"脱钩"，造成执行难。直到 50 年代中后期，那些龙头老大才完成院线的出让和出售。固然，电影院同制片、发行脱了钩，但制片厂制度赖以生存和发展的一些经典做法，特别是明星制和类型片仍然沿用至今。

类型片中，隶属犯罪片的黑帮片（又称"强盗片"）和归属冷战片的谍战片最扣人心弦，极具观赏性。这类影片具有强大的心理冲击力，他们所揭示的人性中真善美与假恶丑的纠葛和博弈令人拍案与感慨。近年来，随着福尔摩斯探案系列、碟中谍系列、007 邦德系列的轮番上演，再次激起观众对警匪片和谍战片的兴趣，而《国土安全》《逍遥法外》《疑犯追踪》《灵书妙探》等美国同类电视连续剧的上演更对这两类影片的热映起了推波助澜的作用。

二　枭雄的人生轮回

最近，《大侦探福尔摩斯 2：诡影游戏》和《碟中谍 4：幽灵协议》的接踵上演激发了人们讨论犯罪片的兴趣。

传统犯罪片有较为鲜明的模式特点。犯罪片可粗略分为黑帮片和侦探片两大类，前者以黑社会人物为主角，后者以侦探为中心。本节着重探讨黑帮片。美国的黑帮片产生于禁酒时期（1919—1933），当时法律禁止私自酿酒和售酒，可是黑社会不顾禁令，继续组织私酒买卖，尤以芝加哥为甚，于是同政府形成对立。同时不同帮派之间为了抢地盘、争利润，明争暗斗不断。黑帮片就是反映这两类矛盾的作品。1927 年出品的《黑社会》，其主角的原型就是当时黑帮中的枭雄艾尔·卡朋。卡朋系意大利移民，他操控芝加哥的酒类黑市，虽然罪行累累，负有血债，但他善于销毁罪证，买通警方，最后只是判了个逃税罪名。他的传奇经历，成了《黑社会》的蓝本，而继之这部电影又成了"样板"。影片中出现的帮主、帮凶、律师、小偷、妓女及帮主的情妇，成了以后同类影片必不可少的人物。剧中人言谈用的芝加哥腔调也被后来者刻意模仿，以示"正宗"。卡朋原籍意大利，于是同类影片主角的老家往往是西西里(《疤面大盗》《教父》)。这种旧瓶装新酒的模式，整整沿用了九十余个春秋。

　　黑帮片是以盗魁为主角、以警察和侦探为配角的影片，故而影片的聚焦点通常落在帮主的身上。强盗头子往往住在一座"姑隐其名"的大城市，但观众从周围的景物中，尤其是希尔斯摩天大楼和尖顶拂云的帝国大厦，即可认定主人公不是在芝加哥闯荡就是在纽约拼搏。盗魁行色匆匆，不时穿梭于各个酒吧之间。酒吧既是团伙成员寻欢作乐的场所，更是黑帮"各路神仙"较劲儿的"摊牌"之地。在感情生活上，盗魁同品质可疑的女性过从甚密，甚至亲密无间，但即使两人双宿双飞也极少论及婚嫁，只因为他们内心深处潜伏着对未来的一种不祥预兆。尽管帮主的左膀右臂和众多喽啰饮酒无度，但盗魁是有节制地品尝或滴酒不进，他必须保持清醒的头脑以对付官方的突然袭击和对立派别的发难，否则将酿成致命的后果。盗魁这种"众人皆醉我独醒"的精神状态充分显示了干这行当的首脑人物所独具的职业警惕性。

　　一旦冲突爆发就会大动干戈。于是酒吧间的嘈杂声和歌女忧伤缠绵的歌声就会被震耳的机枪声和尖利的汽车刹车声所代替，恰到好处的音响运用增强了影片的紧张气氛、悬念感和冲击力。

　　盗魁身旁始终有一帮人围着他转，起着"众星拱月"的作用。他们是妖娆的情妇(往往是金发女郎)、殷勤的酒吧老板、名校——通常是哈佛大学——毕业的律师、魁梧的保镖以及为魁首传达命令的当差。影片落幕之时，唯有当差成了覆巢之下的完卵。导演此时就会给他一个近景镜头，让他表情凝重地说出一番颇具警示性的话语："犯罪是没有好下场的。"切莫小看小人物这句仿佛无足轻重的话，在三四十年代由罪犯谴责犯罪有助于影片顺利通过审查。

传统的强盗片不惜胶卷刻画盗魁的性格。通常,主人公思路敏捷、反应迅速,但情绪波动、易怒暴躁;残忍和独断专行是他性格的基调。然而,尽管盗魁作恶多端,但是他对自己的家庭成员怀有一种特殊的感情,而且这种感情有明显的亲疏之分:对母亲温存体贴,和盘托出心里话;对姐妹爱护备至,赠与贵重首饰乃至为之择偶;对弟弟亲切关怀,馈赠数十乃至百元钱钞;对父亲则抛掷一个微笑或赐赠十元美金。在黑帮片中,出于"恋母情结",即使风声很紧甚至是走投无路的危急当口,编导仍然坚持让杀人盗寇去做最后一次探家,以揭示他人性的另一侧面。无论是早期的经典强盗片《疤脸大盗》(1931)还是 60 年代末的反英雄强盗片《邦尼与克莱德》,都插入了探母的情节。

时代在前进,今日的黑帮片同往昔的大相径庭。以往是黑帮雇请律师为自己开脱罪责,今日是同样的律师来了个恶人先告状,由被告转为原告;往昔的杀人元凶及其帮凶或锒铛入狱或成枪下之鬼,无一是寿终正寝的;今日的教父虽然屡遭劫难但已有人在温馨的家庭气氛中告别人世。欣赏过《教父》首集的观众也许尚有印象,由马龙·白兰度主演的老教父是在花园中含饴弄孙之时溘然辞世的,这表明强盗片开始偏离传统的因果报应的轨道。还有一个显著的变化是,传统强盗片中,匪帮团伙是一帮组织松散的乌合之众;今日的黑帮组织严密,分工细致,而且帮主的办事方式仿照国家行政机关的办事程序。在第一集《教父》中,启幕伊始,教父在豪宅中按照预约的顺序,逐个接见有求于他的各方人士,其仪式的各个环节酷似总统接见外国使节,十分庄严隆重。导演科波拉的这种貌似严肃内含讽喻的类比着实幽了当今某些国家一默。

有意思的是犯罪片同歌舞片在演绎主角的人生历程上颇有共同之处:低层人物坚持拼搏,最终捕捉良机,美梦成真。只是歌舞片的主角以女性居多,而且他们的成功之路是洒满汗水和泪水的;而犯罪片的主角几乎都是男性,他们用阴谋诡计和机枪子弹扫清障碍,其成功之道是用鲜血和头颅铺就的,可谓"一人功成万骨枯"。这两种类型片的另一区别是歌舞片以大团圆作结;而犯罪片的男主角则多数以杀人起家、以被杀告终,搬演的是一出枭雄悲喜剧。

三　间谍的心理迷踪

长期以来,西方特别是美国出品的间谍片往往以北约和华约两大军事集团的对峙为政治背景,以中央情报局(CIA)和克格勃(KGB)的争斗为戏剧冲突。编导如此安排剧情,绝非空穴来风,他们的作品源于现实的政治风云,并反映了无形战线上诡谲多变斗争的一鳞半爪。

这类间谍片的源头可以追溯到冷战时代。第二次世界大战甫告结束,美国统治集团眼见苏联在东欧的影响日益扩大,就采取遏制政策,冷战时代从此开始。起初是个别大国的对抗,旋即发展成两大军事集团的对峙。他们宣称对本条约任何一个成员国的入侵即是对该条约全体成员国的入侵。从此冷战双方在政治、经济、军事上摩擦频仍,相互关系始终处于敌对与紧张状态,而派遣间谍潜入对方,或搞颠覆、破坏,或窃取军事、经济情报已成为冷战的常用手段之一。于是,以冷战为背景的影视间谍片也应运而生。

欧美影坛素有共识:推出间谍英雄最能赢得观众青睐。尽管美制间谍片数量可观,但就其质量而言,精品稀少。40年代末,非美活动调查委员会配合国际上的冷战,清洗好莱坞进步人士,某些编导慑于压力摄制了为数不少的反共影片,其中也包括不伦不类的间谍片,有一部把时间定位于19世纪末的西部片,讲的是联邦政府的专员对西部小镇进行微服私访,经过"深挖",揪出从吧女到警察局长整整一串暗藏的敌人,原来他们都是被慈禧太后收买的北京间谍!此片放映时正值朝鲜战争硝烟未散,编导之"良苦用心"可见一斑!

在美国众多的间谍片中,希区柯克执导的当推上乘之作,他几乎每隔十年贡献一部精品。然而真正在商业上遍地开花的首推以英国间谍詹姆斯·邦德为主角的007系列片。从1962年《诺博士》首映,到2012年《007天幕坠落》的上映,这套脍炙人口的影片已经拍了23集,其中男主角的扮演者六易其人,最受影迷崇拜的是阳刚之气溢于言表的肖恩·康纳利。邦德片在商业上的走俏招致模仿者蜂涌。但是真正在市场上站稳脚跟的还是正宗原装的邦德片。

邦德片有其鲜明的特点。其主人公不仅武器精巧,而且具有百折不挠的"敬业精神"。这一形象与传统间谍片拉开了距离,后者的主人公往往充满哈姆雷特式的犹豫彷徨。就间谍这一行当的性质而言,责任重大,充满风险,一旦以此为业,当事者必然能力超群,而且理应视此为人生一大挑战,乐于"为伊消得人憔悴",至于物质待遇和金钱报酬似乎不是激发他们涉足此业的主要诱因。就常理而言,职业间谍相信本国政府搞间谍活动是正当合理之举,而自己参与其事是为国奉献。然而间谍片序幕拉开之际就把某项间谍使命的重要意义昭示给观众了。但这种开宗明义的提示,在 40 年代盟军同法西斯作战时比冷战时代北约同苏联对峙时更显得有说服力,只因深受德、日法西斯荼毒的人们记忆犹新,他们对这种提示自然极易认同。至于冷战,在多数渴望和平的人民心目中是一个不祥的字眼。美国人民既不满冷战采取的小动作,也反感中央情报局的卑下做法,故而在每部间谍片中都树立忠心耿耿"思无邪"的间谍形象必然会贻笑大方。这一实情也导致影视间谍们道德上固有的窘境再次突现:为达到正义的目标必须采用卑劣的手段吗?希区柯克在他的名作《谍影疑云》(1950)中微妙地回答了这个哲学上古老的道德问题。他刻意设计了男主人公桑希尔(一位被 CIA 利用的公民)与教授(CIA 代表)的一段唇枪舌剑的交锋:

> 桑希尔:"教授,我不喜欢你玩的这套把戏。"
>
> 教授:"桑希尔先生,战争是地狱——即使这是一场冷战。"
>
> 桑希尔:"假如你们这帮人非得借助她那样的姑娘同敌人睡觉,跟敌人私奔,并且也许永远也不可能活着回来了,你们才能打败敌人,你们最好学会在冷战中打几回败仗吧!"

有时,主人公不得不潜入外国领土去干一番鼠窃狗盗的勾当。这对他信奉的道德准则是一场考验。很显然,如果间谍们获取情报的手段既不是非法的又是合乎道德规范的,那就没有危险,也就没有故事可讲了。多数间谍影片的紧张性往往取决于间谍对其工作性质的认识程度的不断升级。先是怀疑采取的手段是否正当,继而内心开始动摇,最终对其存身的社会制度产生信任危机,这一转变过程也是悬念丛生的过程,当他大彻大悟之时,好戏就上场了。邦德影片不在此例,他执行任务时始终信念坚定,一往无前,几达狂热程度。007 影片的精彩之处在于那势均力敌的搏杀、令人目眩的高科技手法、英雄与美女若即若离的周旋以及邦德的调侃与幽默。同超人式的邦德间谍相比,普通间谍则常常经受疑虑的折磨。为增加故事的曲折性和缓和打斗气氛,间谍片无不添加爱情佐料。但间谍的上司总要求主人公只是"利用"投怀送抱的女子,这使主人公对"事业"的忠诚不得不有所削弱,甚至面临取舍的尴尬处境:牺牲爱情还是舍弃使命? 然而观众不必担心,狡黠的间谍往往既不辱使命又获得美人。

间谍分子通常面临比飞来的爱情复杂得多的局面。欲深入敌营他必须掩盖本来面目,以假相出现在各种场合,组成新的交际圈,此时难免以敌为友,以友为敌;而一旦情报得手,在他"恢复原貌"之前又得重新调理旧雨新知的关系,要"拿得起,放得下"。此时此刻对他来说无异于感情上的一次地震。在希区柯克的名作《托巴斯》中,把对于祖国的忠诚置于对朋友、家庭和理想的忠诚之中加以考察、处理,而鉴于间谍工作的欺骗性,难免顾此失彼,最终或抛弃亲友或埋葬理想,这是间谍的无奈。

这种无奈在希区柯克的《美人计》中表现得最为淋漓尽致。一个叛徒的女儿(英格丽·褒曼饰)为了弥补其父的罪行、更为了重新塑造自己的人生,毅然以非职业的间谍身份下嫁一名纳粹头目。实际上她与那位劝她同纳粹联姻的美国接头人(加利·格兰特饰)早已互相钟情。然而为了事业,女的牺牲了青春,男的失去了爱情。最终当格兰特扶着慢性中毒的褒曼步履维艰地迈出她法西斯"丈夫"的寓所时,观众预见俩人即便结合,未来的路也是充满坎坷的,毕竟在他们的感情上有了那段无奈但又无法弥补的真空。

70 年代开始,两大军事集团的紧张关系趋于缓和,90 年代初苏联与华约解体,甚至华约原成员国纷纷加入了北约。冷战时代基本结束。然而这并不意味着间谍活动的终止,君不见各国仍在驱逐那些"不符合外交官身份"的使节吗? 自然,间谍片的编导也不会就此罢手。

四 美国电影新格局

创新和变革离不开传统,传统始终在影响着变革和创新。

说来也许是巧合,如今在好莱坞叱咤风云的仍然是八家大公司,但是此八家与彼八家不尽相同,它们是:迪士尼、华纳兄弟、派拉蒙、20 世纪福克斯、环球、哥伦比亚、米高梅和梦工厂。至于卓别林等人创建的联美公司早就出局,而出品过世界第一佳片《公民凯恩》的雷电华公司则已倒闭。米高梅在老八家中是排第一名的,当时是财大气粗,目前主要经营旅馆业、博彩业和房地产业,拍电影倒成了它的副业,把它列为第七不算辱没了它。梦工厂是一支新秀,它是鬼才导演斯蒂文·斯皮尔博格同他的合伙人联合创办的,这家公司出品的影片种类之多足以同任何大公司媲美,但在硬件方面是有欠缺的,所以它总显得有点另类。一般来说,美国每周上座率最高的 10部新片十之八九是出自这"新八家"的。尽管这"新八家"八仙过海,各显神通,在经营理念与方式上有所差异,但目标相同:以有限的资金创造最高额的利润。好莱坞影视产品的出口创收占美国出口业的第三位,超过农业,仅次于高科技行业和军火业。美国的电影业及其附属产品每年获利接近 350亿美元,几乎等于朝鲜和越南两国国民生产总值之和。如此厚利岂肯随意放弃? 于是它就来了个君子爱财,取之有术。由此引发了好莱坞的新变化,构建了好莱坞的新格局。形成这一新格局的催化剂是独立制片的主流化;而其新变化则体现在"学院派"导演的崛起以及电影与电视渐行渐近并逐渐融合。

多年来,在艺术影院"寂寞开无主"的独立影片着意迈出"深闺",欲与"主流"试比高。

被列入 1999 年十大最高票房收入影片之一的《布莱尔女巫》,令批评家和主流电影人士瞠目结舌,他们开始对独立制片另眼相看。这是一部赚大钱的小制作,成本仅 40 万美元,赢利竟达 1.4 亿,利市 350 倍! 此片有何特色? 跟拍加摇晃镜头。导演还懂什么? 剪接粗糙,打光不到位,镜头随意性太大,完全是一部幼稚而低级的影片,是对好莱坞传统的技术至上主义的嘲弄,但它就是叫座。只因人们在主流电影院已经三十年没有接触这样的影片了,人们惊叹于它的新鲜、新奇。1969 年,一部名叫《逍遥骑士》的影片也是以同样的摄影技巧,震撼过好莱坞主流电影制片厂,令这些大厂纷纷给那些长发披肩、吸食大麻的导演开支票,支持他们拍摄别具一格的电影。

继《逍遥骑士》之后,美国电影进入了"新好莱坞"时代。《布莱尔女巫》是新形势下独立制片的标志性作品。自从 1994 年以来,独立制片的形象日益高大,影片票房飙升,令"主流"感到威胁。兵来将挡,水来土掩,大制片厂采取"三部曲"吸纳独立制片:(1)收购独立制片公司;(2)雇佣散兵游勇但才华出众的独立制片导演;(3)改造独立制片的内核,使其脱胎换骨。这番改造的结果就是 1999 年生产的具有独立制片特点的影片:《美国佳人》《与魔鬼同行》《选举》《三个国王》《争斗俱乐部》《天才的雷普利先生》和《男孩不哭》。这些具有杂交性质的影片的出笼,造就了一批新生代导演。这一代导演是对传统的反叛者,他们的影片也是"叛逆之作"。在美国传统的警匪片或西部片中杀人者必须偿命,而在《天才的雷普利先生》一片中,相貌堂堂的恶棍连续谋财害命之后居然逍遥法外,影片结束时雷普利映在墙上的悠然剪影,令人想起黑泽明的那部名叫《坏人睡得最香》的杰作。

美国独立制片人敢于并善于深入生活,从现实世界中吸取创作素材并着意开拓叙事技巧。于是,2013年的独立制片就呈现一片繁花似锦的局面。《她》《蓝色茉莉》《杀戮演绎》《达拉斯买家俱乐部》《菲利普船长》和《美国骗局》,无不叫好又叫座。独立制片与主流娱乐正处于磨合阶段,根据目前形势的发展,某些美国影评家甚至预言将来的好莱坞(Hollywood)可能转化为"独立坞"(Indiwood)。2014年独立制片的《为奴十二载》荣获奥斯卡最佳影片奖也许是个预兆。

美国电影"新好莱坞时代",又称"美国新电影时代",时长贯穿20世纪最后三十年。这批新锐导演群体世称"学院派",只因他们大多毕业于专业电影院校,拥有学士硕士乃至博士学位,既有电影史论基础,又有电影实践体验。他们同他们前辈的成长之路有很大区别。20世纪30—40年代经典好莱坞导演多数来自百老汇与话剧舞台,而50—60年代的电影导演则是通过拍摄电视纪录片与电视剧培训成材的。学院派导演的领军人物是弗朗西斯·科波拉,他的《教父》(1972)获得奥斯卡最佳影片奖之后,该派其他导演也纷纷推出传世之作:《大白鲨》(史蒂文·斯皮尔伯格,1975),《星球大战》(乔治·卢卡斯,1977),《第三类紧密接触》(斯皮尔伯格,1977)。这批新作不仅内容新颖别致,特技手法引入高科技,而且营销手段惊世骇俗:全国同步地毯式放映,宣传推广费居然占据成本的一半左右!学院派的创新之举令国际影坛耳目一新,顿感后生可畏、后生可敬。学院派为自己在世界影坛发挥举足轻重的作用夯实了良好基础。

最近几年,在美国影视界出现了一个令人莫名惊诧的现象:影视大融合。遥想上世纪50年代,美国家庭的电视机拥有量以几何级数递增,"抢走"大量电影观众,电影则推出宽银幕、立体电影与之竞争,两者几乎水火不相容。眼看即将两败俱伤,双方终于妥协:电影公司把库存的电影租借给电视台播放，而影迷也从中获益，得以"旧梦重温"，可谓三赢。但是，这只是浅层次的合作，电影界的编导演仍然对电视界的同行不屑一顾，他们极少参与电视剧制作，认为一旦介入会降低身份。新世纪之前，电视剧的剧本通常有三大来源：改编小说、话剧和原创。其中，以原创为主，改编自电影的不多。这几年，电视台收视率普遍下降，形成台与台之间的激烈竞争。"英雄所见略同"，各台争相乞灵于大银幕，结果，改编自经典电影的美剧层出不穷，《尼基塔》《终结者外传》《汉尼拔》等剧版先后亮相，尤其是2013年，《冰血暴》和《贝兹旅馆》的高收视率令电视台悟及、觅得了一条通往"桃花源"的经营之道，乘势加大了改编电影为剧集的力度。另一个促使影视融合的举措是：电影界著名编导演加入电视剧制作的阵容。最突出的例子是名导大卫·芬奇执导了《纸牌屋》，而且特聘老戏骨凯文·斯派西担任主演。想必大家记得焦晃先生在《北平无战事》中出演燕大何副校长一角，其演技令人叫绝，斯派西的知名度相当于焦晃。据《好莱坞记者》杂志透露，以下电影名著也将改编成电视剧：《楚门的世界》《魔术师》《惊声尖叫》《生化危机》《尖峰时刻》《炎热的夜晚》。仅听闻这些剧目的名字就足以引发影迷的企盼。好莱坞影视融合是传媒资源的合理整合，也是妥协与兼容的胜利，更是好莱坞影视迈向和谐与建设性合作的开始，这也许会成为一种"新常态"。

五　欧亚的抗衡

目前有迹象显示，在70年代和80年代几乎波及整个西方世界的票房收入滑坡现象眼下有所遏制。在英国，1984年观众人数降到5000万人次，即人均不足一年一部，而到90年代末又恢复到1亿人次，在新世纪基本维持在这个水平；在其他大多数国家，观众人数的下降似乎也已到谷底。然而，法国是个例外，2013年的观影人数仅1.93亿人次，低于近十年的平均值，比2012年少1000万。美国近四年来观众人数虽然有升有降，但基本变动不大，而且去年票房收入还略有增加。

观察家们还发现，从欧洲乃至世界的角度来看，好莱坞或者准好莱坞电影在主流电影院的统治地位日益巩固。据统计，美国电影在西欧各国几乎占据了80%的电影市场，其余20%的份额则由所在国电影和微不足道的非欧洲国家电影占有。其中，德国是例外，也可以说是一枝独秀，该国的票房收入60%以上来自德国本土电影。开放近二十年的东欧电影市场的情形也不很乐观。在那里，美国电影独占鳌头。亚洲的情况比较复杂。目前，中国经受好莱坞大片的冲击之后，渐入佳境，国内票房与美国片平分秋色，在世界电影之林争一席之地。《卧虎藏龙》夺得奥斯卡最佳外语片奖之后，华人电影令世人刮目相看。

印度是唯一在好莱坞电影的冲击面前岿然不动的。印度百姓觉得好莱坞电影，尤其是欧洲电影，内容复杂，结尾让人不快，故而对本国的歌舞喜剧片钟爱如昔。2001年的威尼斯电影节，印度喜剧片《季风婚宴》独占鳌头，捧回了金狮奖。金狮奖设立数十年第一次颁发给女导演执导的影片，米拉·乃尔成了电影节众星拱月的人物。《季风婚宴》也打破了人们认为印度电影数量大而质量平平的旧观念。2009年宝莱坞电影《贫民窟的百万富翁》荣获奥斯卡最佳影片奖，再一次激起印度民众争看国产片的浪潮，外国片特别是美国片票房又狂跌一次。与此同时，印度电影在俄罗斯及其周边国家的销路稳中有升。

印度不是唯一抑制好莱坞的国家，欧洲国家在这方面的作为也是引人注目的。世界电影的好莱坞化非自今日始。早在20年代，好莱坞电影市场的份额在意大利和加拿大就占据了80%，而在整个西欧也从未低于50%。在默片时代，世界电影超市正处于形成阶段，是一个扩展之中的市场，除了好莱坞，为数不少的非美国电影也在参加销售。那时，大多数国家都有权有选择地封闭国内市场，而有声电影的诞生又为各国民族电影固守阵地创造了有利条件，好莱坞向外扩张的势头一度受到遏制。目前的新情况是面对好莱坞主要电影公司的营销攻势和渗透，欧洲各国几乎难以招架；同时，国际市场的垄断和日益好莱坞化意味着许多电影，特别是小国的电影只能局限在本国放映或偶尔在国际电影节上露面，从经济的角度来看，这些影片的制作是得不偿失的。例如，尼日利亚年产电影1300多部，为世界之最，但这些低成本的影片几乎足不出户，全部本土消化。为了生存和发展，欧盟创建了电影共同市场，团结在法国的三色旗下，抗衡好莱坞这条"大白鲨"。但至今效果不很明显——至少在主流影院。天无绝人之路，"上帝关门的同时打开了窗户"，这一电影联盟在另一领域取得了骄人的成果——闭路电视的出租和光盘的销售。长期以来电影业，尤其是放映单位，视电视、录像和光盘如冤家对头,可是如今彼此依靠,相互依赖。随着电视频道的大幅度增加,对新老影片的需求日益增长。电视台把电影公司和发行公司长久无人问津的旧电影目录要了过来,准备播放那些一度脍炙人口而今几乎被人忘却的老电影。电视公司甚至为欧洲新电影的制作投资。今天的观众通过电视、光盘和网络观赏的影片,数量远远超过电影黄金时代观众所看到的影片。而今,大多数影片一半以上的收入来自第二市场,即电视播放、光盘以及电影音乐 CD 和电影网络。

2013 年,是关贸总协定乌拉圭回合谈判的二十周年纪念。那次谈判的成果,对于欧洲电影市场抗衡好莱坞、保护地区市场至今仍起着积极作用,欧洲各国把与广播及电缆有关的传播媒体控制在自己手中,有线电视、光盘、数字多媒体以及信息高速公路悉数由本国掌握。在这方面,不仅欧洲有了自主权,亚洲各国及世界大多数国家也是如此。乌拉圭回合功不可没。

六 电影题材中性化

长期以来,西方历史学家编撰世界史往往以欧洲为中心,而好莱坞编导则在电影中突显美国中心论。而今,为了稳定美国在世界电影市场的地位,投合国际观众的口味,好莱坞在剧本创作中逐渐趋向中性化。

以往,编导们习惯把英语当世界语,在电影中玩文字游戏、耍嘴皮子、说双关语,以此制造喜剧效果。我举个例子。1941 年奥斯卡最佳影片《马耳他之鹰》(*Maltese Falcon*)演到结尾时,案情大白,大侦探斯佩特手指蛇蝎美女:"She is the murderer!"("她就是谋杀犯!")不料,犯罪嫌疑人反唇相讥:"Murderess!"("女谋杀犯!")弦外之音:"先生,你虽然把我逮住了,但是你在国语的使用上性别不分,被我逮住了,在众人面前咱俩打了个平手。"英语不够熟练的外国观众很难体味这一不同用词蕴含的微妙、奥妙与幽默。还有一部 50 年代的奥斯卡最佳影片,名叫《彗星美人》(*All About Eve*),这部电影文学性极强,台词优美,简直是字字珠玑,但演员们的对话和独白充满了定语从句"连环套",非英语国家的观众不仅体会不到台词的语言美,而且会感到困惑不解;当然,对于学习英语复杂句的学生来说是不可多得的范本。

今天的好莱坞影片,卖弄语言技巧以及在文化上故作高深的现象大为减少。不仅如此,编导们还举一反三,给影片起名时也尽量做到直奔主题。我们不妨看看 2013 年及 2014 年奥斯卡颁奖典礼上一些得奖影片的大名:《逃离德黑兰》(*Argo*),《林肯》(*Lincoln*),《少年派的奇幻漂流》(*Life of Pi*),《爱》(*Amour*),《美国骗局》(*American Hustle*),《为奴十二载》(*Twelve Years a Slave*),它们的英法片名读起来朗朗上口,瞬间给人留下深刻印象。张艺谋的《红高粱》、黑泽明的《罗生门》分别是中国和日本冲出亚洲走向世界的标志性作品,它们的片名也是短得不能再短了。当然,也许这是一种巧合。再举两部片名冗长的电影,测试一下你们的心理承受能力:*I Know What You Did Last Summer*(《我知道你们去年夏天干了什么》),还有 *Dr. Strange Love: Or How I Learned to Stop Worrying and Love the Bomb*(《奇爱博士,或我如何学会不再忧虑而且爱上了炸弹》)。今天,这种像懒婆娘裹脚布一样长的片名,几乎绝迹。近年来,某些营销策划人甚至建议缩短男女主演的姓氏,以便让观众记住他们。莎士比亚说:"What's in a name?"(名字算得了什么?)其实,给一部影片起个简短响亮的名字,至少能给人留下良好的初步印象。

此外,营销专家还提议:影片的故事情节必须吸引最广大的观众,包括为好莱坞赢得半壁江山的海外观众。于是,不少美国商业片在文化内涵上也趋向了中性化,以下美式镜头大幅度减少:典型的美国体育项目,诸如橄榄球和垒球比赛;美式休闲方式;唇枪舌剑的法庭戏;文化沙龙的清谈。有的影片走得更远,把美国演绎成一个理想世界,而不是那个复杂的多元文化社会了。建议你们去观赏两部足以产生这种感受的影片:《西雅图不眠夜》和《诺丁山》。

七　刀光剑影中的同质化

美国电影的输入、中国电影的输出,近年来出现严重的同质化现象。

1994 年,中国加入世贸组织,根据协定,每年输入 20 部美国电影。该年冬,首部美国大片《亡命天涯》(1993)在中国五大城市放映,掀起了"满城争说'逃亡者'"的观看美国电影的热潮,在成都甚至出现该片盗版录像带供不应求的"盛况"!《亡命天涯》满足了大片的五大要求:巨额投资,宏大场面,广泛宣传,地毯式放映,大牌演员(今又称"大咖",是"big cast"的谐谑音译)。这部电影使中国观众对美国电影刮目相看。从表面上看,中国观众追捧《亡命天涯》是因为该片的娱乐价值：曲折的情节，激烈的格斗，惨烈的车祸；而从深层次观察，这是对久别的美国文化一窥究竟的渴望，越是禁区越想闯，久蓄而泄，符合心理常态。从1950年朝鲜战争爆发到1978年，美国电影除了作为"内部片"在少数单位偶尔放映外，基本上销声匿迹，故而"内部片"一票难求。记得1979年，我曾紧邻赵丹观看《煤气灯下》，与田华同坐一辆吉普车去欣赏另一部美国片。我们的票都是电影资料馆我的老乡戴光晰研究员所赠。你们看看，连"大咖"不走后门都看不到美国片，其他群众就更是望洋兴叹了。改革开放后，美国电影为开辟中国市场，走上了不平坦的道路。1978年，我国用几万人民币进口了一部美国警匪片《车队》，人们对这部平庸的三流制作反应冷淡；80年代中期，史泰龙主演的《第一滴血》因其血腥和暴力而遭口诛笔伐。整个80年代，中国观众热衷观赏法国谍战片、日本犯罪片和东瀛温情脉脉的电视连续剧。好莱坞第一部大片《亡命天涯》的引进是一个转折点，它改变了中国电影市场和电影制作的生态环境，由"狼来了！"到与好莱坞的博弈，由票房的劣势转为优势。

最近六年来，国产片的年终票房始终占据50%以上，2013年已接近60%。随着华语片的锐意改革和政府的一系列保护政策，好莱坞不得不重视华语片的竞争力。美国大片的引进唤醒了中国电影人的商业意识，拓宽了他们的国际视野，最终繁荣了中国的电影市场。

为了加强竞争力，取悦中国观众，好莱坞在大片中不断植入"中国元素"。2013年放映的《地心引力》出现了"天宫一号"，正是中国的航天技术成了本片主人公的"救命菩萨"。以往，每逢关键时刻总是"美国拯救世界"，而今是"歹徒肇事，美国遇难，中国施救"。中国元素给观众以亲切感，使他们心甘情愿地掏钱买票。中国电影人完全可以借鉴这种制片国际化的经验。

当然，过度植入也会令人厌烦。《变形金刚4：绝迹重生》中，中国品牌广告刷新了中国企业在好莱坞电影中的植入记录：舒化奶、周黑鸭、建设银行、传祺GA5轿车、奥迪、怡宝矿泉水……外加中国场景与人物：香港中环及其棚户区以及最后四十分钟一展身手的李冰冰！其中，不合理的植入造成喧宾夺主，引起哄堂大笑。但是瑕不掩瑜，《变4》还是大获成功，近20亿元的票房以及超过1千万元的广告费，使它在中国赚得盆满钵满。中国电影人何不借鉴之？

"9·11"的阴影未退,美国又遭遇经济危机,财政几乎跌入悬崖,于是电影界寄希望于超级英雄甚至外星球的救世主来力挽狂澜。顺理成章,超级英雄片、科幻/奇幻片成为好莱坞商业电影的主打。这些影片也就成为中国18000张银幕的首选。近年来《复仇者联盟》《蝙蝠侠:黑暗骑士崛起》《超凡蜘蛛侠》等片满足了人们需要超级英雄庇护的期望和实现由强有力的权威整顿社会秩序的愿景。科幻/奇幻片在理念上接近西部片:正义战胜邪恶,真善美力克假丑恶,建立和谐宇宙。西部英雄做不到的由超自然能力的天外豪杰来完成。《云图》《加勒比海盗》《纳尼亚传奇》《爱丽丝梦游仙境》《霍比特人:意外之旅》纷纷登场。多年来超级英雄片、科幻/奇幻片辅以老牌明星领衔的动作片——《虎胆龙威》《特种部队》《速度与激情》等系列——构成中国银幕的三道异国风景线,年年如此,月月如此。无独有偶,中国电影出口更为单调——古装武侠片:《十面埋伏》《英雄》《卧虎藏龙》及拟古的《一代宗师》。人们期望早日打破这种同质化现象,让观众看到更有人文意义的作品。

八　叙事手段R级化

　　我国加入WTO之后,每年进口的美国大片先从10部增加到20部,然后跃至34部。美国影片娱乐性强,特技手法能达到以假乱真的境界。但是,美国影片良莠不齐。优秀的影片既有艺术价值、娱乐价值又有社会价值,能催人奋进,像教育部推荐给大学生的《一曲难忘》和《居里夫人》。但是,同大多数国家的影片一样,美国电影上乘之作极少,多数为平庸之作,少数是劣质产品,特别是其中的犯罪片,在制作精良的同时又不乏暴力和色情,凡是进口好莱坞影片的国家在这方面都采取了"预警"措施,以免青少年受不良影响。

　　我国进口美国影片,把关还是比较严的,虽然也有少量劣等品流入。实际上,从70年代开始,美国主流电影出现了日益严重的反社会、反传统的倾向。影片亵渎宗教、藐视法律、宣扬暴力、贩卖色情、鼓吹偷盗已成司空见惯的现象,而且越演越烈,以致连美国前总统克林顿都不得不在电视讲话中号召全民抵制这类节目在互联网上泛滥,以便从道德上挽救青年一代。当然,后来克林顿自己犯了生活作风的错误,他的呼吁显得软弱无力了,身教重于言教嘛。美国影坛的浊流污染了观众的耳目，仅举一例，可见一斑。

今日的好莱坞从编导到制片，拥有前所未有的创作自由。有些人就乘机滥用表达的自由，口中"没遮拦"起来了。少数大牌明星往往越过剧本，擅自添加"作料"，奥斯卡最佳男演员得主罗伯托·德尼罗就特别热衷于口吐脏话，他还美其名曰：强化角色的个性。他主演的黑帮片《好伙伴》（*Good Fellows*）曾于1991年获奥斯卡最佳影片提名。这是一部口吐秽语频率最高的影片，全片放映时间共146分钟，而导演马丁·斯科赛斯及超级巨星德尼罗，却在其中塞进272个下流词，即观众几乎每一分钟要承受两个不堪入耳的词汇的冲击。无独有偶，斯坦利·库布里克导演的越战片《全金属外壳》（*Full Metal Jacket*），在"骂娘"的分量上足以当《好伙伴》的好伙伴！编导们驱动角色大念"三字经"绝非个别现象，根据美国影协的统计，1991年度平均每部R级影片含不雅词汇41个。二十年前是如此，二十年后的今天也相差无几。即使PG级和PG13级的影片，污言秽语也呈上升趋势。影坛如此，荧屏也不例外，连2013年制作的严肃题材的电视剧《纸牌屋》和《国土安全》都未能免"俗"。我把这一现象称为叙事手段R级化。

我刚才提到的PG、PG13、R都是美国电影分级制的不同级别。美国电影业进行行业自律，90年来共采用过两套法规。第一套是20世纪20年代海斯（Hays）担任美国电影制片人和发行人协会主席时制定的，所以后来称为"海斯法典"；第二套是1966年海斯法典退出历史舞台之后，于1968年取而代之的电影分级制。先谈谈第一套法规。它是针对影片内容制定的法典，其"制片守则"特别指出，在影片结尾处必须让那些有罪的男女主角受到应有的惩罚：或锒铛入狱或就地正法，这就是有名的"海斯法典"的核心内容。至于影片终场前发生的一切，海斯办公室就不问了。在银幕上以诱惑男子堕落著称的梅·惠丝扮演的风尘女子，往往在影片结束前泪水涟涟地忏悔："我本是良家妇女，也没有害人之心，只是为了要嫁一位好丈夫，走错了这一步……"有了这番道白，影片就能通过审查。这番道白无异是对海斯法典的绝妙注释。1966年杰克·弗兰迪担任制片人协会主席，他上台伊始就宣布废止"早已过时"的海斯法典。旧法已破，新法何时拟订？随之发生的一件震撼影坛内外的大事，促成了新法的面世。1967年亚瑟·潘导演的《邦尼与克莱德》（又译《雌雄大盗》）是一部突破性作品，它既有恋爱的激情场面又有性无能镜头，而结尾处用强盗当靶子打的血腥画面更是令人惨不忍睹。社会团体纷纷组织游行示威,指责该片宣扬暴力和性,是残害青少年心灵的毒品;而导演则在报刊上"笔战群儒",反击舆论的批评。美国电影家协会以此为契机于1968年推出电影分级制。

电影分级制几经修改,至1990年终于形成沿用至今的版本。这一"定稿本"把电影分为五个级别:

1. G级(general):意为"普遍级"又称"家庭电影",指全家可以在感恩节和圣诞夜一起观看的、男女老幼皆宜的电影,比如《绿野仙踪》《音乐之声》《白雪公主与七矮人》《狮子王》《小猪贝比》《玩具总动员》等。

2. PG级(parental guidance):明确建议10岁以下儿童观看最好由家长或其他成年人陪同。这类影片夹杂一些肮脏词语或少量的暴力行为,《星球大战》《小鬼当家》《蝙蝠侠》《回到未来》《辛巴达:七海传奇》以及去年获得多项奥斯卡奖的《少年派的奇幻漂流》等都属于这一级。

3. PG13级:建议13岁以下儿童由家长或成年人带领观看。这级影片有恐怖、暴力、男女亲昵的镜头。卖座片《古墓丽影》《加勒比海盗》《侏罗纪公园》以及2013年获最佳动画长片奥斯卡奖的《勇敢传说》都归属此类。在《侏罗纪公园》中有恐龙掀翻汽车和吞吃律师的镜头,该片导演斯皮尔伯格甚至没有带自己当时12岁的儿子去看,怕吓着他。

4. R级(restricted):即限止级。建议17岁以下青少年由成人陪同观看。该级电影脏话和暴力升级,甚至有色情场面。荣获2013年奥斯卡最佳影片奖的《逃离德黑兰》即属于R级。刚才提到的《全金属外壳》和《好伙伴》自然归入此类。此外《兰博:第一滴血》《现代启示录》《异形》《巴黎的最后探戈》《猎杀本·拉登》《拆弹部队》《骑弹飞行》以及2013、2014年先后上演的《乌云背后的幸福线》和《被解放的迪亚戈》,也都是贴上R级标签的。

5. NC17级:这是no children under 17的缩写。该类影片严禁17岁以下青少年观看,购票者必须出示身份证。这级影片露骨地表现色情或暴力,实际上是分级初期X级影片的变种,故而又称"披着羊皮的X级"。凡进入这一级别的影片意味着将丧失大量的观众,因为美国的电影观众主要是由14—24岁年龄段的构成的。

1968年,分级制亮相的头一年,在上映的美国片中40%属于G级;到了1977年,好莱坞仅向公众提供14部G级影片,占总量的2.3%。随着G级影片的锐减,R 级影片的数量却呈直线上升的趋势。在影片总量中,R 级的已由 1980 年的 46% 跃升至 1989 年的 67%,90 年代和进入新世纪之后则维持在 70% 上下。根据好莱坞老总们的说法,他们提供为数众多的 R 级影片是为了提高观赏性,以便确保票房价值。显然,比华利山庄大款们追逐利润的运作对于广大青少年观众来说是祸不是福。进入 21 世纪以来,美国中学连续发生校园枪杀案,同好莱坞提供的暴力影视不是没有关系的。2002 年至今,属于科幻片范畴的魔幻片成了美国影坛的新秀,《哈利·波特》《指环王》《蜘蛛侠》《蝙蝠侠》等 PG 级或 PG13 级影片是观众们的新宠。这一良好倾向究竟能维持多久,我们拭目以待。

美国的编剧和导演对心理学很有研究,能把一些影片,特别是爱情片,制作得很煽情,让你看得如痴如醉,甚至幻想自己也能有一番类似的浪漫经历。同学们,你们可以学唱电影插曲,我看不少人爱唱《我心依旧》,但对于电影故事别太当真,它们大多数都是虚构的。既然提起了《我心依旧》,不妨说一说而今翻新成 3D 的《泰坦尼克号》吧,有位名叫 Joe Queen(乔·昆)的自由撰稿人认为下面这场戏不可思议:迪卡普里奥同温斯莱特在船舱内齐腰深的水中拼搏了四分钟,逃脱了灭顶之灾,但居然还能发挥"余热",在摄氏 1 度严寒彻骨的冰水中互诉衷情达八分钟之久。昆先生决定亲自体验这一浪漫场景。他在一个春日的凌晨跃入大西洋。谁知,入水四十七秒钟后,全身几乎瘫痪,不仅情话有口难言,连"救命"都喊不出。同学们,大家千万不要随意模仿剧中人的所作所为!

袁明教授在开宗明义的第一堂课给诸位推荐了托克维尔的《论美国的民主》和资中筠先生的《20 世纪的美国》作为重要参考书。其实,资先生就是当今中国的托克维尔,阅读资先生不仅能深度了解美国,而且也能更懂得中国。我再次推荐。

（作者为北京大学艺术学院教授）

美国的宗教

赵　梅

　　一提起美国,人们往往想到的是一个五彩斑斓的物质世界:经济上的富有、科技和教育的发达、军事上的强大,还有风靡世界的苹果手机、NBA 篮球赛、好莱坞影片、美剧和快餐。然而,浓厚的宗教色彩却令很多美国以外的观察家印象深刻。

　　1833 年,法国政治思想家阿列克西·德·托克维尔在美国进行了为期九个多月的考察后,写下了《论美国的民主》这部经久不衰的著作。关于美国宗教,他写道:"我一到美国,首先引起我注意的,就是宗教在这个国家发生的作用。我在这个国家逗留的时间越长,越感到这个使我感到新鲜的现象的政治影响强大。"①英国作家切斯特顿(G. K. Chesterton)在 1922 年发表的《我所看到的美国》中,称美国为"一个有着宗教灵魂的国家"。

　　的确,浓厚的宗教色彩是美国一道独特的风景线。宗教在美国社会中无所不在,影响着美国政治、经济、外交以及社会生活的各个方面。

一　美国的宗教概况

　　美国是发达国家中宗教色彩最为浓厚的国家之一,多项统计和研究结果都证明了这一点。美国总统就职时手按《圣经》宣誓,美元上印着"我们信仰上帝"的字样;在美国的各种集会上,都可以听到"上帝保佑美国"这一被誉为第二国歌的歌曲;在美国军队里,有随军牧师、神甫提供宗教服务;每

---

　　①　〔法〕托克维尔:《论美国的民主》上卷,董果良译,商务印书馆 1993 年版,第 342 页。

一届国会参众两院会议都以国会牧师主持的祈祷开始;在美国的医院、机场、监狱等公共场所,也有宗教人士和场所提供宗教服务。美国如今有约30万座教堂、寺庙,遍布美国城市和乡村,有约1500多个宗教团体,大多数美国人的婚礼在教堂举行;美国有1200家宗教广播的电台、电视台播放宗教节目。

美国的宗教非常多元。基督教新教、天主教和东正教、美国本土教会和教派、伊斯兰教、佛教,以及其他宗教,构成了美国的宗教版图。数据显示,2013年,美国人口总数为3.16亿,其中18岁以上成年人约2.42亿。[①] 2013年,盖洛普在美国成年人18岁以上的成年人中进行的调查显示,基督教新教徒占美国成年人总人口的41%,基督教其他教派占9%,天主教徒占24%,犹太教占2%,摩门教占2%,其他宗教占5%。[②] 2012年,成年穆斯林占美国成年人总数的0.6%。[③]

下面简要介绍在美国影响较大的几个主要教派。

(一) 基督教新教的主要教派

基督教新教是基督教的一个重要组成部分。在美国,基督教新教始终位居美国宗教主导地位。在美国成年人中,77%的人是基督教徒,其中52%为新教教徒。[④] 同基督教中的其他教派一样,《圣经》是新教的信仰基础,也由于对《圣经》的理解不同而产生了不同的教派。浸礼会、卫斯理会、长老会、圣公会、公理会、路德会等,这些教派主要来自英国,少数来自欧洲其他国家,历史悠久,以白人和有钱人为主,在美国建国后的一百多年里,长期居美国基督教新教主导地位,是所谓的"主流教派"。19世纪以来,美国产生了一些属于基督教但却源自于美国本土的新兴宗教与教派,人数不断增加,影响不断扩大,管理完善,已经作为正规教派被美国社会所承认。

---

① U. S. Census Bureau, " Population by age and Sex, 2012", http://www. census. gov/population/age/data/2012comp. html; U. S. Census Bureau, "People Quick Facts", http://quickfacts. census. gov/qfd/states/00000. html.

② Gallup, "Religion", http://www. gallup. com/poll/1690/Religion. aspx? version = print.

③ Frank Newport, " In U. S. , 77% Identify as Christian ", December 24, 2012, http://www. gallup. com/poll/159548/identify-christian. aspx.

④ Ibid.

1. 浸礼会

浸礼会(Baptist,又称"浸礼宗""浸信会")是 17 世纪从英国清教徒独立派中分离出来的一个主要宗派,因其施洗方式为全身浸入水中而得名。浸礼会强调信徒与上帝的直接联系,无须神职人员和教会为中介;坚持信仰自由和自愿的原则,反对政府干涉宗教信仰和教会事务。

浸礼会在 17 世纪 30 年代随清教徒移民传入北美。南北战争期间,由于南、北方对奴隶制的态度不同而走向分裂。1845 年,美国南方各州建立了"南方浸礼会"(The Southern Baptist Convention)。1907 年,北方各教会联合建立了"北方浸礼会"(The Northern Baptist Convention)。随着美国内战的结束和《释奴宣言》的颁布,南方浸礼会加强在黑人中传教,建立黑人教堂与教会,培训黑人牧师,1880 年建立了黑人信徒的全国性组织"全美浸礼会"(The National Baptist Convention of America),1916 年又从该会分裂出"美国全国浸礼会"(The National Baptist Convention U. S. A.)。第二次世界大战结束后,美国大多数浸礼会信徒仍分属南、北两大教会。自 20 世纪中期至今,浸礼会发展较为稳定,是美国基督教新教中最大的教派。目前,浸礼会在美国有 27 个派别,约 9.5 万座教堂,信徒总人数 3400 多万人。

美国浸礼会成员主要集中在南方,北方浸礼会人数相对较少。南方浸礼会成员人数达 1600 多万人,居全美所有基督教信教教派之首。从种族和城乡比例来看,黑人与农村人口的比例较高,达 50% 以上。从社会地位、受教育程度、就业与家庭收入来看,浸礼会信徒的状况低于美国其他基督教教派的平均水平。与北方相比,南方浸礼会在价值观上较为保守,反对同性恋婚姻,宗教活动在形式上较为情绪化,讲道、高唱激情的黑人灵歌是教会礼拜活动的主要特点。已故美国民权运动领袖马丁·路德·金(Martin Luther King, Jr.)是"进步的美国浸礼会"牧师。他在 1963 年发表了为世人吟诵至今的《我有一个梦》的著名演讲,1964 年获诺贝尔和平奖。

2. 卫理公会

卫理公会(Methodist,又称"循道宗""卫斯理会")是由英国人约翰·卫斯理(John Wesley,1703—1791)和他的兄弟于 18 世纪在伦敦创建的。英国工业革命时期,英国国教内部腐败,不关心民众疾苦。当时在牛津大学就读的约翰·卫斯理和他的兄弟查尔斯·卫斯理与其他同学一道,成立了以关爱穷人为目的的"牛津圣社"。此后，卫斯理独立传道，专门向穷苦的下层劳工阶级传福音，"牛津圣社"逐渐发展为独立的卫斯理宗。因主张认真研读《圣经》，严格宗教生活，遵循道德规范，故又称为"循道宗"。

卫理公会在北美殖民地时期由英国移民传入北美。第二次大觉醒运动中，乔治·怀特菲尔德（George Whitefield, 1714—1770）牧师在北美各定居据点巡回布道，为孤儿院捐款，呼吁黑人也有宝贵的灵魂，为信徒主持婚礼，为穷人提供救济。乔治·怀特菲尔德是第二次大觉醒运动的推动者，卫理公会也在他的影响下逐渐发展壮大。

目前，卫理公会拥有成员约 1440 万人，是美国基督教新教中仅次于浸礼会的第二大教派。美国卫理公会至今遵循创始人约翰·卫斯理的理念，主张慈爱与服务穷人的精神，关心穷人及其他弱势群体。卫理公会在思想上很宽容，强调凭借信仰就能获得克服罪恶的能力。这种乐观主义精神与美国中产阶级思想相吻合，因此吸引了广大中产阶级成员参加。卫理公会成员 80% 是白人，成员分布在全美各地。从受教育程度、就业和家庭收入来看，卫理公会教徒的状况处于中等水平。

3. 长老会

长老会（Presbyterian，又称"长老宗"）是在 16 世纪欧洲宗教改革时期的法国宗教改革家、神学家约翰·加尔文（John Calvin，1509 年 7 月 10 日—1564 年 5 月 27 日）的影响下出现的基督教新教派别。长老会在制度上实行长老制，即由教会成员选举的信徒代表管理教会。这些信徒代表被尊称为"长老"，长老会由此得名。

北美殖民地时期，长老会由为躲避宗教迫害而逃离英国的苏格兰和爱尔兰移民传入。早在 17 世纪初，在北美殖民地弗吉尼亚就有长老会信徒宗教集会。目前，美国长老会信徒约 498 万人，其中 93% 为白人。从地理分布来看，长老会基督徒分布在全美各地，都市和农村比例大致相同。长老会带有强烈的盎格鲁-撒克逊传统，对中产阶级特别是苏格兰和爱尔兰后裔影响较大。长老会主张"选民"思想，主张关注社会，在社会中发挥作用，并担负起应有的责任。从家庭收入、就业及受教育水平来讲，长老会在美国基督教新教团体中属于中等偏上水平。近年来，长老会成员人数呈下降趋势，但它对美国政治和社会的影响不容小觑。在美国 44 位总统中，有 9 位来自长老会。

4. 主教派教会

美国主教派教会(Episcopalian,又称"圣公会""安立甘教")原是英国国教在北美殖民地的教会。它是第一个进入北美殖民地的新教教会,对美国历史影响很深。独立战争前,圣公会在北美13个殖民地都建立起教会,而且在弗吉尼亚、纽约、马里兰等殖民地是唯一合法的教会。《独立宣言》签署人2/3都是圣公会信徒。

美国独立后,1783年,来自全美各地的圣公会信徒代表在马里兰集会,宣布正式采用"基督教新教主教派教会"的名称,以表示从名称到组织都与英国脱离关系。此后,主教派教会发展迅速,逐步扩展到美国的中部、西部和西南部。近年来,主教派信徒人数逐年下降,目前信徒人数200多万,白人占绝大多数,为95%。

美国主教派教会与美国其他基督教新教教派的一个不同之处,在于具有浓厚的天主教特色,实行主教制,并且承认主教职位是由早期教会的使徒代代相传而延续下来的。教会的组织结构类似美国国会,教会所有决议需由主教组成的"主教院"和由神职人员、普通信徒组成的"代议院"通过才能在教区推广。

虽然主教派教会在人数上不占优势,但在美国政治生活中影响巨大。从教育水平、家庭收入、社会地位来看,它是一个精英的教会、富人的教会。美国银行家J. P.摩根(J. P. Morgan,1837—1913)、汽车工程师与企业家亨利·福特(Henry Ford,1863—1947)都来自该教派。他们是美国慈善事业的先驱。华盛顿、杰斐逊、麦迪逊、门罗、富兰克林·罗斯福、福特和乔治·布什等总统均来自该教派。20世纪以来,主教派成员人数持续减少,老龄化严重,2/3以上的成员年龄超过55岁。

5. 教友会

教友会(Friends,又称"贵格会""公谊会")源自于17世纪的英国,创始人为乔治·福克斯。教友会主张任何人之间要像兄弟一样,主张和平主义和宗教自由。17世纪50年代,教友派信徒在英国受到宗教迫害,与清教徒一起移民到北美。但在新英格兰地区,他们不仅不受欢迎,而且受到清教徒的迫害。大批教友会教徒逃离马萨诸塞,定居在罗得岛和宾夕法尼亚等地。直到1689年《宽容法令》颁布,对教友会的迫害才停止。

教友会坚决反对奴隶制,在美国南北战争前后的废奴运动中起过重要作用,一些教友会成员成为废奴运动的主要领导人。教友会反对战争,救死扶伤,赈济穷人,服务社会。第一次世界大战期间,教友会成员在海外做了大量救护工作。

教友会成员人数不多,现有成员约 10 万人。教友会以其严格自律、热爱和平、关爱穷人,在美国社会中赢得了良好声誉。

由于宾夕法尼亚州有大量贵格会教徒聚居,习惯上以"Quaker City"作为费城的别名,费城人因而也被称为"Quaker"。

(二) 天主教

尽管新教在美国人数最多,占美国总人口的 53.1%,但教派林立,自成体系。天主教(Roman Catholics)近年来在美国发展很快,从人数上看,它是美国人数最多的单一教会。2008 年,美国成年天主教人数为 5819.3 万人,占美国总人口的 24%。[①]

美国天主教的历史最早可追溯到 1492 年哥伦布发现美洲大陆。哥伦布是天主教徒,但他不是传教士。此后,西班牙人开始在北美传教,并于 1565 年在佛罗里达建立起第一个天主教堂。在殖民地时期,新教居主导地位。新英格兰地区的清教徒对信仰其他宗教的教徒采取不宽容政策,天主教徒时常受到迫害和攻击。天主教只在马里兰殖民地得到官方认可,因为马里兰殖民地的建立者是天主教徒。人们通常把 1634 年马里兰殖民地建立作为天主教在北美建立教会的开端。美国独立前,宾夕法尼亚是另一个对天主教采取宽容政策的地区。直到 1791 年《美国宪法》第一条修正案颁布,天主教徒才逐渐在美国获得了参与公共生活的权利。

浓厚的移民色彩是美国天主教的一大特色。东欧移民、拉美裔和黑人是美国天主教信徒的主体。美国建国初期,天主教教徒主要来自爱尔兰、法

---

① 本文美国各教派人数系笔者根据美国人口普查局数据,结合盖洛普、皮尤的民调数据计算而来。参阅:U. S. Census Bureau, "Population by age and Sex, 2012", http://www.census. gov/population/age/data/2012comp. html; U. S. Census Bureau, "People QuickFacts", http:// quickfacts. census. gov/qfd/states/00000. html; Gallup, "Religion", http://www. gallup. com/poll/ 1690/Religion. aspx? version = print; Frank Newport, "In U. S. , 77% Identify as Christian", December 24, 2012, http://www. gallup. com/poll/159548/identify-christian. aspx. 下同。

国、意大利、德国和波兰等地。如今,天主教移民虽然仍有来自东欧的,但更多来自墨西哥、波多黎各等中南美国家。此外,还有数量可观的黑人和亚裔天主教信徒。近半个世纪以来,美国新教人数在逐年下降,天主教人数却一直处于上升趋势,这与移民、天主教徒的高生育率和美国天主教为适应社会发展而做出的改革有关。

早期美国天主教是"穷人的宗教",成员大多为来自爱尔兰、波兰、意大利的贫苦移民。第二次世界大战后,这种情况发生了很大变化。天主教徒的平均收入、受教育程度和社会地位有了显著的提高。

天主教在教义上承认罗马教皇的权威,在仪式和体制上实行罗马教廷的规定。美国天主教会面临的主要问题是,在新教居主导地位的情况下,天主教如何"美国化"和"本土化"。近半个世纪以来,美国天主教教会努力适应美国社会的变化,在礼仪、教会内部管理方面进行了诸多改革。在对教皇及美国社会所面临的诸多问题的看法上,美国天主教自由派人士主张依靠自己的良知而不是教皇的指导。在堕胎、同性恋婚姻、未婚同居等天主教历来不赞成的问题上,越来越多的天主教徒持宽容的态度。与此同时,天主教徒也非常关注妇女和少数族裔的权利及社会公平正义等问题。

关于天主教在北美发生的变化、与新教的关系及其在美国国家发展中的作用,亨廷顿作过非常精辟的论述。他写道:"有两百年之久,美国人曾认为自己的特性就是反对天主教,将天主教视为异己,先是与之作战和加以排斥,后来是对其反对和歧视。然而,在新教的环境下,美国的天主教徒吸收了新教的许多特点,最终同化到美国的主流中。这一过程使美国由一个新教国家转变为一个具有新教价值的基督教国家。"[1]

天主教对美国政治生活的影响举足轻重。肯尼迪是美国首位信仰天主教的总统。

(三) 犹太教

犹太教是与基督教关系最为密切的宗教。目前,美国有成年犹太教徒约484.9万,占美国总人口的2%。

---

①　Samuel P. Huntington, *Who Are We? The Challenges to America's National Identity*, New York: Simon & Schuster Paperbacks, 2004, p. 92.

早在北美殖民地时期，犹太教就已传入北美。1692年，犹太人在纽约建立起第一座犹太会堂。此后，陆续有犹太人移居北美殖民地。美国独立后，经历了几次犹太人移民潮。19世纪中叶，在欧洲启蒙思想的影响下，犹太改革派人士推动犹太教改革，使之更加融入并适应美国社会，主张简化宗教仪式，取消饮食方面的主要禁忌，允许在礼拜时讲英语。这些举措对犹太教融入美国社会起了极大的作用。两次大战期间，又有大批犹太人为逃避种族清洗而移居美国。

虽然犹太人在美国人数不多，但社会地位很高，影响很大。犹太人分布在全美各地，其中以纽约、加州和佛罗里达居多。他们在商业、金融、新闻、律师、电影等行业中取得了令人瞩目的成就，涌现出一大批精英人物。获诺贝尔奖的一百多名美国学者，有近半数是犹太人；《纽约时报》《华盛顿邮报》等都是犹太家族创办的；犹太人在美国金融界的影响首屈一指，因而有"犹太人控制华尔街"的说法。在政界和学术界，犹太人的表现也极为突出。爱因斯坦、基辛格都是犹太人。

犹太人在美国取得如此大成就的原因主要在于：一是犹太民族重视教育和善于经商的传统。犹太民族一贯重视教育。美国犹太人受高等教育的比例为46.7%，在美国宗教团体中名列前茅。普遍较高的教育程度，为犹太人带来了良好的就业机会。善于经商的传统也是他们收入较高的一个重要原因。犹太人大多从事金融、技术和管理或医疗、科研、教育、政府部门工作。二是犹太人努力调整自身与美国社会的关系。他们在保留民族特性的同时，适应社会发展，成功融入美国主流社会。

（四）摩门教

美国基督教新教教派林立，其中绝大部分的教派来自欧洲。与此同时，美国本土也产生了一些新兴教派。这些新兴教派最初受到基督教主流教派的排斥和打击，但随着不断发展和制度化，影响日益扩大，也逐渐得到社会和基督教主流宗教组织的认可。其中，值得一提的是摩门教（Mormon Church）。

摩门教又称"耶稣基督后期圣徒教会"（The Church of Jesus Christ of Latter-day Saints），由美国人约瑟夫·史密斯（Joseph Smith）1830年在纽约创立。摩门教的主要经典是《摩门经》和《圣经》。摩门教在许多方面与天主教和基督教新教保守教会的信仰基本相同。摩门教要求成员戒毒,鼓励素食,提倡遵守国家法律。

摩门教非常重视传教活动,近年来教徒人数增加迅速,是美国宗教团体中人数增加最快的团体之一。摩门教现有教徒约484.9万人,占美国总人口的2%。

摩门教徒成员来自美国社会各阶层和各个年龄段,教育程度、就业和收入处于中等水平。摩门教徒分布在全美各地,其中以美国西部特别是犹他州最多。摩门教曾实行一夫多妻制,这在美国社会引起很大争议。1890年,摩门教正式宣布放弃一夫多妻制。[①]

摩门教重视文化、教育、体育及文艺活动。其中,最值得一提的是摩门教创办的犹他州家谱图书馆。它是世界上最大、最完整的家谱资料检索中心。全馆共收藏27.4万册图书、200多万卷缩微胶卷复制件,涉及3亿多姓氏。收藏中国的家谱共17099种,地方志5043种,清朝户口册4375册,清朝科举资料1293册,还有一些墓志铭、传记、同乡会刊物、古籍等。图书馆80%以上的工作人员是志愿者,为来馆查找家谱资料的研究者提供义务服务。

摩门教自称基督教会,但自创立至今未被基督教正式接纳。前美国驻华大使洪博培(Jon Huntsman)、前马萨诸塞州州长、2012年美国共和党总统候选人米特·罗姆尼(Mitt Romney)均来自摩门教。

(五) 伊斯兰教

19世纪末,来自叙利亚、黎巴嫩、约旦等地的中东移民将伊斯兰教传入美国。1919年,第一座清真寺在底特律建成。2012年,美国约有成年穆斯林140.8万人,占当年美国18岁以上成年人口总数的0.6%。

从教义上看,美国伊斯兰教与世界其他地区的伊斯兰教相一致,但在管理体制等方面做出了一些调整,以适应美国社会。如在星期日做礼拜,允许妇女外出工作,清真寺为儿童开办主日学校等。

美国穆斯林大多居住在纽约州、加利福尼亚州以及中西部的芝加哥、密

---

① Eric Foner and John A. Garraty, eds., *The Reader's Companion to American History*, Boston: Houghton Mifflin Company, 1991, pp. 749-750.

歇根和底特律等地。美国穆斯林主要由穆斯林移民及其后代、与穆斯林通婚后皈依伊斯兰教者以及黑人穆斯林构成。黑人穆斯林是美国伊斯兰教的一个重要组成部分。一些黑人相信，伊斯兰教是黑人实现种族平等、选择不同于基督教的宗教文化的手段。美国著名民权运动领袖马尔科姆·X（Malcolm X,1925—1965）是黑人穆斯林，他强调与白人的矛盾不可调解，主张采取暴力手段解决种族问题。

"9·11"恐怖袭击事件后，美国社会反伊斯兰教情绪高涨，伊斯兰教一度成为恐怖组织的代名词。在美国很多地方，发生了清真寺、穆斯林商店遭到破坏的状况，穆斯林在机场、学校等公共场所遭到歧视等。美国政府、学界以及包括穆斯林社团在内的社会组织，就化解美国社会对伊斯兰教和穆斯林的敌视与误解做出了很多努力，取得了一些成效，但敌视和猜疑依然存在。

二　美国的宗教历程

1585年，第一批欧洲移民抵达卡罗莱纳海岸附近的罗阿诺克岛建立起第一个定居点，由此开启了宗教在北美大陆曲折而漫长的历程。在过去四百三十多年间，从清教徒为躲避宗教迫害而移居北美，到北美独立战争、两次大觉醒、南北战争、进步主义运动、20世纪60年代的民权运动，再到20世纪80年代的新保守主义运动，北美大陆发生了翻天覆地的变化，美国的宗教面貌也随之改变。

（一）宗教避难所

16世纪后期，英国完成了宗教改革，安立甘教派（圣公会）成为英国国教。但在国教内部出现了一些主张改革的派别。他们认为国教中存在一些天主教的陈规陋习，应该按照加尔文教"纯洁"国教会，因而得名"清教徒"。他们主张清除国教中的天主教旧制和繁琐仪式；只承认《圣经》是信仰的唯一权威，强调所有信徒在上帝面前一律平等；摆脱王权对教会的控制；提倡"勤俭清洁"的生活。英王和英国政府认为，不信奉国教、抨击国教的清教徒是异教徒，必须予以清洗。于是，新教徒遭到政府和教会的大规模清洗和残酷迫害。为了逃避宗教迫害，清教徒把目光投向哥伦布发现的美洲新大陆。

1607 年,第一批清教徒抵达北美弗吉尼亚,建立起定居点詹姆斯敦。1620 年,主张彻底脱离国教的清教徒乘"五月花号"船抵达马萨诸萨湾。他们以极大的宗教热情,试图在殖民地内建立起新的宗教与政治秩序,创立清教共和国。上岸前,41 位成年移民共同签署了一份公约,史称《五月花号公约》。公约秉承宗教理念,本着契约的原则,上岸后自愿结成一个"公民政治团体"。尽管《五月花号公约》是一份简单的誓约,但它勾勒出了未来社会发展的蓝图,确立了未来社会发展的基本原则,即自愿、自治和法治。

1630 年,因信仰清教而被剥夺公职的律师约翰·温斯罗普率领来自伦敦及东南各郡的近千名移民,分乘四艘船,来到已有英国人定居的马萨诸塞湾殖民地。在航行大西洋的船上,温斯罗普发表了题为《基督教仁爱的典范》的著名布道词,描绘出即将建立的新英格兰殖民地的蓝图。

温斯罗普掀起了清教徒移民北美新大陆的浪潮。此后,一批又一批的欧洲移民历经千难万险,远涉重洋,来到北美这片陌生而荒芜的土地上开始新的生活。到 17 世纪中期,已有近万名清教徒从欧洲移民到了北美。

(二) 清教徒的专制

虽然清教为了逃避宗教迫害而来到北美,然而,他们在新大陆建立起了组织严密的清教社会。在英属北美 13 个殖民地,除马里兰外,清教取得了正统教会的地位,成了受当地政府和法律支持的官方信仰。清教徒制定了严格的法规,实行严格的禁欲主义,每个人都必须去教堂参加礼拜,且不许打瞌睡。只有那些当众叙述自己的宗教变化过程并被教会认可的人才能成为正式会员。只有正式教会会员才具有选举和被选举权。清教徒认为只有自己才有资格成为上帝的选民,他们似乎忘记了在英国被迫害的经历,转而对其他教派实行残酷的宗教迫害。

安妮·哈钦森(Anne Marbury Hutchinson, 1591—1643)是波士顿的一位接生妇。1634 年, 她与丈夫带着孩子移居马萨诸塞湾殖民地,参加了波士顿教区。她开始在自己家里主持宗教会议。波士顿郊区的清教徒领导人认为她解释教义的方法是危险的。例如, 哈钦森布道时提醒人们可以按自己的选择来遵守教规和州的法律,并赢得上帝的慈爱和宠惠。她还宣称上帝可以直接同人民沟通而无需通过政府和教会神职人员。哈钦森及其追随者被称为唯信仰论者, 意思是人民反对传统的宗教教规。1637 年马萨诸塞官方命令哈钦森离开马萨诸塞殖民地，1638 年教会将她开除。她举家迁至罗得罗得岛，1642 年丈夫死后她带着四个孩子来到纽约，在被放逐途中她的许多家人被印第安人杀害。

"塞勒姆审巫案"（Salem Witch Trials）是殖民地时期清教徒专制又一写照。1692 年，马萨诸塞州塞勒姆镇一位牧师的女儿突然得了一种怪病，随后平素与她形影不离的 7 个女孩相继出现了同样的症状。从现代医学角度讲，这是"跳舞病"的一种症状。这类症状的病因是一种寄生于黑麦的真菌"麦角菌"。但当时人们普遍认为，让孩子们得了怪病的真正原因，是村里的黑人女奴蒂图巴和另一个女乞丐，还有一个孤僻的从不去教堂的老妇人。人们对这三位女性严刑逼供，"女巫"和"巫师"的数量也日益增加。先后有 20 多人死于这起冤案，另有 200 多人被逮捕或监禁。直到 1992 年，马萨诸塞州议会通过决议，所有受害者才得以恢复名誉。

清教徒的专制导致了宗教分裂。首先对清教体制提出挑战的是罗杰·威廉斯（Roger Williams，1603—1683）。他是英国国教的牧师。1631 年，他抵达马萨诸塞，要求教会退出英国国教并实行政教分离。1636 年，他和他的追随者被马萨诸塞官方驱逐出境。他们到南面，在那里建立了罗得岛（Rhode Island）殖民地。罗杰·威廉斯因此成为罗得岛州的创始人。在罗得岛，威廉斯实行开放的宗教政策，没有官方教会，也不强制居民去教堂。1639 年，罗杰·威廉斯在罗得岛创建了浸礼教会，这是北美殖民地的第一个浸礼会教会。在当时不受政府干扰的宗教活动几乎不存在的情况下，罗得岛成了浸礼会、教友会、犹太教和其他非官方信仰者的自由天堂。

宗教分歧也导致了另外一些殖民地的出现。托马斯·胡克（Thomas Hooker，1586—1647）是殖民地时期另一位重要的清教领袖。由于不赞成清教徒在马萨诸塞的做法，他带领其信徒离开马萨诸塞，1636 年在哈特福特建立定居点。与马萨诸塞殖民地不同，新建立的定居区不要求所有有投票权的男性都是教会成员。1662 年，哈特福特与纽黑文获得了英王特许状，联合组成康涅狄格殖民地。托马斯·胡克被誉为"康涅狄格之父"。

随着大量有各种宗教信仰的新移民移居北美殖民地，清教徒控制的教会日益失去权威，清教徒希望建立统一的清教社会的梦想最终没能实现。尽管清教徒在新英格兰实行清教专制统治，但总体来看，17 世纪的北美殖民地是清教徒、教友会、犹太人等不同教派信徒的宗教避难所。在殖民地社会政治经济的不断发展中,移民们逐渐认识到,和平来自宗教宽容,实行宗教专制只能激起反抗,造成分裂。1776年,弗吉尼亚议会通过了《弗吉尼亚宗教自由法令》,宣布宗教自由的原则。这是北美殖民地第一部宗教自由法。

(三) 宗教复兴:第一、二次"大觉醒运动"

随着各种信仰的移民源源不断移居北美各地,殖民地的经济、商业得到了新的发展,人口增加,新的城镇不断出现,教会也发生了很大变化。与此同时,哥白尼的"地球中心说"、牛顿的物理学等欧洲大陆的科学也传入北美。这一切给北美殖民地的宗教面貌带来了变化。移民们满怀激情,投入北美的经济发展,宗教热情减弱。这些引起宗教人士的担心,认为北美面临精神和信仰危机。1730—1760年代,一些虔诚的教士发起了宗教复兴运动,席卷北美13个殖民地,被称为"第一次大觉醒运动"(Great Awakening)。马萨诸塞公理会牧师乔纳森·爱德华兹(Jonathan Edwards)是这次运动的主要领袖,他率先采用极富感性风格的祈祷方式。英国牧师乔治·怀特菲尔德(George Whitefield,1714—1770)是最受欢迎的布道者,他富有激情的巡回布道、野外布道、即席布道博得无数信徒的欢迎。

虽然"大觉醒"是一次重要的宗教复兴运动,但它对北美殖民地的影响却超出了精神范围。首先是引发了对殖民地社会不同方面的反思。一些布道者对奴隶制提出了谴责,指出白人和黑人在耶稣面前是平等的兄弟;其次是指责一些人贪婪的商业行为,认为其违反基督精神;再次是鼓励移民们相信自己的观点,这极大地推动了殖民地印刷品的传播和阅读。

1820—1830年代,"第二次大觉醒运动"(Second Great Awaking)席卷美国。19世纪上半叶,一场被历史学家称为"市场革命"的经济转型风靡全美。蒸汽机船、运河、铁路和电报的发明,把美国从旧经济模式中解脱出来。交通和通讯设施的改善,使西部和棉花王国崛起成为可能。经济扩张促进了市场、工厂及城市的发展,移民继续源源不断涌入。一些具有独立自觉思想的牧师掀起了宗教复兴运动,史称"第二次大觉醒",查尔斯·芬尼(Charles G. Finney,1792—1875)是"第二次大觉醒运动"的领导者之一。他在纽约州中部的乡镇巡回布道,吸引了越来越多的信徒。芬尼强调通过善行获得救赎,他本人则是废奴主义者。

"第二次大觉醒运动"促进了宗教复兴。它使基督教更加民主化，信教人数有了很大增加。芬尼倡导的野营布道方式吸引了很多教徒，他们可以在野营的同时高唱赞美歌，有时白人和黑人并肩站在一起。黑人基督教堂的崛起，是"第二次大觉醒运动"中出现的另一个重大事件。黑人建立起了自己的教堂，这些教堂不仅是宗教中心，而且是救济、教育和集会的主要场所。

（四）南北教会分裂、工业化和"社会福音运动"

美国独立后，经过两次"宗教大觉醒运动"，基督教获得了长足的发展。西进运动中，美国的版图不断向西扩张，基督教会和教士也随着西进拓荒者的脚步来到西部。然而，废奴问题终于导致美国内战的爆发，也造成了教会的分裂。主张废除奴隶制的北方教会，与主张蓄奴的南方教会，争论激烈，最终导致组织上分裂。内战爆发前，当时最大的教派是基督教新教，浸礼会、卫理公会和主教教派分为相互对立的两大派，有些教派这种南北对立的局面持续至今，如南方浸礼会。

内战后，美国经济突飞猛进地发展，美国迅速从农业国转变为工业国。工业化虽给美国带来了滚滚财源，但在社会转型过程中出现了种种社会问题，如贫富差距拉大、城市秩序混乱与城市道德失范、政治腐败、贫穷的东南欧移民不断涌入等，这引起了许多有良知、有社会责任感的神职人员的担忧。19 世纪末 20 世纪初，他们发起了"社会福音运动"（Social Gospel），强调不受约束的竞争已经将基督教兄弟情意破坏殆尽。"社会福音运动"最初是为改革新教教会而进行的一种努力，目的是扩展其在贫穷社区的影响。在这一过程中，牧师与运动的支持者建立起传教站、兴办救济、制止滥用童工、维护劳工的合法权益，以及制定公共卫生和安全法，这些努力客观上推动了美国社会的改革和进步。

（五）两次世界大战至今

20 世纪，美国经历了两次世界大战，而后又卷入了朝鲜战争和越战，60 年代民权运动和反文化运动风起云涌，肯尼迪总统、马丁·路德·金牧师遇刺，美苏对峙，尼克松因"水门事件"而下台。动荡不安的国内国际局势，使不少美国人、特别是年轻一代，对主流文化发出了质疑和挑战。在此期间，去教堂的人数一度减少,教会人数下降。70 年代末 80 年代初,美国社会出现一系列问题:吸毒、未婚先孕、犯罪率上升、教育水平下降。冷战的不断升级及美国在外交上的一系列失败,使不少美国人感到美国赖以存在的民主制度正在受到威胁,而稳定的家庭生活是美国国家安全所必需的。这促使美国人向保守主义回归。20 世纪 70 年代后,基督教保守派一改以往不关心政治的做法,积极关注并介入重大社会和政治活动,反对同性婚姻,反对堕胎,反对干细胞研究等。

今天,美国主要的宗教团体一般都把宗教与社会使命结合起来,把关注教徒内心世界与战争及和平、反贫困、劳动和就业、社会公平和正义结合起来。

三　美国的政教关系

所谓政教关系(church and state relation),狭义是指政府与宗教组织的关系,广义是指政治与宗教实践的关系。美国的政教关系主要包括两方面的内容:一是宪法的有关规定,二是最高法院的裁决和对宪法的解释。长期以来,政教关系一直是美国社会备受关注的问题。

(一) 政教分离和信仰自由原则

美国没有专门的宗教立法。宪法中只有一条涉及宗教问题。《美国宪法》第六条第三段规定:"上述参议员和众议员,各州州议会议员,以及合众国和各州所有行政和司法官员,应宣誓或作代誓宣言拥护本宪法;但决不得以宗教信仰作为担任合众国属下任何官职或公职的必要资格。"①

《美国宪法》前十条修正案通称为《权利法案》。第一条修正案规定:"国会不得制定关于下列事项的法律:确立国教或禁止信教自由;剥夺言论自由或出版自由;或剥夺人民和平集会和向政府请愿伸冤的权利。"②

宪法第一修正案有关宗教问题的表述,可以说是美国政教关系中最重要、最根本的法律基石。自宪法第一修正案问世以来,所有有关政教关系的

---

① 《美国宪法》,引自李道揆:《美国政府与政治》,商务印书馆 1999 年版,第 785 页。
② 同上书,第 787—788 页。

案例和争论,无不以之为法律依据。

美国社会关于第一修正案宗教条款的含义有很多争论,但它至少包含如下原则:

1. 政教分离原则,即在教会和国家之间建立起一道隔离墙。不论州政府还是联邦政府,都不得将一个教会确立为国教,不得通过援助一种宗教或所有宗教的法律。

2. 美国应当实行政教分离原则,但分离不是绝对的,因为美利坚民族是一个信教的民族,美国的国家箴言是"我们信仰上帝",这既见之于国歌歌词,也见之于美元上的铭文。

3. 信仰自由原则。不得强迫或影响某人违背本人意愿加入或不加入一个教会,或强迫他信或不信奉任何一种宗教。不得因信或不信教、去或不去教堂受到惩罚;不得课任何宗教组织的税以支持任何宗教活动或机构;不得以公开或隐蔽的方式参与任何宗教组织的事务。

4. 不得制定法律干预宗教教义,但可以干预宗教实践。这意味着教徒并不具有随心所欲、不受干预的无限权利。[①]

"政教分离"和"信仰自由"原则在美国深入人心,成为美国意识形态的重要组成部分。第二次世界大战期间,在战争迫在眉睫的情况下,1941 年 1 月 6 日,罗斯福在国会发表了著名的"四大自由"演说,宣布了"人类四项基本自由",即"言论自由""信仰自由""免于匮乏的自由",以及"免于恐惧的自由"。1943 年,美国油画家诺曼·罗克韦尔(Norman Rockwell)将他用七个月时间完成的"四大自由"系列油画发表在《星期六晚邮报》(*Saturday Evening Post*)上。从此,罗克韦尔的"四大自由"系列油画与罗斯福总统的演说一起,扎根在美国人的心里。

(二) 宗教原则的实践

《美国宪法》对一些重要的问题写得很模糊,但它规定了通过宪法修正案来修正宪法。此外,最高法院对宪法的解释及实践中总统、国会和政党所创立的先例和习惯,是使《美国宪法》得以面对新问题而作出调整的另外两

---

① 参见李道揆:《美国政府与政治》,商务印书馆 1999 年版,第 669—671 页;刘澎:《当代美国宗教》(修订版),社会科学文献出版社 2010 年版,第 231 页。

种主要途径。《美国宪法》明确了政教分离和信仰自由原则,但并没有明确政府与宗教之间这道隔离墙的高矮、密疏和在哪里建造。

原则上,政府对宗教团体及个人的宗教实践采取不指导、不压制、不介入的立场。但在实际上,对于美国这样一个绝大多数民众都持有某种宗教信仰的国家来讲,实现国家政治与宗教真正意义上的分离并不容易。在实践中,宗教行为事实上已经广泛进入到美国的世俗生活之中,很难将二者严格剥离。如果严格限制持宗教信仰者谈论政治议题、参与政治活动,将违背宪法中有关言论自由的规定。这也造成了美国社会对于各种涉及宗教的政府行为是否违宪的争论,而对于此类问题美国人往往通过最高法院进行宪法解释以及参照判例作出裁定。尽管法官个人的政治观点、宗教信仰和不同时期对不同问题的立场不同,但最高法院的判决得到了美国社会的认可,最高法院对维护政教分离和信仰自由原则的立场也非常明确。

1. 教会财产免税

殖民地时代,各殖民地政府通常不对教会征财产税。这种显然是扶持教会的做法,遭到美国社会一些人的质疑。1970 年,最高法院对"沃尔兹诉纽约市税委员会案"(*Walz v. Tax Commsion of the City of N. Y.*, 1970)做出裁决,确认教会财产免税并不违宪。这一裁决虽然遭到反对,但最高法院至今未改变立场。

2. "我们信仰上帝"

美元上印着"我们信仰上帝"(In God We Trust)的字样。1955 年,美国国会通过一项法案,确定把这句话印在美钞上。1957 年,美钞上就出现了这句话。"远离宗教之自由基金会"认为这一做法违背了宪法第一修正案的原则,该会主席对联邦财政官员提出起诉。地区法院驳回诉讼,认为这只是形式上的"自然神论"。该会向最高法院提起上诉,1996 年 4 月,最高法院驳回上诉,诉讼以失败告终。至今,美元上仍然印有"我们信仰上帝"的字样。

3. 校园祈祷

美国公立学校的学生在教师的参加下诵读官方撰写的祈祷文,是否违背了美国宪法的政教分离原则,是美国社会一个有争议的问题。1951 年,出于"教化学生道德"的目的,纽约州教育委员会建议各地方教育委员会,可以要求公立学校的学生在每天上课前诵读以下祈祷词：“万能的上帝，我们承认您是我们的依靠，祈求您赐福于我们、我们的父母、老师和国家。”1958 年，拿骚县教育委员会采纳了这一建议，并在全县公立中小学校中推行。史蒂夫·恩格尔(Steven Engel)等五名犹太学生家长强烈抗议县教委的这一做法，认为这是政府试图向学生强制灌输基督教教义，违反了《权利法案》所确立的“政教分离”原则。他们将县教育委员会主任告上纽约地方法院，但被驳回。他们上诉到联邦最高法院。1962 年，最高法院在“恩格尔诉瓦伊塔尔案”(*Engel v. Vitale*, 1962)中裁定公立学校中的强制性祈祷违宪。

4. 向国旗致敬

美国各州为了提倡爱国主义，要求公立学校举行向国旗致敬和宣誓仪式。耶和华见证会的教规是只向耶和华效忠，不礼拜偶像。宾夕法尼亚州要求所有公立学校的每位学生必须向国旗致敬，违反者将被开除。耶和华见证会信徒沃尔特·戈比提斯(Walter Gobitas)的两个孩子因拒绝向国旗致敬而被学校开除。戈比提斯向地区法院提起诉讼，地区法院判决，开除两名学生违反宪法第一条和第十四条修正案。学区上诉，联邦上诉法院维持原判。1940 年，学区上诉至最高法院。最高法院推翻上诉法院的判决，裁定宾州法律和学区规定都不违宪。裁决书写道：“向国旗致敬是必要的，因为国家的团结是国家安全的基础。”①

5. 政府开会前祈祷

美国最高法院于 2014 年 5 月 5 日作出裁决，允许格雷斯镇理事会在会议前进行公开祈祷，并否定了在镇议会中祈祷有违美国宪法第一修正案的这种说法。此案以 5:4 的投票结果通过，五位保守派、同时也是天主教徒的大法官投了赞成票，而四位自由派大法官(包括三名犹太教徒和一名天主教徒)则投了反对票，最后保守派以一票的优势作出最后裁决。②

纽约州罗切斯特郊区的格雷斯镇有大概 9.4 万居民，自 1999 年起，该镇就开始邀请神职人员在每月召开议会前带领祷告。该镇二位居民(一位

---

① *Minersville School District v. Gobitis*, 1940. 并参见李道揆：《美国政府和美国政治》，商务印书馆 1999 年版，第 676 页。

② *Town of Greece v. Galloway*, 2014.

犹太教徒和一名无神论者)反对并就此事提出了诉讼,认为该做法违背了宪法第一修正案中的有关条款,因为它强迫每位与会者进行一种不必要的宗教活动。

负责此案的大法官肯尼迪(Anthony Kennedy)在裁决书中写道:"格雷斯镇理事会在议会前进行的祈祷符合美国传统,并没有违反美国宪法的第一修正案,他们没有强迫不相信基督教的人参加他们的祈祷。"

对裁决持异议的大法官卡根(Elena Kagan)指出,格雷斯镇的政策违反了宗教平等的原则,美国的公共机构应同样属于佛教或印度教等其他宗教。他表示,法院的这一裁定有可能导致在其他政治活动,诸如审判、投票以及入籍仪式上都要求持不同信仰者进行祈祷。

美国最高法院曾于1983年以"特殊传统"为由,裁定内布拉斯加州牧师参与公职活动为合法,可以雇用牧师并付其工资。

6. 猴子审判案

公立学校是否可以讲授进化论,这是美国社会旷日持久争论的问题。1925年3月23日,美国田纳西州颁布法令,禁止在课堂上讲授"进化论"。美国公民自由联盟便寻求一位自愿在法庭上验证这条法律的田纳西教师,于是制造了轰动整个美国乃至整个世界的历史性事件——"猴子审判"(Monkey trial),又称"斯科普斯案"(Scopes Case)。为斯科普斯辩护的律师团领袖是著名的刑事法专家、民权律师克拉伦斯·达罗(Clarence Darrow)。

陪审团只用了九分钟就判决斯科普斯有罪,须缴100美元的罚款。此后,美国发生了一场关于应不应该教授进化论的持久论战。一直到今天,这一全国性的论争仍在继续并且愈演愈烈。

从1990年代起,进化论面临"智能设计论"(Intelligent Design,也即上帝造人)前所未有的挑战。1999年8月11日,堪萨斯州教育委员会以6票对4票的多数,否决了"学生必须了解达尔文进化论"的提案。2004年8月,该州教育委员会做出决定,取消中小学课程中有关进化论的内容。2005年8月初,该州教育委员会以6:4通过了有利于"智能设计论"的决定。但反对者认为,不应在科学教育的课堂中给宗教留一席之地。

7. 自由的边界:卫科庄园事件

尽管《美国宪法》保证了公民宗教自由的基本权利,但这是以维护社会公共利益和国家利益为前提的。因此,信仰自由是相对的,不是绝对的。如果宗教团体或个人的宗教实践损害了公共利益,政府有权采取措施,维护国家及社会的公共利益。

1878 年,最高法院在"雷诺兹诉美国案"(*Reynolds V. United States*, 1878)中,裁定联邦法院禁止重婚的法律不违宪,摩门教徒败诉。最高法院在裁决中明确了一个基本原则,即法律"不能干涉宗教信仰和见解,但可以干涉宗教实践"。

发生在 1993 年的"韦科庄园事件"至今令人记忆犹新。大卫教派由维克多·豪迪夫于 1934 年在美国创立,总部位于得克萨斯州韦科镇附近。1981 年,大卫·考雷什加入该教,并取得韦科镇教派总部的控制权。他自称先知,后来又自称基督转世,宣扬 1993 年为世界末日,号召教徒们要和异教徒战斗,牺牲者方可进入天堂。大卫教严厉控制信众,并囤积军火,令信众接受军事训练。

1993 年 2 月 28 日,美国联邦执法人员持搜查证上门搜查,不料遭到大卫教派的武力反抗。于是,美国政府出动坦克和飞机,对大卫教韦科总部进行围剿,当天在冲突中有 6 名大卫教徒和 4 名联邦执法人员丧生。此后,双方进行了长达五十一天的武装对峙。1993 年 4 月 19 日,为了结束对峙,联邦执法人员对韦科庄园采取行动,庄园被大火烧毁,包括妇女和儿童在内的 80 名大卫邪教教徒在枪战和大火中丧生,教主考雷什也葬身火海。这一事件被称为"韦科惨案",它揭开了美国政府和大卫教派较量的序幕,也招致美国媒体和民众对政府行为过当的批评。

四　宗教在美国社会中的作用

从殖民地时代到今天,宗教在美国社会发展中起了至关重要的作用,至今仍然是美国人生活中无可替代的重要组成部分。宗教影响着美国社会从政治到经济、从内政到外交乃至个人生活的各个方面。

(一) 道德源泉

在美国,尽管宗教非常多元,但基督教始终是美国的主流宗教。基督教传统、价值观和道德规范,得到美国社会的广泛认可,是美国主流社会的价值观。在过去四百多年间,无论美国社会发生了多少变化,宗教本身发生了多少变化,但基督教的基本传统未变。从殖民地时期至今,带有美国特色的基督教传统始终是美国人的精神支柱和道德规范,也是美国人引以为傲的思想源泉。

《圣经》中的"十诫"既是基督教的信仰,又包含社会道德规范的基本内容。它倡导平等与正义、爱心与帮助、责任与使命,人人平等、爱护生命等基本理念早已融入美国社会的道德规范中。《圣经》倡导的诚实、守信、公正,被视为商业美德的基本原则,使美国在激烈的市场竞争中没有发展成为一个物欲横流的社会。

基督教新教还倡导乐施行善,鼓励教徒将财富用于公益和社会服务事业。按照基督教教义,一个真正的基督徒,不仅要爱上帝,而且要爱邻居,爱一切生命。卡内基、洛克菲勒等慈善家都是虔诚的基督徒。1889 年,卡内基发表了《财富的福音》这篇人们吟诵至今的文章。他指出,财富集中造成贫富扩大是文明不可避免的代价;富人对社会有不可推卸的责任;剩余财富的最佳使用途径是公益捐赠。[1] 他说:"一个人富有地死去,死得不光彩。"

主日学校是美国讲授宗教知识与培育道德的重要场所。每逢周日,虔诚的基督徒就带着孩子去做礼拜。从学龄前到高中,主日学校根据学生年龄系统讲授宗教知识与道德规范。主日学校对从小培养美国人的社会道德规范发挥了非常重要的作用。

其实,不仅基督教,伊斯兰、佛教等其他宗教,其基本价值观也是相通的,爱心、助人、向善是其共同的理念。

(二)提供社会服务

宗教在美国社会中所发挥的一个重要作用就是提供社会服务。尽管美国教派林立,但几乎所有的宗教组织都把行善、救济和提供社会服务作为首要工作之一。

美国宗教组织提供社会服务主要体现在以下几个方面:

---

[1] Andrew Carnegie, "The Gospel of Wealth", *The North American Review*, 1889, 1906;并参见资中筠:《财富的归宿:美国现代公益基金会述评》,上海人民出版社 2006 年版,第 265—268 页。

1. 济贫

济贫是宗教组织所提供的最早的社会服务项目。从第一批欧洲移民抵达北美至今，各种宗教组织为消除贫困做出了坚持不懈的努力。当第一批欧洲移民踏上北美这块陌生的土地时，那里没有政府。饥饿、严寒、水土不服威胁着移民们的生命。在当时恶劣的生存条件下，教会是救济的主要行动者。一些宗教组织开办济贫院、孤儿院，为源源不断涌入的穷苦移民提供帮助。教会的济贫传统和努力一直延续至今。如今，美国各地的宗教组织、各类教会都针对本地区的情况，开展反贫困活动。在密西西比，福音派发起的"信仰与家庭"项目，帮助了 350 个家庭；在纽约、洛杉矶、芝加哥和底特律，天主教教会设立帮助穷人的专门机构，福音派教会呼吁每个教会至少帮助一个贫困家庭；在得克萨斯，219 个教会组织参加了旨在帮助救济者尽快找到工作的"探路者"项目。①

2. 兴办慈善机构，提供社会服务

兴办慈善机构既是宗教团体的传统，也是其服务社会的一个重要途径。如今在美国，由教会创办的慈善机构覆盖家庭援助、救济、反贫困、医疗卫生与健康、教育、科技、海外救助、保护妇女和儿童的权益、老年人照顾、青少年教育、环境保护、反毒、法律援助、娱乐与体育等各个方面，为美国社会提供全方位、多层次的服务。

3. 宗教与教育

宗教在美国教育事业的发展中功不可没。无论是美国的中小学教育还是高等教育，从其诞生之日起就与宗教有着极为密切的关系。

清教徒是殖民地发展教育的先驱。早在殖民地时期，尽管生存是移民们首先考虑的问题，但一旦条件成熟，教育问题就进入了移民们的视野。清教徒坚信，完成上帝赋予的神圣使命，不仅需要受过教育的神职人员，也需要受过教育的民众。在"五月花号"抵达北美不到二十年后，1636 年，哈佛学院创立，这是美国第一所大学。据哈佛大学校史记载，建校出于宗教动机：在解决了吃住问题，兴建了礼拜上帝的地方并建立了平民政府之后，殖

---

① 参见刘澎：《当代美国宗教》（修订版），社会科学文献出版社 2010 年版，第 292 页。

民开拓者便力求掌握高深学识,并把这种学问流传下去。① 哈佛学院所有刚入学的学生都须修完所有的宗教课程,哈佛学生还需精通希腊文、拉丁文和希伯来文。此外,学生还要学习文法、哲学、数学和自然科学。哈佛学院的创办开启了美国的大学传统,在摆脱殖民地后,几乎每个重要的城镇和差不多每个教派都有了自己的学院。如今我们所熟知的普林斯顿大学、威廉·玛丽学院、耶鲁大学等常青藤大学,最初也都是出于宗教动机而创办的。

18 世纪起,教会开始大规模兴办中小学。牧师们除了传授宗教知识外,还教授语言、数学和法律等。在一些僻远乡村,课堂就设在教堂,一些优秀教师多为神职人员。如今,美国有大约 800 多所教会大学,约占全国大学总数的 1/4。美国的中小学生约有 11% 在私立学校就读。在近 500 万就读于私立学校的中小学生中,85% 是在教会学校就读。天主教学校在教育那些来自贫困地区的拉美裔和黑人学生方面尤为成功。②

(三) 对美国内政外交的影响

宗教对美国内政外交的影响主要表现在两个方面:一是对美国的文化传统产生深远的影响;二是对一些具体政策产生影响。

1. 从"上帝的选民"到"天定命运"

17 世纪清教徒漂洋过海抵达新大陆时,满怀宗教激情。1630 年,温斯罗普在《基督教仁爱的典范》布道词中,谈到清教徒与上帝的关系、殖民事业的宗旨。他说:"我们正在从事的是相互同意和上帝特殊眷顾下进行的一项事业,而不是一项教会恩准的普通事业。""为了完成这项殖民事业和实现我们的最终目的,我们和上帝有了约定。"在布道词中,他提醒殖民者"必须意识到我们将如'山巅之城',全世界的目光都注视着我们"。"如果在履行这项事业时欺骗上帝致使上帝收回给予我们的帮助,我们将会成为全世界的笑柄。"③ 温斯罗普"山巅之城"的说法,来自《圣经》:"你们是世界

---

① 〔美〕弗雷德·赫钦格、格蕾丝·赫钦格:《美国教育的演进》,美国大使馆文化处编,1984 年版,第 5 页。

② 〔美〕裴孝贤:《宗教在美国社会中的地位》,《美国研究》1998 年第 4 期,第 46 页。

③ John Winthrop, "A Model of Christian Charity, 1630", in Michael P. Johnson, *Reading the American Past: Selected Historical Documents*, Boston: RR Donnelley & Sons Company, 2009, p.62.

之光。城建造在山上,是不能隐藏的。"①

温斯罗普的布道词体现出这样一个思想:上帝特别眷顾并选择了清教徒,把他们安置在北美这块新大陆上,并赋予其特殊使命,要在这里建立"山巅之城"这是一个不同于旧世界、优于英国的美好社会,这个社会不仅要成为基督教世界的成功典范,而且是全人类的榜样。

"上帝选民"思想为北美殖民地的建立和发展提供了宗教依据,西进运动中诞生的"天定命运"说,是"上帝选民"思想的延伸,为西进运动和19世纪中后期美国的海外扩张提供了理论依据。

1845年,记者约翰·奥沙利文(John L. O'Sullivan)在《美国杂志与民主评论》上撰文,首次使用"天定命运"(Manifest Destiny)这个词。他写道:"英国恶意地反对我们,其明白无误的用意是反对我们的政策、削弱我们的力量、限制我们的伟大、阻止我们按照神圣的天意推动我们不断扩充人口在新大陆自由的流动,以实现我们的'天定命运'。"②由于当时正是美国兼并得克萨斯后不久,奥沙利文的文章一出便引起美国社会关注,很快,"天定命运"一词在美国流传开来。

清教徒的"上帝选民"和"天定命运"思想后来深植于美国人思想中,成为美国独特的意识形态,至今还影响着美国的内政和外交。

2. 宗教对美国政治的影响

尽管《美国宪法》确立了政教分离原则,但宗教对美国政治的影响无所不在。从个人角度讲,宗教信仰影响其政治参与和政治立场;从宗教团体角度讲,对立法、政府政策施加影响,既是对宗教信仰的维护,也是其实力的体现。

在美国,宗教团体影响政治的途径主要有院外游说、大众传媒、直接邮寄、打电话、示威游行、参与并影响选举等。此外,提供社会服务也是宗教团体影响政治的一种间接的有效方式。民众在享受教会所提供的社会服务的同时,也逐渐接受了教会的道德理念和政治立场,从而以选民的身份,影响美国大选和政治走向。

---

① 《圣经·马太福音》第五章。

② John L. O'Sullivan, "Annexation", *United States Magazine and Democratic Review*, July-August 1845, Vol.17, No.1, pp. 5-11.

20 世纪 60 年代以前,宗教对政治的影响尚不明显。1960 年以后,宗教就是大选中的一个重要议题。当天主教徒肯尼迪参选总统时,宗教信仰成为选举的中心议题。有些选民担心肯尼迪由于其天主教背景而使美国受到梵蒂冈和教皇的左右。2012 年,共和党提名罗姆尼为总统候选人时,他的摩门教背景也遭到一些选民的质疑。他们认为,摩门教不属于基督教新教教派,美国尚未准备好选出一个非基督徒当总统。

20 世纪 70 年代末,伊朗人质危机、经济危机及尼克松"水门事件"使自由主义面临困境,美国社会明显向右转。由于宗教原因支持共和党,成为宗教保守主义的普遍立场。80 年代,基督教右翼发展迅速。他们通过电台、电视台、游行、参与选举等方式,表达反对堕胎、反对同性恋婚姻、反对干细胞研究的强硬立场。基督教之声(Christian Voice)、道德多数派(the Moral Majority)和宗教圆桌会议(Religious Roundtable)是三个最大的宗教右翼组织,构成了美国基督教右翼的核心。道德多数派的创始人杰瑞·法威尔(Jerry Falwell)是基督教右翼的领袖。

如今,由于在与宗教有关的诸多社会问题上观点不同,美国社会分为"自由"和"保守"两大阵营。保守派在价值观念和社会问题或思潮方面较为传统;自由派在价值观念和社会问题或思潮方面较为开明。当然,也存在中间地带。两大阵营在政府的作用、枪支管制、堕胎、同性恋婚姻、社会福利、干细胞研究以及美国的外交政策等问题上持截然相反的立场。

以堕胎问题为例。自 20 世纪 60 年代起,堕胎问题在美国社会中的分歧越来越大。反对堕胎的"重生命"派和赞成堕胎的"重选择"派都以《圣经》为依据,前者强调未出生婴儿的生命权,后者强调女性的选择权。1973年,最高法院在"罗诉韦德案"的裁决中,判定妊娠早期堕胎合法化。此项判决对于"重选择"派而言是一个重大胜利,因为它赋予了怀孕妇女在一定时期的堕胎自由;对于反堕胎者而言,此项判决是反堕胎运动的开始。从此,在一些施行堕胎手术的诊所外,经常可以看到反堕胎群众示威,还有一些医生由于做了堕胎手术而遇害。

同性恋婚姻问题也在撕裂着美国社会。在此问题上,不同党派、意识形态、宗教信仰的美国人的态度有明显差别。同性恋婚姻问题已经成为区分美国民主、共和两党的标志性问题,也是近年来总统选举中的一个重要议题。

3. 宗教对美国外交的影响

宗教在影响美国政治的同时,也必然对美国的外交政策产生影响。宗教在美国社会中的独特作用,以及社会浓厚的宗教色彩,使美国决策者在制定外交政策时不得不考虑宗教因素。美国外交政策的一个主要目标,就是把美国的价值观推向全球,宗教思想和宗教传统是美国价值观的重要思想源泉。宗教对美国外交政策的影响,既来自决策者的宗教理念,也来自民众的诉求。在不同历史时期,宗教对外交政策影响的表现形式、程度与关注的问题有所不同。"9·11"事件以来,国际宗教问题在美国上升为国土安全问题,成为国家安全战略的主要考量。

1998 年,美国国会通过了《国际宗教自由法案》,从而确立了宗教信仰自由在美国外交政策中的法律地位。该法案规定,每年 9 月 1 日国务院必须向国会提交有关各国宗教自由情况的报告。美国政府邀请美国各主要宗教教派代表组成独立的委员会,每年对世界宗教情况进行评估。

2009 年,芝加哥全球事务委员会向美国政府提交了有关宗教问题的特别报告,俗称《芝加哥报告》,首次把宗教问题提到了关乎美国国家利益的高度。报告提出,美国不仅要与各国政府保持良好的关系,也要与包括宗教团体在内的社团建立伙伴关系。

2011 年,美国国务院成立"宗教与外交政策工作组",旨在开展与世界各地宗教领袖及其他组织的对话。它是希拉里·克林顿国务卿推动的"与公民社会的战略对话"五大工作组之一。

4. 宗教与中美关系

宗教是中美关系中的一个重要因素。早在 19 世纪初叶,美国传教士就开始进入中国传教,他们在中国的传教活动在近代中美关系史上写下了十分重要的一页。他们认为自己肩负着使中国皈依基督教的神圣使命。虽然传教并不成功,但他们在华举办的教育、医疗和慈善机构,对中国社会产生了深远的影响。20 世纪 40 年代末 50 年代初,西方教会和美国传教士全面离开中国。

在美国传教士离开中国六十年后的今天,宗教问题再度成为中美关系中的一个重要因素。"宗教自由"和"人权问题"是中美关系中的敏感问题,频繁出现在中美关系的议题中。2014 年 4 月 30 日,美国国际宗教自由委员会发布年度报告,指责中国在西藏和新疆问题上的政策,认为中国的宗教自由在过去一年显著恶化,并建议美国政府将中国列为"特别关注国家"。美国政府及反对堕胎的宗教组织及个人还指责中国的计划生育政策。

结　语

宗教在美国走过了四百多年的历程。在过去四百多年间,美国宗教随着社会的变化而展现出更具美国特色的新面貌,并且深深植根于美利坚民族的精神当中。美国宪法确立的政教分离和信仰自由原则,清教徒的"上帝选民"思想和使命感,基督教新教的勤奋节俭、讲求实际、服务社会精神,为美国社会广泛接受,成为美国主流意识形态的重要组成部分。

美国没有国教,但绝大多数美国人信教,而且虔诚度高;尽管美国社会强调信仰自由,但是无神论者、不信仰上帝和不信教的人很难被接受;美国宗教非常多元,多种宗教并存,但基督教在美国居主导地位;宗教对美国的道德、政治、法律、经济及社会生活产生了巨大影响,其作用无可替代。

基督教在美国的独特地位,使美国精神独具浓厚的基督教色彩。二百七十多年前,托克维尔写道:"美国是由信奉民主的和共和的基督教的人们开发的……他们把一种我除了把它称为民主的和共和的基督教外,再也无法用其他词汇称呼的基督教,带到了新大陆。""美国仍然是基督教到处都对人们的灵魂发生强大的实在影响的国度,而且再也没有什么东西能够表明它比宗教更有利于人和合乎人性,因为这个国家在宗教的影响下,今天已经是最文明和最自由的国家。"[1]

此后美国宗教的发展印证了托克维尔论断的正确。1950年,美国著名历史学家亨利·康马杰在《美国精神》中写道:"说实在的,20世纪初的美国可以说在各个方面都是一个基督教国家,只有法律除外。有些州甚至承认基督教为正式宗教。"[2]2004年,已故哈佛大学教授亨廷顿认为,"美国的公民宗教是无教派的、全国性的宗教,在它的明确形式上并不公开表现为基督教。然而它在源泉、内容、见解和声调上,却完全是基督教的。美国货币上

---

①　〔法〕托克维尔:《论美国的民主》上卷,董果良译,商务印书馆1993年版,第333、337页。

②　〔美〕H.S.康马杰:《美国精神》,南木译,光明日报出版社1988年版,第248—249页。

说的美国人信仰的'上帝'不言而喻是基督教的上帝"①。

"9·11"恐怖袭击改变了世界,也改变了美国。有着不同文化和信仰的民族和国家是否必然走向"文明的冲突",美国如何与伊斯兰世界相处,是反恐的新形势下美国宗教面临的新的挑战。

(作者为中国社会科学院美国研究所研究员)

---

① Samuel P. Huntington, *Who Are We? The Challenges to America's National Identity*, New York: Simon & Schuster Paperbacks, 2004, p. 106.

第十二讲

美国的图书馆

侯颖丽

谈到美国文化与社会,遍布其城镇乡村的公共图书馆是不能被遗漏的重要部分。今天,它们被称为美国文化的地标,不仅因为很多公共图书馆的建筑本身就是该地区的标志性建筑(landmarks),而且因为它们更是当地各阶层、各种族、各年龄层的人们进行各种社会文化活动的不可或缺的中心。

一 概览

美国的图书馆大致有公共图书馆、学术(研究型)图书馆、总统图书馆等几种类型。所谓公共图书馆,简单地说就是免费向公众开放且主要由公共资源支持的图书馆。据"美国博物馆与图书馆服务协会"(Institute of Museum and Library Services)统计,截止到 2011 年,美国拥有 8956 个公共图书馆,这个数字超过了世界任何其他国家。其中城区 483 个,郊区 2058 个,城镇 2225 个,乡村 4190 个,也就是 46.8% 的美国公共图书馆分布在乡村。这些图书馆之下有 17110 个分馆和流动图书站服务于 95.3% 的全国人口,即每 10 万人拥有 3.0 个公共图书馆。统计显示,76.6% 的公共图书馆服务区域的人口少于 25000.2 人,6.1% 的图书馆所服务的地区多于 10 万人,见表 1。

表1　2011 财年美国各类公共图书馆地区分布情况①

图书馆类型	数量	百分比	服务人口(95.3%)
城市 city	483	5.4%	34.9%
郊区 suburb	2058	23.0%	37.1%
城镇 town	2225	24.8%	11.3%
乡村 rural	4190	46.8%	12%

美国绝大多数公共图书馆全部或部分是依靠公共资源的投入运行的，包括地方、州及联邦政府。2011 财年，111.4 亿美元的全国总投入中，84.8%来自地方政府，少部分来自州(7.5%)和联邦政府(0.5%)，见表2。由于经济危机，2008 年以来公共图书馆的总投入减少了 3.8%，其中州政府减少最多，三年减少了 16.4%。

表2　2011 财年美国公共图书馆收支情况②

财务收支状况	2011 财年	1 年变化	10 年变化
人均投入	$38.09	−1.8%	−0.7%
地方政府投入	$32.28	−1.8%	+7.0%
州政府投入	$2.87	+4.8%	−35.6%
联邦政府投入	$0.19	+5.6%	−9.5%
其他	$2.74	−7.4%	−17.0%
人均支出	$35.83	−3.1%	+0.5%
工作人员	$24.00	−3.0%	+4.1%
采购	$4.09	−5.1%	−20.6%
其他	$7.74	−2.03%	+3.75

2011 财年公共图书馆总运营支出是 107.4 亿美元，经济危机以来减少了 3.9%。其中的大部分资金用来支付工作人员的工资福利(67.%)，其次

①　*Public Libraries in the United States Survey*，*Fiscal Year 2011*，Institute of Museum and Library Services，2014，p.6.

②　Ibid.，p.29.

是公共图书馆组织开展的各类项目,再次是馆藏建设。公共图书馆的馆藏有印刷书、电子图书、DVD、CD,可供公众使用(包括可打印和下载)的馆藏有9.5亿个。其中83.4%是印刷资料,这部分馆藏在逐年减少。2011财年,电子资源的支出近1.75亿美元,占馆藏资源支出的14.3%。目前公共图书馆拥有3500万电子书可供借阅,按年增长89.4%,占总馆藏量的3.7%,见表3。从全国范围看,虽然电子书的发展很快,但仍有51.3%的公共图书馆没有电子书收藏,39.1%的图书馆没有电子资源(乡村是53.4%)。

表3　2010—2011财年每1000人拥有馆藏类型分布[①]

	FY 2010	FY 2011	FY10-11
图书(每1000人)	2716.1	2638.3	-2.9%
电子书(每1000人)	62.2	116.8	88.0%
音频资料(每1000人)	185.0	221.5	19.8%
视频资料(每1000人)	178.8	187.5	4.9%
总和(每1000人)	3142.0	3164.1	0.7%

访问量、流通量、项目参与人数、电脑使用量、参考咨询等方面是衡量图书馆服务的重要指标。2011财年,有15.2亿人次访问了美国公共图书馆(不包括网上访问量),相当于每天4200万的访问量,与十年前相比增长了23%。总流通量为24.4亿,其中34.5%是儿童读物,十年增长了29%,每次借阅量是1.6。教育、培训及其他相关活动的组织是公共图书馆的主要服务内容。2011财年共有8900万人次参与了公共图书馆的这类活动,八年增长了32.3%,其中70%是儿童项目。平均每个项目的参加人数是23.4。

进入数字化时代,互联网是公共图书馆提供给大众的重要资源。2011财年,公共图书馆向公众提供了261,413台联网电脑,十年人均增长86.2%,平均1000人拥有4.4台。公用电脑使用量近3.42亿人次,2006年以来减少了7.2%;平均每1000个到访者中使用人次223.88,2006年以来

　① *Public Libraries in the United States Survey*, *Fiscal Year 2011*, Institute of Museum and Library Services, 2014 p. 39.

减少了7.4%。[1]

表4 2011财年美国公共图书馆利用情况[2]

	2011 财年	一年变化	十年间变化
访问量(每人)	5.1	-3.6%	+13.4%
流通量(每人)	8.1	-1.6%	+13.8%
项目参与(每1000人)	296.8	+2.0%	+24.7%
电脑使用(每人)	1.1	-8.1%	-1.7%
参考咨询(每人)	1.0	-5.8%	-10.1%

位于首都华盛顿国家广场(National Mall)的美国国会图书馆可以说是美国最负盛名的文化地标。1800年成立之时它还是一个藏书有限、收藏领域有限的小图书馆。1814年,当英国入侵者将它毁之一炬后,退休在家的前总统托马斯·杰斐逊将当时美国最大最好的个人图书馆卖给了国会图书馆,希望作为它发展的一个新起点。国会图书馆不仅接受了杰斐逊的藏书,而且将杰斐逊百科全书式的收藏精神发扬光大。在林肯总统任命的第六任馆长斯波福德(Ainsworth Spofford,任期1864—1897)的努力下,1870年通过的美国版权法规定,所有拥有版权的出版物必须送交国会图书馆两本,国会图书馆馆藏因此而大增,需要更大的储藏空间。国会图书馆被称为世界上最大、最昂贵、最安全的文艺复兴风格的新馆于1897年落成,由杰斐逊大楼、亚当斯大楼和麦迪逊大楼组成。目前,国会图书馆是世界最大的图书馆,馆藏1.58亿,其中3600万图书及其他印刷资料,350万录音资料,1370万张图片,550万张地图,670万件乐谱,6900万件手稿。[3]国会图书馆隶属于美国国会,其首要责任是辅助国会的立法工作,但它也是事实上的国家图书馆,向16岁以上的人免费开放,每年接待的读者和访问者超过160万。

美国还有一种特殊类型的图书馆,即总统图书馆。1938年,富兰克

---

① *Public Libraries in the United States Survey*, *Fiscal Year 2011*, Institute of Museum and Library Services, 2014, p. 9.

② Ibid., p. 16.

③ Library of Congress:Fascinating Facts, http://www. loc. gov/about/fascinating-facts/, accessed on September 23, 2014.

林·罗斯福总统首先提议建立总统图书馆。在其之前,总统文件属于总统的私人财产。1939 年开始建立的总统图书馆系统使这一惯例成为历史,取而代之的是人们坚信,总统文件也是国家遗产的重要组成部分,属于美国人民。1941 年 6 月 30 日,在图书馆题词中,富兰克林·罗斯福说:"为了把有关过去的记忆集中起来,让未来的男人和女人利用而将这些记忆收藏起来,一个国家必须相信三件事。它必须相信过去。它必须相信未来。基于以上两点,它必须相信,他的人民在判断对自己未来的创造中具有向过去学习的能力。"① 自第一个总统图书馆建立以来,国会相继出台了几个法律规范这个系统,其中包括 1955 年的《总统图书馆法》(1986 年进行了修正)、1978 年的《总统档案法案》等,明确规定了所有总统文件均为国家财产,国家将保留并持有总统文件的所有权、拥有权和管理权。当总统任期届满,由国家档案局履行清点、整理和管理的职责。同时也明确了总统图书馆由民间捐资兴建、国家负责管理的做法,对图书馆越建越大的趋势采取了相应遏制措施。到目前为止,已建立了包括胡佛总统图书馆在内的 13 个总统图书馆,隶属于国家档案局监督管理。实际上,总统图书馆是一个图书馆、博物馆、档案馆和纪念馆的综合体,收藏有总统任职前、任职期间和离任后的各种文件,以及信件、札记、手稿、图画、照片、地图与私人收藏的图书、音像资料和代表总统某些特殊爱好的物品。总之,总统图书馆是展示和研究美国文化、社会、历史等不可缺少的窗口。

美国研究型图书馆协会(Association of Research Library)会员资格认定的首要依据是馆藏和服务的范围和质量。美国的研究型图书馆以大学图书馆为骨干。国会图书馆、国家档案馆、纽约公共图书馆和波士顿公共图书馆这样的大型图书馆因其卓越的馆藏也属于研究型图书馆。图书馆可以说是一所大学的灵魂。美国的大学图书馆也走过一个由封闭到开放的发展过程,其加速发展发轫于 19 世纪中叶。在此之前,这些大学图书馆的馆藏主要来自个人捐赠,内容也多是经典著作,仅供教员使用。19 世纪后半期,德意志的学术观念和教育体制被广泛引入美国的大学。课堂上自由讨论式的教学方法取代了过去教师讲课,学生听课、背诵的保守形式。学生可以独立

---

① Presidential Libraries and Museums: A Brief History, http://www.archives.gov/presidential-libraries/about/history.html, accessed on September 19, 2014.

自主地选择图书。大学图书馆因此得以快速发展,藏书量大增,开馆时间大大延长。今天的大学图书馆已经成为美国大学的核心组成部分,可以这样说,没有任何一所一流大学没有一座一流的图书馆做依托,见表5。无论从馆藏、咨询服务还是从图书馆现代化程度方面来讲,美国的大学图书馆都走在了美国图书馆事业发展的前列。

表5　2012年馆藏排名前20名的美国大学图书馆[①]

	大学名称	馆藏		大学名称	馆藏
1	Harvard	16832952	11	Stanford	8500000
2	Illinois, Urbana	13158748	12	Wisconsin, Madison	8421198
3	Yale	12787962	13	Cornell	8173778
4	California, Berkeley	11545418	14	Princeton	7226744
5	Columbia	11189036	15	Washington	7203156
6	Michigan	10778736	16	Minnesota	7111311
7	Texas-Austin	9990941	17	North Carolina	7012787
8	Chicago	9837021	18	Pennsylvania	6438305
9	California, Los Angeles	9151964	19	Duke	6174814
10	Indiana	8677974	20	Ohio State	6161657

二　精神与理念

公共图书馆是美国民主历程结出的硕果,因此,它最能体现美国民主社会的特征,即平等的原则。美国公共图书馆奉行这样的理念:图书馆对人人免费开放,人人可以平等地得到图书。波士顿公共图书馆是美国公共图书馆的先驱者。作为最早建立的大城市公共图书馆(1854年),波士顿公共图书馆新馆在1888年落成时,在其主楼正面的石墙上赫然刻着:波士顿公共图书馆是由人民建造的……对所有人免费(The Public Library of the City of

---

① The Nation's Largest Libraries: A Listing By Volumes Held, American Library Association, http://www.ala.org/tools/libfactsheets/alalibraryfactsheet22, accessed on September 15, 2014.

Boston built by the people ... Free to all）。19 世纪诗人奥利弗·温德尔·霍姆斯（Oliver Wendell Holmes）为这座新馆赋诗:"这座宫殿属于人民!"（This palace is the people's own!）①美国移民文学的先驱玛丽·安廷（Mary Antin）在其 1912 年出版的自传《希望之乡》里描述了她读到波士顿公共图书馆入口处上方刻着的"公共图书馆——人民建造——对所有人免费"时的欣喜若狂。"一个直到十多岁还没有读过一本书的人，"她写道，"如今能置身于世上所有的书籍中间，这真是一个奇迹。一个被遗弃的人可以成为享有特权的公民，一个乞讨者可以在宫殿里逗留，这真是一件比所有吟唱过的诗歌还要浪漫的事情。"②

《人民的宫殿:纽约公共图书馆的肖像》（*The People's Palace：A Portrait of the New York Public Library*）是一部描写纽约公共图书馆的纪录片,讲述了纽约公共图书馆的历史、收藏及影响。从 1895 年建馆以来,纽约公共图书馆就是一代代孩子们学习和读书的地方,是千百万移民在这个新大陆寻找安身立命之所的地方,是无数研究者发现无与伦比宝贵资料的地方,是鲍勃·迪伦（Bob Dylan）、汤姆·沃尔夫（Tom Wolfe）、贝蒂·弗里丹（Betty Freidan）这样兴趣迥然的艺术家、作家找到灵感的地方。在这里,人民是具体的个体,不是空洞的口号。从这里走出来的、怀揣着知识和梦想的一个个个人影响了纽约、美国乃至世界的过去和现在,还将影响未来。

当然,美国的公共图书馆所以能够遍布美国各地并持续稳定地免费服务公众,得益于它们有着来自地方、州及联邦三级政府的财政支持。美国公共图书馆的立法基础在州一级,各州都有相关的公共图书馆法。虽然各有不同,但比较通行的做法是,州立法机构赋予地方政府(城市、县、镇、乡等)征税权,这是各地建立和维持图书馆运行的主要资金来源,参见表 2。在联邦政府一级,1956 年通过了《图书馆服务法》（Library Service Act）,联邦政府开始直接向公共图书馆提供资金,主要用于农村地区和部分城镇。1964 年又颁布了《图书馆服务与建筑法》（Library Services and Construction Act）,

---

① Oliver Wendell Holmes , For the Dedication of the New City Library Boston, http://www. eldritchpress. org/owh/bpl. html, accessed on September 22, 2014.

② Ken Gewertz, Werner Sollors edits new edition of premier immigrant autobiography, Harvard University Gazette, March 6, 1997, http://news. harvard. edu/gazette/1997/03. 06/RevisitingThePr. html, accessed on September 22, 2014.

该法批准联邦政府对图书馆服务和图书馆建筑进行拨款。随着该法案的不断修订，图书馆服务又包含了残障人士、馆际合作以及提供图书馆技术等等内容。1996 年颁布的《图书馆服务与技术法》(Library Services and Technology Act)，扩大了 1964 年法案的使用范围，规定其长期目标是：通过图书馆改善学生学习质量；通过图书馆为多民族服务；通过图书馆提供服务，享有电子图书馆服务和图书馆合作；招聘、留用和培训图书馆员等等。① 总之，公共图书馆在美国的成功充分体现了法制是民主运行的保证。

纵观美国图书馆事业的发展历程，慈善是一支重要的推动力。可以说，在美国没有哪个公共领域能够吸引如此多的慈善力量。因此，图书馆事业最能体现美国社会特有的"财富的精神"。19 世纪后半叶开始，伴随美国经济飞速发展，一些个人积累了大量财富。1889 年钢铁大王安德鲁·卡内基发出了"财富的福音"，他认为富人对社会有着不可推卸的责任，"拥巨富而死者以耻辱终"。而免费的公共图书馆正是富人捐助的最佳领域。卡内基曾说："毫无疑问，我自己的个人经历或许已经使我相对于其他慈善行为来说，更加重视一所免费的图书馆。当我还是匹兹堡的一名童工时，阿勒格尼的安德逊上校——一个我从来未能不带虔诚感激的心情说出的名字——向孩子们开放他那间拥有四百册图书的小型图书馆……正是在陶醉于他开放给我们的那些宝藏时，我下定决心，如果哪一天我有钱了，这些钱一定要用来建立免费图书馆，使其他贫穷的孩子也能获得和我们从那个高尚的人那里接受的恩惠一样的机会。"②1880—1919 年，卡内基在说英语的国家里投入了 5600 万美元(相当于现在的 1.2 亿美元)，建立了 2500 多所图书馆，其中有 1689 所在美国。他的捐助方式是，捐款用于图书馆的建筑，而当地政府做出保证提供土地，并为图书馆的运行提供资金支持。事实上，在卡内基之前就时有富人捐资公共图书馆的例子，但影响力都没有超过卡内基。在1890 年，美国 16 个大城市中只有 7 个有公共图书馆，而到一战结束时，所有重要的社区和一些次要的社区都拥有了公共图书馆。

---

① 参见刘璐：《美国公共图书馆经费保障制度研究》,《中国图书馆学报》2012 年第 38 卷第 202 期,第 47—56 页。

② T. W. Koch, *A Book of Carnegie Libraries*, New York: The H. W. Wilson Company, 1907. 转引自郑永田：《卡内基图书馆计划的回眸与反思》,《中国图书馆学报》第 185 期,第 112 页。

约翰·雅各布·阿斯特(John Jacob Astor)及其后代 1849 年开始在纽约资助建立了阿斯特图书馆(Aster Library)。该图书馆类似于公共图书馆,藏书质量在美国首屈一指,但不可外借且读者的年龄也受到限制。与此同时,另一位百万富翁慈善家兼藏书家伦诺克斯(James Lenox)在纽约建有另一座图书馆。1886 年,担任过纽约州长的蒂尔登(Samuel J. Tilden)去世,在遗嘱中希望捐赠 240 万美元,在纽约建造一座图书馆。他的遗嘱执行人比格娄律师(John Bigelow)提出了一个大胆的计划,建议阿斯特图书馆、伦诺克斯图书馆与蒂尔登基金合并建立纽约公共图书馆。1895 年 5 月 23 日该计划正式实施时,曾被称颂为私人慈善与公益事业结合的楷模。1901 年开始新馆建设时卡内基又捐赠了 520 万美元。1911 年 5 月 23 日,建在第 5 大道与第 42 街交汇处的新馆落成。第二天有三到五万人涌入这座宏伟的建筑。① 一百年后的今天又一位亿万富翁加入了这项事业。2008 年 3 月 11 日,纽约公共图书馆宣布这个百年建筑将以华尔街著名金融家、黑石集团创始人史蒂芬·施瓦茨曼(Stephen A. Schwarz-man)的名字重新命名,因为作为纽约公共图书馆的董事,施瓦茨曼已经承诺为图书馆系统的扩建工程募集 10 亿美元的资金,并且承诺自己捐赠 1 亿美元,这是纽约市历史上对文化机构最大的一笔捐赠。施瓦茨曼说,这是一个绝对值得支持的一流的战略性计划。这座图书馆能够帮助中低收入阶层的民众,包括移民,实现他们的美国梦("get their shot at the American dream")。他认为当一个人在一生里已经拥有太多的财富时,那么他就有责任为他人的福祉而使用这些财富。②纽约公共图书馆的百年历史就是一部美国"财富的精神"的演绎史。

历经一百五十多年的发展,美国的公共图书馆早已超越了"图书之馆",它们已经被打造成美国人社会生活和文化生活的中心。因此在贫富差距还在扩大的美国社会,遍布全国各个角落的公共图书馆是最能发挥"社会均衡器"作用的机构之一。皮尤研究中心(Pew Research Center)就公共图书馆对美国社区的价值所做的调查显示,67% 的 16 岁以上受访人认为

---

① History of The New York Public Library, http://www. nypl. org/help/about-nypl/history, accessed on September 22, 2014.

② Robin Pogrebin, "For $100 Million, a Library Card and Perhaps His Name in Stone", *New York Times*, March 11, 2008 Late Edition-Final.

公共图书馆对他们个人及家庭生活有影响,其中29%认为影响很大。有94%的人认为公共图书馆提升了他们的社区生活质量,81%的受访者认为公共图书馆提供的许多服务在其他地方很难找到。①

第一,美国的公共图书馆首先是它所服务区域的信息中心。公共图书馆所提供的信息涉及市民生活的方方面面:有商业和职业信息,是居民寻求关于工作、培训与再培训的机会、职业咨询、个人理财方面最新、最准确信息的地方;有消费信息,提供最新、最准确的信息以帮助社区成员做出明智的消费决定;有综合类信息,提供广泛领域的最新、最准确信息;有政府信息,有责任提供关于政府、官员及机构最新、最准确信息以保证人们充分参与民主进程;还有责任培养公民的"信息素质",图书馆有熟练的工作人员和周密的计划来培养图书馆用户查找、评价和利用相关信息的能力。

第二,公共图书馆是一个能够提供终身教育服务的教育中心。美国的公共图书馆系统与其公共教育制度并行发展,已经成为公共教育不可或缺的辅助机构。美国的公共图书馆可以为各年龄层居民提供各类教育支持,覆盖了学前教育、学生课后家庭作业辅导、成人职业培训到针对老年人的特色服务。值得一提的是,公共图书馆是美国最大的学生家庭作业辅导中心。②

第三,公共图书馆还是满足居民需要的文化娱乐中心。公共图书馆可供借阅的书籍以通俗类居多,图书馆定期发布各类畅销书榜,供读者在借阅时参考。除书刊外,还提供大量的 DVD 影碟和音乐 CD 等娱乐产品。图书馆还是社区文化规划的一个重要组成部分,定期举办诸如"共读一本书"、国内外电影节、各类主题展览等文化活动,来满足人们对主流文化、社会趋势、消遣阅读以及其他经历的知识需求。公共图书馆还向居民提供"共享空间",方便人们聚会及探讨各类问题。

第四,美国的公共图书馆也是社会公益机构的重要组成部分。为穷人和其他弱势群体提供基本服务是公共图书馆责无旁贷的责任。公共图书馆

---

① Kathryn Zickuhr, How Americans Value Public Libraries in Their Communities, December 11, 2013, http://libraries. pewinternet. org/2013/12/11/libraries-in-communities/, accessed on September 16, 2014.

② *Public Libraries in the United States Survey*, *Fiscal Year 2011*, Institute of Museum and Library Services, 2014, p. 6.

对弱势群体的关注不仅体现为对乞丐和无家可归者敞开大门,提供遮风避雨的地方,更体现为通过组织各种活动,提醒社会对病患、智障、犯罪受害人、新移民等弱势群体的处境加深了解。它们为新移民举办免费英语辅导,为全职妈妈们举办活动;每年到了报税时节,公共图书馆又成了居民领取各种税表的地点。在数字时代,贫富差距不仅表现在财富上,在信息时代还表现在技术富人与技术穷人之间的"数字鸿沟"方面,在弥补两者的差距上,公共图书馆发挥了无法比拟的作用。

三 数字时代的挑战与应对

博尔赫斯在小说《通天塔图书馆》里说过,"天堂应该是图书馆的模样"。如果说这本书满足了 20 世纪以前那些热爱书籍及图书馆的人们的想象,那么进入 21 世纪的数字时代,图书馆在人们的想象中还会是这个样子的吗?信息技术的确令人惊叹。你可以在路边的咖啡馆里上网,订购一本新书,几分钟后,这本书就会完整呈现在你的电脑上,如果需要,你还可以即刻将它打印出来,总共花费不过 10 美元。以纸张为出版媒介的传统形式的"书"会因此死掉吗?以储存书籍为首要任务的图书馆还有存在的价值吗?

哈佛大学图书馆馆长罗伯特·丹顿(Robert Darnton)就网络时代人们习以为常的六种说法给出了自己的答案。丹顿首先断言,第一,"书"没有死。数据显示,每年出版、印刷、销售书籍的数量迅速增加,没有任何逆转的迹象。每年有 100 万以上的新书上市,这些书的印刷数量就更不计其数了。第二,有人说我们已经进入了"信息时代",言外之意是以前的时代不是信息时代,我们这个时代与以前不同;丹顿说,这种说法不对,对于生活在每个时代的人来说,他们都生活在当时的"信息时代",他们都面临对他们来说前所未有的更多的信息。第三,有人说所有的信息都放在了网上,如果网上没有,就说明这个信息不存在;丹顿反驳,只需看看哈佛图书馆的书库就会知道,大量的书籍和信息根本不在网上。哈佛大学储藏的书籍如果罗列开来有 35 英里那么长,其中绝大多数书籍很少有人借用,甚至根本没人碰过。但是这些信息确实存在,而且与网上的信息不同。这些是看得见、摸得着的书籍,它们长期存在,而网页的平均寿命只有 44 天。网上的信息可以大爆炸，也可以转瞬即逝。第四，有人说，图书馆在信息时代已经过时了；丹顿反驳，图书馆有史以来一直是知识活动的神经中枢。在期末考试期间，哈佛大学本科生使用的图书馆昼夜开放，完全没有间休，凌晨 3 点还有不少学生在挑灯夜战。纽约州公立图书馆里的人也是络绎不绝，使用率从来没有像现在这么高。第五，有人说，未来是数字化的，我们现在是从模拟（analog）向数字化过渡的阶段；丹顿说，实际上这两种技术不是完全替代关系，而是可以相互补充的。有些信息只有通过旧技术才能让人们看到原貌，例如，在 18 世纪的巴黎人们唱什么歌、怎样唱的、听起来怎样等等。第六，丹顿认为，新媒介的产生并不会取代旧媒介。就如同广播电台并没有取代印刷、电视并没有取代广播一样，互联网也不会取代其他媒介。它们之间会互动互补，让人们的生活更加丰富、方便和舒适。①

但是信息技术带给我们的影响是显而易见的，怎么样让它们惠及普罗大众呢？谷歌公司的一个做法引起了普遍的关注。2004 年，谷歌与包括哈佛大学在内的常青藤大学及其他几所主要州立大学的图书馆签订合同，计划利用谷歌搜索引擎技术，把图书馆的所有馆藏完全数字化，建立网上全文图书馆。可是，谷歌是一家私营公司，公司的性质决定了它以营利为终极目标，这与图书馆公平开放的根本使命不一致。但是，谷歌的想法激发出另一个目标更高远的计划。2010 年 10 月，包括罗伯特·丹顿在内，有来自 42 个美国顶尖图书馆和研究机构的领军人物，聚集在哈佛大学正式提出建立"美国数字公共图书馆"（Digital Public Library of America，DPLA）的构想。该项目的目标是将美国的研究图书馆、档案馆及博物馆中可供美国人——最终是世界上的所有人——获取的收藏放到网上并免费开放。人们又不禁问道：这是不是数据时代的一个乌托邦式的理想？丹顿回答，"美国数字公共图书馆"代表了缔造美国文明的两大思潮的影响：空想主义和实用主义。空想主义使得美国人民决心以革命的方式改变现状，以更高的原则建立自己的国家。实用主义使得美国人以一部宪法有效地治理这个国家。而这两大思潮又如何在"美国数字公共图书馆"汇合呢？丹顿说，有什么比把人类所有遗产向所有人开放这个计划更空想主义的吗？又有什么比设计一个系

---

① 陈晋：《美国第一个公共数字图书馆的命运》，http://opinion. caixin. com/2012-01-13/ 100348277. html，accessed on September 16，2014。

统把千百万数据链接在一起以便捷的方式提供给读者这样更实用主义的呢？DPLA 的理想就是 18 世纪杰斐逊和富兰克林——国会图书馆的倡导者和出身印刷工人的哲学家兼政治家——的理想，即让思想自由地传播。但是思想的自由传播受制于当时的印刷技术以及很低的识字率和很高的贫困率。而美国今天所拥有的互联网技术、经济资源、人们的教育程度终于使美国人在数字时代有条件来实现杰斐逊和富兰克林的梦想，把图书馆的所有收藏向我们的百姓——以及世界上所有可以登录互联网的人们——开放。"美国数字公共图书馆"表达了通讯力量中蕴含的启蒙信念。①

事实上，在"谷歌图书"外，美国已经有了几家大型数字图书馆。如"美国记忆"（American Memory），是美国国会图书馆 1994 年开始建立的有关美国历史资料的数字图书馆，主要以国会图书馆收藏的历史地图和图片为主，只占国会图书馆馆藏很小的部分；HathiTrust 数字资源库，于 2008 年由几个美国研究型图书馆联合发起建立，目前有哈佛、耶鲁、普林斯顿、斯坦福、哥伦比亚、印第安纳、密歇根等 60 多家大学和机构参与，由印第安纳大学和密歇根大学管理，到 2012 年已经拥有超过 1000 万种图书，其中公共领域图书超过 270 万种；Internet Archives，是一个实施书籍数字化的非营利机构，以每天 1000 多册的扫描速度在发展，并链接谷歌图书和其他来源的数字版图书，截止到 2011 年，拥有公共领域图书 280 万，超过了谷歌的同类图书。与谷歌图书以营利为目的的商业运作不同，上述几个数字图书馆不以营利为目的，极大地改进了人们对信息的获取，但是它们基本都是以图书为主，且各自为政，互不联结。DPLA 计划除了将这类数字图书馆放到一个统一的平台上外，还将囊括其他类型——报纸、期刊、手稿、图片、音像、视频、档案文献、博物馆藏品等众多格式的资源。

2013 年 4 月 18 日"美国数字公共图书馆"终于上线了（网址是 http://dp. la/）。第一，它是一个门户网站，但不仅仅是个搜索引擎，它还会利用时间、地点、主题、可视书架、格式、合作机构等多维度呈现用户搜寻的信息。第二，它是一个开发平台，可以为第三方开发者提供工具和 API（Applica-

---

① Robert Darnton, "The National Digital Public Library is Launched ", http://www. nybooks. com/articles/archives/2013/apr/25/national-digital-public-library-launched/, accessed on September 15, 2014.

tion Programming Interface)接口,利用公开的元数据开发更多文化、教学、创新内容的产品。这也使得 DPLA 不仅仅是一个公共图书馆,人们还可以按照个人的喜好建立个人图书馆。第三,它是一个倡导者,将与志同道合者一起积极倡导免费获取信息的公共图书馆文化,以成为 21 世纪的强大公共机构。DPLA 目前可供使用的内容条目已从成立之初的 200 多万条增加到 770 多万条。

目前加入 DPLA 的机构已经增加到 20 多个,包括 HathiTrust、纽约公共图书馆、史密森学会(Smithsonian Institution)、国家档案馆(National Archives and Records Administration)、美国政府印刷局(US Governmental Printing Office)、Internet Archives 等大型机构,这些机构已经在 DPLA 开放了部分内容。现阶段 DPLA 能够提供给用户的资源都来自这些合作机构分享给DPLA的部分,然后再以此为核心逐步积累各种资源。DPLA 正在建立"多中心模式"(hubs model),一个覆盖美国 40 多个州或地区数字图书馆及各类大型数字图书馆的全国性网络系统。这个模式下有"内容中心"和"服务中心"。前者一般是大型图书馆、档案馆和博物馆,与 DPLA 是一对一的关系,原则上要向 DPLA 提供并维护 20 万个以上的元数据。后者一般是州和地区的合作机构,负责搜集所在地区的数字化内容给 DPLA。每个"服务中心"要提供给区域内的合作方从职业培训、数字化、元数据制作到托管这些元数据的服务,它们的服务甚至还拓展到提高用户对与当地有关的数字化内容的敏感度。DPLA 将来自全国各地的数字化内容再汇集到一个单一接入口供用户使用,并放在一个开放的平台上供二次开发者使用。DPLA 还支持地区的合作、网络技术培训、数据的全球化及可持续发展,保证哪怕是最小的机构都有加入 DPLA 的通道。

DPLA 与欧盟资助的欧洲数字图书馆(Europeana)也已达成合作的共识,后者涵盖欧洲 27 个国家的收藏。它们之间的联合意味着今后无论哪里的用户单击鼠标后,最终都会获得两个系统的丰富馆藏。这次合作的第一个成果是统合两馆的文本和图像资源,在 DPLA 上推出了一个虚拟展,展览的题目为"Leaving Europe:A new life in America",描述那些从欧洲到美洲寻找新生活的移民的迁离经历。

DPLA 能够多维度地展示信息。输入检索词后首先呈现的是内容相关性的方式,这跟普通的图书馆搜索引擎基本一致,只是在左边栏提供了更加详细的内容信息:形式(By Format)、提供机构(Contributing Constitution)、合作机构(Partner)、日期(By Date)、语言(By Language)、馆藏地(By Location),还有主题(By Subject)。其新颖之处表现在,如果希望按地理位置展示信息,点击"Map"后,会显示在美国的哪一个州有多少相关收藏。如果希望按时间线来排列信息,点击"Timeline"后,相关内容都陈列在时间线上,可以非常直观地看到哪一年出版有哪些文献。DPLA还有一个检索项"Bookshelf",通过它可以检索到 DPLA 的图书、连续出版物和期刊。蓝色的深浅表示相关度,点击书脊可以看到详细内容及图片,厚度表示页数,长度表示书的高度。在这里让我们看看一位教授 8 年级语言艺术的美国老师在 DPLA 获得了怎样的体验。一次他给学生讲"二战中美籍日本人拘留营"(Japanese-American Internment during WWII),用"Japanese Internment"进行检索。检索结果中可以看到有关二战宣传的海报,如"山姆大叔击倒日本天皇裕仁"(Uncle Sam's fist knocking out Japanese Emperor Hirohito),也可以看到一个小册子的封面,声明日本是敌人(Know Your Enemy),一个海报提醒日本间谍就在我们中间("We Caught Hell!—Someone Must Have Talked")。向学生展示完这几个图片后,珍珠港袭击后美国人对日本的情绪就形象地呈现在眼前了,学生可以以此推断出当时存在的对美籍日本人普遍的敌对和怀疑。DPLA 上可以看到关于建立拘留营的政府文件,有罗斯福 1942 年签发的"9066 执行令",批准建立军事区并对日籍美国人进行迁徙。如果学生想了解拘留营的生活片段,从 DPLA 上还可以获得大量的海报、图片及文献,有反映迁徙途中的,有表现拘留营里人们排队领取配给肥皂的,还有反映学校生活的,等等。迁移及拘留营政策给美籍日本人的生活带来怎样的影响一目了然。如果想进一步了解以后的美国人如何对待这段"严重不公正"时期的历史,可以看看 1988 年由里根总统签署的法令,决定对二战期间被关入拘留营的美籍日本人进行赔偿。①上述这些文献并没有储存在 DPLA 的服务器上,而是分散在全国各地,正是 DPLA 这个平台将它们汇总在一起,极大地方便了用户。对于那些图书馆条件不甚理想的中学生和社区大学的学生来说,更可谓是量体裁衣。

---

① DPLA in the Classroom:Resources on Japanese Internment,http://dp. la/info/2014/07/10/dpla-in-the-classroom-resources-on-japanese-internment/, accessed on September 18, 2014.

"美国数字公共图书馆"已正式注册为一个总部在波士顿的非营利机构,因此其运作资金主要来自民间。斯隆基金会(Sloan Foundation)、梅隆基金会(Mellon Foundation)、比尔·盖茨基金会(The Bill & Melinda Gates Foundation)、阿卡迪亚基金会(The Arcadia Fund)、奈特基金会(Knight Foundation)、国家人文科学基金会(The National Endowment for the Humanities)及"博物馆及图书馆服务协会"(Institute of Museum and Library Service)已经为DPLA前三年的运作注入了资金。

DPLA从酝酿之初即不断遭到质疑,其中版权问题被认为是它面临的主要障碍。"谷歌图书"在遭到作者和出版社联合控告其侵权后,与两者达成庭外和解协议。除赔偿1.2亿美元外,谷歌同意将该项目未来利润的三分之二分成给作者,但还是有部分作者不接受和解。最后曼哈顿的美国巡回法院法官的判决结果站在了作者一方。理由首先是,同意参与并分享利润的作者不能代表所有作者。其次,谷歌涉嫌信息垄断并谋取利润。那么DPLA又将如何解决这一问题?根据美国的版权法,1964年以后的出版物全部受版权保护,大部分1923年以后的出版物受版权保护,甚至可以追溯到1873年的一些作品。因此,目前DPLA上的全文电子图书仅限公共领域(public domain)内、不受版权法保护的文献。DPLA正在为1923年以后的绝版书(out of prints)及"孤儿书"(orphan books)能够以教育和研究的目的向观众开放而努力。

19世纪中叶,罗伯特·丹顿的前辈、哈佛大学教授乔治·蒂克纳(George Ticknor)是建立波士顿公共图书馆的积极倡导者和筹备委员会的重要成员。大部分由他撰写的该图书馆企划书被视为开启美国公共图书馆运动的标准性文件,当时被美国各地采用。作为图书馆董事会主席,蒂克纳大力提倡波士顿公共图书馆免费供公众借阅图书。去世后,他享誉美国及欧洲的藏书全部捐献给了波士顿公共图书馆,至今他的肖像还悬挂在图书馆善本书阅览室。[1] 21世纪的今天,以丹顿为代表的美国知识精英接过了蒂克纳的事业,但目标更远大。他们要给美国阿拉巴马州最小的专科学校和北达科他州最偏僻的高中配备世界上最大的图书馆。他们要将这个图书

---

[1] Board of Trustees-Former Trustees: "George Ticknor", http://www.bpl.org/general/trustees/ticknor.htm, accessed on August 26, 2014.

馆向世界其他地方开放，以展示美国的"软实力"，使美国得到世界更多的尊重。①

结　语

"我永远记得我的第一张借书卡是在鳕鱼角（美国东北部马萨诸塞州伸入大西洋的一个半岛）小镇上的一个夏天拿到的。孩提时的我骑着单车去当地的图书馆——一个维多利亚式的建筑。在那里，我为一次就可以借到10本书而生出的自主感而狂喜，也为选择哪本书而烦恼。在借还书期间，我如饥似渴地阅读……随着长大，虽然我的兴趣扩展了也变化了，但是对书籍和图书馆的热爱永远也没有褪去，50年代的那个夏天在我的记忆里是如此的清晰。那辆单车和那些书让我初次品尝到了自由的滋味。"哈佛大学校长德鲁·吉尔平·福斯特（Catharine Drew Gilpin Faust）这样回忆自己童年的一段经历。②的确，这就是公共图书馆与美国人之间感情纽带的真实写照，它关乎很多美国人童年的美好回忆。

如果说气势如纽约公共图书馆和波士顿公共图书馆般恢弘的大型公共图书馆是美国文化当然的地标，那么，那些外观寒酸简陋的公共图书馆又何尝不是另一些美国人内心深处的文化地标，因为它们都被打上了美国文明的底色。

（作者为北京大学国际关系学院副研究馆员）

---

① Robert Darnton："Can We Create a National Digital Library?" http://www.nybooks.com/articles/archives/2010/oct/28/can-we-create-national-digital-library/, accessed on September 18, 2014.

② Drew Gilpin Faust："A Goodly Company", Harvard Magazine, September-October, 2014. http://harvardmagazine.com/2014/09/a-goodly-company, accessed on September 18, 2014.

第十三讲

美国外交

贾庆国

外交是什么？这是学习和从事外交的人首先需要回答的问题。人们对外交这个概念作过不少界定,综合起来大概可以推演出这样一个定义:外交是主权国家之间,由正式或非正式代表国家的机构与人员,通过声明、交涉、抗议、谈判、缔约和其他和平方式处理国家关系和参与国际事务,维护本国利益及推行其价值主张的重要手段。

这个定义包含以下几个方面的内容:首先,外交是主权国家的官方行为,尽管从事的人有可能是民间的,但如果是官方授意的活动,也可算作外交,这就是说没有官方授意的民间涉外行为就不能算作外交。其次,开展外交的方式很多,但都是和平的。最后,外交的目的是维护国家利益和推行国家的价值主张。根据上述定义,美国外交是美国政府的官方行为,它的方式是和平的,它的目的是捍卫美国的利益和推行美国的价值主张。

美国外交从何谈起？理论上可以从很多角度谈,比如讨论美国的外交机构、美国外交的决策过程、美国的外交理念、美国外交的具体做法、美国外交的效果,还有影响美国外交的主要因素等等。本讲选择重点讨论影响美国外交的主要因素,希望能够透过现象看本质,从更深层次认识、理解美国的外交行为。

一　影响美国外交的主要因素

影响美国外交的因素很多,如**地理因素**。美国的地理位置和中国有很大不同,美国本土东西两面都是大洋,他国不易接近;只有两个国家与美国本土接壤——加拿大和墨西哥,这两个国家的实力都比较薄弱。这使得美国相对安全,并在一定程度上使19世纪的美国实行孤立主义外交政策成为一种现实的可能。相比之下,中国的地理情况和美国不同,邻国很多,而且不少是强国,这让中国感到很不安,历史上由于外部入侵不得不多次出兵征战,还修了长城,近代更是屡遭侵略,纷争不断。在这种情况下,两国国内关于外交的辩论也不同,美国人争论的焦点主要是要不要介入外部事务,中国人争论的焦点常常是如何应对外部入侵的威胁。

历史因素。美国的历史很短,只有二百多年,而且基本上是处于从小到大、从弱到强的发展进程中,这可能是导致美国人看待事物比较自信,比较积极进取,有一种自己什么都能干的感觉的原因。相比之下,中国的历史较长,也很复杂,近代史上在相当长时间内走了下坡路,甚至处于国家分裂状态。结果近代中国人很少去想自己能改变外部世界,想的更多的是如何顺其自然和顺势而为,基本上没有那种人定胜天的信念(毛泽东可能是个例外,也许因为西方马克思主义的影响)。这种对人与自然的关系的不同态度导致对外交作用的不同认识。近代史上,美国人分析国际形势时通常在考虑它可以改变什么,中国人分析国际形势时一般在琢磨如何适应和应对。

身份因素。近代以来,美国是超级大国,中国是普通大国。作为超级大国的美国在维护国家利益上的做法跟作为普通大国的中国很不同。在一般情况下,美国是通过维护国际秩序来维护自身利益的,而中国通常只追求自身利益,不太考虑国际秩序问题。比如说中国和美国之间目前存在的抵近侦查问题。长期以来,美国的飞机、军舰靠近中国的沿海地区对中国进行侦查是中美冲突的一个原因。中国人认为美国大老远跑到中国附近海域进行监听活动就是针对中国的,而且是不友好的。面对中国的抗议,美国人解释说美国这样做是针对全世界的,不是针对中国的。作为超级大国,美国有维护世界秩序的责任,要履行这个责任就需要在全世界范围内收集信息和情报。从美国人的角度来看,美国这样做没有什么不对的。但是,作为普通大国,中国不会从超级大国这个角度考虑问题,因此坚决反对。当然,将来如果中国成了超级大国,是不是也会对其他国家进行抵近侦察?可能也会。

除了以上提到的,影响外交的因素还有很多,如**国家利益、意识形态、价值理念和文化传统**。有效地分析美国外交需要归纳和确定那些最重要的影响因素。综合分析相关因素,我认为国家利益、价值理念和政治考量是影响美国外交的最重要的因素,对这三个因素以及它们之间的互动的分析是我们把握和判断一个国家外交的思路和走向的基本线索和依据。那些看上去杂乱无章的外交政策和行为不过是国家利益、价值追求和政治考量之间相互作用的结果。

(一) 国家利益、价值理念和政治考量

国家利益通常指经济利益、政治利益、安全利益等。美国的国家利益至少包括以下几个方面:经济上,维持一个自由开放的贸易体系,使美国能够充分利用其比较优势从中获得好处。政治上,谋求美国在世界上的地位和影响力,让别人重视自己,这意味着即使不能让别人完全认同自己提出的看法和主张,至少要让他们认真考虑。安全上,最大限度地减少遭受外部攻击的可能性。这些都是影响美国外交的国家利益,对这些国家利益的追求是外交的重要目的和内容。

美国在制定对外政策时不光重视国家利益,也重视价值理念,美国的价值理念包括民主、自由、人权、法治等。美国人认为这些价值理念很重要,在他们看来,坚持实践这些理念是美国能够强大和繁荣的重要原因,别的国家要想强大和繁荣也应该接受并认真实践这些理念。和国家利益一起,这些理念也在很大程度上影响着美国的外交。

除了上述两个因素以外,政治考量也对美国外交产生着重要影响。和其他国家的领导人一样,美国领导人也生活在现实政治中。除了思考和平衡美国的国家利益与追求自己信奉的价值理念之外,美国领导人在制定对外政策过程中也非常重视有关政策对自己政治利益的影响。道理很简单,和其他国家的领导人一样,美国领导人也认为只有保持他们的执政地位,才有机会实现自己维护国家利益和追求价值理念的个人抱负。在这方面,美国的政治制度在很大程度上决定了美国外交决策者维护其政治利益的思考的角度和做法。

首先,选举制度决定了美国当权者必须在意民众的想法。在一般情况下,美国领导人都是顺着他们认定的老百姓的意愿行事的,因为如果不按照老百姓的意思办,下次选举时,他们就可能失去选票甚至权力。在外交问题上也一样,比如说,如果美国老百姓认为哪个国家损害美国利益或挑战美国的价值主张,美国政府就会以某种方式向那个国家施加压力,要求那个国家

改变做法。尽管在不少情况下美国政治领导人内心并不认同老百姓的判断或并不认为迎合老百姓的某种做法是明智的，但是，为了维护自己的权力，有时又不得不这样说和这样做。

其次，美国实行的三权分立制度决定了美国行政权、立法权和司法权相互独立和制约，在三者之间，特别是立法权和行政权不断博弈的过程中，某一特定时期占上风的一方就会在更大程度上影响对外政策的制定与走向。如随着美国国家实力上升和国际影响的增大，按照宪法规定拥有外交权和军事指挥权的美国总统的权力越来越大，越战期间，许多人开始指责美国总统权力过大，甚至认为他拥有"帝王般的权力"，国内民众，特别是他们的代表——国会，没有能够对他进行应有的监督和制约，这是美国最后错误卷入越南战争的重要原因。这种认识最终导致越战后美国国会通过战争法案，限制总统"任意"对外发动战争的权力。

再次，美国竞争的政党制度也对美国政治领导人的行为构成相当大的影响。在这一制度下，执政党的人希望继续执政，在野党的人也希望上台执政。一旦执政，除了为国效力，实现个人理想抱负以外，还可以名利双收，除了在历史上留名外，卸任后还可以获得丰厚的物质收益，如克林顿当总统时负债累累，下台后，他著述立传并到处演讲，获利颇丰。由于两党候选人都想执政，他们都需要获得选民的支持，这就需要让老百姓知道和了解他们的观点，也就需要做宣传，做宣传就需要钱，而且需要很多钱。由于能够出钱的是众多利益团体，所以就需要去迎合各种利益团体的需求。但这些利益团体的利益诉求常常是相互矛盾的，所以在不同利益团体的影响下，美国外交常常会出现明显摇摆。比如主张自由贸易的利益团体占上风时，美国外交政策更倾向于自由贸易；主张保护主义的利益团体占上风时，美国的政策也就会增加保护主义色彩。

为了执政，在野党除了寻求利益团体支持外，还需要不断挑执政党的毛病，以向老百姓说明自己执政的必要性。所以，不管是民主党还是共和党，在野时都会批评甚至丑化执政党的内外政策，夸大存在的问题，并提出一旦掌权就要修改政策的承诺。在这种情况下，当他们真的上台执政时，纵使内心认为上届政府的某些政策是合理的，出于政治上的考虑，也会死不承认，而且还要对这些政策至少作出某些象征性调整，以落实竞选承诺。这种做法也会导致美国政策出现不同程度的摇摆。

例如,克林顿上台前指责他的前任老布什总统的对华政策过于软弱,主张取消延长中国的最惠国待遇(实际上是正常贸易国待遇)。上台后他即公开要求中国一年内在改善人权方面取得进展,并宣称如中国不能满足上述要求就取消给中国的最惠国待遇。克林顿的做法遭到中国的强烈抵制和反对,也遭到美国许多在这个问题上有着切身利益的利益团体的反对。随着时间的推移,随着克林顿取消给中国最惠国待遇期限的临近,美国上千家跨国公司的 CEO 联名致信克林顿,要求无条件延长中国的最惠国待遇。面对压力,克林顿总统最后不得不"遵从民意",宣布无条件延长中国最惠国待遇,不再将人权与贸易挂钩。此后克林顿政府的对华政策与老布什时期的对华政策就没有再出现很大的不同。事后看来,当初克林顿这样做,更多地还是为了履行他的竞选承诺,而不是因为他真的相信他可以迫使中国按照他的意图行事。

纵观中美建交后两国三十多年的交往历史,我们可以发现,几乎每次美国在野党上台,中美之间都会出现1—2年的摩擦期或冲突期,这主要是因为民主党或共和党在野时,为了上台必须提出与执政党不同的政策主张,而上台后需要多多少少兑现这些主张,从而导致政策的摇摆,给中美关系造成冲击。此后,经过一段时间的冲突与磨合,美国政策又回归理性,两国关系才恢复原来那种相对稳定的状况。

国内政治影响美国对外政策的还有美国国会议员之间的博弈。美国国会有 500 多位议员,其中包括 100 位参议员和 400 多位众议员,他们都是从不同选区选举出来的,代表不同选区的利益。由于不同选区的利益不同,其对外政策的诉求也不尽相同,甚至对立。比如说,在节能减排问题上,来自得克萨斯的议员跟来自加利福尼亚州的议员考虑的问题就很不一样,前者更重视发展石油经济,后者更强调保护环境。国会议员常常出于自己选区利益的考虑批评美国政府的政策,如果在一个问题上有足够数量的议员持反对意见,美国政府就要认真考虑了,美国环境和气候问题上的政策也可能因此出现摇摆。

所以,政治考量会影响到美国追求现实利益和价值理念的方式,至少在短期内会对美国对外政策产生冲击。

(二) 利益、价值和政治的相互作用与美国外交的历史变迁

1776 年建国后,美国从一个普通大国成长为一个超级大国,它的利益也出现深刻变化,美国对外政策诉求和方式也因此发生重大变化。作为普通大国,早期的美国更多从美国自身的角度考虑美国的国家利益,通过包括"搭便车"在内的各种方式谋求自身利益的最大化。作为超级大国,美国成为世界秩序的最大受益者,"搭便车"等做法不再是可行的政策选项,只能通过维护世界秩序来维护自己的利益。

与此同时,作为超级大国,特别是冷战结束后作为世界上唯一的超级大国,美国对世界具有特殊和结构性的影响。从某种意义上讲,美国好了,世界就好些;美国不好了,世界也会跟着不好。在美国唯一超级大国的地位被取代之前,美国的利益因此也在某种程度上成了世界的利益。比如说,美国的利益是维护世界秩序,别的国家的利益何尝不是如此?这个秩序要是乱了,不仅美国遭殃,其他国家也会受害。

这种身份和利益的变化对美国判断自身利益、思考对外政策、开展对外关系产生了很大影响。部分地由于这个原因,美国发现自己在和其他国家打交道的过程中总是处于一个特殊的位置,一方面,它可以利用其巨大影响要求甚至要挟其他国家合作,如 2008 年金融危机爆发后,美国为刺激自己经济复苏,实行"量化宽松"政策,从美国人角度看,虽然美国这么做可能会给某些国家经济造成某些负面影响,但美国经济好了,世界经济才能好,别的国家也才能因此获益。

另一方面,它也不得不为维护这样一个有利于它的国际秩序承担责任,而不能像其他国家那样可以选择"免费搭车"的做法。所以,不管世界上什么地方出了问题,无论是东亚的朝鲜核问题、苏联地区的乌克兰问题还是中东的叙利亚问题,美国都要介入,因为如果这些问题恶化,就会殃及美国治下的国际秩序,从而损害美国的利益。这些问题别人可以不管,美国不能不管。也是因为这个原因,为了减轻维护国际秩序的负担,美国外交的一个重要目标就是敦促其他国家与其分担国际责任。

随着美国的进步,对价值的追求也在不断扩展。比如人权,独立战争时期保护的人权与现在保护的有很大不同,那时保护的是一部分成年欧洲裔男性的人权,妇女和儿童的人权没有得到重视,少数族群的人权被忽视,奴

隶的人权受到践踏。现在这种情况发生了很大变化,美国逐渐重视妇女、儿童和少数族裔的权利,最近几年还加强保护老年人的权利,如美国大学现在已经取消了退休年龄。

崛起前的美国并没有刻意向外推行美国的价值观。当时的美国人认为自己的生活方式、政治制度和价值理念都不错,用不着对外推行,至少不需要花费很多的时间和精力去推行。他们认为好东西就是好东西,别人自然会关注和效仿。所以,美国只要把自己的事情做好,它就可以像灯塔一样,引领世界走向进步。当然,那时的美国人这样想也可能是出于无奈,毕竟美国的力量比较单薄,没有能力强迫别国改变做法。但美国人在这方面好像确实比较自信。具有讽刺意义的是,作为超级大国的美国,今天在这方面反而没有了过去的那份自信,而是认为有必要花很多的精力和资源在全世界积极推动美国那套民主价值观!也许是"当家才知柴米贵",成了超级大国才知道让别国按照自己的方式去治理有多难。

随着美国的崛起及在世界上利益和影响力的扩大,美国国内政治博弈的内容和方式也出现了重要变化。就博弈内容而言,越来越多的地区和全球性问题,如推动更加自由开放的国际贸易体系、维护核不扩散机制、扭转气候变暖趋势和建立网络安全秩序,成了美国国内政治关注的内容。就博弈方式而言,利益集团通过院外游说组织做国会的工作,通过影响立法谋求自己的利益,是美国政治的常态。然而,过去利益团体多是美国国内的,现在利益团体很多是跨国的和其他国家的,包括中国在内的许多国家政府也雇用美国的公关公司来做国会的工作,试图通过它们影响美国国会在涉及本国政策问题上的态度和做法。在此背景下,院外集团的雇主已经国际化。

凡是长期关注美国对外政策的人都会注意到其对外政策的两面性:一方面是连续性,更多体现在原则上,比如美国对华政策在原则上高度一致,突出地表现在台湾问题上,美国坚持的原则从 70 年代中美签署第一个上海公报到现在基本没有太大变化:一个中国政策、对台售武以及和平解决台湾问题。另一方面是变动性,更多地体现在政策上,如美国对台政策,什么时候更强调一个中国政策和和平解决台湾问题,什么时候更强调对台售武和保护台湾的义务,则要取决于具体的美国领导人当时对国家利益、道义责任和政治利益的判断。

二 早期的美国外交:孤立主义

早期美国外交最突出的特点是孤立主义。从美国建国到参加第二次世界大战,除个别时期外,孤立主义整整支配了美国外交一个半世纪!

孤立主义是什么?和许多人的感觉不一样,它并不等于美国不参与国际事务,而是主张美国在国际问题上保持中立立场,强调美国不能过度卷入国际事务。是有限度参与,不是完全不参与。美国是贸易立国的国家,它怎么可能完全不参与国际事务呢?这一点,主张孤立主义的美国人也很明白,他们主张的是在维护美国利益的前提下尽量不要卷入无谓的国际纷争中去,有点像中国的"韬光养晦"。

这个时期孤立主义思潮在美国的影响之大,连后来以积极主张建立国际联盟、鼓吹美国国际义务而闻名于世的威尔逊总统,直到第一次世界大战爆发后,都还认为孤立主义政策不仅有利于美国避免参战,而且可以使美国更好地履行其国际义务。他的解释是:美国是进行调解的国家,美国的义务是保持中立,以充分发挥它的作用和向交战各方施加"道义上的"影响。当时的美国外交的目的就是努力避免陷入国际纠纷,至于能发挥多少作用并不那么重要。在孤立主义思潮的影响下,直到第一次世界大战后期,美国才最终决定参战。

孤立主义者主张美国从自身利益出发尽量避免卷入国际事务。在他们看来,美国是个涉世不深的年轻国度,国力薄弱,能力有限,过深地卷入国际事务只会损害美国的国家安全。此外,很多美国人认为美国在国际事务上没有经验。欧洲国家长期实行封建专制,相互关系盘根错节、诡秘狡诈,面对这些"虎狼和狡诈之国",美国过多卷入国际事务容易被他国利用,带来利益上的伤害。

出于上述考虑,许多美国人坚信美国必须坚守孤立主义政策。早在1776年建国时,美国著名政治家约翰·亚当斯(John Adams)就提出,美国"应当离开欧洲的政治和战争,越远越好,越久越好"。1783年,美国国会做出决议,再次强调美国的利益要求美国尽可能避免卷入欧洲政治和纷争中去。美国第一任总统华盛顿离任时特别交代要坚持这一国策,他说,美国没有理由放弃这一政策,更没有理由无谓地卷入欧洲利益冲突和狡诈的争斗。

1851 年美国著名政治家查尔斯·萨姆内尔（Charles Sumner）在讲演中宣称,美国对欧洲任何形式的干涉都"将开启困惑和疾病之瓶,我希望我们国家不会面临这个局面"。1885 年,美国总统克利夫兰在就职讲演中强调孤立主义的原则,他说,美国的利益要求美国继续执行这个经过历史考验的政策,"这是个独立的政策,有利于我们的立场,并受到我们对正义的热爱和实力的支持;这是个和平的政策,和我们的利益一致;这是个中立的政策,反对介入外部的争斗和征服其他大陆的野心,并驱除外人对美国的入侵。这是门罗、华盛顿和杰斐逊的政策——主张和平、贸易和诚实地与他国友好,拒绝与任何国家结盟"。孤立主义就是年轻的美国处理对外关系的信条。

如上所述,孤立主义并不意味着美国要闭关自守。美国是个贸易立国的国家,从一开始就积极开展对外贸易。如建国后不久,美国就派"皇后号"到中国进行贸易,开启了中美两国交往的新纪元。由于对外贸易从一开始就在美国经济中占有重要地位,它不可能闭关自守。正如美国历史学家雷·杜勒斯（Rhea Foster Dulles）指出的,孤立主义是美国独立的一个组成部分,它不意味着自我孤立,也不意味着拒绝关心外部事务,而是指美国在推动对外经济关系的同时,重视并强调美国在国际事务中政治上的独立性。

事实上,美国在对外关系中也积极追求其政治、经济和安全利益,最为突出的就是倡导"门户开放"。"门户开放"一般翻译为"Open door",对于美国而言,这意味着"freedom of access",即进出的自由。崛起的美国追求的就是世界上任何地方都对它开放,它都能进能出,而不是直接占有任何地方,这是区别美国和历史上其他霸权国家对外政策的最重要的标志。

大国崛起一定要扩张,这是历史的必然,但扩张的方式可以很不同。概括说来,近代史上大国扩张大致采取过三种方式:第一种是以英法为代表的老牌殖民主义,这些国家崛起后即在世界范围内从事武力扩张,到处建立殖民地并任命国人去管理。这种扩张的方式一度盛行,遍及全球。按照列宁的说法,到一战前,帝国主义已经将世界瓜分完毕。短期内,这种老牌殖民主义的扩张给这些国家带来了一定的好处,但从长远角度看并不成功。一是殖民负担沉重,再有就是遭到当地民众越来越强烈的反对,最后不得不撤出。1997 年香港主权移交,查尔斯王储望着英帝国国旗缓缓降落,中国国旗缓缓升起,想必他当时的心情很复杂!

第二种扩张主义是以德国、日本和意大利为代表的法西斯主义的扩张,这种扩张主义也是通过武力占领他国领土,奴役当地人民,将其视为劣等民族,甚至搞种族灭绝主义。这种扩张主义较第一种更富有侵略性,手段更加残暴,因此遭到了全世界的激烈反对和联合反击,最终被扔进了历史的垃圾堆,以彻底失败而告终。

第三种扩张主义是以美国为代表的"门户开放主义"。门户开放主义与其他形式的扩张主义不同,主要表现在它主要不通过武力扩张领土的形式来谋求自己的利益,而是要求其他国家开放。有人可能会说美国建国后一直在搞领土扩张,所以才有现在的规模。不错,但这些大都发生在美国建国时期,而不是崛起时期。美国真正的崛起是在南北战争后到1900年左右这段时间。南北战争使得美国实现了真正的统一,此后,美国综合国力出现了高速和持续的增长,最终奠定了美国的超级大国地位。在这段时间里,美国对外也使用过武力并占领过他国领土,如美西战争,出兵占领波多黎各、古巴和菲律宾,但最终美国还是将这些领土的大部分地方让了出去,这也是为什么至今为止这些地方包括波多黎各在内大部分都不是美国的领土。这段时间里,美国对外扩张的主要特点是推行"门户开放"。从某种意义上讲,是"门户开放"政策而不是武力扩张的做法帮助美国征服了全世界。

所谓"门户开放",就是相互开放。门户开放政策提出后,由于美国的实力远远超过其他国家,而且由于美国的崛起,这种差距越来越大,这种制度安排对美国也越来越有利。应该说,这种相互开放既是不公平的,也是自愿的。说它不公平,主要指在实际操作过程中这种制度安排对美国要比对其他国家有利得多。举例来说,美国和墨西哥,美国人可以自由进出墨西哥,进行投资、学习和旅游,无需签证;但墨西哥人去美国则需要签证,而且检查十分严格。从某种意义上讲,美国等于拥有墨西哥,还不需要为墨西哥出现的问题负责。墨西哥的情况好了,皆大欢喜;墨西哥出了问题,则是墨西哥政府的责任。说它是自愿的,主要是指别的国家也愿意接受这种安排,美国并没有逼它们这样做。这些国家之所以愿意接受这种制度安排,可能是出于以下考虑。一是在这种制度安排下,它们感觉自己还是一个主权独立的国家。二是这种制度安排也给它们带来很多好处。自由贸易和投资有助于发挥它们的比较优势,美国人方便进入有助于增加旅游收入和吸引美国投资。所以，尽管它们知道这种制度安排不公平，但还是觉得可以接受。

国家间有接触就有矛盾，超级大国和普通国家之间尤其如此。在这种情况下，超级大国傲慢无礼、自以为是、大国沙文主义的做法是普通国家之间最热衷的一个话题。但是，尽管普通国家平常对美国颇有微词，但一旦遇到困难，还是要寻求美国援助。当年墨西哥出现金融危机时，就找美国支持。同样，近年来中国周边一些国家由于南海问题和东海问题跟中国关系紧张，也纷纷寻求美国支持。总之，门户开放政策是崛起大国实行的一种全新的对外扩张方式，它给美国带来巨大好处，具有较强的可持续性。正因为如此，直到现在美国也没有要放弃它的迹象。

如前所述，在实行孤立主义的时期，多数美国人认为推行美国价值理念的最佳方式就是把自己的事情做好，给别国做出榜样。自己做好了，美国就可以像灯塔一样，把美式民主、自由和正义的光芒撒向世界。然而，此时也有一些美国人觉得美国应该更加主动地去传播美国的理念和信仰。美国的传教士可能是最热衷于在海外宣扬美国宗教、价值理念和扩大美国影响的一群人。自美国建国以来，美国的传教士一直非常关注中国，不少人还不远万里、不辞辛苦赴中国传教。在他们看来，中国人口众多且多不信教，是个巨大的未被开垦的处女地，如果能够让中国民众皈依宗教，会大大推动他们的宗教事业。新中国成立后，在宗教问题上实行三自原则，彻底清除了美国的教会势力，因此也得罪了美国宗教界。新中国成立后中美关系迟迟无法得到改善，也与宗教界对新中国的敌视有很大关系。

从政治角度来看，孤立主义时代，美国军人、外交官和牧师从各自的角度出发，都曾试图影响美国政府，敦促其采取更加积极进取的对外政策。军人感到焦虑，担心全世界被列强瓜分掉，损害美国的安全。外交官认为他国都在进行世界布局，美国也应更多地参与、介入世界事务，发挥美国的影响。传教士们则要求美国政府更加积极地保护传教活动，他们指出，有的国家甚至利用军队保护传教士的传教活动，而美国政府在这方面做得很不够。所以，不少军人、外交官和传教士都希望美国改变长期坚持的孤立主义政策，更加积极地在国际事务中发挥作用。美国国会和媒体也有人希望美国在国际问题上效仿欧洲国家，对外实行领土扩张。在此背景下，美国孤立主义时代也有过对外扩张的冲动。但由于上面提到的原因，美国最终没有选择领土扩张的道路，而是选择了门户开放的政策。

三　迟疑的转型：从孤立主义到国际主义

随着美国综合国力的上升和在世界上影响的扩大，随着美国的利益在全球范围内扩展，作为对美国开展对外关系最有影响力的思潮，孤立主义最终被所谓"国际主义"所取代。这个"国际主义"与中国人熟知的无产阶级国际主义不同，主要是泛指对国际事务的参与和承担国际责任。回头看，美国从孤立主义转向国际主义耗时较长，也较为迟疑。

二战爆发前，美国国内主张参与乃至干涉国际事务的声音曾一次次被孤立主义的主旋律所淹没。如一战接近尾声时，时任美国总统的威尔逊意识到，美国国力的增长和国际格局的变化已经改变了美国与世界的关系，传统的孤立主义政策不再符合美国国家利益，因此美国应该介入国际事务，努力推动建立一个新的国际秩序。这就是所谓的威尔逊主义。一战结束后，在威尔逊的影响和积极推动下，美国和有关国家一起促成了国际联盟的成立，试图通过该组织实践集体安全理念，制止战争，实现国际永久和平。

然而，威尔逊的努力并没有得到美国人民的普遍认可。战争结束后不久，美国老百姓就重新选择了孤立主义的老路。先是美国国会反对美国加入威尔逊政府倡导的国际联盟并拒绝批准凡尔赛条约，后是美国老百姓在总统大选中选举了以反对美国加入国际联盟闻名的沃伦·哈定（Warren Harding）取代威尔逊作为他们的新总统。这次孤立主义的回潮一直持续到二战爆发以后。

如果说美国建国初期孤立主义盛行在一定程度上是由美国在国际上利益有限、国力较弱等客观因素造成的话，19世纪后期至二战爆发期间孤立主义继续主宰美国外交政策则应主要归咎于孤立主义作为一种主观认知的作用。此时的孤立主义已经变为一种固定的思维模式，具有了自己的生命力，从而对美国外交产生巨大和持续的影响。认识到这一点，一战后美国政府在对外关系中继续坚守孤立主义也就不难理解了。

一战爆发前，美国的综合国力就已经跃升世界前茅。

各大国相对总工业潜力(1880—1938)

(以 1900 年时的英国为 100)

	1880 年	1900 年	1913 年	1928 年	1938 年
英国	73.3	[100]	127.2	135	181
美国	46.9	127.8	298.1	533	528
德国	27.4	71.2	137.7	158	214
法国	25.1	36.8	57.3	82	74
俄国	24.5	47.5	76.6	72	152
奥匈帝国	14	25.6	40.7	–	–
意大利	8.1	13.6	22.5	37	46
日本	7.6	13	25.1	45	88

然而,客观现实的变化必然要反映到主观意识上来。随着美国国家实力的增强和在国际上利益的扩展,美国国内反对孤立主义、主张美国更积极地介入国际事务的声音逐渐增大,以至于二战结束后国际主义最终取代孤立主义,成为美国外交新的主导思想。

(一) 美国外交的转型:利益、价值和政治

国际主义者主张美国积极介入国际事务,认为这是保护美国利益和推行美国价值观念的最佳方式。为什么美国最终选择放弃孤立主义去拥抱国际主义?从利益的角度看,美国的利益已经走向了世界,美国利益与世界秩序越来越紧密地联系在一起。随着美国成为超级大国,维护世界秩序逐渐成为美国自己的事,成为维护美国利益的必要和重要方式,作为世界秩序的最大获益者,美国维护世界秩序就是维护自己的利益,因此,美国必须更加关注国际事务,积极影响国际进程。

从理念角度看,由于美国拥有了强大的实力和影响力,它越来越不满足于以过去发挥"灯塔"作用那样消极的方式去影响世界,越来越倾向于采取更加主动的方式推动其价值理念在世界上的传播。越来越多的美国人认为,在国际上推行美国的价值观,不仅是人类良知的要求,也是现实利益的需要。从良知的角度讲,随着美国国内日益重视保护人权,美国在国际上也

需要这样做。在许多美国人看来,面对他国践踏人权,甚至搞种族清洗,从良心上必须做点什么,绝不能袖手旁观,哪怕没有效果,甚至产生相反效果,也要做,这是个良心问题。从现实利益角度看,许多美国人认为推行美国的价值观也是美国的利益所在。根据民主和平论,民主国家之间不打仗。如果美国能够推动其他国家实行民主,美国的安全也就有了更大的保障。

从政治角度看,首先,美国总统的权力大幅上升。早期美国国家实力较弱,海外利益有限,美国人大多对外部世界并不关心,主管美国外交和军事的总统的权力自然较小,有些历史学家甚至将美国总统比作"邮差",即在美国和他国之间传递点信息的那个小人物。随着美国在世界上利益的增加和实力的增强,美国总统的权力也迅速膨胀。直到20世纪60年代越南战争给美国造成巨大伤害后,美国才开始反思总统在对外关系上权力过大的问题,有学者甚至惊呼总统拥有"帝王般的权力"。由于美国总统较国家其他两个权力部门(国会和最高法院)更关心国际事务和更具有国际视野,总统权力的上升对于美国转向国际主义也起到了重要的作用。

其次,美国利益团体博弈日益全球化。伴随着美国的崛起,美国跨国公司走向全世界,到处都有了自己的利益。在它们看来,它们的利益就是美国的利益,于是,它们通过各种手段影响美国外交,要求美国政府为它们在海外的活动提供支持和保护,至少不要给它们在海外的活动制造麻烦。比如在知识产权问题上,在美国公司的游说下,美国政府常常给中国施压,要求后者加强对知识产权的保护。

此外,美国的人口由多种族、多族裔构成。随着美国在世界上影响力的增大,一方面,出于各种理由,来自不同国家的族群要求美国对其祖国内部事务进行干预。如犹太和阿拉伯族裔的美国公民在中东问题上从不同角度给美国政府施加压力,要求美国政府介入阿以冲突。另一方面,其他国家也通过其在美国的代理人试图在其关心的问题上影响美国的外交政策。代理人包括这些国家在美国的移民、跨国公司、非政府组织和公关公司。上述两个方面的活动也推动了美国拥抱国际主义。

(二)单边主义与美国外交

最早挑战孤立主义影响的是单边主义。作为一种形式的国际主义,单边主义是从本国利益、原则和愿望出发,按照以我为中心的方式参与国际事务的主张和行动,主要特点是我行我素,不太考虑其他国家的利益和感受,反对为照顾他国利益和感受在原则或利益上作出任何妥协。

单边主义对美国外交的影响早期最突出地表现在"门罗主义"的提出上。早在 1820 年,美国众议院议长亨利·克莱就向国会提出了组织以美国为中心的"美洲体系"的建议。这种声音后来在 1823 年美国总统门罗在国会发表的国情咨文中正式提出,后来人们将其涉及外交部分概括称为《门罗宣言》。1823 年,英国政府向美政府建议,两国联合行动,反对欧洲神圣同盟支持西班牙在拉美镇压独立运动,门罗总统虽然拒绝了英国的建议,但在重申美国无意介入欧洲事务的同时,又宣布美国不能容忍欧洲国家染指拉美事务,明确将拉美纳入自己的势力范围。

1850 年后的一段时间里,许多美国人认为美国疆土仍嫌太小,另一些人认为美国应该反对欧洲国家镇压革命运动的做法,两者都主张美国采取更加激进的对外政策,无论是对外扩张还是对外干涉,有些人甚至主张对外使用武力。随着西部扩张使美国成为"两洋国家"和美国国家实力迅速膨胀,美国国内主张对外干涉和扩张的声音一度很强。

美国参议员洛奇在一篇题为《我们搞错了的对外政策》的文章中就要求美国政府与时俱进,改变传统孤立主义的对外政策。他写道:"中立政策是富有远见的政治家在美国建国之初为美国对外关系制订的伟大原则,但是以为我国的对外政策就停留在那里,或者让这些基本原则以任何方式束缚美国人民的前进,将是一个致命的错误。……现代的运动整个说来是人口和土地向大国和大片领土集中,这是一场有助于文明和种族提高的运动,作为世界上的伟大国家,合众国决不能落伍。""如果说民主党有过一项高于一切的基本原则,那就是推进美国的边界。"此后,从西奥多·罗斯福到麦金莱都主张对外扩张和国际干涉,在他们的影响下,美国对外政策的关注点从美洲扩展到西太平洋,继而从西太平洋扩展到全世界。

19 世纪末 20 世纪初,以单边主义为特征的美国扩张主义曾一时间左右美国外交。从 1885 年到 1905 年短短二十年间,美国海军从较智利海军还弱的地位跃升为世界第三。在这段时间里,美国先后兼并波多黎各,成为古巴的保护国,之后又占领了巴拿马、夏威夷、关岛、西萨摩亚群岛的菲律宾,将美国领土的疆界推至西太平洋。美国还针对中国提出所谓"门户开放"政策,并在日俄战争中充当调解人的角色,可谓十分活跃。

（三）多边主义与美国外交

1917 年德国潜艇针对美国轮船的袭击成为美国参战的导火线，使国际干涉主义获得美国民众的支持。在威尔逊总统的领导下，美国政府对国际事务表现出前所未有的热情，威尔逊本人不仅提出民族自决和建立国际新秩序的大胆设想，而且还主张美国战后积极参与国际事务，为实现这些理想做出直接的贡献。威尔逊主义是美国外交史上的一块里程碑，通过它，多边主义第一次对美国外交产生重要的影响，并在日后成为美国国际干涉主义的主要形式。虽然对威尔逊总统而言，美国民众对其的支持只是昙花一现，但这仍是一个历史性的转折点，从此以后，越来越多的美国人开始认同美国通过多边合作的方式介入国际事务和重新塑造国际社会的新角色。

第二次世界大战的爆发拉开了美国孤立主义和国际主义最后较量的序幕。战争爆发前，在孤立主义的影响下，美国国会通过中立法案，规定美国不得向交战任何一方提供军火和贷款，美国人不得乘坐交战国的船只，交战国要从美国购买非军事物资，必须先付清货款并自行提供运输工具。二战爆发后一段时间里，受国内激烈的反战浪潮的影响，美国政府在法西斯主义的侵略和暴行面前几乎是无所作为。内心反对法西斯主义的罗斯福总统不得不通过炉边谈话来婉转地说服美国人放弃孤立主义政策，并不断提醒美国人美国在国际事务中有所作为才符合美国的国家利益。

随着法西斯的暴行在美国人民心中造成日益强烈的反感，法西斯国家的对外扩张对美国的国家利益的威胁日益明显，罗斯福政府才有了机会逐渐改变中立政策，开始绕过中立法案向反法西斯国家提供一些有限的援助，史上著名的租借法案应运而生。最终，日军对珍珠港的突袭迫使美国正式宣布加入二次世界大战。

第二次世界大战是美国孤立主义和国际主义最后的分水岭，二战的经历彻底消除了孤立主义对美国外交的影响，为美国政府全面参与国际事务铺平了道路。正如美国学者小查尔斯·凯格利（Charles W. Kegley）和尤金·维特考普（Eugene R. Wittkopf）指出的，美国参加二战后完全变成另外一个国家。战争结束时，美国不仅拥有了巨大的实力，而且具有了一种全球责任感，美国人再次抛弃了孤立主义，开始用一种新的方式改变世界，使之符合美国的安全和其他利益，美国不应该也不能像一战结束时那样拒绝参与世界事务遂成为美国人的新共识。

二战前后美国军力和对外战略态势的巨大变化从一个侧面反映了这一重要转变。1939 年,美国军队共有185000 人,军费少于 5 亿美元,美国同外国没有任何军事同盟关系,没有在任何国家驻军;三十年后,美军超过 300万,国防开支超过 1000 亿美元,美国和48 个国家结有军事同盟,150 万美军驻扎在全世界 119 个国家里,美军拥有足以摧毁世界多次的攻击能力。

这次美国不仅选择了国际主义,而且选择了国际多边主义。简言之,多边主义就是三国或更多国家合作处理国际事务的信念和做法。二战期间,在罗斯福总统的领导下,美国一方面和其他国家密切合作抗击法西斯主义,另一方面积极筹备建立联合国,试图通过多边合作缔造永久和平。战后,美国在外交上延续了战时国际多边主义的做法。

导致美国这样做的原因很多,包括美国人民对美国二战前期对法西斯主义姑息政策的深刻反省,冷战格局的出现,以及战后美国国际霸权地位的确立。美国参战后,美国人对二战前期对法西斯暴行的姑息政策进行了较为深刻的反思。这种反思的结论就是,面对法西斯主义的侵略和暴行,美国应该跟其他国家一起抵制和抗击,而不应该采取事不关己的态度。基于这种反思,和一战结束时不同,美国民众在二战后支持美国政府通过多边合作实现集体安全的外交努力,包括成立联合国。

冷战格局的出现更增强了美国进行多边合作的意愿。美苏意识形态之争和权力的角逐导致世界上出现两种政治体制、两个经济体系和两大军事集团的全面较量,这一较量进一步强化了美国人对国际多边合作政策的支持。战后的美国需要盟国配合一起反苏,美国自己的力量虽然强大,但单独应对苏联为首的社会主义阵营仍显力不从心,而且过度消耗美国自身实力对美国有害无益。在此背景下,多边主义遂成为美国外交的主旋律。围堵、解放、多米诺骨牌、威慑、遏制……这些概念成了当时美国政治文化的重要组成部分。美国上下都认为,美国必须带领和联合各国,抗击来自共产主义的所谓威胁,只有通过"自由世界"的共同努力,美国才有可能维护自己的利益和安全,才有机会向全世界推行美国的民主和自由。

战后美国国力的超强地位也有助于美国民众支持美国政府在国际上推动多边合作的做法。二战结束时,法西斯国家被摧毁,除苏联外,剩下的列强由于战争的消耗虚弱不堪;美国则一举成为超级强国。当时,美国的工业生产总额约占资本主义世界工业生产总额的60%;出口额由战前占资本主义世界出口总额的14.2%增至1947年的32.5%;黄金储备占资本主义世界黄金储备总额的近四分之三;海外投资和利益也出现巨幅增长。在这种情况下,如果需要,美国有能力为推行多边合作买单。

四 游离于单边主义和多边主义之间的美国外交

然而,多边主义也意味着巨大的责任和义务,意味着盟国利益和意愿对美国行动的掣肘和限制。争取盟国的合作虽然有助于分担风险和成本,但也不是没有代价的。为了争取他国的合作,美国需要照顾它们的利益,这样做需要牺牲一部分自己的利益,甚至在原则上作出妥协,因此特别容易引起国内的反对。因此,在开展多边合作的过程中,美国常常会发现自己处于一个两难的境地。比如1954年有关国家希望在日内瓦召开关于印度支那和朝鲜问题的国际会议,美国在是否出席这个会议上就感觉很纠结。奠边府战役后,法国十分虚弱,迫切希望通过和平谈判体面地从印度支那脱身,所以强烈要求召开日内瓦会议;而且,由于中国是越共背后的支持者,不邀请中国参加日内瓦会议就无法解决问题,所以法国强烈坚持邀请中国参加日内瓦会议。然而,在美国国务卿杜勒斯看来,日内瓦会议不会给西方国家带来任何好处,同时还会给美国外交造成伤害。当时美国对华政策的目的是孤立和围堵中国,中国参加这个会议将对这一政策构成严重挑战。所以,美国应该反对召开这个会议,特别是拒绝邀请中国参加。可是,此时杜勒斯正在欧洲积极推动欧洲防务共同体,法国国会在审议法国是否加入欧洲防务共同体问题上支持和反对的实力相当。在这种情况下,如果美国拒绝参加日内瓦会议,法国议会很可能就不会批准欧洲防务条约。平衡再三,杜勒斯最后不得不决定参加日内瓦会议。这就是多边合作需要付出的代价。

主张多边主义的人认为,美国需要多边合作利用他国的资源,减少自己的投入,用同样的资源干更多的事,还可以获得国际舆论的支持,因此付出上述代价是值得的。然而也正是由于多边主义是有代价的,美国国内不少人主张单边主义,反对美国以牺牲某些利益和原则来谋求盟国的合作,要求美国完全按照自己的利益和愿望行事,以最大限度地维护美国的利益和道义原则。在此背景下,虽然二战后美国外交主要采取了多边主义的做法,但单边主义的声音从未中断。

战后初期，美国的国家实力处于鼎盛阶段，多边主义者较容易说服美国老百姓从政治上和财力上支持多边主义的政策，如在欧洲推行耗资巨大的马歇尔计划和长期容忍日本重商主义的贸易政策。但是，随着西欧和日本经济的恢复和崛起，以及美国经济实力的相对下降，美国国内对多边主义的支持逐渐下降，单边主义的声音随之增强。单边主义者批评美国政府在对外关系中为了争取他国合作，过多地承担国际责任，浪费了美国的资源，牺牲了美国的利益，甚至在原则问题上进行妥协，造成美国地位下降，名誉受损。60 年代后期美国深陷越南战场，耗资巨大且损失惨重，加剧了美国经济的下滑，也大大加强了单边主义对美国对外政策的影响。

在单边主义思潮的影响下，美国政府于 1971 年单方面宣布放弃美元固定汇率，并对进口商品征收 10% 的关税。此外，美国政府还向盟国施加各种压力，要求它们增加防务开支，减少针对进口美国商品设置的各种障碍。美国的这些做法都引起了很多国家特别是美国的盟国的强烈不满。

20 世纪 70 和 80 年代，冷战的继续在一定程度上缓和了单边主义对多边主义的挑战。和多边主义者一样，单边主义者视苏联为美国安全的严重威胁，希望动员国际上包括盟国在内的所有国家的力量来抵御这种威胁，所以，他们也在一定程度上不得不接受美国为此牺牲一些利益和在一些原则问题上作出某种妥协。

1990 年代初冷战的结束改变了这一情况，外部威胁的消失加剧了单边主义和多边主义的矛盾，在美国引发了一场关于冷战结束的意义与冷战后美国在国际上的地位和作用的激烈辩论。在举国上下庆贺美国赢得冷战时，一位名叫福山（Francis Fukuyama）的美国国务院官员在芝加哥大学作了一个题为"历史的终结的讲演"。福山在讲演中说，冷战以西方的全面胜利而告终，这是西方民主自由理念对共产主义意识形态的全面胜利，由于这个胜利，西方民主自由主义再也没有了意识形态的竞争敌手，人类在意识形态方面的争论有了最终结果，剩下来要做的事情，将不再是证明民主自由主义的正确性，而是将其付诸实践。福山告诉他的听众说，从这个意义上讲，作为一种哲学概念，历史已经到达了它的终结。

福山的这个演讲后来扩展成文章，进而出版成书，在美国国内反响热烈。福山的观点在美国产生巨大的影响一方面是因为它印证了许多美国人关于美国赢得冷战的看法，另一方面则是因为它提出了对冷战后国际关系走向的乐观估计以及一些有关新时期美国地位和作用的富有争议的暗示。按照福山的观点，意识形态斗争已基本结束，民主自由主义在全世界的实行已成定局，尽管局部战争和暴力还会继续一段时间，但和平与和谐将成为新时期的主要特点。作为反对共产主义阵营的领袖，美国已经完成了它的历史使命。今后所要做的是进一步完善自己，给别人做出表率，而不是调动举国之力去应对来自外部的挑战。照此推理，美国应削减其军事力量，把工作的重心放到解决国内问题上来。

然而，福山对冷战后国际形势发展的乐观估计一出台即招致各种批评，其中最具典型意义的是哈佛大学教授亨廷顿的评论。在《没有出路：终结主义的谬误》一文中，亨廷顿指出：共产主义的衰落是事实，但如果由此得出结论认为这意味着意识形态斗争的消亡和和平盛世的到来那就大错特错了。亨廷顿认为：首先，不应低估意识形态的生命力，现在完全排除共产主义卷土重来的可能性还为时过早。其次，意识形态的历史从来也是派系斗争的历史，从历史的角度看，一种意识形态内部派系之间的冲突常常较不同意识形态之间的冲突还要激烈和残酷，民主自由主义在世界范围内的实行本身并不能排除民主自由主义派系之间未来的冲突。最后，民主自由主义的胜利也不能排除新意识形态的出现和挑战。亨廷顿指出，"人类有时是理性、慷慨、富有创造力和明智的，但同时又常常表现出愚蠢、自私、残暴和邪恶"；"希望历史有个好的结局是可以理解的，但期待它出现是不现实的，而据此制订计划只会带来灾难"。

亨廷顿的观念也具有很强的政策含义。如果说意识形态的斗争将继续下去，而且文明的冲突将成为冷战后国际关系的主要特点的话，那么，西方世界将面临和冷战时期类似的——如果不是更加严重的——新的挑战。因此，西方国家需要进一步加强合作，美国需要继续为此提供强有力的领导，并继续加强军备，以应付这个挑战。照此推理，美国现在需要做的不是减少而是增加军备开支。难怪有人批评亨廷顿，说他有意夸大冷战后国际冲突的可能性，为美国继续扩军备战寻找新的借口。

福山和亨廷顿之间的争论既是美国理想主义和现实主义矛盾的反映，又是美国长期存在的单边主义和多边主义斗争的继续。福山的理想主义观点强调的是民主自由主义理想的实现，主张美国将主要精力放在国内问题特别是经济问题上,和反对美国过多地承担国际义务的单边主义主张相一致。而亨廷顿的现实主义观点强调的是国际冲突的继续,主张美国继续保持强大的军力和国际合作,和冷战时期美国实行的多边主义政策相吻合。

这两种观点集中表现了冷战结束后美国人在国际事务与美国的地位和作用等问题上存在的矛盾心态和看法。一方面,他们认为,苏联的衰落和解体使美国成为世界上唯一的超级军事强国,使美国有机会按照自己的愿望大展宏图,全面推行美国的价值理念,塑造新的世界秩序;另一方面,他们又觉得,长期的冷战耗费了美国大量财力和物力,同时,在美国的扶持下,战后日本和德国的经济得到迅速增长,经济上已成为美国强有力的竞争对手,使美国在世界上的地位有所下降,美国没有足够的经济实力推行美国主张的国际新秩序。在这种矛盾心态的影响和支配下,美国民众一方面支持政府推行所谓国际新秩序,一方面要求政府减少国防开支,集中精力搞好国内事务。

这种矛盾的心态和看法导致冷战结束初期美国政府的对外政策出现了二战后前所未有的混乱。布什政府提出建立世界新秩序和重新确立美国在世界上的领导地位的主张。在多边主义精神的影响下,美国政府率领西方各国支持苏联和东欧国家内部的变革,积极鼓励联合国在国际事务中扮演更为重要的角色,努力维持北大西洋公约组织的联盟关系,继续倡导自由贸易体系,强调与中国保持建设性接触与联系,并在上述各个方面做出种种承诺。然而,在单边主义思潮抬头的情况下,这种多边主义的外交缺乏国内政治上和物质上的支持。结果,美国不仅没有向苏联和东欧国家提供有效的支持,连事先承诺的援助也无法全部兑现,在那里出现的急速恶化的形势面前束手无策。

克林顿政府入主白宫也没有从根本上改变这一局势。在竞选过程中,克林顿强烈批评他的前任把注意力放在国际问题上,忽视了国内问题,并提出一套更加理想主义的外交政策,主张美国将人权问题放在更重要的地位上。但是,上台后的他实行的对外政策和布什的政策实际上并没有什么本质上的不同。美国政府没有给联合国以有力的支持,甚至连会员费都一拖再拖。在美国国际贸易继续存在高额逆差的情况下,美国政府不得不冒损害双边关系的风险,不惜推行高压政策,迫使日本和其他贸易伙伴做出让步,严重影响美国与这些国家的关系。在对华政策上,面对强大的国会压力,美国政府更是左右摇摆,乱了方寸。

90年代中后期,信息技术革命使美国的生产效率大幅提高,同时也使美国的政治、经济和军事实力大幅上升,使美国所面临的安全环境大为缓解,在世界上的影响空前高涨。美国的超强实力使不少美国人觉得美国不再像过去那样需要他国的合作来谋求自身的安全。与此同时,美国在世界上一家独大的地位扩大了它和其他国家在利益上的差异。在此背景下,美国和欧洲的关系出现明显裂痕,突出地表现在第二次海湾战争问题上,法国和德国反对美国对伊拉克动武,认为美国这样做是搞单边主义。面对这种情况,美国防部长拉姆斯菲尔德在公开的讲话中甚至用"老欧洲"这个词表达他对德法的不满,引起欧洲人的强烈反感。

小布什上台初期,单边主义对美国外交的影响极大。冷战的结束也使美国的利益与其他国家的利益之间的分歧被进一步放大:冷战期间,美国需要这些国家与自己合作,因此强调共同利益;但共同的敌人苏联消失后,它就不再那么需要强调共同的利益。美国现在是唯一的超级大国,作为唯一的超级大国,它的利益也是唯一的,和其他国家不一样;同时,作为唯一的超级大国,它觉得很多事情自己就可以搞定,别国支持也罢,反对也罢,都无关紧要。所以,无论在退出京都协议问题还是在实施国家导弹防御系统问题上,美国政府都表现出对他国利益和愿望的高度漠视。

"9·11"恐怖袭击给美国带来了极大的冲击。有效打击恐怖主义需要国际合作,美国在这方面也做了不少工作,如在一些问题上加强了与他国的协商和合作,增加了对外援助的力度,但似乎没有从根本上改变美国外交单边主义的取向。布什政府凭借美国的巨大实力,我行我素,很少顾及他国的利益和意愿。在发展国家导弹防御系统问题上,它不顾国际社会的反对,废除了美苏1972年签署的、国际社会普遍认为有利于国际安全和稳定的反弹道导弹条约;在伊拉克问题上,它公开蔑视联合国安理会的权威,最后在国际社会的普遍反对下,对伊使用了武力。

持续多年的阿富汗战争和伊拉克战争大大消耗了美国的实力,2008年的金融危机更使得美国经济面临崩溃的边缘,这些都使美国国力和在世界上的影响力遭受重创。面对这个冷酷的现实,奥巴马决心改变布什政府单边主义的政策。上台后,他一方面积极谋求从阿富汗和伊拉克撤军,另一方面积极推动与包括中国在内的其他国家合作,试图共同处理国际上面临的问题,同时尽快恢复经济,重振美国雄风。

然而,形势比人强:阿富汗和伊拉克局势动荡,美国难以脱身;欧洲经济陷入持续危机,美国很难指望欧洲盟友帮忙;中美缺乏战略信任,两国合作步履艰难;俄罗斯防范北约东扩,俄美矛盾难以化解;美国经济复苏步伐缓慢,国内支持不断走低。在此背景下,美国在国际上面临的挑战不断增加,旧的挑战如伊朗核问题、朝鲜核问题、恐怖主义问题仍在,新的问题如利比亚问题、叙利亚问题以及最近突出的伊斯兰国问题凸显。

奥巴马推行多边合作的效果还有待进一步观察。由于种种原因,单边主义的影响仍在,而且有重新主导的潜力。至今,美国外交中这两种形式的国际主义之间的较量还在继续。

最后,提出关于美国外交的几个问题:

(1)美国为什么没有像很多其他强国那样搞领土扩张?

(2)美国弱时搞单边主义,强时为什么也搞单边主义?

(3)美国为什么要推动其他国家民主化? 除了理想主义(价值理念)冲动以外,有没有现实利益的考虑?

(4)美国为什么要"支持"其他国家内部的反对派?

(5)美国到底是一个"革命"国家还是一个"守成"国家?

(作者为北京大学国际关系学院教授)

第十四讲

美国与东亚的关系

张小明

在美国的对外关系中,美国与东亚的关系无疑是一个重要组成部分。这一讲讨论的主题是美国与东亚关系的历史演变,也就是美国与东亚之间互动关系的发展轨迹。

一 分析的视角

美国和东亚的关系是一个内容极其丰富、时间跨度很大的题目,很难在一讲中把它论述清楚。

大致说来,我们可以从以下几个视角来分析美国与东亚的关系。

首先,从历史的纵向发展角度来看,美国与东亚关系的历史大致呈现出几个发展阶段:缘起和初期发展阶段;美西战争开始到第二次世界大战前夕;第二次世界大战期间;冷战时期;冷战后时期。其历史发展的基本特点是,美国与东亚的往来越来越多,关系越来越密切,乃至今天美国已经把自己视为东亚地区的重要一员,尤其是美国的经济发展已经离不开东亚,东亚的经济发展也离不开美国,用现在时髦的话来说,双方已经形成了你中有我、我中有你的相互依存关系。

其次,从分析双边关系内容的角度来看,我们可以把美国与东亚关系分为以下三个层面:第一个层面是美国与东亚的政治关系,这主要指的是政府之间或者官方之间的关系;第二个层面是经济关系,包括贸易、投资、金融等等方面的内容,主要是非官方关系;第三个层面是文化关系,包括文化的交流、冲突与共存等等内容,也主要是非官方关系。这三个层面基本上涵盖了美国与东亚关系的全部内容,学者们在讨论美国对东亚战略的时候,常常提出历史上美国在东亚追求三个目标,即安全、市场和民主,实际上这三个目标大致分别属于上述三个关系层面。但是,我们从这一角度来分析美国与东亚关系时会遇到一个难题,即难以理清这三个层面之间那种既相对独立又密不可分的错综复杂关系。

再次,从双边关系的发展模式或者格局来看,美国与东亚之间的关系似乎呈现出某种模式。一些学者就认为,美国与东亚的关系表现为"冲击与反应"的模式。也就是说,美国是冲击一方或主动一方,而东亚则是反应一方或被动一方。美国著名汉学家费正清(John King Fairbank)就是这种论点的主要代言人。这种论点有它一定的道理,特别是在美国与东亚关系初期发展阶段,从这个角度来分析美国与东亚之间的关系似乎比较符合现实。美国是一个强势国家,相对来说,东亚国家则属于弱势国家,在强势国家与弱势国家对话的时候,两者之间的关系的确表现为"冲击与反应"。但是,"冲击"与"反应"不是绝对的,也不只是单向性的,随着时代的发展,"冲击"与"反应"越来越表现为双向性。

最后,从地区或者国别分析的角度来看,美国与东亚关系还可以细分为美国与中国、美国与日本、美国与朝鲜半岛、美国与东南亚等等诸多方面。"东亚"是一个很大、很广的概念,它在国际关系中尚未成为一个单一的单位或者行为体,东亚的不同国家和地区存在着很大的区别。所以,如果我们只是笼统地分析美国与整个东亚的关系,而不去考察美国与东亚各个地区或者国家之间的关系,是无法全面和准确地把握美国与东亚关系的。

下面主要以历史的纵向发展为基本线索,并结合另外三个分析视角,努力勾画美国与东亚关系的基本发展脉络。

二　美国与东亚关系的缘起及其早期的发展

美国是一个新兴的国家,于1776年建国,距今才二百多年的历史,但属于发端于欧洲的蓬勃发展、向全球扩张的西方资本主义国家体系的组成部分。东亚国家普遍拥有比美国悠久得多的历史,但属于落后的东方封建主义国家体系的组成部分,东亚大多数国家都曾经被纳入封闭的、以中国为中心的东亚"华夷秩序"或"朝贡体系"。所以,当刚刚实现独立、建国并努力向西开拓"大陆边疆"与"海洋边疆"的美国面向太平洋西岸的东亚时,美国与东亚之间的关系就作为两种截然不同的国家体系和文明之间的对话而开始了。当然,作为新兴国家以及西方殖民扩张后来者的美国,它与东亚国家之间的关系,同其他西方殖民国家与东亚国家之间的关系并不完全相同,这或许就是美国与东亚关系自身所具有的特色。

美国与东亚之间的关系,最初是通过商人建立起来的。美国在独立之前是英国的殖民地,当时的北美殖民地虽然与东亚没有直接的关系,但是产自该地区的商品通过英国东印度公司运往中国,而东印度公司的商船则在中国购买茶叶后,由广州出口到英国,再由英国辗转运到北美销售。独立后的美国开始直接发展与东亚的贸易关系,商人在其中发挥了重要的作用。1784年2月,由费城商人罗伯特·莫里斯和纽约的丹尼尔·派克公司共同投资装备的360吨级远洋木制帆船"中国皇后"号由船货管理员山茂召和格林船长率领,装载着40多吨产自新英格兰地区的花旗人参以及其他货物离开纽约港,经非洲好望角驶往中国。当时的美国人认为,中国可能像英国一样,也由一个女皇所统治着,所以这艘船被命名为"中国皇后"号。当年8月,"中国皇后"号历经半年的海上航行,终于抵达葡萄牙人占领的澳门,然后再停靠在此行的最后目的地——中国广州黄埔港。同年12月,"中国皇后"号启程回国,于1785年5月回到纽约。"中国皇后"号的中国之行开启了美国与东亚的直接交往。此后,越来越多的美国商船前往中国和其他东亚国家。据统计,在"中国皇后"号远航中国五年之后,在当时停泊广州黄埔海面的外国商船中,美国商船的数量就已经跃居第二位。特别是19世纪30年代,美国人发明了"飞剪快船"(Yankee Clipper),大大缩短了海上航行时间,促进了美国与东亚之间跨越太平洋的贸易关系。美国商人也因为大多懂得遵守清朝法律和行为端正,曾经被两广总督称为"最为恭顺"的洋人。开始的时候,美国商人主要是向中国出口西洋参、毛皮等产品,从中国进口茶叶,美国对华贸易是入超。后来,美国商人开始从事鸦片贸易,从土耳其贩运鸦片来华,以减少从中国输入白银的数量。19世纪20年代,美国商人向中国输出的鸦片约为每年2000箱。

除了商人之外,美国的传教士也对美国与东亚关系的发展发挥了自己的独特作用。裨治文(Elijah Coleman Bridgman, 1801—1861)、卫三畏(Samuel Wells Williams, 1812—1884)、伯驾(Peter Parker, 1804—1889)、塞缪尔·布朗

（Samuel Robbins Brown，1810—1880）等人属于鸦片战争之前来华的第一批美国传教士。据统计，1830—1847 年间，西方各国新教派到中国的传教士共计 98 人，其中美国传教士 73 人；而到了 19 世纪末，美国在华传教士已经增加到 1000 多人，渗入中国的每一个省。为了使更多的中国人信教，美国传教士在中国开设医院和学校，组织科学学会，引进西医科学、西方历法、史地知识、铅字印刷和其他科学技术。比如，美国传教士伯驾到中国之初就是通过行医传教的。1835 年，他到广州开设新豆栏医局，这是中国境内第一所现代医院。后来中国有很多现代医院和医学院也是由美国教会创办的。又如，美国公理会特派卫三畏于 1843 年来华，建立了一个布鲁因印刷所（Bruin Press）。再比如，毕业于耶鲁大学的美国传教士布朗 1839 年到达中国，受聘于当年 11 月在澳门成立的马礼逊学校，该校在鸦片战争后迁往香港（1842）。布朗 1846 年回美国时，携带该校的容闳等 3 名中国孩子一道赴美深造，这 3 名中国学生由广州黄埔港乘船远赴美国留学，成为美国最早的中国留学生。在东亚的其他国家，如中国的近邻日本、朝鲜半岛以及东南亚，也有美国传教士的足迹。

美国是西方殖民扩张的后来者，美国政府为了追求美国在东亚的利益，采取了一系列殖民扩张的政策，包括使用武力或武力威胁，对东亚国家构成了极大的挑战。

1840 年中国和英国之间爆发鸦片战争，美国政府派加尼准将（Commodore Laurence Kearny）率舰队以保护美国商船和禁止美国商人走私鸦片为由，于 1842 年 4 月来到中国沿海。但是加尼并没有禁止美商走私鸦片，而是密切关注中英鸦片战争的进展。在 1842 年 8 月中英签订《南京条约》之后，美国政府派顾盛（Caleb Cushing）为专员来华商订条约，试图获得与英国人同等的在华通商待遇。1843 年 7 月，顾盛乘军舰离美赴中国，次年抵达澳门，通过显示武力要求与中国订约。1844 年 7 月，顾盛同清政府的钦差大臣耆英签订了中美间第一个不平等条约——《五口贸易章程：海关税则》（即《望厦条约》）。美国除了根据"利益均沾"原则取得了中英条约的全部特权外，还获得了中英条约上所没有或尚未明确规定的一些特权。这样一来，美国伙同英国、法国等西方殖民国家一道，打开了中国的大门。此后，美国利用中国的内乱（太平天国起义）以及英法发动的第二次鸦片战争，使用谈判加武力威胁的手段，迫使中国清政府签订新的条约，并通过"利益均沾"的原则,获得更多在华特权。

东亚的其他国家也面临美国的挑战。其中一个国家便是日本。日本自16 世纪以来一直奉行闭关政策,多个西方殖民国家试图打开其大门,但最终都没有获得成功。1852 年 3 月,美国海军准将佩里(Commodore Matthew C. Perry)接受远征日本的使命,于次年 7 月率领 4 艘军舰驶向日本东京湾口的久里滨(今横须贺市的一个地方)。佩里下令美舰将炮口露出并排成战斗队形,抛锚于距东京 30 海里的海面上。佩里向日本方面递交了自己随身携带的美国总统致日本幕府将军的信件,并要求日方对此做出满意的答复,该信要求日本对美国人开放商埠、允许保护和救援在日本海域遇难的美国船员、允许美国在日本建立加煤站等等。1854 年 2 月,佩里率领舰队重返日本,迫使日本在该年 3 月签订《日美和平友好条约》(《神奈川条约》)。根据该条约,日本向美国开放下田、箱馆(后改名为函馆)两港,并同意对美方失事船只和船员提供保护,允许美国在下田建领事馆,并规定美国在日本享有最惠国待遇。此后,日本分别同英、俄、荷等国订立了条约,美国则根据最惠国待遇原则分享这些条约规定的各种特权。1857 年,美国首任驻日本领事哈里森同日本签订新的条约,规定美国享有治外法权。可以说,正是美国以武力威胁打开了日本紧闭的国门。但是日本在面对外来压力的时候所采取的应对措施却有别于中国清政府的对策,这使得日本很快实现了富国强兵的目标并加入了殖民帝国的行列。

面临美国挑战的另外一个东亚国家就是朝鲜。朝鲜是中国的近邻,在很长的历史中是中国封建王朝最重要的一个朝贡国。在中国的国门被西方列强强行打开之后,朝鲜很快也面临相同的命运,而美国在打开朝鲜国门方面也起了重要的作用,它为此也对朝鲜使用了武力和武力威胁。1866 年 8 月,美国武装商船"谢尔曼将军"号(又译"舍门"号)沿朝鲜半岛上的大同江驶向平壤,为美国寻找贸易机会。该舰同朝鲜军民发生冲突,结果美舰被烧毁,船员全部被杀。美国旋即采取报复行为,其亚洲舰队(the US Asiatic Squadron)受命开赴朝鲜,要求朝鲜道歉。美国舰队同朝鲜军队发生交火,并摧毁了 5 个朝鲜炮台,导致 350 名朝鲜人死伤。最后,这支美国远征军在没有达到预期目标的情况下被迫从朝鲜撤离了。美国与朝鲜的关系就是这样以流血冲突开始的。1876 年 2 月,经过明治维新实现"脱亚入欧"的新兴殖民国家日本以武力迫使朝鲜同日本签订了《江华岛条约》。根据这个条

约,日本在朝鲜取得了领事裁判权、通商等特权。另外,该条约称朝鲜为
"自主之邦,保有与日本平等之权",这实际上是日本借用西方国际法概念,
否定中国对朝鲜的宗主权。美国乘机同中国清政府谈判,最后导致朝鲜政
府于1882年在仁川同美国签署了《美朝亲善与通商条约》,美国因此在朝
鲜获得了治外法权、派驻领事、固定关税等等利益。自此,美国的势力终于
进入朝鲜半岛。但是,在1895年中日甲午战争之后,美国承认了日本对朝
鲜半岛的控制权。

三 美西战争与美国在东亚的扩张

1898年的美西战争和美国兼并菲律宾,可以说是美国与东亚关系中的
一个具有分水岭性质的重要事件,因为美国从此在东亚拥有了自己的殖民
地和扩张据点,在殖民主义扩张中分得了一杯羹,也揭开了美国与东亚关系
新的一页。

1898年4月底,美国武装干涉西班牙的殖民地古巴,从而爆发了美国
与日趋没落的老牌殖民帝国西班牙之间的战争,即美西战争。这场战争的
一个分战场就在位于东亚的菲律宾群岛,当时的菲律宾是西班牙在东亚的
殖民地。当年5月1日,海军准将乔治·杜威(Commodore George Dewey)率
领的美国舰队在菲律宾的马尼拉湾一举摧毁仓促应战的西班牙舰队,取得
美西战争第一次战役的胜利。同年8月13日,美国陆军在海军的配合下,
终于占领马尼拉。1898年12月10日,在战场上失败的西班牙被迫同美国
签署了《巴黎和约》。根据该协议,西班牙除了放弃对古巴的所有权之外,
还同意将菲律宾、波多黎各和关岛割让给美国,美国则付给西班牙2000万
美元。所以,美西战争使得美国这个殖民扩张的后来者终于在东亚拥有了
一个扩张自己势力的重要据点,而且从某种意义上说,美国兼并菲律宾,增
加了美国在东亚的利益,从而进一步深化了美国同东亚的关系。

在美西战争之后,美国开始了对菲律宾长达半个世纪的殖民统治,菲律
宾人民为了争取自己的民族独立,也开始了反对曾经在美西战争中许诺承
认和保证菲律宾独立的美国的斗争,包括进行武装斗争。在1899年到1902
年的美菲战争中,美国前后动用了126000多兵力,花费了4亿美元,4200多
人阵亡,2800人受伤。菲律宾人民死于这场战争的数目高达20万人。美

国在菲律宾的长期殖民统治促进了当地的"美国化"过程,也使得后来(1946)获得独立地位的菲律宾同美国有着千丝万缕的联系,这是我们分析美国与东亚关系,特别是考察美国与东南亚关系的时候需要特别注意的一个事实。

美西战争后,美国也加入了列强在中国的争斗。但是,同其他西方列强在中国划分势力范围、强行租借中国领土之类瓜分中国的政策相比,美国对华采取了另外一种做法,即"门户开放"政策。1899年9月6日,美国国务卿约翰·海(又译海约翰)通告美国驻英、德、俄、日、意、法等国大使,要他们分别向各自驻在国政府提出内容一致的照会,照会称:"每一个国家,在其影响所及的相应范围内,第一,对其在中国的所谓'利益范围'或租借地内的任何口岸或任何既得利益,不得以任何形式进行干涉。第二,对于进入上述'利益范围'内除自由港外的一切口岸的一切货物,无论属于何国,均通用中国现行约定税率。其税款概由中国政府征收。第三,在此种'范围'内之任何口岸,对进出港之他国船舶,不得课以较本国船舶为高的港口税。又,在此种'范围'所敷设、管理或经营之铁路、运输属于他国及其商民的货物,所收运费,在同等距离内不得较其对本国商民运输的同类货物为高。"这便是美国政府第一次"门户开放"照会的主要内容。英、法、日、意、德、俄等都给予了肯定或者有条件接受的答复,美国取得了外交上的胜利。1900年,在中国爆发了震惊世界的义和团运动,美国派遣5000人的军队参加八国联军对中国的侵略行动,伙同他国逼迫清政府签订《辛丑条约》,获取了巨额赔款(即"庚子赔款",美国分得大约3293.9万两白银,约合2444万美元)。与此同时,美国国务卿约翰·海再次向列强发出照会(1900年7月3日),重申"门户开放"的原则,并且声称要保持中国的"领土与行政实体",以及要求中国遵守不平等条约的各项规定。这就是美国第二次"门户开放"照会。美国政府提出"门户开放"政策,显然是为了维护和扩大美国在华利益,但是这个政策客观上还是有助于中国维护自身利益的。从一定程度上说,正是由于美国提出"门户开放"政策,以及美国后来决定退还部分庚子赔款(罗斯福总统1908年宣布将中国原赔款数改为1365.55万美元,余款从1909年起退还中国),用于中国向美国派遣留学生,使得一些中国人对美国抱有好感,认为美国对中国的政策有别于其他列强的做法。

从美西战争结束到第二次世界大战前夕,美国与东亚关系的另外一个重要内容就是新兴的世界强国美国与试图充当东亚霸主的日本之间的关系，美日双边关系逐渐从相互合作演变为相互对抗。

在19、20世纪之交，美国采取了姑息日本在亚洲大陆扩张的政策，以借日本之手削弱俄国，并且换取日本支持美国对夏威夷、关岛、菲律宾等太平洋领土的控制。在1904年日俄战争之前，美国官员就声明朝鲜半岛属于日本。日俄战争爆发后，美国向日本提供低息贷款，帮助日本推销公债券，并且以私人贸易的名义向日本提供粮食和其他物资。然后，美国又在俄国和日本之间居中调停，导致两国于1905年9月5日在美国的朴茨茅斯签订了和约，使日本获得了对朝鲜、中国东北和俄罗斯萨哈林的控制权。还在日俄战争结束之前，美国总统罗斯福的私人代表塔夫脱就在1905年7月同日本外相桂太郎进行密谈，美方同意日本对朝鲜拥有控制权，而日本则保证不侵略菲律宾。1908年11月，美国国务卿鲁特同日本驻美国大使高平订立协定，美国以承认朝鲜受日本控制、中国东北为日本的势力范围，得到日本不侵犯菲律宾、实行"门户开放"的保证。1910年8月，日本正式兼并朝鲜，结束了朝鲜王朝或曰李朝长达五百多年的统治。从一定意义上说，在朝鲜沦为日本殖民地的过程中，美国为了自己的利益，不惜充当了日本的帮凶。值得指出的是，美国总统威尔逊在第一次世界大战期间提出的包括支持民族自决在内的"十四点"主张，曾经给饱受日本殖民统治之苦的朝鲜人以极大的鼓舞与希望。居住在日本、中国和夏威夷的海外朝鲜人组成一个代表团到巴黎，希望巴黎和会考虑朝鲜的利益，将近100万朝鲜人参加了争取民族独立的和平示威活动（即"三·一运动"）。然而，美国支持日本的主张，阻止朝鲜代表团向和会发表演讲，也不支持朝鲜国内的和平示威活动，对日本镇压"三·一运动"的行为保持沉默。

第一次世界大战爆发后，日本趁机向德国宣战，以占领德国在中国的势力范围。与此同时，日本向中国政府提出了包括要求中国承认德国在中国山东的权益转让给日本、要求中国承认日本在南满和内蒙古东部的优越地位、中国沿海港湾岛屿不得租与或转让他国等等内容的"二十一条"。对于日本的这些要求，美国政府一方面表明中日之间的协定不得有损美国在华利益、门户开放原则和中国的领土完整，一方面吁请中日双方"相互宽容"。也就是说，美国在中国问题上同日本存在着矛盾，但是它并不愿意为了中国的利益而同日本对抗，实际上对日本采取了妥协的态度。1917年11月，美国政府和日本政府签订了《蓝辛-石井协定》，美国承认日本在中国，特别是在中国与日本接壤的部分有"特殊利益"，日本则同意不侵犯中国的独立及领土完整，恪守门户开放和在华工商机会均等的原则。在1919年的巴黎和会上，美国总统威尔逊不顾自己提出的"十四点"，与英、法一道，背着中国政府，把日本继承德国在山东权益的要求写入对德和约中，出卖了中国的利益。这也使得威尔逊在中国民众心目中的形象一落千丈，中国人对美国的希望变成了对美国的失望，很多曾经对美国抱有好感的中国知识精英转而强烈抨击美国。包括美国在内的西方列强在巴黎会议上出卖中国利益的举动，直接导致了中国的"五四运动"。

然而，美国的姑息政策并没有阻止日本实现其充当亚洲霸主的野心，日本在东亚进一步侵略扩张的行为必然加深它同美国这个濒临大西洋和太平洋的世界强国的矛盾，导致双方逐步走向对抗。首先是两个国家之间展开了海军军备竞赛。美国加强其太平洋舰队，并在关岛、菲律宾和夏威夷设防，以日本为潜在的主要作战对象。日本也出笼了新的建造军舰的计划。在1921—1922年的华盛顿限制军备国际会议上，美、英、日、法、意达成了《五国海军条约》，按照5:5:3:1.75:1.75的比例规定这五个国家主力舰的最高吨位，旨在结束海军竞赛。然而，这个条约并没有阻止日本进一步扩充军备，包括扩充海上军备的努力，特别是该条约只是限制主力舰的最高吨位，并没有限制潜艇、巡洋舰和驱逐舰的发展。日本的舰队只在太平洋上活动，实际上日本在太平洋上的海军相对于美国太平洋舰队来说，处于优势的地位。所以，华盛顿会议只是缓和了美日之间的矛盾，并未消除导致这种矛盾的根本原因，即美日在东亚的利益冲突。1931年9月18日，日本关东军蓄意制造了"九·一八"事件，以武力占领中国东北，日本的侵略行为显然违背了华盛顿会议以来的所有重要条约，也损害了美国在华利益。美国政府强烈谴责日本的侵略行为，但是不愿意采取制裁或其他干涉行为。这促进了日本扩大对华侵略行动，包括在1937年发动全面侵华战争，1939年春占领中国南沙群岛，锋芒所向直逼菲律宾。日本咄咄逼人的进攻姿态迫使美国对日采取了一些制裁措施。但是，直到1941年12月7日日本联合舰队偷袭美国太平洋舰队的大本营珍珠港后，美国才开始了对日本的战争，美日关系也因此发生了根本性的变化。

四　第二次世界大战期间美国与东亚关系

第二次世界大战是世界历史发展进程中的一个里程碑式的事件,也是美国与东亚关系发展进程中的一个十分重要的阶段。从 1941 年日本偷袭珍珠港到 1945 年日本宣布投降这几年间,美国与东亚关系的基本内容就是美国同遭受日本侵略的东亚国家一道与日本进行战场上的较量,最终导致日本的战败。

日本偷袭珍珠港让美国蒙受了奇耻大辱,迫使美国政府下定决心抛弃孤立主义政策,向日本宣战。

中国战场是美国的一个关注点,中国因此成为战时美国的重要盟友。美国为此向中国提供了经济和军事援助,支持蒋介石政府抗击日本的侵略,并在 1943 年与中国签订了废除美国在华治外法权的条约,放弃了自《望厦条约》以来在中国享有百年之久的特权。此外,美国国会也在 1943 年废除了 1882—1913 年间制定的一系列限制华人向美国移民的法案,给予中国移民与其他国家移民一样平等的入境限额。美国在第二次世界大战期间也努力提高中国的国际地位,支持中国作为四大强国之一参加战后的国际组织。1943 年 10 月,美国促使苏联同意中国加入到莫斯科苏、美、英三国外长会议通过的关于战后建立一个普遍性的国际组织的《普遍安全宣言》签字国之列。在同年 11 月召开的美、中、英三国开罗首脑会议上,美国向中国保证,日本在战败后应当把它自甲午战争以来侵占中国的一切领土归还给中国,美国支持中国作为四强之一参加战后国际组织。于是,1943 年的《开罗宣言》宣布日本必须把台湾归还给中国,中国也成为联合国的主要发起国之一以及联合国安理会五大常任理事国之一。当然,美国在雅尔塔会议期间,也背着中国同苏联达成了损害中国利益的秘密协议。总的来说,美国与中国之间的关系在第二次世界大战期间得到很大的发展,在美国的帮助下,中国的国际地位有了很大的提高。

美国和日本之间则是互为敌手的关系,两国在东亚战场上进行了殊死搏杀。日本在成功地偷袭珍珠港之后,把侵略矛头指向了美、英、法、荷在西南太平洋上的殖民地,并且在战场上获得了成功,其武力占领的地区包括美国所属的菲律宾、关岛、威克岛等等,致使美军遭受很大打击。然而,日本的侵略行径也促使美国以及遭受日本侵略的东亚各国、各地区的人民同仇敌忾、奋起还击。美国在欧洲战场上同德国交战的同时,在远东也与日本进行战场上的较量。从 1942 年开始,美军和日军在太平洋上进行了一系列残酷的海战与空战,包括珊瑚海之战、中途岛战役、瓜达卡纳尔岛(瓜岛)血战、马绍尔群岛战役、马里亚纳群岛战役等等,战场上的形势逐渐向有利于综合国力优于日本的美国的方向发展。1944 年 10 月,美军在菲律宾登陆,次年 2 月占领了马尼拉,从日本手中夺回了菲律宾。从 1945 年 2 月开始,美国军队开始对日本本土进行空袭,美英军队还在当年 6 月占领了日本的冲绳。1945 年 7 月苏、美、英三国首脑通过的《波茨坦公告》敦促日本无条件投降。1945 年 8 月 6 日和 9 日,美国分别在日本的广岛和长崎投掷了原子弹,造成重大的伤亡。这是在核时代到来之后,核武器第一次、迄今为止也是唯一一次被用于实战。1945 年 8 月 15 日,日本天皇向全国广播了接受《波茨坦公告》、无条件投降的诏书。此后,散布在东亚和太平洋岛屿上的日本军队陆续向盟国投降,美国也开始对日本本土实施军事占领。

第二次世界大战的结束,标志着美国与东亚关系的一个特殊历史时期的终结。

五 冷战时期美国与东亚关系

第二次世界大战结束不久,以美苏争斗为核心的东西方冷战就开始了,而且持续了近半个世纪。东亚是美苏争斗的重要场所,所以冷战时期的美国与东亚关系在很大程度上受制于冷战这个国际政治大背景,也是冷战在东亚的反映或表现。

战后初期,美国曾经努力调停中国国共两党之间的矛盾与冲突,但最后还是遭受失败。此后,美国转而在中国内战中采取援蒋反共的政策。在新中国成立并执行向苏联"一边倒"的对外政策之后,虽然美国在对待新中国的问题上曾经一度采取犹豫观望的态度,即"等待尘埃落定",但是它继续维持同盘踞台湾的蒋介石政权的关系,没有给予新中国外交上的承认。新中国政府也采取了"打扫干净屋子再请客"的方针,努力肃清帝国主义的影响,包括肃清美国在中国的影响。也就是说,美国同新中国保持着相互敌视的关系,中美关系实际上成为东西方冷战的一个组成部分。

美国在战后对日本实施了军事占领。美国占领当局按照美国的模式，在日本实施全面的政治改革，包括制订战后日本的新宪法。在东西方冷战开始之后，美国又努力帮助日本实现经济复兴，包括向日本提供大量经济援助。1951 年 9 月，包括美国在内的 48 个国家与日本签订了和约，美国还同日本签署了《日美安全保障条约》，因此获得了在日本驻军、拥有军事基地的法律依据。这样一来，美国同日本在冷战时期保持着军事同盟关系，日本成为美国在东亚的一个主要盟友。

战后，美国和苏联以北纬 38 度线为界，对朝鲜半岛实施分区占领，并且根据各自的政治理念和国家利益，扶持朝鲜南北方当地的政权。1950 年 6 月 25 日，朝鲜战争爆发，并且很快从内战演变成一场国际战争。美国打着联合国的旗号出兵朝鲜，帮助"南朝鲜"抵制"北朝鲜"的"侵略"，并且越过"三八线"，进逼中朝边境。1950 年 10 月，新中国派志愿军赴朝鲜参加"抗美援朝、保家卫国"的战争，从此新中国同美国在朝鲜战场上进行了将近三年的军事较量，直至 1953 年 7 月朝鲜停战协定的最后签署。

1950—1953 年的朝鲜战争是东西方冷战中的第一场"热战"，也是美国战后在东亚介入的第一场军事冲突，所以这场战争是战后美国与东亚关系中的一个重大事件，对美国与东亚关系的发展产生了意义深远的影响。首先，朝鲜战争使得朝鲜半岛的政治分裂成为难以改变的现实，美国一直在朝鲜半岛的南部驻军，与韩国结盟以共同对付来自北方的所谓"威胁"，这种状况直到今天尚未得到根本的改变。其次，朝鲜战争使得美国与中国成为不共戴天的敌人，两国从此"由疏远走上政治和军事的全面对抗"。朝鲜战争爆发后，美国明确提出向蒋介石政权提供安全保障，包括向台湾海峡派驻美国第七舰队，以阻止中国人民解放军解放台湾，1954 年 12 月还同蒋介石政权缔结了《美台共同防御条约》。在 1954—1955 年间以及 1958 年 8—10 月间，分别发生了举世瞩目的第一次台湾海峡危机与第二次台湾海峡危机，它们是美中之间的两次紧张的军事对峙。然而，美中两国都努力避免双方在台湾问题上发生直接的军事冲突，这也就是为什么两国在 1962 年一起阻止了可能发生的第三次台湾海峡危机。美中之间的紧张关系一直维持到20 世纪 70 年代初两国关系正常化过程开始的前夕。最后，在朝鲜战争爆发之后，美国通过与其东亚盟友缔结一系列双边和多边军事同盟条约，努力构筑一条军事包围线，以应对所谓的"共产主义威胁"。除了上面提到的美日共同防御条约和美台共同防御条约之外,还有《泰美军事援助协定》《菲美共同防御条约》《韩美共同防御条约》《东南亚集体防御条约》等等。

特别需要指出的是,在朝鲜战争结束之后,美国把位于东南亚的越南视为美国"遏制线"上的重要一环,从而逐步卷入越南的冲突之中,以至深陷于越南战场。越南战争是冷战中的另外一场重要的"热战",也是美国与东亚关系史上难以为人们所忘记的重要一页。以至于当谈及美国与东南亚关系的时候,人们首先想到的便是这场旷日持久的战事。如果我们把1954年日内瓦会议结束视为美国卷入印度支那的开始和越战的起点的话,那么越战从开始到结束(1975)前后持续时间超过了二十年。难怪美国一位著名的外交史学家把越南战争称为"美国最为漫长的战争"。这场战争导致大约200万亚洲人和将近6万美国人丧生。这场战争对美国国力消耗极大,以至于美国在越南战争之后再也没有对东亚进行过大规模的军事干涉。

冷战时期美国与东亚关系的另外一个重要方面,就是从20世纪70年代初开始的美中关系正常化进程。在共同对付苏联威胁这个战略基础上,美国和中国从20世纪70年代初开始改善关系,并且于1979年正式建立了外交关系,美中政治、经济和文化关系进入了一个迅速发展的时期。尽管美国和中国在台湾、人权等问题上不乏矛盾与争执,两国的战略合作关系一直维持到冷战的结束。

六 冷战后美国与东亚关系

1991年苏联的解体和冷战最终从历史舞台上消失,是国际政治中又一个具有分水岭性质的重要事件,美国与东亚关系也因此进入一个新的历史时期。

苏联的解体和冷战的结束,使得美国失去了一个战略对手,同时美国也因此成为世界上唯一的超级大国,但它是一个缺少战略竞争对手的"孤独的超级大国"。这种"一超"地位促使美国在国际舞台上更倾向于采取单边主义行为,以追求增强国家安全(包括维护美国的霸权地位、打击针对美国的恐怖主义活动、防止大规模毁灭性武器的扩散等)、扩大民主国家共同体的范围、开拓商品与投资市场这三大目标。美国在此过程中努力寻找或者确定新的战略竞争对手,强化其在冷战时期构筑起来的双边与多边军事同盟体系,以及发展新的伙伴关系。美国的这种战略调整不可避免地影响到它同东亚的关系。

在苏联解体之后,美国与中国的关系失去了原先所具有的共同战略基础。面对经济上蓬勃发展、政治上继续以社会主义为发展方向的中国,美国朝野一些人把中国视为潜在的威胁或者新的战略竞争对手。所以,冷战结束以后,美国采取了一系列牵制中国的政策,中国对美国也产生了防范意识。于是,在中美关系中出现了一系列的波折。冷战结束后,美国努力提升同台湾的关系,包括允许美国政府高级官员访问台湾和台湾高级官员访问美国,支持台湾参加一些国际组织。不仅如此,美国还增加对台湾的武器出售,包括在 1992 年向台湾出售 150 架先进的战斗机。1995 年,美国政府不顾中国方面的强烈反对,允许台湾"总统"李登辉以校友的身份访问美国康奈尔大学,这导致中国人民解放军在台湾海峡举行多次军事演习,包括向台湾附近海域发射数枚导弹,美国也向台湾海峡地区调动两支航母编队,向中国显示武力。1999 年,美国战机轰炸中国驻南斯拉夫大使馆,激起中国民众强烈的反美情绪。2001 年,又发生了中美战机在海南岛附近发生相撞的严重事件。然而,美国和中国都不愿意走向直接的军事对抗,双方之间业已形成的经济相互依存关系也要求两国领导人采取理智的态度处理好双边关系,于是,冷战之后的中美关系虽然时有波折出现,但是双方都能够努力妥善解决相互之间的问题。中国政府出于为国内现代化建设创造良好的国际环境考虑,努力维持中美关系的稳定这一大局。特别是在 2001 年 9 月 11 日美国遭受恐怖袭击之后,美中关系得到进一步的改善,因为"9·11 事件"清楚地表明,当时对美国构成最大威胁的,并不是所谓的中国对美国的挑战,而是跨国性的恐怖主义组织。但值得注意的是,21 世纪初,特别是自从 2008 年始于美国的金融危机蔓延全球、西方经济进入衰退阶段,以及中国强势崛起的态势日益明显(包括 2010 年中国的国内生产总值超越日本跃居世界第二),有关所谓"权力转移"的言论不绝于耳,美中之间在经济相互依赖关系继续向前发展的同时,战略互疑似乎也在加深。尤其是大约从 2010 年开始,美国高调介入中国与东南亚国家之间的南中国海争端以及中国与日本之间的钓鱼岛争端,明显偏袒与中国有领土争端的某些东南亚国家以及日本,并且加强对中国沿海军事目标的抵近侦查,以期实现"重返亚太"

或"战略再平衡"的政策目标,中美军舰、军机在南中国海或东海对峙事件时有发生。然而,美中两国领导人都十分清楚中美对抗不符合双方的利益,并努力寻找解决问题之道。中国领导人提出中美构建"新型大国关系"的主张,其要旨是"不冲突、不对抗""相互尊重""合作共赢"。美国领导人虽然接受构建"新型大国关系"的倡议,不愿意与中国发生冲突与对抗,希望同中国合作,但是担心中国以此争取与美国平等的地位,损害美国在全球与地区的领导地位。

美日同盟关系虽然是冷战的产物,但在冷战结束后经过短暂时间的"漂移"状态,重新得到进一步加强和深化。很多分析家认为,这和中国的崛起有很大的关系,是美国对东亚地区国际体系结构变迁的一种反应。美国和日本领导人都一再声称,美日关系对双方来说都是最重要的双边关系。1996 年,在美国总统克林顿访问日本的时候,美日两国签署了《日美安全保障联合宣言》,这表明双方不仅要维持日美同盟,而且还要大大强化"日美安保体制",加强在防务方面的合作。1997 年,美国和日本又公布了对 1978 年制定的《日美防卫合作指针》的修改方案,扩大了日美军事合作的范围,包括日本在"周边有事"的时候,向美国提供支持行动,这引起了包括中国在内的日本周边国家的严重抗议。此外,近年来,美国和日本在研制和部署亚太战区导弹防御体系(TMD)问题上进行了密切的合作。与此同时,美国也积极支持日本成为联合国安理会常任理事国,以提升日本的国际地位。进入 21 世纪,美日双边军事同盟继续得到强化,成为美国实现"重返亚太"或"战略再平衡"政策目标的主要路径之一。近年来,在中日钓鱼岛争端、中国设立东海防空识别区等问题上,美国都站在日本一边,并且向中国施加压力,显示出美日同盟对于美国的重要性。

朝鲜半岛的政治分裂是冷战的产物。然而,冷战的结束并没有带来朝鲜半岛政治分裂的终结。不仅如此,冷战后的朝鲜半岛因为朝鲜发展核武器问题而再次成为国际热点之一,该地区也是美国在东亚的一个关注点。美国政府领导人曾经把朝鲜同伊拉克、伊朗一道视为"无赖国家"或"邪恶轴心"国家。因此,阻止朝鲜发展核武器、维持朝鲜半岛的和平与稳定,是冷战之后美国反核扩散政策的重要组成部分。1993 年,美国怀疑朝鲜正在发展核武器,要求后者接受国际原子能机构的核查。朝鲜拒绝接受核查,并且宣布退出《核不扩散条约》。其结果是,在朝鲜半岛出现了一场严重的核危机,美朝关系一度极为紧张。美国与韩国举行军事演习,朝鲜宣布进入准战时状态,韩国军队也进入高度戒备状态。经过有关国家和人士的多方努力(包括美国前总统卡特赴平壤同朝鲜领导人金正日会晤),美国和朝鲜政府的代表于 1994 年秋天在日内瓦签署了一项框架协议,美国以帮助朝鲜建造两座轻水反应堆、向朝鲜提供重油为条件,换取朝鲜同意冻结石墨反应堆和接受国际原子能机构的核查。此后,美朝关系有所改善,美国取消了对朝鲜的一些经济制裁措施,也向遭遇特大洪灾的朝鲜提供紧急援助等等。2000 年 10 月,朝鲜国防委员会第一副委员长赵明录作为金正日的特使访问了美国,美国国务卿奥尔布赖特也访问了朝鲜,美朝关系似乎进入了一个新的历史阶段。然而,美国和朝鲜之间相互敌视和不信任的关系并没有发生根本性的变化,美国对朝鲜发展核武器的担心一直没有完全消失。2001 年初开始出任美国总统的小布什,对朝鲜采取了比较强硬的态度,他接连发表了对朝鲜极不友善的言论,包括称朝鲜领导人金正日是"坏家伙",把朝鲜列为"邪恶轴心"国家之一。2002 年秋天,来访的朝鲜官员向美国官员承认朝方有发展核武器的计划,这导致朝鲜半岛的核危机再次爆发,美朝关系再一次陷入僵局。在包括中国在内的有关国家的积极努力之下,由中国、美国、朝鲜、韩国、俄罗斯和日本代表参加的朝核问题六方会谈于 2003 年在北京召开。六方会谈虽然取得了一些积极成果,但是未能说服朝鲜放弃其核计划。朝鲜在 2006、2009 和 2013 年先后进行了三次地下核试验,实际上成为核国家,朝核问题六方会谈也从 2008 年 12 月之后陷于长时间中断的境地。

冷战的结束曾经一度使东南亚对美国的战略意义相对有所下降,美国在 1992 年也把自己经营和使用了数十年的克拉克和苏比克两个军事基地交还给菲律宾。1997 年席卷东南亚的金融危机爆发之后,美国的态度并不太积极,这让许多东南亚国家感到不满,当地甚至有人认为这场危机是美国的"阴谋"。然而,由于东南亚处于连接印度洋和太平洋的重要国际航道上,美国在冷战结束后依然十分注意发展同该地区的关系,关注南中国海的国际争端,希望确保该地区海域的航线自由畅通。一些在南中国海问题上同中国存在争端的东南亚国家也希望借助美国的影响来对中国施加压力,因此希望同美国保持比较密切的关系。新加坡等国家允许美国使用其军事基地。菲律宾尤其希望同美国重新建立起强有力的军事联系,并且努力让美国介入南中国海争端之中。冷战结束以后,越南同美国的关系也发展得很快。此外,2001 年发生的"9·11 事件"使得美国把东南亚作为国际反恐斗争的重要舞台,加强同该地区国家的合作,美国与东南亚国家的关系因此得到新的发展,包括联合举行反恐军事演习。值得注意的是,2009 年初上台的美国奥巴马政府提出了"重返亚太"或曰"再平衡"政策。作为该政策的重要一环,美国更加重视与东南亚国家的关系,美国领导人和政府高级官员频繁访问东南亚国家,加强与东南亚国家的政治、经济与军事合作,调整对缅甸的政策,高调介入中国与东南亚国家的南中国海争端,并且在南海争端中偏袒菲律宾、越南等东南亚国家,前面已有提及。

七 美国与东亚关系的未来走向

准确预测未来的美国与东亚关系,是一件不可能完成的工作。我们最多只能判断它有几种可能性。

第一,美国与东亚的关系今后应该会日益密切,特别是在经济上的相互依存程度会进一步加深。从前面所述的历史发展过程来看,美国和东亚的关系是越来越紧密的。当"中国皇后"号远航中国、开启美国与东亚关系的时候,美国人还不知道当时统治中国的并不是一位皇后,中国人也搞不清楚同样讲英语的美国人与英国人是否有区别。然而到今天,美国与东亚的关系可以说已经十分密切,美国人与东亚人对对方社会各个方面的理解都已经比较深刻了。特别是在经济上,美国与东亚早已经形成了相互依存的关系,美国与东亚的贸易额已经大大超过它与欧洲的贸易,完全可以说,美国的经济繁荣离不开东亚的市场,东亚的经济繁荣也离不开美国的市场。除非发生意外的情况,今后美国与东亚的关系只可能日益密切。经济上日益密切的相互依存关系,可能有助于避免美国与东亚国家之间矛盾或者冲突的激化。

第二,美国与东亚在文化关系上,可能还会呈现出某种程度上的"冲击-反应"模式。从美国与东亚关系的发展历史来看,美国总是处于强势的一方,而东亚总是处于弱势的一方。美国的文化,尤其是其政治理念和制度模式对东亚国家和地区产生了很大的影响,实际上很多东亚国家和地区都以美国为发展模式。冷战结束以来,东亚很多国家和地区都经历着政治民主化的过程,这在很大程度上可以说是美国"软实力"影响的结果。很多东亚的知识精英都是在美国接受教育的,美国的大学依然是绝大多数东亚学生首选的留学目的地。美国的快餐业、电影和电视吸引着一代又一代东亚的年轻人。至少在可见的将来,这种在文化上的主动冲击和被动反应的模式可能并不会发生根本性的变化。这到底是否会导致文化或文明冲突呢？至少在目前的美国与东亚关系中,好像还没有产生这样的冲突,相反,东亚接受美国文化的趋势还在继续发展下去。要从根本上改变这种关系模式,东亚必须在文化上具有更大的影响力或者吸引力,但是这种"软实力"不是一朝一夕就可以形成的,东亚国家需要为此做出长期和艰苦的努力。

第三,在美国与东亚各个区域的关系中,美中关系将具有越来越重要的地位,但是在美中关系中存在很多不确定的因素。随着中国的发展及其实力地位的日益上升,美中关系必然成为美国与东亚关系中最为重要的组成部分,或者说是美国与东亚关系的核心,从某种意义上说,美国与东亚关系的前景取决于美中关系的发展。美中关系不仅仅表现为两国之间在经济、政治、文化等不同领域内的交往与互动,还表现在双方在处理东亚地区事务上的合作与分歧,在朝鲜半岛问题、台湾问题、南中国海争端等等本地区热点问题上,美中两国既有共识,也有矛盾。未来的美中关系有几种可能性:互为敌手,互为朋友,非敌非友。不同的美中关系前景必然导致美国与东亚的关系朝着截然不同的方向发展,而美中关系的前景在很大程度上取决于两国领导人的政策选择。从中国的方面来看,中国无意也无力与美国为敌,希望双边关系长期稳定。对美国来说,与中国为敌也不是一个好的战略选择。然而,未来美中关系将会是什么样的,的确是一个很不确定的问题,要看双方领导人的政治智慧。

第四,东亚区域化进程的深入发展,或许会对美国与东亚的关系产生意义深远的影响。冷战结束以后,包括东亚在内的亚太地区出现了一系列令人瞩目的区域化发展现象,比如东盟的扩大、东盟地区论坛的成立、东盟与中日韩的"10＋3"会议、亚太经合组织的建立与发展、非官方的地区多边论坛的产生以及各种次区域经济合作圈的形成等等。假如东亚区域化进程获得深入的发展,以至于最终形成类似欧洲那样的共同的地区认同观念和地区制度,那么整个东亚地区就可能作为一个单一的行为体或者角色与美国打交道,从而从根本上改变目前美国与东亚关系中双边关系占据主导地位的状况。然而,这只是在遥远的将来可能成为现实的一种可能性,在今后相当长的一段时期,东亚不可能以一个声音与美国对话,美国与东亚关系的基本格局不会发生根本性的变化。

(作者为北京大学国际关系学院教授)

第十五讲

中美相互形象与中美关系

王缉思

本讲探讨中美的相互形象。我在这里还加上了"中美关系",因为我觉得中美关系与中美相互形象在很大程度上是有联系的。

一 研究国家间相互形象(mutual image)的意义和方法

(一) 研究国家间相互形象的意义

为什么要讲这个问题呢?因为它既有学术意义,又有现实意义。我们讲维护中国的国家形象,提高中国的软实力,当然要研究中国在美国的形象问题。还有一个我们面临的重要问题,就是增强中美之间的战略互信,发展中美新型大国关系,这当然就需要研究对方在本国的形象,同时改善本国在对方国家的形象。这里的一个关键问题就是要了解对方是怎么看自己的;我们看它和它看自己之间有什么样的差距。当然也要知道我们看自己和它看我们之间的差距。

这里有两种不同的情况:一种是"认知差距"(perception gap)。在这种情况下,我们看它和它看自己、它看我们和我们看自己之间虽然有差异,但仅是看法和视角不同而已,客观地看,很难分清谁对谁错。比如说,美国人认为根据他们的宪法,公民私人可以合法拥有枪支。但是在中国人看来,私人拥有枪支是犯罪,会引起社会动乱。这就属于认知差距。

另一种情况是误解(misperception)。"误解"是指某种看法不但对方不能接受，而且根本上就是错误的、违背事实的。比如，根据最近的一项美国民意调查，美国大多数人都认为中国是世界第一大经济体，比美国经济总量还大。这显然不是事实。这就属于 misperception 或者 misunderstanding。

但这两种情况有时很难区分清楚。不管是 perception gap 还是 misperception，都会增加中美之间的敌意和冲突，增加处理危机的难度。一会儿我会讲到为什么会增加处理危机的难度。

另外，美国在中国的形象相对来说变化不大，可是中国在美国的形象，在不同的历史阶段变化是相当大的。一会儿我们也会讨论这个问题。

（二）国家间相互形象的研究方法

那么，怎样研究相互形象呢？我本人研究和教学的领域是国际关系，但是实际上今天讲到的很多东西涉及人类学、心理文化学、社会学、比较政治学等等不同的学科。我在这些学科领域没有多少知识，但是我知道，这些方面的理论和论著是不少的。比如说已故华裔美国人类学家许烺光（Francis L. K. Hsu）写过一部名著《美国人与中国人：通往差异的途径》（*Americans and Chinese：Passage to Differences*，Honolulu：The University Press of Hawaii，1981），从心理的、文化的、社会学的角度去阐述中美两个国家、两种文化的不同价值观、不同的文化底蕴和心理状态，等等。我读过这本书，非常敬佩许烺光的学术水平。我接下来要说的，更多的是我个人观察到、感受到的在国际关系或者国际政治领域的中美相互认知。

讨论国家之间的相互形象，需要进行民意调查，要有一些数量方面的分析。也就是说，你认为美国对中国的看法是这样的，就得说出个事实根据，比如根据哪个民意调查，百分之多少的美国人这样认为。另外，研究国家之间的相互形象，还需要具备长期的跨国、跨文化的生活经验，仅仅讲理论上的东西是不够的。在今天的课堂上，我也会讲一些我个人同美国人接触的经历和体会。

二 中美相互间的正面形象

(一)美国人心目中中国的正面形象

1.中国有悠久灿烂的文明。

中国目前在美国办孔子学院,虽然有一点政治上的争议,但我所认识的美国学者和学生在感情上没有多大的排斥。他们认为孔子确实是伟大的教育家、思想家。美国人也认为中国历史悠久,但不一定承认有五千年(五千年历史是中国官方的说法,美国史学家多不接受)。中国古代的陶瓷工艺、兵马俑等等,美国人也很欣赏。

2.中国人重视教育。

在美国不同族群、不同文化背景的人中间,华人的这个特点相当突出。华人的学习欲望相当强,学习能力也相当强。在美国的大学校园里,中国学生的成绩总是比较突出的。所以,美国人认为中国人很聪明,进取心强。相比起来,某些族群的人不像华人这样,把那么多的资源、时间花在子女和自身的教育上。当然,有一些族群也注重教育,如日本人、韩国人。相对来说东亚人比较注重教育。

3.中国人有幽默感、有个性。

这一点也是相对某些国家的人来说。比如,一般印象中,不会认为日本人很有幽默感、有个性。美国人认为日本人有很强烈的集体意识,同心同德,守纪律。但是中国人个性化的程度比较高。接触中国人多了之后,就会发现中国人相互之间差别还是很大的。美国人比较喜欢有个性的人。

4.中国人重亲情、重家庭。

这一点给美国人很好的印象。我认识的一个美国人说,他的华人邻居几代人住在一起,祖父母照顾孙子一代,一个大家庭生活在一起,看着很温馨。这种情况在其他族群中不多见,有的美国人表示羡慕。

5.相对于其他一些族群,美国社会中的华人在事业上更加成功。

就人口比例而言,华人中的成功人士相对较多。比如政治家中有前华盛顿州州长、前商务部长、前驻华大使骆家辉。获得过诺贝尔奖的美籍华人科学家有6位。据美国统计资料,在美华人的家庭中位收入高于全美平均水平,高于在美国的日本人、韩国人和越南人,但低于在美国的印度人和菲律宾人。

在这里要注意一点,就是华人、华侨和中国人的区别,这三个概念英文都可以用"Chinese"表示。通常我们一听到"Chinese",马上想到中国人,其实,"Chinese"不一定是指"中国人"或者说"中国公民"。"华人"是族群概念,血统肤色概念。"华侨"从法律意义上是指拥有中国国籍而居住于国外的人。而"中国人"里有个"国"字,就跟国家认同有关系了(所以主张"台独"的陈水扁承认自己是华人而不承认自己是中国人)。许多美籍华人,特别是第二代、第三代,有一种很强的意识,感觉自己首先是一个美国人,他们甚至不一定会讲汉语,"Chinese"仅仅是一个血统归属。骆家辉以及其他我们称为"美籍华人"的人,对这点相当敏感。我们倾向于称他们为"American Chinese",而他们会说自己是"Chinese American",就是"华裔美国人"——我是有华人血统的美国人,首先忠诚于美国。但是我们看到他们长着一副华人面孔,往往觉得他们应该自认为是中国人,即使拿的是美国护照,甚至出生于美国。这一认知差距(在美国人看来是误解),经常引起政治上的纠葛。

6.改革开放以来,中国取得了巨大进步。

这一点,绝大多数美国人是不会否认的。中国在短短的三十几年间,很大程度上改变了贫穷落后的面貌。尤其是中国的一些大城市,比如北京、上海,很繁华,一些硬件设施甚至超过美国的大都市。比如你到首都机场看一看,再到华盛顿的杜勒斯机场看一看,就会有这种感受。对于这一点,美国人还是印象很深的。当然,到中国的内地看看,跟美国的差距还是相当大的。

需要注意的是,美国人是抱着非常矛盾的心态对待中国三十多年来的进步的,其中一个原因是他们对中国的政治体制持否定的态度。中国人总是说,因为有共产党的领导(because of the leadership of the Communist Party of China),才有这么大的进步;美国人很难接受这样的说法,那我就问他们可不可以这样说:尽管有中国共产党的领导(despite the leadership of the Communist Party of China),中国还是取得了巨大的进步?这样的问题,他们也觉得很难回答。这类问题,中美双方在思想上要达成共识是很难的,我们只有努力寻求更多的观察问题的角度,来促进相互之间的理解。

(二) 中国人心目中美国的正面形象

在座的每位同学都会有自己心中的美国形象,我的概括可能有点主观。美国在中国的正面形象,我认为大概有这么几条:

1. 美国经济发达,教育与科技水平先进。

如果问在座打算出国留学的同学,哪个国家你最想去,我想即便不是绝大多数,也是大多数会说"我首选去美国"。原因首先是美国经济发达,教育与科技水平先进。

2. 美国人富有创新精神。

3. 美国的政治制度是适合美国国情的。通常我们会认为美国的政党制度、三权分立制度、选举制度等等,是美国之所以成为美国的制度保证,不会认为美国需要改变自己的政治制度。

4. 美国文化富于多样性并富有吸引力。在美国,不同种族、不同文化、不同宗教背景的人都可以在一起很好地相处。

5. 美国人相对来说开放、坦诚、热情、务实,容易相处,这和刚才提到的其他一些国家的人有很大差别。

三　中美认知差距和误解

以上是中美相互之间的正面形象。下面讲中美认知差距,这些相互认知不一定是负面的或者相反的,但是我们可以发现,一方对自我形象的认识和另一方的看法之间,存在很大的差别。

(一) 自我形象 (self-image) 的差距

中国的自我形象认知:我们的五千年文明博大精深;我们一贯是并且永远是爱好和平的国家;我们提倡和谐世界,主张国际平等,不干涉他国内政;我们的经济发展和社会进步都是举世瞩目的,等等。

而美国人的自我形象认知是什么呢?从二百多年前美国建国开始,美国人一直有一种宗教情怀,认为美利坚人民是上帝的选民。今天的美国人已经与一二百年前的美国人有很大差别了,文化具有多样性。但是还是应该说,基督教徒——新教徒和天主教徒——在美国还是占大多数。他们有这样一种意识,认为自己是世界的榜样,是民主的灯塔,是维护和平的,追求自身利益和追求人类利益是一致的;他们要实现美国式的理想,也就是通常说的美国梦——通过个人的奋斗获得成功。

在这一点上可以扩展一下:为什么美国人说促进自身利益就是促进人类利益呢?因为美国社会的中坚力量——我们叫他资本家也好,企业家也好——会说:是的,我是为了私利来开办这个企业的,我是为了一己之私;但是我的自身利益扩大之后,我就为社会创造了财富,我交了税,为社会服务了,同时我做得越大,雇佣的工人越多,解决了社会就业问题。可见我的利益扩大就带来了其他人群利益的扩大,这不是好事吗?所以,我为自己谋利益没有什么不对,是对公众有好处的。

美国在世界上往往也秉持这样一种想法:美国在世界上是要追求美国的利益,但是追求美国的利益也给世界带来了好处。比如他们会说,美国经济发展速度快了,更多的国家就可以得到美国的援助,能够从美国的经济中获取更大的好处。如果美国发生经济危机了,经济收缩了,或者增长速度放缓了,整个世界都感到比较恐慌;美国经济如果完蛋了,对大家都没有好处。所以促进自身利益就是促进全世界利益。美国人不会说自己在世界上没有私利,或者是为世界整体利益而存在的。

这一点和中国人就不太一样。中国人就是开个饭馆,降价促销,也说是为了回报顾客,回报社会。我有时受到美国人的影响,就会想:你是回报顾客呢,还是卖不出去了只好降价?能不能换一个直率一点的说法?比如我的利益扩大就可以创造别人的就业机会——这样的想法在中国并不普遍;或者即使是这样想的,也未必会这么说。

这两种不同的想法,就导致双方都认为本国在道义上是优于其他国家的。我们想想,我们自己是不是这样想的:中国在世界上,从道义、道德上来说,是比别的国家更好的。中国官方也经常说,中国在世界上的某某地区、某某问题上"不谋求私利"。但是很多其他国家,特别是美国,不会接受这种想法。他们会说,其实你和我一样自私。但是自私又怎么样呢?美国会说,我给世界做出了榜样,大家跟着我走的话都能得到好处,我的经济发达了别国也有好处,我的民主巩固了、发扬光大了,你学我的民主学到了,那么我也有一个道义上的制高点。中国人当然不接受这种解释,而是认为,所谓美国拯救世界,其实是美国在追求霸权和自身利益的最大化。

　　我们说中国的历史和文化特别偏好和谐，而且中国一贯致力于以和平手段解决争端。就这点美国人会提出很多质疑。在我和美国学者交流过程中，他们就问：是否你们过去和其他国家的争端都是用和平方式解决的呢？未必吧。他会举出一些例子。我们就解释说，那都是我们在不得已的情况下，为了自卫而采取的措施，比如说对越自卫反击战、对印度的自卫反击战。现在对日本，也是日本先不讲理，通过了一个决议要购岛，挑衅在先，而我们当然是正义的。美国人很难接受这种逻辑。他们认为中国的对外行为和其他国家一样，也是利益驱动的、利己的，未必比别的国家更爱好和谐和和平。

　　当我们批评美国说，你们是利己的，美国会承认；而当美国说中国是利己的时候，我们就觉得很难受。我们会说，我们不是利己的，比如说"在叙利亚问题上中国没有私利"。这种说法不但美国人不大接受，中东人恐怕也不大接受。我到中东去，中东人问：你们说你们不追求私利，不大对吧，不可能吧，谁都会追求私利的吧，好像中国也不特殊吧。这些话我们听来就有些刺耳，说我们国家是自私的，就好像说某某同学自私，这个同学肯定不高兴。但是美国人说某人很自私，恐怕不是一个很难听的话，至少不是侮辱人的话。谁不自私呢？——他们会这么想。

　　中美两国都承认自己的政策、行为可以改进；在某些方面可能做得不好，但意图不能被歪曲，不容忍被"贴标签"。

　　比如说美国人不希望被贴上"霸权主义"的标签。而美国对中国的批评，比如说人权问题、贸易摩擦、汇率问题等等也被中国人看作是给我们贴标签，最近的一个例子就是网络安全问题。美国说中国政府对网络安全管理不严，我们会说有些问题我们没有办法控制，真是不太清楚。我今天上课之前看到《环球时报》有个大标题，说美国炒作中国的黑客问题。这些事情，美国人会说，中国政府不是无辜的，肯定参与进去了，你鼓励、纵容黑客，甚至政府就是黑客，来窃取我的商业和国防机密；中国人说不是这么一回事，我们可能有些漏洞，需要加强管理。如果说中国是故意搞的，中国就会很生气。反过来，美国人也会在意图问题上为自己辩护：我有这样那样的问题，但是我的动机是好的。

　　在国际关系方面，我一直没有想好该如何阐述这个问题——动机能够说清楚吗？一个人或一个国家的动机，很难向他者解释清楚。老实说，我们自己做一件事情，我们自己都很难说清楚为什么要这样做。比如某位同学想要出国留学,我问他动机是什么,他可以说出一二三四五,但是他真的想过这几项吗?他可能就是想着应该出国,并没有去刻意分析自己的动机。但是在别人看来,这位同学可能有一个很重要的动机没有说,比如为了出国赚钱,或者移居国外。听到别人怀疑自己的动机,他就会拼命辩护:我真的没有想过钱的事儿,更没有想过移民。但他再怎样辩护,恐怕也是讲不清楚的,消除不了别人的怀疑。试图让他人接受我们对动机的解释,是极为困难的事情。

由此就有了形形色色的阴谋论。在中国和美国,阴谋论都很多。由于认为美国的动机是坏的,"既有作案动机,又有作案手段",当然就会搞很多阴谋。有一位中国评论家叫何新,他写过一本关于"共济会"的书。他在书里说美国有个共济会,共济会的核心家族控制着美联储、美国国税局、国安局、中情局等,联合国、世界银行、国际货币基金组织、世界卫生组织、世界粮农组织、梵蒂冈教廷、北约、欧盟、日本、新加坡、菲律宾、印度等等都是共济会推行全球战略的工具,都要从属于共济会统治全球的总目标。中国还有观察家认为美国有货币战争、气候变化、转基因等种种阴谋。这些论著,听起来似乎有根有据,但是美国人对这些阴谋论要么是一笑了之,要么就会说绝对没有这样的事情。

而美国对于中国也有很多的揣测,认为中国有那么多年悠久的文明,有那么多的权谋,比如我们有《孙子兵法》等等,中国人做事情,肯定都是有意的,或者说是为了更长远的一个大的目标服务的;他们指出,中国自己也说要有大战略、宏观思维等等。所以美国人说,中国有一个把美国排挤出亚洲、取而代之的长远战略。我就和美国人说,我开过无数的内部的或公开的政策研讨会,从来没有一个会议的题目或内容是"如何把美国赶出亚洲"。美国人对此信还是不信呢?他们可能会相信我说的话,但是他们认为我之所以这么说,不是中国没有这样的意图,而是我没有参加过这样的会。他们还是会认为中国人有一个怎样把美国赶出亚洲——或者怎样在世界上损害美国利益——的战略构想。我觉得战略意图的事情,是永远说不清楚的。

(二) 价值观与意识形态差异

中美认知差距的第二个方面是价值观与意识形态的差异。什么意思呢?我认为美国的价值观和我们的价值观,确实有很大差异。

以下这段话是我在得克萨斯州美国前总统约翰逊的图书馆里抄下来的：

US President Lyndon B. Johnson（1963-1968）said in March 1968："Throughout my entire public career I have followed the personal philosophy that I am a free man, an American, a public servant, and a member of my party, in that order always and only."

翻译成中文是：

1963—1968 年任美国总统的林登·约翰逊在 1968 年 3 月说："我在整个公共职业生涯中奉行这样一种个人哲学：我是一个自由人，一个美国人，一个公务员（和我们对'公务员'的界定可能不太一样。这里泛指为公共事业服务的人），一个我党党员，一贯这样排序，而且仅仅这样排序。"

这是非常典型的美国人的想法，而且不是他一个人的想法，很多人都会同意这样的排序。作为总统，约翰逊是不是做到了呢？我们大可质疑。我仔细看了约翰逊晚年的经历，他坚持继续进行越南战争，而且极力为它辩护，但其实内心对这场战争存在非常矛盾的心理。他怎么可能把"自由人"放在第一位呢？但是他这么说出来标榜自己，至少说明他认为这样排序是对的。

我觉得在中国我们的排序正好相反：我是一个共产党员——首先是一个共产党员；然后我是一个公务人员，我是为国家服务的"国家干部"；再后我是一个中国人；最后，我恐怕永远都不会是一个"自由人"。"I'm a free man"，这是什么意思呢？在美国，能如此说是一件很值得骄傲的事情，而在中国如果有人这么说，大家会觉得很奇怪，政治上很不正确。

我举这个例子是要说明：中美两国人的"self-identity"（自我认同），中美价值观中最深的东西，是不一样的。

美国人对自由民主有着非常执着的追求。在美国，"freedom"（自由）是一个普世价值，每个人都信奉。中国人认为，是不是、在什么情况下应该有个人自由，这个问题是需要讨论的。个人自由要服从集体，集体要服从国家。

在中国，政府是一个绝对需要、几近神圣、相对来说总是正确的事物；而在美国,人们认为"政府是必不可少的恶"。说政府是坏东西,中国人听上去不太能接受。美国人认为政府是坏东西,但同时他们又认为这个坏东西还得让它存在,没有它不行。为什么他们会这么认为呢?这要追溯到美国的立国过程。美国立国的基础是十三块殖民地,居民来自欧洲——特别是英格兰、爱尔兰——的移民,他们在美洲大陆是先有社会后有国家,先有社会再有政府。移民到了美国,需要管理,订立社会契约,划分土地和财产,所以就要有政府,没有不行。但是政府本身跟别的机构——比如企业——一样,是很自私的,因此政府权力就需要制约。美国人讲起"the American people"(美国人民),就觉得有一种神圣感;而讲起"the American government"(美国政府),就不那么神圣。你看美国电影里的政府官员、政客甚至总统,经常是以反面形象出现的。美国人崇尚公民社会。

选举在美国人心中也是很神圣的。2012 年 11 月,上一次美国大选的时候,我正在华盛顿,看到美国人确实很把选举当回事。宪法在他们心中也是神圣的。在美国,若说什么事情是"unconstitutional"(违宪),那就是最坏的事情了。无论是国会议员、总统、民众,任何人做事违反宪法,都是罪大恶极的。

美国人按照这一套价值观去衡量世界,看看别的国家是不是也像美国这样推崇自由民主法治。美国人眼中的世界向来是黑白分明的。美国人在具体政策上可以有很多争论,但在意识形态的根本判断上是单一的。当我们和美国人谈起意识形态的时候,会发现他们的想法很简单,没有那么多绕弯子的、让人觉得很难理解的东西。按照他们的标准,朝鲜政权不是一个好政权。几乎没有美国人说朝鲜的现政权或前政权是一个好政权,领导人是好领导人。可是,美国人会争论,面对这样很不好的政府和领导人,美国该怎么办呢?是不是需要去推翻朝鲜政府、解救朝鲜人民?如果是,需要花多大的代价呢?如果花了特别大的代价去解救朝鲜人民,推翻朝鲜政府,这对美国是否值得?这是他们争论的问题。但是美国人从来不争论这个政府和领导人是好的还是不好的。而反观中国,我们在朝鲜问题上就会有很大的不同意见:问这个政府是好的还是不好的,大概会出现相当多的分歧。因为我们的善恶标准并不是那么分明,我们的价值观中许多东西并不明确,在这种情况下,我们去判断别的国家,就不可能那么黑白分明,导致在政策上有太多可以探讨的余地。再比如在叙利亚问题上,我们认为不能简单地区分黑和白,不能简单地说现政府是坏的。但美国人很难接受这样模糊的判断,他们会说:巴沙尔政权肯定是坏的。我们说,巴沙尔的政权有它的问题,但反对派也未必就那么好,换上个新政府不一定比巴沙尔政府好。美国人只能在有限程度上接受这种立场。

再回到中美之间相互形象的问题上。用美国的价值观看待中国,必然要强调中国政府和人民之间的区别。美国人认为,中国人民为什么对美国有那么多反感?那肯定是中国政府煽动的。美国人甚至会指出这是中国政府中的哪些部门造成的。美国当然希望中国更像美国,有更成熟的公民社会,有宗教自由、公民自由等等。

此外,美国人会认为,如果中国和美国的价值观根本不一样,那么两国的共同目标和利益就是有限的。我们的国家领导人反复和美国人讲,中美之间的共同利益远远大于分歧。他们有所质疑:怎么可能在价值观相反的情况下存在很多利益交汇,而且这些利益交汇还能扩大呢?近几年来,随着"藏独"、奥运火炬、诺奖、王立军、陈光诚等等事件发生,这种认知差距进一步扩大了。美国人问:中国的和平崛起、和平发展道路能够坚持吗?中国的政治制度、意识形态,都是美国人难以接受的。他们对于中国政府和政治体制是深深地不信任的。

中国对本国意识形态的演变采取务实态度,沿用传统概念而补充新的内容,已经是"习惯成自然";而美国人对马克思主义和共产主义采取"教条"(指按马克思主义经典原文理解马克思主义,与中国人熟悉的"教条主义"不同)的解读方式,不能理解中国的意识形态变化。对此我再举些例子。我们说(党章、宪法里都有)我们的主流价值观、指导思想是马克思列宁主义、毛泽东思想、邓小平理论、"三个代表"重要思想、科学发展观,现在或许还要加上"中国梦"。美国人会感到奇怪:马克思主义和"中国梦"之间有什么关系?他们头脑简单,真会去想这个问题。我们在政治课上学到这一系列的概念,可能会感到这些概念之间有很自然的传承关系。美国人则会认为这些概念之间是不断否定的关系,否则就是没有讲真话。

若干年之前我亲耳听一位美国教授讲他的亲身经历。这位美国政治学者不太了解中国的情况,也不懂中文。他到天安门广场去,看到少先队员敲着鼓,举着旗,在进行入队的集体宣誓。他就问翻译宣誓的内容是什么,翻译告诉他,是"时刻准备着,为了共产主义事业而奋斗"。他说,厉害呀,这么小的年纪就有"Oath"(誓言)。宣誓可不是闹着玩儿的,宣誓了以后,长大了就要这么干呀。为共产主义事业而奋斗,不就是要消灭资本主义、打倒美国吗?(《共产党宣言》里明确说了要消灭私有制。)那么再说中美之间的共同利益、长期合作,不就是在骗美国人吗? 我们觉得他这种想法很可笑,但是他认为这很符合逻辑。如果我们告诉他:"哎,我们就是这么一说,别太认真",那他就会认为我们缺乏诚信,连宣誓都不当一回事。实际上,我们从小就被教育这个事情就应该这么说,不这么说不行,否则要承担一些后果。但是美国人不能理解什么叫做"不说不行",难道是你们受到了威胁,生活在不能自由呼吸、没有言论自由的国家? 所以,中国的很多事情,按照美国的价值观是无论如何理解不了的。

两国主流社会对宗教的不同态度,决定了价值观的巨大差异和相互"误读"的必然性。我不花很多时间来讲这个问题,因为它相对复杂。但我认为这个问题很重要。调查显示,90%以上的美国人是信教的,信哪个教倒不一定。按信徒多少排序,首先是新教、天主教,伊斯兰教徒估计在500万到1000万之间(缺乏准确数字)。还有佛教徒、印度教徒、犹太教、东正教等等。这些人都是信教的,他们都有"神"的概念。奥巴马在重大场合发表演讲——国情咨文也好、总统就职也好——结束时都会说"God bless America",这很自然,谁也不会说他说得不对。不过我们的翻译有些问题,现在仍然翻译成"上帝保佑美国",这是不准确的,因为"上帝"在中文中专指基督教中的神,而美国信奉其他神的越来越多了。作为总统,他不能抬高他信的神而贬低其他。所以,"God bless America"现在应该翻译成"神佑美国"。

但在中国,情况就很不一样。美国人认为中国对宗教,特别是基督教,采取了不太宽容的政策。我出于兴趣或职业需要参加过美国的宗教活动,其中一次看到他们挂了一张巨大的世界地图,地图上标志着哪些地方有多少基督徒,空白的地方则表示那个地方的人还没有信耶稣基督,其中最大的空白是中华人民共和国。他们说中国内部的基督教会很少,所以他们教会要派人进去传教。这种活动算不算是宗教渗透? 绝对是。但这是不是和美国的国家政策有联系? 我看未必有必然联系。中国人认为宗教渗透是美国政府的一个政策工具,其实不尽然,它更多的是教会的一种自主行为。当然教会也是有政治目的、政治头脑的,但不是单纯为国家和政府服务。

再讲一个笑话,关于美国人对宗教信仰的虔诚:十年以前,有一次我在美国首都华盛顿打车。我印象中现在华盛顿、纽约这样的大城市，出租车司机大多是埃塞俄比亚人，当时司机则多为印度人、巴基斯坦人。我上车后司机问我是哪里人，我说我是中国人，然后他就问我信什么神。我知道跟美国人说什么神都不信是不太好的，但要说我信，我就是在说谎。所以我说"I haven't decided yet"，这事儿我还没想好呢。（同学们笑）我以为此事就过去了，但司机老先生很生气，他是包着一个头巾的，看上去是印度人，大概是锡克教徒。他就说："你怎么能这样说呢？"意思就是，你也一把年纪了，你怎么能说你还没决定呢？这绝对不能容忍。其实一般美国人之间不进行这种对话，只有交流得很深入、交情非常熟了，他们才会说"其实我不信教"或是"我是某某教徒"。下车后我问司机："How much do I owe you?"（我该付你多少钱？）他还在生气，说："You owe me nothing! Go back home and believe in God."（我一分钱不要你的，回家信教去！）我当时觉得有些吃惊，这在美国不是常常遇到的事。但这个故事确实反映了一个事实，就是在美国声称不信神会被人鄙视。说"我不信神"，就等于说"I don't have a belief or faith"，他们往往用"faith"这个词表示信仰。我们说自己没有信仰，就会被许多美国人理解为我们没有价值观，没有道德准绳、道德约束，想干什么就干什么。在大多数美国人眼里，这样就不是一个好人。当然，你要说信仰共产主义，他们也会觉得怪怪的，因为他们不能理解这代表着一个什么样的价值观，你拿什么标准去判断善恶。

（三）政治制度不同造成的形象差异

中国确实有这样一种传统：对权威持尊崇态度，对个人、集体、国家之间的关系有一种传统的看法——个人要服从集体，集体要服从国家；小集体要服从大集体，大集体要服从党的领导，最终都是为中华民族的伟大复兴而服务。为了这样一个大的目标，就应该维护稳定，追求和谐。

对政府权威的不同看法，决定了中国人认为政府发布的消息最权威，而民间消息多是不可靠的"小道消息"或别有用心的谣言。而美国人往往认为政府的消息不太准确和公正，值得怀疑，需要别的消息来源来验证；如果政府和民众、社会组织说的都一样，那么政府说的才是真的；如果不是的话，那美国人就会质疑政府的说法。所以美国人对"独立消息来源"（如美国权威媒体）情有独钟。关于中国，他们宁可相信中国的"民间人士"——在我们看来不太靠谱的民间人士，认为这是一个相对可靠的消息来源，而不相信中国的"官方媒体"。

中国的对美工作更多依靠政府权威部门的协调筹划、高层互访、官方白皮书等；加强"国家文化软实力"在中国是政府行为（这里要提一下"软实力"这个说法，约瑟夫·奈研究软实力，他指出软实力不是源自政府，而是源自社会）。美国对华交流更多依赖于民间机构、公司、思想库、宗教组织等的自发活动，政府予以鼓励和协调，但很少自上而下地组织；美国的软实力源于社会。从这个角度说，我想中美关系的实质是一个国家和一个社会之间的关系。我们更看重国家，认为政府是可靠的；而美国人认为社会更有权威。

同时，中国人往往认为美国人对中国政府和政策的批评，就是对中国的批评。最近的一个例子，大家可能也在网上看到了：美国副总统拜登在美国一所一流大学的毕业典礼上说，中国不是一个自由的国家，在那里不能自由呼吸。当场就引起了中国学生的反感。中国学生发动签名，至少有三百人联名向拜登提出抗议。如果让我想象美国人的回答，我认为拜登会说：我批评的只是政府，我没有说中国百姓怎样，所谓的"自由"也是指政治上的自由，而不是能到哪儿去打工这样的日常生活的自由。但是中国人会觉得，你对政府的批评，其实就是对中国这个民族和国家的批评。这三者怎么分得开呢？美国如此批评中国，意在遏制、分化中国，阻碍中国崛起。

在中国，不同的政府部门对美国和中美关系的视角差别很大。美国方面肯定也有部门间的差别，但是他们不担心中国对美国实施政治渗透和颠覆，也不担心中国的意识形态影响美国内部政治（不过担心中国人在美国搜集军事等方面的情报），所以各个部门之间的对华态度差异相对较小。据我观察，中国维稳部门的主流观点是：美国对中国的政策，就是西化、分化、遏制、颠覆、渗透，"亡我之心不死"。美国在东欧中亚策动"颜色革命"，在中国也一定想搞"颜色革命"。美国理所当然是国际敌对势力的代表。可以说，这是中国官方的主流观点。

但是官方还有一种主流观点，就是要和美国发展新型大国关系，讲相互尊重，合作共赢。我们国际政治学者应该告诉美国人，中美之间的共同利益远远大于分歧，应当加强战略互信等等。每次我到外面做讲座，我都会想，到底该讲哪一套？我讲前一套，在政治上是正确的，但似乎不符合外交口径。若是让我讲后一套,说"中美之间的共同利益远远大于分歧",连我自己都不同意。好像这话应该是跟美国人说的,不是跟我们自己说的。可是如果对内对外是两套话语体系,而美国人又通过中国媒体和情报系统完全了解我们对内怎么说,那美国人就怀疑中国的对美战略究竟是什么了。这个困惑,我个人解决不了。作为学者,最重要的是讲学理上站得住脚的真话。

(四) 文化差异与形象

我们和美国人吵了很多年,我们骂美国"霸权主义",他们觉得很奇怪。"Hegemonism",同学们查查手里的词典,不是英汉或者汉英的,而是英英词典,你要找很大的词典才能找到这个词。在英文词典里,所谓"霸权"(hegemony)是一种自然形成的优势地位,并不含傲慢、以势压人、霸道的意思,所以批评美国搞"霸权主义",他们很不解。

另外一个例子是"leadership"。在美国,"领导"有领先或牵头的意思,和我们中国人通常所说的"领导"(上下级关系)内涵不同。如"Professor Li is a leader in his field",就是说在他的领域他是个学科带头人,是个有权威的人,并不意味着他一定是行政领导。但是在中国,"领导"一定是有头衔、职务、权力的人。前些年在六方会谈中,美国人给中国戴高帽,说"China should be playing a leadership role",一些中国人觉得很奇怪——我们什么时候变领导了?美国不是永远当领导吗?这就有的可吵了。在上个世纪90年代的时候,美国的一位前总统到中国来,见到中国当时一位很大的领导,前者谈话中提到美国要在世界上起领导作用,这位中国领导人很生气——凭什么你起领导作用?你能领导我吗?美国能领导中国吗?美国人说我没什么恶意,谁都可以当领导。中国领导人就说了,什么叫领导?你问问我旁边这位外事机构负责人,是他领导我还是我领导他?

把领导(和被领导)视为一个上下级关系,美国人觉得不好理解:咱们可以"分享领导"(share leadership)嘛;而且一个领导人,在政府里是领导,到了其他场合,比如说宗教活动、音乐会等,他就不是领导了。克林顿当总统时犯了生活错误,他就要到南方浸礼教会做忏悔。美国人说,他到了教会就不是领导了,他要做忏悔。我和美国人围绕这个问题进行过讨论,我跟他们解释:中国领导人到哪里都是领导,即便是听音乐会,他也是领导。听完音乐会他要上台同指挥、演奏员握手留影,以示关怀鼓励。这是美国人不大理解的。

"美国梦"和"中国梦"的含义是不一样的。中国从毛泽东时代的"以阶级斗争为纲""八亿人口,不斗行吗",到今天提出的"和谐社会""和谐世界""科学发展观""中国梦"理念,社会经历了深刻变化。而美国梦是相对稳定、世代相传的。美国人理解的美国梦就是通过自己坚持不懈的奋斗,在美国获得成功,过上好的生活。作为个人,崇尚通过竞争和奋斗取得成功,比上一代人活得更好。个人成功是自己努力的结果,而不是依靠特定的社会阶层、特权或者他人的帮助。这样一种想法、信念,就是美国梦。因为美国拥有比其他国家更自由的经济制度、更开放包容的社会,社会流动性极大,所以个人拥有更大的发展空间。对于"社会流动性"我要做一些解释:中文里的"社会流动性"在很多情况下是指空间上的流动,而美国讲的"social mobility",通常是指自下而上或自上而下的流动,是一种社会阶层的流动。现在美国出现了一个令美国人很担心的现象:他们的社会流动性降低了。根据若干年来的社会调查,发现由于出身的不同,由此带来的经济状况和教育背景的差距越来越大了。现在一个出身社会底层的人要走到社会的上层,已经很难了。奥巴马从一个比较穷的孩子到当上美国总统,在未来的美国这样的现象恐怕很难出现,因为穷孩子从小就会上不起精英学校。我在这里不详细解释原因,总之他们的社会流动性已经比较有限了。这个现象在世界范围内都存在,中国在这个意义上的社会流动性也在变弱。但美国梦——任何人都可以通过竞争变成亿万富翁、科学家甚至美国总统——仍然是吸引世界移民到美国的一个主要原因。美国每年吸收一百多万移民成为合法的美国公民,它是世界上最受欢迎的移民地点。

"中国梦"的意思显然相当不同。习近平总书记的表述是这样的:"实现中华民族伟大复兴的中国梦,就是要实现国家富强、民族振兴、人民幸福。""中国梦是民族的梦,也是每个中国人的梦。"下面一句是从习近平总书记给北大学生的回信中摘录下来的:"只有把人生理想融入国家和民族的事业中,才能最终成就一番事业。……为实现中国梦奉献智慧和力量。"我认为,中国梦的主要思维逻辑(reasoning)就是:"国家好,个人才会好。"也就是说,要把自己的命运和国家的命运结合在一起,投身到国家的伟大事业中,你才能实现梦想,才能成功。这和美国梦有很大差别。我理解的美国梦的思维逻辑是：成功靠个人奋斗，大家都奋斗了，加上公平竞争和法治，社会就好了，国家就强大了。在美国人眼里，个人奋斗取得成功，像乔布斯、盖茨，是一件光荣和令人尊敬的事情。

中国的口号和理念都是高瞻远瞩式的，美国（还有日本等其他很多国家）则要求解释理念的具体内容和相应的具体政策。我的工作要求我给美国人讲如何发展中美之间的"新型大国关系"，不外乎是要跟美国人解释两国要互利共赢、高瞻远瞩，强调共同利益，淡化分歧。其实在上个世纪90年代初就有了中国提出的"十六个字"，现在说起来也不过时。那时邓小平还健在，这是他的想法：中美之间应该"增加信任、减少麻烦、发展合作、不搞对抗"。后来还加上许多新的提法，如互利共赢、高瞻远瞩、同舟共济等等，说的其实都是那十六个字的意思。美国人回应说，你们说的这些原则都挺好，但你得说说，究竟怎么做才是"高瞻远瞩"，那些具体问题如何解决？上述十六个字翻译成英文：Increase trust, reduce trouble, develop cooperation, and refrain from confrontation。美国人要求加上四个字——"解决问题"（solve problems）。直到今天美国人还是如此思维。我们说，发展新型大国关系，是不能重蹈历史上大国对抗的覆辙，大国绝不能争霸等等。美国人的回应是：你说了半天概念，可是没说朝鲜核问题、叙利亚问题、网络安全问题、气候变化问题等等怎么解决，两国不把这些问题解决了，没法建立新型大国关系。

我认为这其中的分歧更多的是文化差异问题。不是我们不想解决问题，而是我们认为如果不把两国关系的大局确定下来，接下来不太好做事情。美国人不理解为什么先要"define the relationship"，然后才可以做事。但这是我们的思维习惯。比如两个同学坐在一起，一人说"我是香港来的"，另一人说"我是广东人，说粤语吧"，这样就能拉近距离。中国人拉近距离，首先要找共同点，定义一种关系，如同乡、世交、同侪等等。而美国人会问：你找了那么多共同点，总是要干什么吧？美国人拉关系，首先要问的是，我想解决的问题你能不能帮我解决？中国人是先交朋友后谈合作解决问题，美国人是先合作再谈交朋友，这是文化上的差异。

中国说自己的对美战略是防御性的，美国难以理解；美国说自己的战略是防御性的，中国更难理解。我们总是说，我们要抵御美国的干涉渗透，美国人却认为我们在世界上要给美国拆台，找麻烦。美国说自己的战略是防御的,中国人更感到不可思议:美国人在世界上到处制造麻烦,不关它的事它都要插手,怎么叫防御? 我研究这么多年国际关系,最近经常想到的问题是:美国真的有一个全球战略吗? 我以前认为是有的,没有也得给它找出一个来。美国人还真制订了"国家安全战略报告"之类的文件。其实美国和其他国家一样,它也是应付国际上的意外情况,只不过有某些政治原则和针对性预案,以及政策和手段。"阿拉伯之春"我认为不是美国策划的,但是事情发生后美国人就必须想怎么办,这个美国的老朋友穆巴拉克到底要不要保? 似乎不应该保,否则违反美国的传统原则:你得支持老百姓反对"专制政权"。于是美国就被动表态,也试图干预事态发展。很多事情美国人都认为自己是被动应付的,比如对"9·11"的应对,美国人认为自己是自卫反击型的。但在一些别的国家看来,美国是有预谋的,利用了"9·11"这个契机,一开始打阿富汗,进而消灭其敌人——伊拉克的萨达姆·侯赛因。

美国人直率,中国人含蓄。美国人宁愿与一个观点不同但坦率直言的对手打交道,以便讨价还价,实现利益交换,而不愿意同一个不明确表示反对意见、"少说多做"的对手周旋。"Candid"(坦率)说明诚恳和尊重。而中国人一般不直接拒绝对方,不直陈反对意见,并将此作为有礼貌、给对方留面子的表现。在研讨会上,我们会发现美国人之间经常争吵得不可开交。两个美国学者之间,哪怕并非所有的观点都不一样,也会说"我非常不同意你的观点",对方也不太生气。在中国,人们表达质疑时通常会这样说:"王老师,我很同意您的观点。但是我有一个问题请教……"(同学们笑)很少有人说:"你的观点我非常不同意,我们得争论一番。"因为这样显得非常不礼貌,不给面子,尤其是对于年纪大一点的人,或是称其为老师的人。但是我们跟美国人绕弯子,他们会认为没必要:你不同意就说不同意呗。

美国人以用"first name"称呼对方为友好,甚至不用太熟悉,你就可以叫他"Jim""Bob";以请人到家里做客、非正式交谈为亲近,一般不喜欢繁文缛节与正式仪式,不经常排座次。而中国人讲究待客之道,重视"接待规格",在正式场合(特别是外事场合)不习惯亲昵表示。越尊重对方,越需要讲排场,更要称呼头衔,重视级别和座次排位。中国人喜欢排座次,特别是最近几年,做得比过去更为严格,甚至学生组织中间、同学之间在不同的场合,也需要各种排名,在正式场合、非正式场合,都很重视座位排序。美国人有没有座位排序? 有的,但是仅限于正式场合,或者是参与的人非常多,需要有一个"head table"（主桌），剩下的人随便坐。在学术场合更是轻松随便。

这些差异会影响到两国的正式交往。我举一个例子：我们很重视国事访问，2006年胡锦涛主席到美国进行国事访问，我们说这是一个"state vis-it"，美国人说这是一个正式访问或工作访问（"work visit"）。两个国家也不吵，只是中国外交部发言人说胡主席要到美国去进行国事访问，美国国务院发言人说是工作访问。记者就追问，美国人说进行工作访问，我们怎么就说是国事访问呢？外交部发言人很不耐烦，跟记者说就是国事访问，不用再问了。如果再细一些说，就是美国人安排了二十一响礼炮，有白宫南草坪的欢迎仪式，这是国事访问的规格。但美国人说就是工作访问，因为没有在参众两院发表演讲，所以不是一个完全的国事访问。为什么会出现"一次访问、两个说法"这样的情况？其实双方心领神会，承认他有他的说法，我有我的说法。中国不能把它说成非国事访问。因为当时有一个说法：中国领导人到任何一个国家访问，都是国事访问，从来没有例外。而且从上一届领导人开始就是这样。

江泽民主席第一次正式到美国访问，是去纽约参加联合国的会议。我听说，当时美国人想请江主席访问华盛顿。中方开始也感兴趣，但认为到首都去就必须以国事访问的规格接待。美国人说中美关系的气氛还到不了进行国事访问的程度，因为1989年北京风波刚刚过去，情况比较复杂。双方谈不拢，于是江主席和克林顿只能在纽约见面。

但2006年中美关系的情况已经比较好了，为什么美方还不同意国事访问呢？我听布什政府负责安排这次访问的高级官员说，布什总统有话交代给下面的人，说我不喜欢繁文缛节，为什么有人偏偏喜欢那一套戴水獭皮帽的仪式？浪费时间，没意思。布什还说，我喜欢把外国领导人请到我的"ranch"（农场）去，要美国官员跟中国外交部说，美国真正最亲近的朋友所进行的最重要的访问，都不是国事访问。比如说英国首相布莱尔、俄罗斯总统普京、法国总统希拉克到美国去，都不是国事访问。到小布什的"ranch"去，有一种家庭气氛，可以谈得深入些，可以一对一地谈，或是少数人谈。谈话的人一多，就受约束，谈不出所以然来了。所以最好还是工作访问，非正式一点，也不用穿西装打领带。但是，这确确实实不是中国人的行为方式：没进行国事访问，就跑到他家里做客，好像是不大正确、难以接受的安排。

领导人一对一地谈话，也不符合中国外交传统。所以中方还是坚持要国事访问。小布什说，不到我家去也行，到戴维营去，或是另找个地方，都可以，反正不想进行国事访问。中方坚持必须是国事访问，否则就不去；美方也坚持，说布什总统发话了，坚持不搞国事访问，要不就别来。最后双方达成了桌面下的共识，中方说是国事访问，而美方不这么说，其实算是一半的国事访问。这个争论好像就结束了。这是我从美方听说的故事，也许中方另有说法，我不知道。

我还听美国人说，胡主席去美国之后，小布什还是不甘心，想着怎么也得找个机会和胡主席单独谈一谈，有问题要向他请教。但他实在找不到机会，于是就在白宫南草坪接待仪式结束之后的午宴上和下边的人说：今天我们违反一下礼仪——因为这种午餐本来应该是一方领导人跟另一方领导人的夫人坐在同一侧，而当时参加午宴的还有关颖珊、姚明等等社会名流，这样就是一个社交场合。但小布什跟下面管礼宾的美国官员说：要把我和胡主席安排坐在一块儿，夫人和夫人坐一块儿，剩下的人排位不管，他们爱说什么说什么，我和胡主席得谈正经事。中方自然客从主便，只是出了一个翻译，坐在小布什和胡主席之间。后来美国人和我说：这件事中国人占了大便宜了。为什么这么说？小布什和胡锦涛之间谈话，只有一个翻译，还是中方翻译，美国人连个记录都没有，只是后来据布什总统和下边人的"传达"才得知其内容。小布什说："今天终于找到一个和胡主席单独交流的机会了，我就问一个很私密的问题：为什么金正日要发展核武器？为什么朝鲜就不能走中国这样的改革开放之路？"据小布什说，胡主席是这样回答的："中国在改革开放初期，以邓小平为代表的第二代领导人首先审视国际形势，认为世界大战打不起来，中国没有面临战争威胁，所以可以集中力量进行经济建设。而朝鲜现在认为自己受到美国的威胁，美方若不给朝鲜安全保证，朝鲜就没法改革开放。所以美国应该给朝鲜提供安全保证。"布什觉得这是私下的场合，胡主席讲了这么真心的话，回去以后就布置任务了：给朝鲜提供安全保证，让他们改变核政策，搞改革开放。（同学们笑）然后下边的人就说：这事难办啊，怎么给朝鲜提供安全保证啊？和朝鲜之间只有1953年签署的停战协定（truce），在这种情况下给朝鲜提供安全保证，那他们得先放弃核武器，这是美国的一贯政策。实际上就是说，小布什的指示违反了美国的政策，但是他们又不能说小布什是错的。美国没有政治局常委讨论大政方针的机制,总统一个人说了算。最后他们只好敷衍小布什,说朝鲜不听话,给朝鲜提供安全保证也没用等等,让布什的指示不了了之。由这个例子可以看出,美国人是多么重视私人交谈。

这里我就要讲到现实政治了。习近平主席这次对美国的访问不是国事访问(指 2013 年 6 月到美国加州安纳伯格庄园同奥巴马会晤),是中美之间一个相当大的外交突破。美国人还是这样想:要谈就找个私人会晤场所,私下交心,不要那么多人。过去中国比较难以接受这样的访问。这次将是个小范围讨论,不是我们常在新闻联播中看到的,每边带着十几个人,排着座次,坐在大长桌旁面对面谈。这种会谈往往只是罗列讲话要点(talking points)。去掉繁文缛节,谈谈心里话——这说明中美双方都感到对方太重要,所以才要进行不那么正式的交往。

(五) 对两国关系历史的不同解读

对两国关系的历史解读不同,也是造成认知差距的原因。

我们经常会强调中国近代史上遭受了西方(包括美国)和日本的侵略,因此对于美国对华政策的种种目标,无论是经济的、政治的还是军事的,我们在感情上总有抵制——为什么我非得要按照你说的这样去做呢?

美国人认为 1900 年前后的门户开放政策(open-door policy)是好事,而中国人则认为美国让中国门户开放是想要分得其他列强的在华利益,并且借机把其他西方列强排挤出去。还有庚子赔款、太平洋战争(抗日战争)、中国内战、朝鲜战争、越南战争等等,中美都有不同解读。此外,关于尼克松访华,我到尼克松图书馆去参观,其中说到尼克松的一个重要政绩,就是"He opened China",意思是说他把中国给开放了,好像中国是被他开放的。这让中国人看着不舒服。我们的理解是,尼克松是为了美国的利益到中国来的,而且还是他主动要求来的,等等。对于一些历史细节的描述都不一样。

再比如中美三个联合公报,我们认为美国经常违反三个联合公报,而美方则有自己的解释。再比如,1999 年美国轰炸了中国驻南斯拉夫使馆。前两天,我和美国一个大学的教授聊天,他说他最近参加过一次会,发现中美还在围绕这个事件吵架呢。我问他是什么观点,他说"我当然认为美国是无意的,是一个 terrible mistake"。但绝大多数中国人都认为轰炸肯定是故意的。如果有同学问我：你个人对此是什么看法？我个人也经历了认识的转变。特别重大的一个冲击是我去年到当年南斯拉夫首都贝尔格莱德（现在的塞尔维亚首都）的时候，看到当时中国大使馆的遗址，比咱们这个教室大一倍的空场，不是很大，但两边是很空旷的场地。这个城区并不是建筑物密集的地方。遗址上立着一块破旧的牌子，用塞尔维亚文和中文写着："感谢中国人民在塞尔维亚遭受严重困难的时候给予的帮助。"我过去对于美国用"错误地图"解释"误炸"的说法将信将疑，但是实地考察之后，对误炸的解释产生了更大的怀疑。不过，我仍然认为，即使这是针对中国使馆的蓄谋的、故意的军事行动，也不大可能是克林顿政府的最高决策层决定的，而更像是操作层面决定的。

中美对于历史的解读是很不一样的。所以在出现危机的时候——假设今天中美再出现海上或空中的碰撞——还会出现以前的情况：双方都怀疑对方是故意的，双方的舆论会马上把过去一连串的历史全部翻出来，由于双方的解读是不一样的，美国人会翻出美国难以忘怀的坏事，中国则重提炸馆事件这类我们认为是美国制造的悲剧。我把这叫做中美之间的"敌人意象"（enemy image）——平时都讲稳定和改善双边关系，一到危机时刻就"翻老账"，反目为仇。

（六）中国实力的增长与相互形象的重塑

研究这一问题的原因，是中国在美国的形象在不断变化，特别是中国开始强大起来以后。总体来说，美国对中国国力的估计偏高。美国人有一个倾向，喜欢夸大竞争对手的实力，以此激励自己。就拿最近的一个例子来说，朝鲜进行核试验或导弹试验，美国人反应很强烈，说下一步朝鲜就要掌握把核弹头打到夏威夷甚至美国本土的技术了。实际上美国私下的估计是朝鲜的核技术和导弹技术远远低于这个程度，但是他们在公开场合，总是说"很危险啊"。

1957年苏联第一颗人造地球卫星上天时也是这样。当年美国显得惶惶不可终日的样子，其实美国的航天技术很快就超越了苏联。我有一个朋友，Tom Friedman，写过《凌志车与橄榄树》《世界是平的》，还有几本书讲全球化和美国。他每次来中国，回去后都要写一篇文章，说"现在中国崛起速度很快，奋力追赶美国，如果我们再不努力，就落后了，你的孩子将来就得要学中文了"。我问 Tom："你的孩子学中文吗?"他说没有。我说："你就是玩那一套忽悠、吓唬美国人，激励美国提高竞争力，其实心里明白中国远远落后于美国。你承认吗?"他说："privately（私下）我承认是这样的。"所以，对于美国人唱衰自己、夸大对手实力的话，我们不能太相信。

在中国一方，美国的兴衰是我们研究国际问题的重要出发点。总体来说，中国人倾向于预测美国衰落。唱衰美国的书出了一本接一本，有翻译的，有中国人写的。最近又有人要出美国衰落的书，找我简单写几句话作序，我推辞了。出版社在书名翻译上也会做文章。我的一位美国朋友，写了一本书叫 *The Next American Century*，中文我认为应该译成《下一个美国世纪》。美国人认为，上一个世纪可以说是"美国世纪"，因为整个一百年美国的综合实力都是世界领先。这个书名的意思是说下一个世纪还是美国世纪。可是这本书的中国译者却把书名译为《美国的下一个世纪》，意蕴完全变了。其他很多书名也是"标题党"。在中国，大家不喜欢"美国世纪"这种说法。说美国兴盛，会被视为政治立场不正确，而说美国衰落永远是受媒体欢迎的。我们在感情上希望美国衰落，美国人对这点很有意见。

四　中美相互了解程度的差距

最后我想强调的是，中美之间相互了解的程度实际上有很大差距。绝大多数的中国人，包括我所认识的地位很高、知识很丰富的中国人，都有一个看法，即美国人对中国不了解，中国人对美国很了解。从公众的角度来说，大概是这样的。你要问我们家的小时工美国总统是谁，她肯定知道是奥巴马。你要问普通美国人中国的领导人是谁，十个恐怕有九个说不上来。甚至美国的一些国会议员、政府官员，国际知识也不多。美国人的外语程度公认是很低的。普通的美国公众对于外国事务是很不了解的。

但是我们是不是就能自满了，真的可以认为我们对美国了解很深、美国对我们了解不深了? 我认为绝不能这样看。我特别要在大学的讲堂上强调，我们对美国的了解真是太不够了。对于美国的社会、经济、文化，我们真的知道那么多吗? 我们是有很多人知道奥巴马，但又有多少人能够讲清美国的国会制度、司法制度? 研究经济和财政的学者，有多少人能说清美国的税法是怎么回事? 联邦、州、市之间是如何分税的? 税收报表太多了，可能美国人自己也了解得不是很清楚，但是这个问题难道不重要吗？司法程序如何我们了解吗？美国的枪支管制，我们了解多少？在中国，有多少经济学家把美国经济作为研究重点？我想，能够说"我的专业方向是美国经济"的中国经济学者，不敢说只有十来个人，但能肯定在五十个人以下。但在美国，专门研究中国经济的，大概有几百人，甚至可能上千。

也就是说，在专家层面，美国的中国研究，无论是广度还是深度，都远远领先于中国的美国研究。这是毫无疑问的。你去美国的书店，或到亚马逊这样的网上书店去查一查，美国一年有多少本研究中国的学术专著，而中国一年又有多少研究美国的学术专著呢？或许有三本五本，但这些是不是真正的学术研究，是不是使用了第一手资料，都是很可怀疑的。应该说我们的学风、研究的深度，包括我们学生的学位论文、毕业论文，都大有改进的余地。

还有关于美国的实证研究，如果没去过美国，也不认识几个美国人，没在美国做过实地调研，那么写出来的美国研究的专著，恐怕就不会有多大的可信度。在美国，如果一个人说自己是研究中国的，但是没去过中国，或者说是研究中国政治的，但没在中国蹲过点，没有到各地去做深入调查，这样的研究都是不会被信任的。这方面中美的差距还是比较大的。

最后一点，中国人到美国学习，如果学的是人文社会科学，最后论文往往是研究中国的；而美国人到中国学习，最后也是写中国。美国人研究中国，中国人自己也研究中国，什么人去研究美国呢？美国会不会人跑到中国来，待了一两年，回去写一篇论文是专门研究美国的？恐怕不会。我从一个研究美国的学者角度来看，这是很令人遗憾的事情。我希望去美国学习人文社会科学的人，最后写一篇关于美国的论文——比如说研究经济的，写一篇关于美国财政制度的文章，说说联邦和州政府在经济上是什么关系；研究政治学的，去研究一些比较细的美国政治问题，比如研究美国一个市的政治运作，由此推出美国的政治（制度）是怎样运作的。

美国人在研究中国方面有天然优势：有300万的华裔在美国，他们对于美国理解中国起着重要的桥梁作用，部分地弥补了美国人外语不好的劣势。前两年，康奈尔大学的校长到中国来说："美国人太不了解世界了，我只认识几个美国人懂中国的。"我说："你说得不全面，还是有很多美国人懂中国。如果这300万的美国华裔中有30万人能说很流利的中文，这个绝对数量就是很大的。"所以美国的种族多元性对于美国人研究世界是个很大的优势。比如,伊朗到美国的移民,数量大到足够美国人了解伊朗本国的事情。还有很多其他族裔的人也是如此。美国人对世界的了解其实是相当多的。

但是,有件事情可以一概而论:就公众层面而言,世界上任何一个国家对于美国的了解,都大于美国对它的了解。我们也不用奇怪:为什么美国人对我们了解这么少?其实不难理解,比如中国周边国家人对中国的了解也大于中国人对它们的了解,道理是一样的。我们自己想想,在座的有多少人了解印度?印度人很失落的:这么大的一个国家,世界人口第二,但没有几个中国人知道它的总理、总统、外交部长是谁,国内生产总值多少。他们感到很遗憾。我觉得那是因为它的国力还没有强大到那个程度。对于美国人来说,中国的实力也还没有强大到那个程度,所以大多数美国人都不了解中国。美国人对其他国家也都不了解。

在我们的心目中,美国占据了很大的位置,中国重视美国大大超过美国重视中国,中国人往往高估了美国重视中国的程度。由此可能产生的结果是,高估美国的国际行为针对中国的程度,对美国在亚洲的军事存在、"重返亚洲"、提倡"民主化"等,都很敏感。比如说美国到中亚、阿富汗驻军,有些中国军事专家说这对中国构成威胁,美国人觉得很奇怪;说"阿拉伯之春"是美国搞"颜色革命"的一个翻版,美国人也觉得很惊讶。

反过来,对于美国人对我们的许多怀疑,我们也觉得很奇怪。美国人对中国的敏感问题不够敏感,对中国人的爱国主义不够理解;在战略层面上,高估中国的国际行为针对美国的程度。因此,战略的相互怀疑是很深的,而且暂时还未能找到有效缓解的办法。原因是多方面的,如在国际层面,中国的力量在迅速上升,美国感到了某种焦虑,有些焦虑是真的,有些不那么真。这些都是我们需要去深入思考的。

结　语

最后总结几句:

第一,美国在中国的形象,是随着中国国内政治和社会的变化以及中美关系的起伏而不断变化的,而同美国本身的政治变化与外交调整没有直接联系。不同政治态度的中国人,对美国的看法也会不一样。

第二,中国在美国的形象变化,相对来说不大受美国国内政治变化的影响,而主要受美国全球战略和中国本身变化的影响。

第三,认知差距和误解很难区分。由于观察和理解角度的不同而造成的认知差异,可以归为认知差距;对于事实的错误认定,或者对于对方意图的认定如果不被对方接受,则被对方称为"误解"。很多情况下,我们认为是误解的时候,美国人会认为这是他们的正确理解,或是"perception gap";反过来也一样。

第四,既要重视和研究中国在美国的形象和双方的认知差距,又要理解这种形象扭曲和差距将长期存在。不必对美国关于中国的议论过分敏感。

第五,要充分认识到信息渠道和媒体对两国认知差距的影响。媒体对于现代社会的影响是很大的,作为个人,我们往往不能直接了解美国,只能通过媒体去了解美国。这种了解很可能是片面的、肤浅的。要深入了解美国,首先要养成对媒体的种种报道辨别真伪的习惯和能力。比如——我现在刚想起一个例子,是关于现实政治的——习近平主席要对美国进行访问,中国的官方说法,没有说美国主动邀请,但是媒体就加上"美国主动邀请"的标题,似乎中国领导人是在美国的一再邀请下才去访问的,这不符合事实,只符合媒体的一厢情愿。

第六,我想再次强调,对美国的研究应当大大加强。

最后还需要说明一点,中国人从来没有统一的美国观,美国人也没有统一的中国观,我们今天讲的是一般而论,主要是知识精英和主流政治精英的看法。

今天的课我就讲到这里。欢迎大家提问。

问:刚才您提到中美在相互认识上有很大的分歧和误解,我的问题是:您认为在中国目前的教育中,对于促进中美两国之间的理解,最大的障碍是什么?

答:最近我在网上转发了一篇文章,是上海葛剑雄教授的谈话。他说改变要从教科书开始。他不是讲中美之间的事情,但我也认为我们的教科书确实有很多值得商榷的地方。当然这不仅仅是教科书的问题。我们从小受教育的模式是:先被告知一个不可动摇的真理,必须记住这一真理。这种教育模式让我们形成了一些固定思维。长大后接触到世界的复杂性，以及自己所看到的真相，常常会挑战这样的思维，于是我们会经常问自己：我居然可以这样想而不是像以前那么想，那么现在的我肯定是错了吧？

比如我最近看到网上的争论，讲起历史问题，有人就说："如果你这么说，那岳飞岂不就不是民族英雄了吗？"也就是说，"岳飞是民族英雄"，这是一个颠扑不破的"真理"。我们只能从真理去倒推。如果我们否定这个"真理"，那我们就错了。这种思维是值得商榷的。我并不是说我认为岳飞不是民族英雄，但是对于这个问题的质疑，我想是允许存在的吧。但是对于很多人而言，这种质疑是一个"shock"（震惊）。

所以我想这种教育模式恐怕对于中美两国之间的相互理解是一个很大的障碍。我们在大学里的学习，使我们原来基于中小学教育而形成的固定观念开始受到冲击，甚至有时会带来很大的"shock"，我想这是一件好事。这并不是说原来的观念一定是错的，但冲击促使我们更深入地思考和探讨，之后我们可能更坚信原来的观念，也可能形成新的观点，在此过程中，我们看问题、理解问题的角度一定会更加多元化，我想这样更好。

谢谢！（掌声）

（作者为北京大学国际关系学院教授）

后 记

在《美国文化与社会十五讲》第二版出版之际,我们特向曾参与授课的老师们表示由衷的谢意。他们是:韩敏中、刘树森、刘建华、王立新、王勇、李琨、李玲、饶毅、海闻、陈十一、傅军、金灿荣、王凡妹。

十六年来,在每年春季学期的大课课堂上,都有以研究生为主力的同学担任助教。没有他们的认真、热情与辛劳,就没有这门课程的今天。

王栋老师带领国际关系专业的研究生们,为讲稿做了细致认真的录音和文字整理工作,我们在此一并表示感谢。

袁　明

2015 年 1 月